U0531836

國家社科基金後期資助項目

兩周金文動詞詞彙研究

Study on the Verbs in Bronze Inscriptions of Two Zhou Dynasties

武振玉 著

商務印書館
The Commercial Press
2017 年·北京

圖書在版編目(CIP)數據

兩周金文動詞詞彙研究/武振玉著.—北京:商務印書館,2017
ISBN 978-7-100-12704-2

Ⅰ.①兩… Ⅱ.①武… Ⅲ.①金文—動詞—研究—中國—周代 Ⅳ.①K877.34

中國版本圖書館 CIP 數據核字(2016)第 262356 號

權利保留,侵權必究。

兩周金文動詞詞彙研究
武振玉 著

商 務 印 書 館 出 版
(北京王府井大街36號 郵政編碼100710)
商 務 印 書 館 發 行
北 京 冠 中 印 刷 廠 印 刷
ISBN 978-7-100-12704-2

2017年6月第1版　　開本 787×1092　1/16
2017年6月北京第1次印刷　印張 14½
定價:52.00元

國家社科基金後期資助項目
出版説明

　　後期資助項目是國家社科基金設立的一類重要項目，旨在鼓勵廣大社科研究者潛心治學，支持基礎研究多出優秀成果。它是經過嚴格評審，從接近完成的科研成果中遴選立項的。爲擴大後期資助項目的影響，更好地推動學術發展，促進成果轉化，全國哲學社會科學規劃辦公室按照"統一設計、統一標識、統一版式、形成系列"的總體要求，組織出版國家社科基金後期資助項目成果。

全國哲學社會科學規劃辦公室

目　　录

第一章　緒論 …………………………………………………………… 1
　　第一節　兩周金文動詞研究現狀 …………………………………… 1
　　第二節　兩周金文動詞概況及相關說明 …………………………… 5
第二章　動作行為類動詞 ……………………………………………… 11
　　第一節　運動類動詞 ………………………………………………… 11
　　第二節　取予類動詞 ………………………………………………… 18
　　第三節　言語類動詞 ………………………………………………… 31
　　第四節　視聽類動詞 ………………………………………………… 38
　　第五節　使令類動詞 ………………………………………………… 40
　　第六節　存在變化類動詞 …………………………………………… 41
　　第七節　心理動詞 …………………………………………………… 47
　　第八節　能願動詞 …………………………………………………… 56
第三章　社會生活類動詞 ……………………………………………… 58
　　第一節　軍事類動詞 ………………………………………………… 58
　　第二節　奉事類動詞 ………………………………………………… 68
　　第三節　治理類動詞 ………………………………………………… 85
　　第四節　祈匄類動詞 ………………………………………………… 105
　　第五節　祭祀類動詞 ………………………………………………… 107
第四章　日常生活類動詞 ……………………………………………… 115
　　第一節　飲食住休類動詞 …………………………………………… 115
　　第二節　勞作貿易類動詞 …………………………………………… 120
　　第三節　禮俗類動詞 ………………………………………………… 125
第五章　動詞詞義研究 ………………………………………………… 128
　　第一節　動詞的單義性和多義性 …………………………………… 128
　　第二節　動詞的本義和引申義 ……………………………………… 151

第六章　動詞詞義類聚 ………………………………………… 169
　　第一節　同義動詞 ………………………………………… 169
　　第二節　反義動詞 ………………………………………… 205

附錄　兩周金文動詞的分期分佈 ……………………………… 212
參考文獻 ……………………………………………………… 214
引書簡稱表 …………………………………………………… 224
詞語索引 ……………………………………………………… 225

第一章　緒論

第一節　兩周金文動詞研究現狀

　　金文動詞研究是伴隨着銘文的考釋從很早的時候就已開始了。除了隨文釋義的釋讀外，對歧釋動詞進行辨正也是一大特點。如於省吾《釋蔑曆》①、趙光賢《釋"蔑曆"》②、平心《甲骨文金石文剳記》(主要論及"蔑曆")③、嚴一萍《蔑曆古義》④、唐蘭《"蔑曆"新詁》⑤、白川靜《再論蔑曆》⑥、管燮初《"蔑曆"的語法分析》⑦、羅振躍《"蔑曆"一詞在金文中的含義即賜食》⑧、晁福林《金文"蔑曆"與西周勉勵制度》⑨、楊樹達《詩對揚王休解》⑩、許維遹《古器銘對揚王休解》⑪、沈文倬《對揚補釋》⑫、林澐、張亞初《對揚補釋質疑》⑬、沈文倬《有關"對揚補釋"的幾個問題——答林澐、張亞初二同志的質疑》⑭、虞萬里《金文"對揚"歷史觀》⑮、秦建文《金文"揚"字形義考》⑯、

---

① 《東北人民大學人文科學學報》1956年2期。
② 《歷史研究》1956年11期。
③ 《華東師範大學學報》1958年1期。
④ 《中國文字》第10册,1963年。
⑤ 《文物》1979年5期。
⑥ 《史語所集刊》51本2分,"中研院"(臺北)1980年。
⑦ 《古漢語研究論文集》,北京出版社,1982年。
⑧ 《貴州大學學報》2001年5期。
⑨ 《歷史研究》2008年1期。
⑩ 《積微居小學述林》,中華書局,1983年。
⑪ 《新生報語言與文學》(北平)27期,1947年。
⑫ 《考古》1963年4期。
⑬ 《考古》1964年5期。
⑭ 《杭州大學學報》1981年3期。
⑮ 《語言研究》1992年1期。
⑯ 《曲靖師範學院學報》2004年1期。

管燮初《說"戈"》①、張政烺《釋"戈"》②、吳振武《"戈"字的形音義》③、戚桂宴《釋貯》④、王玉哲《西周金文中的"貯"和土地關係》⑤、劉宗漢《金文貯字研究中的三個問題》⑥、馬承源《西周金文中有關貯字辭語的若干解釋》⑦、周望森《西周的"貯田"與土地關係》⑧、高明《西周金文"賈"字資料整理和研究》⑨、張世超《"貯、賈"考辨》⑩、彭裕商《西周金文中的"賈"》⑪、楊懷源《西周金文中的"賈"》⑫、李岩、胡建平《西周金文中的"饗"》⑬、王人聰《西周金文"醽壴"一詞補釋》⑭、《西周金文"啻官"一詞釋義》⑮、《戰國記容銅器刻銘"賡"字試釋》⑯、張平轍《"醽壴"新釋》⑰、龍宇純《甲骨文金文"朿"及其相關問題》⑱、冀小軍《說甲骨金文中表祈求義的"朿"字——兼談"朿"字在金文車飾名稱中的用法》⑲、黃德寬《釋金文遂字》⑳、裘錫圭《"畀"字補釋》㉑、《西周銅器銘文中的履》㉒、《釋"受"》㉓、施謝捷《釋"鏊"》㉔、唐蘭《論彝銘中的"休"字》㉕、趙誠《金文的"友"》㉖、《金文的"於"》㉗、《金文的"又"》㉘、王暉《試釋"在"的兩種罕見用法——兼論表時空概念的"正反同辭"》㉙、季旭昇《說金文中的

---

① 《中國語文》1978年3期。
② 《古文字研究》第六輯,中華書局,1981年。
③ 《甲骨文發現一百周年學術研討會論文集》,文史哲出版社(臺北),1998年。
④ 《考古》1980年4期。
⑤ 《南開學報》1983年3期。
⑥ 《古文字研究》第十五輯,中華書局,1986年。
⑦ 《上海博物館集刊》第五輯,上海古籍出版社,1990年。
⑧ 《中國經濟史研究》1991年1期。
⑨ 北京大學考古系編《考古學研究》(一),科學出版社,1992年。
⑩ 《中國古文字研究》第一輯,吉林大學出版社,1999年。
⑪ 《考古》2003年2期。
⑫ 《古籍整理研究學刊》2009年4期。
⑬ 《新疆師範大學學報》1989年2期。
⑭ 《考古與文物》1987年2期。
⑮ 《故宮博物院院刊》1991年1期。
⑯ 《江漢考古》1991年1期。
⑰ 《西北師大學報》1993年6期。
⑱ 《史語所集刊》34本,"中研院"(臺北)1963年。
⑲ 《湖北大學學報》1991年1期。
⑳㉓ 《容庚先生百年誕辰紀念文集》,廣東人民出版社,1998年。
㉑ 《語言學論叢》第六輯,商務印書館,1980年。
㉒ 《古文字論集》,中華書局,1992年。
㉔ 《南京師大學報》(社科版)1994年4期。
㉕ 《唐蘭先生金文論集》,紫禁城出版社,1995年。
㉖ 《華學》第二輯,中山大學出版社,1996年。
㉗ 《語言研究》1996年2期。
㉘ 《中國語言學報》第八期。
㉙ 《古漢語研究》1989年2期。

"在"字①、《說气》②、汤餘惠《洀字別議》③、《金文中的"敢"和"毋敢"》④、劉釗《釋金文中從夗的幾個字》⑤、劉雨《金文中的饔祭》⑥、李海榮《也談饔祭》⑦、陳劍《釋西周金文的"䵼（贛）"字》⑧、《說慎》⑨、陳偉武《舊釋"折"及從"折"之字平議——兼論"慎德"和"慎終"問題》⑩、陳美蘭《談"慎"字的考釋及典籍中四個"慎"字的誤字》⑪、舒大剛《周易、金文"孝享"釋義》⑫、張振林《金文"易"義商兌》⑬、黃錫全《金文"滅甯"試解》⑭、江林昌《西周金文"履"字探源》⑮、洪颺《金文中的"履"字及其演變發展》⑯、鄧飛《甲骨文、金文"追、逐"用法淺析》⑰、唐鈺明《金文複音詞"左右"源流考》⑱、陳英傑《兩周金文之"追、享、鄉、孝"正義》⑲、《金文中"叚"字及其相關文例的討論》⑳、《談金文中䚏、召、卲、邵等字的意義》㉑、《金文"順"字説略》㉒、張富海《金文"匍有"補説》㉓、王晶《西周金文"訊"字解》㉔、商豔濤《金文中"征"值得注意的用法》㉕、《金文軍事用語釋義二則》㉖、《金文中的"征"》㉗、羅端《從甲骨、金文看"以"字語法化的過程》㉘、張世超《西周訴訟銘文中的"許"》㉙等。

---

① 《第二屆國際暨第四屆全國訓詁學學術研討會論文集》，台灣師範大學，1998年。
② 《中國文字》新廿六期，藝文印書館（臺北），2000年。
③ 《容庚先生百年誕辰紀念文集》，廣東人民出版社，1998年。
④ 《中國古文字研究》第一輯，吉林大學出版社，1999年。
⑤ 《中國文字》新十九期，藝文印書館（臺北），1994年。
⑥ 《故宮博物院院刊》1998年4期。
⑦ 《中原文物》1999年4期。
⑧ 《北京大學古文獻研究所集刊》第1輯，北京燕山出版社，1999年。
⑨ 《簡帛研究》，廣西師範大學出版社，2001年。
⑩ 《古文字研究》第二十二輯，中華書局，2000年。
⑪ 《中國文字》新廿九期，藝文印書館（臺北），2003年。
⑫ 《周易研究》2002年4期。
⑬ 《古文字研究》第二十四輯，中華書局，2002年。
⑭ 《中國文字》新廿八期，藝文印書館（臺北），2002年。
⑮ 《中國文化研究》1999年1期。
⑯ 《錦州師範學院學報》（哲學社會科學版）2002年1期。
⑰ 《殷都學刊》2002年4期。
⑱ 《康樂集——曾憲通教授七十壽慶論文集》，中山大學出版社，2006年。
⑲ 《北方論叢》2006年1期。
⑳ 《中國文字》新三十期，藝文印書館（臺北），2002年。
㉑㉓ 《中國文字研究》第二輯，大象出版社，2007年。
㉒ 《北方論叢》2009年5期。
㉔ 《西南民族大學學報》2007年4期。
㉕ 《華南師範大學學報》（社會科學版）2007年5期。
㉖ 《寧夏大學學報》（人文社會科學版）2009年1期。
㉗ 《語言科學》2009年2期。
㉘ 《中國語文》2009年1期。
㉙ 《中國文字研究》第十四輯，大象出版社，2011年。

匯集一類相關動詞進行釋讀辨正是金文動詞研究的另一種形式，如徐中舒《金文嘏辭釋例》①、陳公柔《西周金文訴訟辭語釋例》②、鄧飛《西周金文軍事動詞研究》③、《西周金文軍事動詞的來源和時代淺析》④、《兩周金文軍事動詞語法分析》⑤、商豔濤《金文中的俘獲用語》⑥、《金文中的巡省用語》⑦、莊惠茹《兩周金文"克V"詞組研究》⑧、彭佩玲《東周金文所見"康寧"類嘏辭探論》⑨、武振玉《兩周金文助動詞釋論》⑩、《兩周金文中的祈求義動詞》⑪、《兩周金文心理動詞試論》⑫、《殷周金文中的征戰類動詞》⑬、《兩周金文中的運動類動詞》⑭、《兩周金文"承繼"類動詞試論》⑮、《兩周金文中的"奉事"類動詞》⑯等。同時一些研究禮制等問題的成果也會對涉及的一系列相關動詞進行討論，如劉雨《西周金文中的大封小封和賜田里》⑰、《西周金文中的祭祖禮》⑱、《西周金文中的軍禮》⑲、《西周金文中的軍事》⑳、陳公柔《西周金文中所載約劑的研究》㉑、《西周金文中的法制文書述例》㉒、呂建昌《金文所見有關西周軍事的若干問題》㉓、淩宇《金文所見西周賜物制度及用幣制度初探》㉔、應萌《金文所見西周貢賦制度及相關問題的初步研究》㉕、連劭名《金文所見西周時代的法律史料》㉖、吳紅松《西周金文賞賜物品及其相關

---

① 《史語所集刊》6本1分中央研究院，1936年。
② 《第三屆國際古文字學研討會論文》，香港中文大學，1997年。
③ 西南師範大學2003年碩士學位論文。
④ 《西華師範大學學報》(哲學社會科學版)2005年2期。
⑤ 《樂山師範學院學報》2008年6期。
⑥ 《語言科學》2007年9期。
⑦ 《殷都學刊》2007年4期。
⑧ 《中國文字》新廿八期，藝文印書館(臺北)，2002年。
⑨ 《華學》第九、第十輯。
⑩ 《殷都學刊》2008年4期。
⑪ 《瀋陽師範大學學報》2008年4期。
⑫ 《華夏文化論壇》第四輯，吉林大學出版社，2009年。
⑬ 《北方論叢》2009年4期。
⑭ 《古籍整理研究學刊》2009年4期。
⑮ 《社會科學輯刊》2010年6期。
⑯ 《長安學術》第二輯，商務印書館，2011年。
⑰ 《中國考古學論叢》，科學出版社，1993年。
⑱ 《考古學報》1989年4期。
⑲㉒ 《容庚先生百年誕辰紀念文集》，廣東人民出版社，1998年。
⑳ 《胡厚宣先生紀念文集》，科學出版社，1998年。
㉑ 《第二屆國際中國古文字研討會論文集》，香港中文大學，1993年。
㉓ 《軍事歷史研究》2001年1期。
㉔ 武漢大學2004年碩士學位論文。
㉕ 中國社會科學院研究生院2004年碩士學位論文。
㉖ 《文物春秋》2006年5期。

問題研究》①、《西周金文土地賞賜述論》②、金信周《兩周頌揚銘文及其文化研究》③、景紅豔《西周賞賜制度研究》④、劉傳賓《西周青銅器銘文土地轉讓研究》⑤、白冰《論金文軍禮系列字》⑥、嚴志斌《商代賞賜金文研究》⑦等。

全面研究的有胡雲鳳《殷商金文動詞研究》⑧、寇占民《西周金文動詞研究》⑨、武振玉《殷周金文動詞類釋》⑩。

總結已有的金文動詞研究成果,可以看出,具體詞語的釋讀訓釋比詞義角度的系統研究成果豐碩,其特點是多關注焦點性疑難詞語,直接目的多是為了通讀銘文,並據以探討相關歷史或禮制問題。語言角度的動詞詞義系統探索則起步較晚,近年來有了很大發展,一是研究範圍明顯擴大,不僅限於疑難詞語,一般常用詞語也逐漸成為研究焦點;二是開始關注動詞的詞義系統性,理論色彩越來越濃。但總體成果尚有限,尚待探索的問題還有很多,相信隨着學界對出土文獻語料的日益重視以及更多的學者投身這一領域,兩周金文動詞研究會取得更豐碩的成果。

第二節　兩周金文動詞概況及相關說明

漢語動詞的分類標準,一直是學界探討的焦點問題。以《馬氏文通》為代表的早期語法著作多傾向於從意義角度對動詞進行分類說明。20世紀80年代以後,各家開始傾向於根據動詞的語法功能對其進行分類。但是由於漢語動詞缺乏典型的形態變化,無法做到單純依據語法標準進行恰當的分類,故學界現多傾向於採用語法功能和語義相結合的標準對動詞進行分類。但是針對出土文獻的動詞分類,因為其動詞內容的特殊性,現有各家所採取的標準實各有不同。或採取語法功能與語義相結合的標準分類,但在標準的層次使用上略有不同。如張玉金首先據語法功能和語義相結合的標

---

① 安徽師範大學2006年博士學位論文。
② 《安徽農業大學學報》2008年6期。
③ 復旦大學2006年博士學位論文。
④ 陝西師範大學2006年博士學位論文。
⑤ 吉林大學2007年碩士學位論文。
⑥ 《五邑大學學報》(社會科學版)2007年1期。
⑦ 《南方文物》2008年4期。
⑧ 《2004年安陽殷商文明國際學術研討會論文集》,社會科學文獻出版社,2004年。
⑨ 首都師範大學2009年博士學位論文。
⑩ 《古文字研究》第二十八輯,中華書局,2010年。

準將甲骨文動詞分為動作行為、心理活動、存現消失、能願、趨向五類，然後在動作行為動詞下再據語義內容進一步分為運動、取予、動作、視聽、言語、使令、飲食、盥洗、住休、疾夢、生育、婚娶、農事、田牧、工事、徵集、監伺、行軍、征伐、侵擾、防禦、擒獲、傷害、刑罰、休咎、天象、祭祀、貞卜等細類[①]。楊逢彬首先據語義將殷墟甲骨文中的動詞分為非祭祀動詞和祭祀動詞兩大類，然後據語法功能和語義標準將非祭祀動詞分為行為動詞、趨止動詞、感知心理動詞、狀態動詞、存在動詞、類同動詞六類，前四類內部再據不及物和及物性進行下一層次的劃分[②]。凌雲分為行為、趨止、心理感知、能願、狀態、存在六類；其文後面的常用動詞研究則分為生活類、軍事屯戍類兩組[③]。王穎第二章動詞部分將包山楚簡中的動詞分為行為動詞、趨止動詞、感知動詞、狀態動詞、存在動詞、能願動詞六類，其中前四類內部再據不及物和及物性分為兩部分[④]。寇占民將西周金文動詞首先分為普通動詞和特殊動詞兩大類，普通動詞再分為行為動詞、趨止動詞、狀態動詞、能願動詞、存現動詞、情感動詞六類，特殊動詞則分為祭祀動詞、類同動詞、使令動詞、像似動詞四類。行為動詞等內部則依據動詞的及物和不及物性質進行再分類[⑤]。或採取單純的語義標準進行分類（主題分類），如陳年福首先據語義將甲骨文動詞分為行為動詞、生活動詞、生產動詞、軍事（包括刑法）動詞、休咎動詞、天象動詞、祭祀動詞、貞卜動詞八類；然後將行為動詞分為存現、動作、能願、視聽、運動、言語、使令、取予、心理九個細類，將生活動詞分為飲食、疾夢、盥洗、生育和婚娶、住休五個細類，將生產動詞分為農事、工事、田牧三個細類，將軍事（包括刑法）動詞分為徵集、防禦、監伺、擒獲、行軍、傷害、征伐、刑法、侵擾九個細類，而休咎動詞、天象動詞、祭祀動詞、貞卜動詞則不再劃分細類[⑥]。胡雲鳳依據詞義和辭例將殷商金文中的40個動詞歸為祭祀動詞、軍事動詞、行為動詞（含動作類、視聽類、使令類、給予類）、生產動詞、生活動詞五類[⑦]。徐力分為生產勞動、日常生活類，文化禮俗、祭祀迷信、文化教育類，內政外交，戰爭軍事類，言語声音、心理认知类，人体生命类，一般和抽象

[①] 《甲骨文語法學》，學林出版社，2001年。
[②] 《殷墟甲骨刻辭的詞類研究》，花城出版社，2003年。
[③] 《〈居延漢簡〉動詞研究》，西南大學2007年碩士學位論文。
[④] 《包山楚簡詞彙研究》，廈門大學出版社，2008年。
[⑤] 《西周金文動詞研究》，首都師範大學2009年博士學位論文。
[⑥] 《甲骨文動詞詞彙研究》，巴蜀書社，2001年。
[⑦] 《殷商金文動詞研究》，《2004年安陽殷商文明國際學術研討會論文集》，社會科學文獻出版社，2004年。

行為動詞类,使令能愿类,存在变化类共八類①。金河鐘將殷商金文動詞按詞義分為行為、生活、生產、軍事、祭祀五類,行為動詞下含運動動作類、視聽類、言語使令類、取予類、存現類、心理類②。丁瑛按語義類別將西周金文中的動詞分為心理活動、社會活動、人體動作和事物的運動與變化四大類。各類內部繼續以語義標準進行分類,心理活動分為情感活動、理解活動、意願活動三類,社會活動分為軍政活動、交際行為、生活行為、占卜祭祀民間信仰活動、法律活動、教育文化、邪惡行為七類,人體動作分為頭部動作、四肢動作兩類,事物的運動與變化分為物體靜態、物體動態、運動始終、事物關係、抽象變化五類③。劉翠翠分成人物活動、事物運動及變化兩類。人物活動包括肢體動作、軍政活動、交際行為、生活行為、教育活動、宗教活動、情感活動、理解活動八類;事物的運動及變化包括物體的動態與靜態、事物關係、抽象變化三類④。據上可見,針對出土文獻的動詞研究明顯傾向於依據語義內容對動詞進行分類,這與出土文獻動詞內容的特定性有密切關係,同時也是充分考慮到了出土文獻的各方面利用問題。本書亦側重於兩周金文各類動詞所反映的語義內涵,在參考各家動詞分類的基礎上,將兩周金文中的動詞首先分為動作行為類、社會生活類、日常生活類三大類。動作行為類又分為運動類、取予類、言語類、視聽類、使令類、存在變化類、心理類和能願動詞八類。其中運動類有 47 詞(單義詞 23 個、多義詞 24 個),總出現頻次為 647 次(5 次以下的 29 詞、6 至 20 次的 10 詞、20 次以上的 8 詞);取予類有 56 詞(單義詞 24 個、多義詞 32 個),總出現頻次為 762 次(5 次以下的 33 詞、6 至 20 次的 17 詞、20 次以上的 6 詞);言語類有 38 詞(單義詞 19 個、多義詞 19 個),總出現頻次為 869 次(5 次以下的 28 詞、6 至 20 次的 2 詞、20 次以上的 8 詞);視聽類有 18 詞(單音詞 5 個、多義詞 13 個),總出現頻次為 105 次(5 次以下的 9 詞、6 至 20 次的 9 詞);使令類有 2 詞出現 65 次;存在變化類有 46 詞(單義詞 36 個、多義詞 10 個),總出現頻次為 749 次(5 次以下的 35 詞、6 至 20 次的 6 詞、20 次以上的 5 詞);心理動詞有 57 詞(單義詞 47 個、多義詞 10 個),總出現頻次為 484 次(5 次以下的 36 詞、6 至 20 次的 14 詞、20 次以上的 7 詞);能願動詞有 7 詞(單義詞 3 個、多義詞 4 個),總出現頻次為 130 次(10 次以下的 5 詞、40 次以上的 2 詞)。社會生活類又分為軍事類、奉事類、治理類、祈勻類和祭祀類五類。其中軍事類有 82 詞(單義

---

① 《春秋金文詞彙系統研究》63 頁,華東師範大學 2007 年碩士學位論文。
② 《殷商金文詞彙研究》229 頁,山東大學 2008 年博士學位論文。
③ 《西周金文語義系統研究》98 頁,華東師範大學 2010 年碩士學位論文。
④ 《戰國金文詞彙研究》,華東師範大學 2010 年碩士學位論文。

詞47個、多義詞35個),總出現頻次為487次(5次以下的63詞、6至20次的13詞、20次以上的6詞);奉事類有90詞(單義詞52個、多義詞38個),總出現頻次為605次(不含"寶";5次以下的56詞、6到20次的29詞、20次以上的5詞);治理類有147詞(單義詞77個、多義詞70個),總出現頻次為536次(5次以下的126詞、6到20次的20詞、20次以上的1詞);祈匄類有9詞(單義詞3個、多義詞6個),總出現頻次為213次(10次以下的6詞、30次以上的3詞);祭祀類有35詞(單義詞26個、多義詞9個),總出現頻次為563次(5次以下的23詞、6到20次的9詞、20次以上的3詞)。日常生活類又分為飲食住休類、勞作貿易類和禮俗類三類,其中飲食住休類有46詞(單義詞36個、多義詞10個),總出現頻次為349次(不含"用";5次以下的33詞、6到20次的10詞、20次以上的3詞);勞作貿易類有47詞(單義詞33個、多義詞14個),總出現頻次為378次(不含"作";5次以下的36詞、6到20次的6詞、20次以上的5詞);禮俗類有10詞(單義詞5個、多義詞5個),總出現頻次為344次(10次以下的7詞,70次以上的3詞)。

　　詞目數量上,動作行為類有271詞,社會生活類有363詞,日常生活類有103詞。動作行為類依次為心理類(57詞)、取予類(56詞)、運動類(47詞)、存在變化類(46詞)、言語類(38詞)、視聽類(18詞)、能願動詞(7詞)、使令類(2詞);社會生活類依次為治理類(147詞)、奉事類(90詞)、軍事類(82詞)、祭祀類(35詞)、祈匄類(9詞);日常生活類依次為勞作貿易類(47詞)、飲食住休類(46詞)、禮俗類(10詞)。從中可以看出兩周金文動詞所涵蓋的社會生活面是很廣泛的。而治理類、奉事類、軍事類、取予類動詞的多見一方面折射出兩周時期特定的社會生活信息,同時也與銘文內容的特殊性有一定關係。

　　各類動詞平均每個義項的出現頻率如下:禮俗類34.4,使令類32.5,祈匄類23.66,言語類17.70,祭祀類16.55,能願類16.25,存在變化類14.68,運動類13.00,取予類12.50,心理類8.20,奉事類6.237,軍事類5.857,視聽類4.0,治理類3.228,勞作貿易類7.875,日常生活類7.425。具體又有下述幾種情況:一是有些類別詞目數量雖不是很多,但個別詞的出現頻率比較高,如言語類的揚$_2$、蔑歷、呼、對揚、曰、命$_2$,存在變化類的有、無、在,取予類的賞、擇、賜$_1$,運動類的至$_1$、立$_1$、即$_1$、行、入$_1$、各$_2$,祭祀類的祀、孝、享$_1$,勞作貿易類的為$_2$、造、鑄①;祈匄類的匄$_1$、祈,心理類的樂、敬、肇$_2$,飲食住休類

---

① 勞作貿易類的"用、作",因數量過多,暫未包括在相關數量統計中。

的饗、饋、飲，禮俗類的䞨、稽首、拜；二是詞目數量本身就可觀，如奉事類、治理類、軍事類；三是詞目數量和出現頻率均較低，如能願動詞、視聽類、使令類。從個體詞角度看，兩周金文中的動詞普遍出現頻率較低，如出現頻率在5次以下的有385詞（1次187詞、2次76詞、3次53詞、4次38詞、5次的31詞）；出現6次至30次之間的有159詞（6次19詞、7次16詞、8次12詞、9次14詞、10次17詞、11至19次60詞、20至29次21詞）；30至99次之間的36詞，100次以上的有8詞。

从詞義分佈看，運動類有單義詞23個、多義詞24個，取予類有單義詞24個、多義詞32個，言語類有單義詞19個、多義詞19個，視聽類有單音詞5個、多義詞13個，使令類有單義詞2個，存在變化類有單義詞36個、多義詞10個，心理類有單義詞47個、多義詞10個，能願動詞有單義詞3個、多義詞4個，軍事類有單義詞47個、多義詞35個，奉事類有單義詞52個、多義詞38個，治理類有單義詞77個、多義詞70個，祈匄類有單義詞3個、多義詞6個，祭祀類有單義詞26個、多義詞9個，日常生活類有單義詞74個、多義詞29個。從各類內部看，有些類別中單義詞和多義詞的比例相差不很明顯，如運動類、取予類、言語類、軍事類、治理類、能願動詞；有的類別中單義詞和多義詞的比例相差明顯些，如視聽類、存在變化類、心理類、奉事類、祈匄類、祭祀類、日常生活類。從總體上看，兩周金文中的動詞以單義為主（近三分之一），多義詞又以含兩個義項的為主（占五分之三），從中可以看出兩周金文動詞的詞義特點，即詞義系統總體相對簡單。

從時間分佈看，西周時期有599詞（義項）出現5349次（西早1004例、西早或中17例、西中1725例、西中或晚36例、西晚2229例、西周338例）；東周時期有416詞（義項）出現1984次（春秋1355例、戰國629例）。具體而言，同時見於西周和東周時期的有223詞（義項）出現5038次（西早635例、西早或中9例、西中1021例、西中或晚28例、西晚1529例、西周324例、西晚或春早11例、春秋1131例、戰國350例）；只見於西周的有376詞（義項）出現1803次（西早369例、西早或中8例、西中704例、西中或晚8例、西晚700例、西周14例）；只見於東周的有193詞（義項）出現492次（春秋213例、春晚或戰早1例、戰國278例）。從總體出現頻次看，依次為西晚（2229例）、西中（1725例）、春秋（1355例）、西早（1004例）、戰國（629例）。總體上看，西周和東周詞目數量雖相差不很懸殊，但出現頻次卻相差明顯，即西周時期高頻詞相對多些，而東周時期各詞普遍出現頻次較低。從各類別的時間分佈看，西周用例多於東周的為言語類占96%；禮俗類占84%；軍事類占83%；取予類占83%；奉事類占79%；運動類占78%；能願類占

75％；治理類占 75％；使令類占 72％；祭祀類占 69％；存在變化類占 65％；視聽類占 62％；祈匄類占 62％；心理類占 57％。東周用例多於西周的為日常生活類占 62％；勞作貿易類占 63％。非常明顯，大部分類別的動詞均多見於西周時期，這與西周時期器物數量多有關，同時也與兩個時期銘文的內容有關。

相關說明：

1. 本書的語料來源主要為《殷周金文集成》，同時補充了劉雨、盧岩《近出殷周金文集錄》《近出殷周金文集錄二編》和新出銅器中的重要器銘。所引銘文例句，以張亞初《殷周金文集成引得》和華東師範大學中國文字研究與應用中心編《金文引得》（殷商西周卷和春秋戰國卷）為主要依據，同時參考各家考釋意見。對有不同意見且關涉相應詞詞性及詞義判定者，一般在正文中予以辨析說明；對所討論之詞及其詞義影響不明顯者，則暫不予以討論或以腳註方式加以說明。同類例句的排列以時代為序，銅器斷代主要據《殷周金文集成》。

2. 銘文用字的寫定儘量採用與原篆相同的隸定，以顯示銘文的用字風格，同時在括弧中標明其對應的通行字。對殘泐或難以隸定的僻難字，在不影響相關詞性及詞義判定的前提下以"□"代替。對已有隸定但意見不同的，選擇一種相對公認的看法。

3. 所引銘文例句中，"□"表示無法隸定或沒有確釋的字，"……"表示省略，字外加"【】"表示按照文例擬補的字，"?"表示對所釋之字有所懷疑。

4. 兩周金文異體字較多，本書因重點在探討動詞系統，故對異體現象不做文字方面的特別說明，每組異體字均按一個詞來統計。假借字是記錄本字所代表的那個詞，故對假借字亦當作本字所代表的詞來統計。

5. 有不同義位的多義詞，因其各義位具體詞義不同而被分別歸入了各主題類別，形式上以阿拉伯數字下標加以區別，如：征$_1$（遠行）、征$_2$（征伐）。在研究義類聚合時歸入不同類別的動詞中，但在統計動詞數量時，仍計為一個動詞。但同音詞的二詞之間並無詞義聯繫，如表示"至"義的"造"和表示"製造"義的"造"，是完全不同的兩個詞，故形式上雖標記為"造$_1$"和"造$_2$"，但在統計詞目數量時則記為兩個詞。

6. 本書對兩周金文動詞的梳理限於已有定論或已有傾向性結論的動詞，釋讀意見較為分歧的動詞暫不涵蓋。

7. 為行文方便，對所涉及的人名，均直書其名，不綴以"先生"等稱謂，敬請諒解。

8. 書中使用了一些簡稱，書後附有"引書簡稱表"。

第二章　動作行為類動詞

第一節　運動類動詞

此類動詞大都具有一定的方向性,據運動的方向性可將之大別為如下五類。

一、表示由彼及此方向的

來₁:11例(西中①₅、西晚₃、春秋₂、戰國₁)。主要構成連動式(10例),如:蠡(螞)來遘(覯)於妊氏,妊氏令蠡(螞)事俘(保)厇(厥)家(5·2765 螞鼎,西中);或用介詞引進動作的處所(1例):白(伯)雖(雍)父來自鈇,蔑彔歷,易(賜)赤金(8·4122 彔作辛公簋,西中)。

歸:11例(西早₆、西中₁、西中或晚₁、西晚₂、春晚₁)。或充當謂語(7例),如:唯歸,遟(揚)天子休,告亡尤(11·6015 麥方尊,西早);或用介詞引進处所(4例),如:王歸自成周,雁(應)医(侯)視工遺王於周(1·107 應侯視公鐘,西中或晚)。

反(返):9例(西早₁、西晚₅、春秋₁、戰國₂),或見於連動式中(4例),如:山撵(拜)頴首,受冊佩目(以)出,反(返)入(納)堇(瑾)章(璋)(5·2825 膳夫山鼎,西晚);或充當謂語(2例),如:為鄂(鄂)君啟之賈(府)賦鑄金節,車五十乘,哉(歲)䊮(一)返(18·12110 鄂君啟車節,戰國);或用介詞引進處所(2例),如:在十又一月,公返自周(保員簋,西早,《近出》第二冊368頁)。

還₁:5見(西早₂、西中₁、西晚₂),或充當謂語(4例),如:唯三月,白懋父北征,唯還,呂行蕶(捷),孚(俘)貝(15·9689 呂行壺,西早);或用介詞引進處所(1例):王南征,伐角僑(漃),唯還自征,才(在)坉(5·2810 鄂侯鼎,西晚)。

復₁:表"返回"義,2見(西早₁、西中₁),如:雩厇(厥)復歸,才(在)牧師(次),

---
① "西中"表示"西周中期"。西中₅,右下角的數位表示出現頻率,後同。

白(伯)懋父承王令昜(賜)自(師)率征自五齵貝(8·4238—4239小臣謎簋,西早)。

立(涖):表"涖臨"義,2見(西中₁、春秋₁),如:乎(厥)書史斲武立(涖)盠(盉)成暨,鑄保(寶)殷(簋),用典格白(伯)田(8·4262格伯簋,西中)。

臨₂:涖臨義,1器2見:乙卯,王饗荇京,王襗,辟舟臨舟龍。咸襗,伯唐父告備。王各,乘辟舟,襗禓白旗(伯唐父鼎,西中,《近出》第二冊220頁)。①

各₂:表"使……來"義,12例(西早₃、西中₃、西晚₅、春秋₁),以帶賓語為主(10例),如:寧肇祺(其)乍(作)乙考障(尊)殷(簋),用各百神,用妥(綏)多福,世孫子寶(7·4021—4022寧簋蓋,西早)。賓語主要為"百神、大神、前文人、祖考、多公"等。不帶賓語的很少(2例),如:遣乍(作)寶障(尊)鼎,其萬年用卿(饗)各(3·361遣鼎,西早)。

二、表示由此及彼方向的

(一)表示"往"義的

於:7見(西早₅、西中₁、西晚₁),有"於+處所詞"和"於+動詞"兩種形式,前者如:癸卯,王來奠新邑,旬又四日丁卯,□自新邑於闌(5·2682新邑鼎,西早)。陳夢家謂:"'□自新邑於闌',所缺或系作器者名。'自某於某'乃自某地往某地,卜辭有其例,於義為往";陳邦懷謂:"'自'上磨滅一字,當是人名,亦即作鼎之主人。'於',《爾雅》及《詩經》毛傳皆訓'往',可不必釋遷。"②後者如:隹(唯)九月既望庚寅,楷白(伯)於遘王,休亡尤,朕辟天子,楷白(伯)令乎(厥)臣獻金車(8·4205獻簋,西早)。

來₂:表"往"義,3見(西早₃),如:隹(唯)公大(太)保來伐反尸(夷)年,才(在)十又一月庚申,公才(在)盩自(次),公昜(賜)旅貝十朋(5·2728旅鼎,西早)。《宰甫卣》(10·5395殷)有"王來獸自豆彔(麓)"句,《金文常用字典》(602頁)釋為"出";《小臣俞尊》(11·5990殷)有"唯王來征人(夷)方"句,《金文常用字典》(602頁)釋為"出",《簡明金文詞典》(190頁)謂:"表示動作的趨向"。

往:3見(西中₁、西晚₁、春晚₁),如:二月既死霸壬寅,王償往東(晉侯蘇編鐘,西晚,《近出》第一冊59頁)。

---

① 前一個"臨"所在的句子或在"臨"前點斷,如張政烺《伯唐父鼎、孟員鼎、甑銘文釋文》(《考古》1989年6期551頁)、劉桓《也談伯唐父鼎銘文的釋讀——兼談殷代祭祀的一個問題》(《文博》1996年6期27頁)。

② 陳夢家《西周銅器斷代》(65頁)、陳邦懷《金文叢考三則》(《文物》1964年2期49頁)。或釋為"在"義,如唐蘭《史徵》(45頁)作:□自新邑,於東。翻譯為"從新邑回來,在東的地方";王恩田《"成周"與西周銅器斷代——兼說何尊與康王遷都》(《古文字學論稿》41頁)謂:"'於東','於'是表處所的介詞,在也。"或釋為"至"義,如黃天樹《保利藝術博物館收藏的兩件銅方鼎筆談》(《黃天樹古文字論集》472頁)作:……自新邑於闌。謂:"銘文大意是說:……從新邑抵達闌。"

女(如):表"往"義,3見(西早₂、西中₁),如:王女(如)上侯,師艅(俞)从,王□功,易(賜)師艅(俞)金(11·5995師俞尊,西早)。

叡、徣(徂):表"往"義,2見(西晚₁、戰國₁),如:陟雩(越)叡(徂)□陕日(以)西,弄(封)於敝(城)楮木,弄(封)於罄㴬,弄(封)於罄□(16·10176散氏盤,西晚)。郭沫若謂:"叡讀如《詩·雲漢》'自郊徂宮'、《綠衣》'自堂徂基'、'自羊徂牛'之徂。"陳夢家引《說文》"徂,往也"為證,且謂"由此可知涉水為涉,履平地為徂";陳世輝、湯餘惠謂:"叡,通徂,往"。①

(二)表"至"義的

各₁:94例(西早₁₄、西中₄₄、西中或晚₁、西晚₃₄、西周₁),基本都帶處所賓語(91例),如:旦,王各大室,即立(位),宰倗父右聖人門立中廷,北卿(嚮)(8·4272望簋,西中);偶爾單獨充當謂語(3例),如:旦,王各,益公入右(佑)旬(8·4321旬簋,西晚)。

至₁:37例(西早₁₀、西中₂、西晚₂₂、春秋₂、戰國₁),主要有"至+於+處所詞"(26例)和單獨充當謂語(10例)兩種,前者如:師雍(雍)父宿道至於斟,寰從,其父蔑寰歷,易(賜)金(5·2721寰鼎,西中);後者如:隹(唯)王伐逨魚,徂伐淖黑,至,寮於宗周(8·4169庸伯馭簋,西早)。

即₁:64例(西早₆、西中₂₇、西晚₃₁),基本都是"即+處所詞"形式(63例),如:隹(唯)廿年正月既望甲戌,王才(在)周康宮,旦,王各大室,即立(位)(16·10170走馬休盤,西中),"即"後的處所詞以"立(位)"居多(51例),其他處所詞較少。只有1例是用介詞"於"引進處所的(以人代地):唯四月既生霸戊申,甫即於氏,青公使嗣史艮贈甫於柬(甫盉,西早,《近出》三冊418頁943)。

就₂器19見,如:自鄦(鄂)生(往),就易(陽)丘,就邡(方)城,就象禾,就甾焚,就繇(鄗)易(陽),就高丘,就下鄡(蔡),就居鄭(巢),就郢(18·12110—12112鄂君啟車節,戰國)。舊多謂"庚"讀為"更",訓為"經歷"義②;今則釋為"就"③。

旨(詣):1見:王初執駒於岠(岸),王乎(呼)師虞召盠,王親旨盠,駒易(賜)兩(11·6011盠駒尊,西中)。郭沫若謂:"殆讀為詣,言王親到盠處";《通解》、張亞初同④。

---

① 郭沫若《大系考釋》(130頁)、陳夢家《西周銅器斷代》(347頁)、陳世輝、湯餘惠《古文字概要》(217頁注10)。

② 如郭沫若《關於鄂君啟節的研究》(《文物》1958年4期4頁)、於省吾《鄂君啟節考釋》(《考古》1963年8期445頁十二)、商承祚《鄂君啟節考》(《商承祚文集》318頁)、湯餘惠《戰國銘文選》(47頁注11)、《讀本》(179頁注9)、《銘文選(四)》(433頁注六)等。

③ 李零《古文字雜識(兩篇)》(《於省吾教授百年誕辰紀念文集》272頁)、李家浩《鄂君啟節銘文中的高丘》(《古文字研究》第二十二輯140頁注1)、王輝《釋𦥑、𦥽》(《古文字研究》第二十二輯147頁)、鄒芙都《楚系銘文綜合研究》(167頁)。

④ 郭沫若《盠器銘考釋》(《考古學報》1957年2期4頁)、《通解》(1150頁)、張亞初《引得》(115頁)。

蠚：1見：王才（在）宗周，令史頌敻（省）蘇（蘇），□友里君，百生（姓），帥（率）䣝（偶）蠚於成周（8·4232—4236史頌簋，西晚）。於省吾謂："蠚即戾，至也。"各家多從之。①

彶（及）₁：1見：格白（伯）遷，殷妊彶（及）□乎（厥）從格白（伯）反（按）彶（及）甸（8·4262佣生簋，西中）。相應句實有不同的斷句方式，但多數如上斷；或與下"殷"連讀，或在"彶"前點斷。② 譚戒甫作：乎從格伯反（按）彶甸殷。謂："彶，《說文》訓為'急行'，引申猶云達到。……此甸殷，當謂任、姒二姓的田即在殷邊的甸服內者，故他們跟着格伯巡行履勘，達到了甸殷的地方"。③

造₁：2見（西中₁、西晚₁），如：隹（唯）正月初吉丁卯，冕造（造）公，公易（賜）冕宗彝一肆（肆），易（賜）鼎二，易（賜）貝五朋（8·4159冕簋，西中）。陳夢家謂："第二行第一字亦見於上文令方彝、士上盉兩器。今釋為造，《廣雅·釋言》'造，詣也'，《說文》'造，就也'。造公猶詣公"；陳劍謂："冕簋□字當釋為意為'到……去'的動詞'造'"。④

（三）含有内外移動性的

行₁：76例（西中₁、西晚₉、春秋₅₅、戰國₁₁），有充當謂語（23例）和定語（53例）兩類。充當謂語的或單獨出現（8例），如：博（搏）伐厰（獫）狁（狁）於洛之陽，折首五百，執噝（訊）五十，是日（以）先行（16·10173虢季子白盤，西晚）；或"征、行"並見（12例），如：弔（叔）邦父乍（作）匠（簠），用征用行，用從君王（9·4580叔邦父簠，西晚）；或"征行"連用（3例），如：侯（侯）母乍（作）侯（侯）父戎壺，用征行，用求福無疆（疆）（15·9657侯母壺，春早）。充當定語的集中於春秋時期（41例），如：邛立宰孫弔（叔）師父乍（作）行具，眉壽萬年無疆（疆）（15·9706孫叔師父壺，春秋）⑤。

征₁：22例（西早₂、西中₁、西晚₄、春秋₁₃、戰國₂），基本都充當謂語（21

---

① 於省吾《吉金文選》（188頁）、張亞初《周厲王所作祭器胡簋考——兼論與之相關的幾個問題》（《古文字研究》第五輯151頁）、《甲骨金文字典》（771頁）、《銘文選（三）》（300頁）、《通解》（2492頁）、《類檢》（140頁）。

② 如譚戒甫作：乎從格伯反（按）彶甸殷。裘錫圭《西周銅器銘文中的履》（《古文字論集》364頁）作：殷妊彶（及）□乎從格伯安，彶甸殷……。

③ 譚戒甫《〈格伯簋銘〉綜合研究》，《金文文獻集成》28冊410頁。

④ 陳夢家《西周銅器斷代》（79頁）、陳劍《釋造》（《甲骨金文考釋論集》176頁）。

⑤ 鄒芙都《楚系銘文綜合研究》（49頁）謂："'行'為盂之修飾語，表盂之用途。行用來修飾器名，常見於鼎、簋、匜、壺、鐘、戈等器前。關於行器的用途，李純一在論述行鐘時曾指出，行鐘與歌鐘有別……。其他行器筆者認為也應與此相仿，行戈是出征所用兵器，行鼎、行壺等是出行的禮器或生活實用器，行器當與出行或戰爭有密切關係。"或釋為"用"，如《甲骨金文字典》（155頁）、《金文常用字典》（213頁）、《通解》（424頁）。《通解》謂：銅銘中言"行壺""行舵""行鼎""行彝""行器"……"行"皆為動詞性修飾語，其義則為用也。

例),或與"行"同見(15例),或單獨出現(6例),如:虢宮父作盤,用從永征(虢宮父盤,西晚,《近出》第四冊10頁);衛姒乍(作)鬲,曰(以)從永征(3·594衛姒鬲,春早)。充當定語的1見:巂(紀)白(伯)子㝬父乍(作)其延(征)盨,甘(其)陰甘(其)陽,曰(以)延(征)曰(以)行,割(匃)鲁(眉)壽無彊(疆)(9·4442—4445紀伯子㝬父盨,春秋)。

彶:表"行"義,1見:唯正月初吉庚寅,晉侯對作寶尊彶盨(晉侯對盨,西晚,《近出》第二冊402頁503)。周亞謂:"《說文》:'彶,急行也',所以彶盨當與行盨同義。西周晚期的甫人盨銘:'為甫人行盨,用征用行……'是行盨用於征行。晉侯對盨銘'其用田獸',知其乃狩獵時所用。……由此可知,凡在田狩或征行等流動性活動時所用之器,可用彶、行、旅等字修飾器名,以表明器之用途";李曉峰謂:"'彶'字,從銘文辭例上看,與行、旅等字用法相似,可作為盨的修飾語,說明盨的用途"。①

迮₁:表"行"義,1見:□安之孫簿(鄝)大史申,乍(作)其造鼎(鼎)十,用延(征)台(以)迮,台(以)御賓客(5·2732鄝大史申鼎,春晚)。楊樹達作乍其造鼎十,用延台迮,台御賓客,子孫是若。謂:"文言用延以迮,延,《說文》訓長行。迮字從辵,與延同,亦當訓行";徐中舒謂:"迮,從乍從支從辵,仍與作同。……《簿鼎》云:'乍造鼎十,用征以迮,以御賓客,子孫是若。'迮,客若為韻,仍讀迮為作。作行也,《曾伯霂簠》云:'用征用行',文義正與此'用征以迮'同";《通解》謂:"迮:行。申鼎:用征以迮。……'迮'與'征'對文"。②

從₁:據詞義可分為兩類,一類表"跟隨、從行"義,主語為人,凡15例(西早₅、西中₄、西晚₄、春秋₂),不帶賓語(9例)和帶賓語(6例)相差不明顯,前者如:公叀(叔)初見於衛,賢從(7·4104—4106賢簋,西中);後者如:宴從厱父東,多易(賜)宴,宴用乍(作)朕文考日己寶殷(簋)(7·4118—4119宴簋,西晚)。一類表"隨行"義,皆修飾器名充當定語(西周35例、東周1例)③,如:內公作鑄從壺(15·

---

① 周亞《館藏晉侯青銅器概論》(《上海博物館集刊》第7期)、李曉峰《天馬——曲村晉侯墓地出土青銅器銘文集釋》(31頁)。

② 楊樹達《金文說》(191頁)、徐中舒《厱氏編鐘考釋》(《徐中舒歷史論文選輯》214頁)、《通解》(298頁)。

③ 張亞初《殷周青銅鼎器名、用途研究》(《古文字研究》第十八輯276頁)謂:從字可能包含兩種意思,一種可能是隨從、隨行之意,一種可能是引申為成套成組的列簋,從訓以類相從。宋代學者曾提出,從是對正鼎而言,從鼎就是陪鼎。器名之從見於鼎、甗、簋、尊、盉、觚等器,有些器是難以用陪鼎之類的說法來解釋的。《通解》(2038頁)亦認為"從"做定語,表"隨行之器"。張再興《近年新發表西周金文字形小考》(《中國文字研究》第十五輯17頁)謂:馬薇廎先生將"旅、行、征、從"歸為器名前的軍旅用詞一類,認為"從"就是隨行的意思。杜迺松先生認為"從"表示器物的性質,"銅器中的從器與行器應具有同樣的性質與作用"。從銘文來看,"从(從)"與"行"似乎具有時代上的互補關係。根據統計,器名前作定語的"从(從)"共76例,主要分佈在殷商和西周時期。……而這種用法的"行"共96例,絕大多數在春秋戰國時期。

9596 內公壺,西晚)。

出₁:10 例(西早₃、西晚₇),或見於連動式中(7 例),如:山撲(拜)頴首,受冊佩目(以)出,反(返)入堇(瑾)章(璋)(5·2825 膳夫山鼎,西晚);或用介詞引進處所(2 例),如:王出自成周,南征,伐屖子伐(?)桐潏(伯戏父簋,西早,張光裕《西周伯戏父簋銘識小》)①;或單獨充當謂語,如:楚公逆出,求厥用祀(楚公逆編鐘,西晚,《近出》第一冊 238 頁)。

出入:14 例(西早₈、西中₃、西晚₂、戰國₁),或見於連動式中充當第一動詞(後不帶賓語)(3 例),如:雩之庶出入事於外,專(敷)命專(敷)政,䚯(藝)小大楚(胥)賦。……屎自今,出入專(敷)命於外(5·2841 毛公鼎,西晚);或後帶處所賓語(1 例):女(如)載馬牛羊,台(以)出內(入)闡(關),則政(徵)於大廈(府),毋政(徵)於闡(關)(18·12113 鄂君啟舟節,戰國);或充當定語(10 例),如:白(伯)矩乍(作)寶彝,用言(歆)王出內(入)事(使)人(4·2456 伯矩鼎,西早)。

奔₁:2 見,如:易(賜)女(汝)井人奔於量(量),敬夙(夙)夜用事。(5·2836 大克鼎,西晚)

走:1 見:令眔奮先馬走,王曰:令眔奮,乃克至,余甘(其)舍女(汝)臣十家。(5·2803 令鼎,西早)

去₁:離去義,2 見(戰國₂),如:余糞(鄭)邦之產,少去母父,乍(作)鎣(鑄)飤器黃鐫。(5·2782 哀成叔鼎,戰早)

入、內(入)₁:凡 88 例(西早₄、西中₃₃、西中或晚₁、西晚₃₉、春秋₃、戰國₈),不帶賓語居多(53 例),如:隹(唯)王十又一月既生霸丁亥,㷱(榮)季入右卯立中廷(8·4327 卯簋蓋,西中)。多數見於連動式中充當第一動詞,其中"入右(佑)"最多見(42 例)。帶賓語的形式中,"入門"組合最多見(22 例),如:旦,王各大室,即立(位),宰佣父右堅入門立中廷,北卿(嚮)(8·4272 望簋,西中)。"入"後為其他處所詞的居少數(12 例),如:鼂(員)從史旗伐會(鄶),鼂(員)先內(入)邑,鼂(員)孚(俘)金,用乍(作)旅彝(10·5387 員卣,西早)。

先:表"先行"義,4 見(西早₃、戰國₁),如:正月,王才(在)成周,王徙於楚麓。令小臣夋先,省楚应。(5·2775 小臣夋鼎,西早)

三、表示上下方向的

登₁:1 器 2 見:內(入)陟翏,登於厂湶。……降目(以)南,弄(封)於同衛(道),陟州剛(崗),奉(登)㭺,降棫,二弄(封)。(16·10176 散氏盤,西晚)

乘:4 見(西早₂、西中₁、春秋₁),如:雩若翌(翌)日,才(在)璧滙(雝),王乘於舟為大豊(禮)。王射大龏,禽(擒)。辰(侯)乘於赤旂舟,從。(11·6015 麥方尊,西早)

———
① 《華學》第九、十輯 133 頁,上海古籍出版社,2008 年。

陟₁:1器5見:自瀗涉吕(以)南,至於大沽,一奉(封)。吕(以)陟,二奉(封)。……復涉瀗,陟雩(越)叡□陕吕(以)西,奉(封)於□諴(城)楮木。……内(入)陟芻,登於厂湶。……還,吕(以)西一奉(封)。陟剛(崗),三奉(封)。……陟州剛(崗),鞣(登)林,降械,二奉(封)。(16·10176 散盤,西晚)

降₁:4見(西早₁、西晚₃),如:王祀於天室,降,天亡又(佑)王。衣(卒)祀於王不(丕)顯考文王,事喜(禧)上帝。(8·4261 天亡簋,西早)

辶:1器3見:自鄿(鄂)生(往),逾沽(湖),辶瀾。……就爰陵,辶江内(入)湘。……内(入)欒(資)沅澧□,辶江,就木閒(關)(18·12113 鄂君啟舟節,戰國)。於省吾謂:"其稱辶者有三:一稱上漢,兩稱上江,辶即上,從辵表示行動之義,凡稱辶者,既專指幹流的江漢,又為逆流而上。"①各家多從之。

陟降:3見(西中₁、西晚₂),如:甘(其)各前文人,其瀕(頻)才(在)帝廷陟降,鬻(申)閻皇帝大魯命,用黔保我家朕立(位)軟身。(8·4317 軟簋,西晚)

四、含有"循"義的

遹:6見(西早₁、西中₁、西晚₄),如:王乎(呼)士曶召克,王親令克遹涇東至於京自(師),易(賜)克甸車馬。(1·204—205 克鐘,西晚)

述:1見:唯十又一月,趙自□自(次),述東陕,伐海眉(8·4238—4239 小臣謎簋,西早)。於省吾謂:"吳北江先生曰:述遹同字。克鐘王親命克遹涇東。遹猶循也";陳夢家、唐蘭皆引《說文》"述,循也"為證。②

帥(率)₃:表"循"義,1見:六月丙寅,王在豐,令太保省南國,帥(率)漢,徂(遂)殷南(太保玉戈,西周)。徐錫台、李自智謂:"'帥'同'率',循義";李學勤謂:"'帥'訓為循";王龍正、王宏偉翻譯相應句為:命太保爽沿漢江南下巡視南國。③

五、没有明顯方向性或方向性不固定的

步:1見:唯王卅又三年,王親遹省東國、南國。正月既生霸戊午,王步自宗周。(晉侯蘇編鐘,西晚,《近出》一册59頁)

涉₁:表"涉水"義,3見,如:自瀗涉吕(以)南,至於大沽,一奉(封),吕(以)陟,二奉(封),至於邊柳(柳),復涉瀗。(16·10176 散氏盤,西晚)

涉₂:表"經過"義,1見:殷奼彶□伻(厥)從格白(伯)叝(按)彶甸,殷谷杜木□谷

---

① 於省吾《鄂君啟節考釋》,《考古》1963年8期445頁注十二。
② 於省吾《吉金文選》(173頁)、陳夢家《西周銅器斷代》(21頁)、唐蘭《史徵》(240頁注6)。
③ 徐錫台、李自智《太保玉戈銘補釋》(《考古與文物》1993年3期75頁)、李學勤《太保玉戈與江漢的開發》(《走出疑古時代》139頁)、王龍正、王宏偉《班簋及濮侯玉戈銘文補釋》(《考古與文物增刊》2002年344頁)。

旅桑,涉東門。乎(厥)書史戢武立盉(畬)成塱。(8·4262格伯簋,西中)

遊₁表"行遊"義,3見(戰晚),如:氏(是)目(以)秉(寡)人毋(委)賃(任)之邦而去之遊,亡寴(懪)惕之息(慮)。(5·2840中山王䵼鼎,戰晚)

逾:1器4見:自鄢(鄂)徃(往),逾沽(湖),辻灘(漢)。就盾,就芭易(陽),逾灘(漢)。就郫,逾頵(夏),內(入)邔,逾江(18·12113鄂君啟舟節,戰國)。句中的"逾",或釋為"自此岸至彼岸"①,或釋為"順流而下"②。但均可歸入此類。

還₂:回轉義,1器2見:目(以)東,弄(封)於□東彊(疆)。還,弄(封)於眉(郿)衛(道)。……衛(道)目(以)東一弄(封),還,目(以)西一弄(封)。(16·10176散盤,西晚)

立₁:50例(西早₁、西中₂₄、西晚₂₅),如:王才(在)周,各大廟,即立(位)。□白(伯)右師兌入門,立中廷(8·4318—4319三年師兌簋,西晚)。除1例用介詞"於"引進處所外,餘皆為"立中廷"形式。

向:26例(西早₂、西中₁₄、西晚₁₀),如:南白(伯)入右裘衛入門,立中廷,北卿(嚮)。(8·4256廿七年衛簋,西中)

厂(按):表"巡行"義,1見:格白(伯)遷,殹妊彶□乎(厥)從格白(伯)厂(按)彶甸(8·4262佣生簋,西中)。相應句雖有不同的斷句,但各家多謂"厂"通"按",為"按行"義。③

第二節　取予類動詞

此類動詞依據詞義相關度可分為給予和獲取兩大類,前者據動作的方向性可進一步分為上對下的賜予类、下對上的獻納类和一般的付與類三种。

---

① 如於省吾《鄂君啟節考釋》(《考古》1963年8期445頁十二)謂:"其稱逾者有四:逾沽、逾漢、逾夏、逾江,凡稱逾者,指越過此水而達於彼處言之";商承祚《鄂君啟節考》(《商承祚文集》318頁)謂:"舟節凡所謂'逾',是指穿越,如逾漢、逾江,是自此岸渡至彼岸"。

② 如劉和惠《鄂君啟節新探》(《考古與文物》1982年5期61頁)謂:"在節文中,'逾'與'辻'是對應的兩個字,凡溯流而上,俱用'辻'字表達;凡順流而下,均用'逾'字說明";陳偉《鄂君啟節之"鄂"地探討》(《江漢考古》1986年2期89頁)謂:"'逾'為沿流順下。'逾'後所庚之地都在所由'逾'之處的下游";孫劍鳴《鄂君啟節》續考》(《金文文獻集成》第29冊332頁)謂:"由此看來,'逾'這一動詞,在《節銘》中只是用於沿流而下,並非只是表示更換一條水路"。

③ 楊樹達《金文說》(10頁)謂:"安,當讀如按行之按";譚戒甫《格伯簋銘》綜合研究》(《金文文獻集成》28冊410頁)謂:"厂,安的異文,楊樹達釋為按,甚是;此當是巡行之義";連劭名《佣生簋銘文新釋》(《人文雜誌》1986年3期80頁)謂:"安,楊樹達讀為按,訓為行";裘錫圭《西周糧田考》(《胡厚宣先生紀念文集》222頁)謂:"吳闓生《吉金文錄》釋'安'為'按視',似可從";《銘文選(三)》(144頁注三)謂:"厂即按。《字彙》'按,察行也'"。

一、給予類動詞

（一）賜予類

商、賣、商（賞）：48 例（西早₄₀、西周₁、西中₂、春秋₃、戰國₂），主要見於西周早期，以帶雙賓語為主（32 例），如：姜商（賞）令貝十朋、臣十家、鬲百人（8·4300 作冊夨令簋，西早）。其次是帶單賓語（12 例），如：白（伯）犀父蔑御史競歷，商（賞）金（8·4134—4135 御史競簋，西早）。"賞"的直接賓語（賞賜物）主要是"貝"，且賞賜品多為單項。不帶賓語的"賞"或充當賓語（3 例），如：揚辟商（賞），用乍（作）享□尊彞（4·2398□鼎，西早）；或用介詞"於"引進施事者（1 例）：賞於旞（韓）宗，令於晉公，卲（昭）於天子，用明則之於銘（1·157—1·161 厵羌鐘，戰早）。①

易、賜、錫、惕、賜（賜）₁：307 例（西早₁₀₀、西早或中₃、西中₁₁₉、西中或晚₁、西晚₇₅、春秋₈、戰國₁），基本見於西周時期，以帶雙賓語為主（207 例），如：匽（燕）庆（侯）易（賜）白（伯）矩貝，用乍（作）父戊隩（尊）彞（3·689 伯矩鬲，西早）。其次是帶單賓語（92 例），多數為指物名詞賓語（84 例），如：白（伯）雗（雍）父來自𣏟，蔑彔歷，易（賜）赤金（8·4122 彔作辛公簋，西中）；偶爾為抽象名詞（4 例）或指人名詞（4 例），如：歔（俞）甘（其）蔑歷，日易（賜）魯休（8·4277 師俞簋蓋，西晚）；隹（唯）正月初吉庚寅，宴從厥父東，多易（賜）宴（7·4118—4119 宴簋，西晚）。不帶賓語的形式中，"賜"或單獨充當謂語（5 例），如：易（賜）於武王乍（作）臣（5·2785 中方鼎，西早）；或充當定語（3 例），如：對駆（揚）朕考易（賜）休，用宝兹（兹）彞（8·4162—4164 孟簋，西中）。②

兄（贶）：9 見（西早₈、西中₁），以帶單賓語為主（5 例），如：令乍（作）冊折兄（贶）□土於相侯（11·6002 作冊折尊，西早）；其次是單獨充當謂語（3 例），如：王易（賜）中馬自□侯四□，南宮兄（贶）（12·6514 中觶，西早）；帶雙賓語的僅 1 見：令兄（贶）畀女（汝）福土，乍（作）乃采（5·2785 中方鼎，西早）。

拃、祾、贄（赞）：13 見（西早₁、西中₃、西晚₉），或帶單賓語（4 例），如：女（汝）既靜京自（師），赞（赞）女（汝），易（賜）女（汝）土田（5·2835 多友鼎，西晚）；或帶雙

---

① 另，《酅比簋》(9·4466 西晚)有"章(賞)乎□夫酅比田"句。楊樹達《金文說》(249 頁)謂："章假為彞銘常見之赏，通讀為賞者也"。《銘文選（三）》(294 頁)、張亞初《引得》(521 頁)、華東師範大學《金文引得》(殷商西周卷 254 頁)同。又《庚嬴鼎》(5·2748 西早)"王蔑庚嬴歷，易(賜)𤫊，□貝十朋"和《鮮簋》(16·10166 西中)"鮮蔑歷，祼，王□祼玉三品，貝廿朋"。其中的□字，陳劍《釋西周金文的"𩉜（赣）"字》（《北京大學古文獻研究所集刊》1）釋為"赣"，謂表賞賜義；李學勤則釋《鮮簋》中的相應字為"章"，讀為"賞"（《鮮簋的初步研究》，《歐洲所藏中國青銅器遺珠》420 頁）。

② 另，《德簋》(4·2405 西早)"王益德貝廿朋，用作寶尊彞"、《何簋》"公益（賜）何貝十朋"（張光裕《何簋銘文與西周史事新證》，《文物》2009 年 2 期 53 頁）；《□叔簋蓋》(8·4130 西晚)"敖叔微□於西宮，噬貝十朋"、《夷伯簋》(西中，《近出》第二冊 363 頁)"夷伯夷於西宮，噬貝十朋"中的相應字，各家多謂假為"易"，讀為"賜"。本文從之，故不單列"益"字。

賓語(3 例),如:菁搏戎,執訊獲馘。楷侯䖒菁馬四匹、臣一家、貝五朋(菁簋,西中,《近出二編》第二册 87 頁 424—425);不帶賓語的居少數(6 例),如:肆克□於皇天,項於三(上下)、㝬(得)屯(純)亡敃,易(賜)贅(釐)無彊(疆)(5·2836 大克鼎,西晚)。

歸、償、遣(饋):8 見(西早₄、西中₃、西晚₁),帶雙賓語和單賓語比例相同,前者如:王令士衛歸(饋)貉子鹿三,貉子對䚻(揚)王休,用乍(作)寶障(尊)彝(10·5409 貉子卣,西早);後者如:王蔑段歷,念畢中(仲)孫子,令龏叙遣(饋)大則(則)於段(8·4208 段簋,西中)①。

儕、劑(齋):3 見(西早₁、西晚₂),如:王親儕(齋)晉侯穌秬鬯一卣,弓矢百,馬四匹。(晉侯穌編鐘,西晚,《近出》第一册 59 頁)

友、晦(賄):2 器 4 見(西中₁、西晚₃),如:公叀(叔)初見於衛。賢從,公命事,晦(賄)賢百晦糧,用乍(作)寶彝。(7·4104—4106 賢簋,西中)

曾(贈)₁:2 見(西中、春秋),如:匍即於氐(柢),青(邢)公事(使)嗣(司)史(使)㠱(見),曾(贈)匍於東:麀韋(貴)、韋兩、赤金一勺(鈞)。(匍盉,西早,《金文引得》128 頁 2294)

畀、毗(畁):6 見(西早₂、西中₃、西晚₁),或帶雙賓語(4 例),如:王則畀柞白(伯)赤金十反(鈑)(柞伯簋,西早,《近出》第二册 371 頁);或帶單賓語(2 例),如:復友(賄)舒比其田,……畀舒比(9·4466 舒比盨,西晚)。

舍₁:4 見(西早₂、西中₂),2 例帶雙賓語,如:令眾奮,乃克至,余甘(其)舍女(汝)臣十家(5·2803 令鼎,西早);2 例帶單賓語,如:粵武王既我(殺)殷,散(微)史剌(烈)且(祖)來見武王,武王則令周公舍寓(宇)曰(以)五十頌處(1·252 㝬鐘,西中)。楊樹達謂:"舍者,孫詒讓說為賜予字之假借,是也";李孝定謂:"孫詒讓氏引王引之說'舍'為'予',說不可易"。②

余:用為"予",1 見:賓出,白(伯)遺賓於莽(郊),或(又)余(予)賓馬。(霸伯盂,西中。李學勤《翼城大河口尚盂銘文試釋》,《文物》2011 年 9 期 67 頁)

受(授)₁:16 例(西早₅、西中₅、西中或晚₁、西晚₄、春秋₁)。以帶雙賓語為主(13 例),如:受(授)余屯(純)魯、通录(祿)、永令(命)、眉壽、霝冬(終)(1·247 㝬鐘,西中)。"授"的主語多是"上帝、大神、前文人、天子"一類名詞,賓語多是"厚福、純魯、通祿、純佑、永命、豐年、眉壽、霝終"等嘏詞。帶單賓語的 3 見,

---

① 郭沫若《大系考釋》(51 頁)謂:"遣當從辵食聲,聲在之部,以義推之當是贈詒之詒";於省吾《吉金文選》(176 頁)括注了"饋";李旦丘《金文研究》謂:"遣字,於氏讀為饋而無說。從貴之字,可從乁,而從乁之字,又可從辵,故遣即饋字";《銘文選(三)》(189 頁注四)謂:"遣:即饋";《通解》(363 頁)謂:"劉心源、郭沫若俱以為從'食'得聲,劉曰:'……則讀遣為遺是也。《奇觚室吉金文述》卷四)……強運開綜合容庚、吳大澂說,以為'遣'通'饋'"。《類檢》(130 頁注 8)謂:"遣:即饋";張亞初《引得》括注了"饋";《疏證》(149 頁)謂:"段簋遣,疑饋之異文同"。

② 楊樹達《金文說》(1 頁)、李孝定《金文詁林讀後記》(207 頁)。

如：我先祖受天令（命），商（賞）宅受（授）或（國）。（1·262—3 秦公鐘，春早）

稟$_2$：2 見（西早、西中），如：王窺令白（伯）俈曰：母（毋）卑（俾）農弋（忒），□乎（厥）吝（友）妻農，孴乎（厥）竿，乎（厥）小子……（10·5424 農卣，西中）。楊樹達釋為"廩給"義，謂："王既使人以女妻農，又恐農衣食不給，復命廩給其妻孥，王之於農可謂厚矣"；《通解》釋為"授給，賜予"義。①

遺$_3$：表"賜予"義，1 見：隹（唯）正二月初吉，王歸自成周，雁（應）厌（侯）視工遺王於周（1·107 應侯視公鐘，西中或晚）。韌松、樊維嶽引《廣雅·釋詁三》"遺，予也"釋為"賜予"義；《銘文選（三）》謂："此銘辭為被動語態。遺，貽"；《通解》釋為"送"，謂："鐘銘記應侯見工送王由成周歸返於周而受賞賜事"；張亞初《引得》括注了"饋"；《金文引得》歸入"貽"下；《疏證》引《廣雅·釋詁》三"遺，與也"為釋。②

龡（貽）：1 見：匽（燕）厌（侯）令董龡（貽）大（太）僳（保）於宗周（5·2703 董鼎，西早）。唐蘭謂："龡字即《說文》飴字的籒文……飴應是饋貽之專字"；《銘文選》、《通解》、陳平同。③

降$_3$：19 見（西中$_1$、西中或晚$_1$、西晚$_{15}$、春秋$_1$、戰國$_1$），帶雙賓語為主（13 例），如：甘（其）才（在）上，降余多福繇（繁）蓐（釐）（8·4242 叔向父禹簋，西晚）；帶單賓語的僅 3 例，如：上帝降懿（懿）德大甹（屏），匍有三（四）方，匀受（授）萬邦（1·251 瘋鐘，西中）。"降"的主語基本為"大神、先王、皇考、前文人"一類名詞，直接賓語多是"多福、康娛、純祐、永命"等嘏辭，與"授"相似。

妥（綏）$_2$：4 見（西中$_3$、西晚$_1$），或為"妥＋賓語"形式（3 例），如：大神其陟降，嚴祜龑妥（綏）厚多福（1·247—250 瘋鐘，西中）；或為"妥＋直接賓語＋於＋指人賓語"形式（1 例）：蔡姞乍（作）皇兄尹弔（叔）障（尊）饙彝，尹弔（叔）用妥（綏）多福於皇考德尹叀（惠）姬（8·4198 蔡姞簋，西晚）。徐中舒謂："凡天或祖先以嘏予人者，在金文則曰錫，曰降，曰妥，曰俾，曰使"，舉有《蔡姞簋》例④；《金文常用字典》（1030 頁）釋此例中的"妥"為"下垂，引申為下降。"並引《詩·周頌·載見》"綏以多福"、《雝》"綏我眉壽。"謂："綏皆當讀曰妥，舊訓安，疑非是"；《通解》（2886 頁）亦引《詩經》贊同徐中舒"妥（綏）"為"予"義說。

---

① 楊樹達《金文說》（126 頁）、《通解》（1394 頁）。
② 韌松、樊維嶽《記陝西藍田縣新出土的應侯鐘》（《文物》1975 年 10 期 69 頁）、《銘文選（三）》（164 頁注二）、《通解》（328 頁）、張亞初《引得》（482 頁）、《金文引得》（356 頁）、《疏證》（2879 頁）。
③ 唐蘭《史徵》（97 頁）、《銘文選（三）》（29 頁）、《通解》（1297 頁）、陳平《董鼎銘文再探討》（《古文字研究》第二十二輯 90 頁）。
④ 徐中舒《金文嘏辭釋例》，《史語所集刊》6 本 1 分 8 頁，中央研究院，1936 年。

賓：18例（西早5、西中4、西晚8、西周1），有帶雙賓語（11例）和單賓語（7例）兩種形式，前者如：弔（叔）氏事（使）贫（布）安異白（伯），賓贫（布）馬譬乘（5·2719公貿鼎，西中）；後者如：蘇賓章（璋）馬三（四）匹，吉金，用乍（作）鸞彝（8·4232—4236史頌簋，西晚）。"賓"的物品主要有"貝、金、玉、璋"和"馬匹車輛、帛束"兩類，且多見"璋帛束、璋馬匹"同賜的。

令、命₃：表"賜予"義，6見（西早2、西中3、西中或晚1），主要帶雙賓語（5例），如：楷白（伯）於遘王，休亡尤，朕辟天子。楷白（伯）令氒（厥）臣獻金車，對朕辟休（8·4205獻簋，西早）。郭沫若謂："此語之文法余曾苦費思索，久不得其解。初疑獻字為動詞，以'朕辟天子'為呼格，言楷伯命其臣獻金車於天子，然於上下文氣了不相屬；繼見《彎簋》文有'王令彎在市旂'之語，……又《康鼎》亦言'命女幽黃鋈革'。凡它器言易（賜）者，而此二器言令命，知命令字古有賜與義。於是《獻彝》之文乃得迎刃而解，蓋謂天子與楷伯賜其臣之名獻者以金與車，獻乃作器以紀其光寵也"；於省吾謂："命猶賜也"；唐蘭謂："令氒臣獻金車，令即命字。《小爾雅·廣言》：'命，予也。'這裏是賜予的意思"；陳夢家"賞賜動詞"下亦舉有此詞。① 帶單賓語的1見：唯廿又三年初吉戊戌，益公蔑佣伯再歷，右告，令金車、旂（佣伯再簋，西中，《近出二編》第二冊93頁427）。

休₂：15例（西早8、西中6、西晚1），以帶賓語為主（12例），帶單賓語的9例，帶雙賓語的3例。前者如：孟狂父休於孟員，易（賜）貝十朋（孟狂父甗，西中，《近出》第一冊346頁）；後者如：隹（唯）正月甲申，榮（榮）各，王休易（賜）氒（厥）臣父榮（榮）瑴（瓚）（8·4121榮簋，西早）。不帶賓語的3例，如：公易（賜）氒（厥）涉（世）子效王休貝廿朋（10·5433效卣，西中）。唐蘭謂："休字本訓美，沒有賜與的意義。不過，賜與總是一番好意，所以'休'字就用作好意的賜與，久之也就單用作賜予的解釋了"。②

惠₂：1見：隹（唯）柬朋曺（惠）於金，自乍（作）寶彝。（11·5982柬朋尊，西中）

宝：10例（西早7、西中3），或帶雙賓語（2例），如：兮公宝孟岜柬貝十朋，孟對玥（揚）公休，用乍（作）父丁寶障（尊）彝（10·5399孟卣，西早）；或帶單賓語，如：疾辛白（伯）蔑乃子克歷，宝絲五十守（鋝），用乍（作）父辛寶障（尊）彝（5·2712乃子克鼎，西早）；或出現於賓語位置，其前多為"對揚"等，如：乍（作）冊令敢揚明公尹人氒（厥）宝，用乍（作）父丁寶障（尊）彝（11·6016矢令方尊，西早）。以上各例中的"宝"，

---

① 郭沫若《金文續考》（《郭沫若全集·考古編》第5卷775頁）、於省吾《吉金文選》（166頁）、唐蘭《周昭王時代的青銅器銘刻》（《唐蘭先生金文論集》250頁）、陳夢家《西周銅器斷代》（430頁）。

② 唐蘭《論彝銘中的"休"字》（《唐蘭先生金文論集》65頁）。

各家多釋為"賜予"義①。

菁(勾)₂：1見：王令榮眔(暨)內史曰：菁(勾)井(邢)侯服，易(賜)臣三品(8·4241邢侯簋，西早)。各家多謂借為"勾"，為"賜予"義②。

裹(懷)₃：2見：廣啟興身，勵(樂)於永令，裹(懷)受(授)余爾䮄福霝(令)冬(終)(1·254瘋鐘，西中)；剌(烈)且(祖)文考弋窬受(授)牆爾䮄福，裹(懷)猶(福)泉(祿)、黃耇彌生(16·10175史牆盤，西中)。後一例中的"懷"，舊多與"福"連讀，訓為"安""思"等。唐蘭引《爾雅·釋言》"懷，來也"、《詩·大明》"聿懷多福"相訓；裘錫圭謂："裹當讀為懷。《詩·檜風·匪風》：'懷之好音'，毛傳：'懷，歸也'，就是給予的意思"；《讀本》謂："裹，給予。裹受連用，義亦相近"；陳秉新謂："《瘋鐘》'懷受'連言，與《牆盤》'貯(予)受'連言相類，都是同義複詞，這是'懷'有給予義的佳證"；王輝謂："裹讀為懷，饋遺，贈送，給予。《詩·檜風·匪風》：'誰將西歸，懷之好音。'毛傳：'懷，歸也。'懷與上文授對文。"③

祚：表"賜福"義，4見(春秋₂、戰國₂)，如：畯共(恭)天常，作盥器。天其作(祚)市於朕身，永永有慶(宋右師延敦，春秋後期，《近出》第二冊448頁)。尹俊敏、劉富亭，沈寶春擴注了"祓"。④

集：表"降下"義，1見：唯天喦(將)集氒(厥)命，亦唯先正䛒辭(乂)氒(厥)辟，□堇(謹)大命。(5·2841毛公鼎，西晚)

遺₁：表"遺留"義，2見(西早、西晚)，如：文考遺寶責(積)，弗敢喪，旂用乍(作)父戊寶障(尊)彝(5·2555旂鼎，西早)。

(二)獻納類

獻：29例(西早₃、西早或中₁、西中₄、西晚₁₂、春秋₆、戰國₃)，帶賓語(15例)和不帶賓語(14例)相差不多。帶賓語的又以帶單賓語為主(13例)，如：

---

① 楊樹達《金文說》(75頁)、唐蘭《史徵》(328頁)、《作冊令尊及作冊令彝銘文考釋》(《唐蘭先生金文論集》12頁)；於省吾《吉金文選》(354頁)、《牆盤銘文十二解》(《微氏家族青銅器群研究》299頁)、陳夢家《西周銅器斷代》(67頁、137頁、138頁)、裘錫圭《史牆盤銘解釋》(《文物》1978年3期30頁)、李學勤《論史牆盤及其意義》(《新出》81頁)、陳漢平《金文編訂補》(616頁)、《銘文選(三)》(44頁)、陳秉新《牆盤銘文集釋》(《文物研究》1993年8期165頁)、李零《重讀牆盤》(《吉金鑄國史》52頁)、《通解》(1894頁)等。

② 楊樹達《金文說》(89頁)、陳夢家《西周銅器斷代》(82頁)、唐蘭《史徵》(161頁)、陳世輝、湯餘惠《古文字學概要》(203頁)、《銘文選(三)》(45頁)、陳平《邢侯簋再研究》(《三代文明研究》107頁)。

③ 唐蘭《史徵》(459頁)、裘錫圭《史牆盤銘解釋》(《文物》1978年3期31頁)、《讀本》(382頁)、陳秉新《牆盤銘文集釋》(《文物研究》1993年8期166頁)、王輝《商周金文》(154頁)。

④ 尹俊敏、劉富亭《南陽市博物館藏兩周銘文銅器介紹》(《中原文物》1992年2期89頁)、沈寶春《宋右師延敦"佳嬴羸品昷易天惻"解》(《古文字研究》第二十五輯129頁)。

尹令史獸立工於成周，十又一月癸未，史獸(獸)獻工於尹(5·2778 史獸鼎，西早)；帶雙賓語的1見：唯王九月辰在已亥，丙公獻王褫器，休無遺(彙卣，西中，《近出》第三冊66頁)。賓語或為"彝、鼎、器、帛、佩、金"等指物名詞(8例)，或為"禽、馘"一類名詞(3例)，或為"功、服"等抽象名詞(4例)。不帶賓語的形式中(14例)，"獻"或充當謂語中心詞(12例)，如：白(伯)公父乍(作)金爵，用獻用酌，用喜(享)用孝於朕皇考(16·9935—9936 伯公父勺，西晚)。或充當定語(2例)，如：陸(陳)厌(侯)午台(以)羣者(諸)厌(侯)獻(獻)金乍(作)皇妃(妣)孝大妃祭器□鐘(鏄)(9·4646—4647 十四年陳侯午敦，戰晚)。

羞₁：14例(西周₁、西晚₅、西晚或春早₁、春秋₇)，以修飾器名充當定語為主(13例)，如：單矣生乍(作)羞豆，用喜(享)(9·4672 矣生豆，西晚)；帶單賓語的1見：者(諸)侯羞適元金於子範之所，用為龢鐘糾堵(子範編鐘，春晚，《近出》第一冊16頁)。

薦：7例(春秋₅、戰國₂)，以修飾器名充當定語為主(6例)，如：隹(唯)王八月既望，鄀公□用甘(其)吉金自乍(作)薦鼎(5·2714 鄀公鼎，春早)；帶單賓語的1見：者(諸)厌(侯)虘薦吉金，用乍(作)孝武趄公祭器鐘(鏄)(9·4649 陳侯因齊齍敦，戰晚)。

入、内(納)：11例(西早₂、西中₁、西晚₈)，句法形式以帶賓語為主，如：山拜稽首，受利佩以出，反(返)入(納)菫(瑾)章(璋)(5·2825 膳夫山鼎，西晚)；不帶賓語的僅1見：懋父令曰：義(宜)殺(播)。叔！毕(厥)不從毕(厥)右征，今母(毋)殺(播)，期(其)又(有)内(納)於師旅(5·2809 師旅鼎，西中)。

惠₃：1見：余羣(惠)於君氏大章(璋)，報寡(婦)氏帛束璜(8·4292 五年琱生簋，西晚)。句中的相應字雖有不同的隸定，但各家均釋為"惠"，且多引《廣雅·釋言》"惠，賜也"為證。或認為句子是被動句，"惠"為"受賜"義①；或認為句子是主動句，"惠"為"獻"義②。今從後者。

餺(尊₁)：表"奉獻"義，2見(西早)，如：乍(作)冊矢令餺宜於王姜，姜商

---

① 陳夢家《西周銅器斷代》(233頁)謂："'余惠於君氏大章'即君氏賜以大璋，琱生即受賜於君氏，乃以束帛與璜償報婦氏"；朱鳳瀚《琱生簋銘新探》(《金文文獻集成》29冊92頁)謂："'余惠於君氏大章'是被動句，或可寫成'余惠大章於君氏'，實即'君氏以大章惠於余。'……故疑大章非大璋。典籍多讀章為明，引申之，明德、明治亦曰章。……本銘所言'大章'，義當同此，是指君氏德之宏大。……所以'余惠於君氏大章'，是言'君氏以明德惠施於余'"；方述鑫《召伯虎簋銘文新釋》(《考古與文物》1997年1期65頁)謂："惠，賜予也，此為被動用法。"
② 李學勤《琱生諸器銘文聯讀研究》(《文物》2007年8期72頁)、林澐《琱生三器新釋(上)》(復旦大學出土文獻與古文字研究中心網站)、徐義華《新出土〈五年琱生尊〉與琱生器銘試析》(《中國史研究》2007年2期22頁)、王沛《"獄刺"背景下的西周族產析分——以琱生器及相關器銘為中心的研究》(《法制與社會發展》2009年5期43頁)、韓麗《五年琱生簋關鍵字詞集釋》(《安徽文學》2008年12期303頁)、劉桓《五年琱生簋、六年琱生簋銘文補釋》(《故宮博物院院刊》2003年3期51頁)。

（賞）令貝十朋、臣十家、鬲百人（8·4300—4301 作冊夨令簋,西早）。譚戒甫謂："此謂奉祀事"；《銘文選》翻譯為：作冊夨令敬王姜以酒肴；《疏證》釋為"奉薦、奉獻"義。①

啻（享）$_2$：3 見（西晚$_2$、戰晚$_1$），如：墜（陳）厌（侯）午漳（朝）羣邦者（諸）厌（侯）於齊,者（諸）厌（侯）啻（享）台（以）吉金,用乍（作）平壽造器章（敦）（9·4648 十年陳侯午敦,戰晚）。《通解》（1374 頁）引《十四年陳侯午敦》"陳侯午台群者侯獻金乍（作）孝武趄公祔（祭）器鐈（錞）"，謂："前銘言'諸侯享以吉金'，後銘言'諸侯獻金'，則'享''獻'同義至佳之證"；陳英傑《西周金文作器用途銘辭研究》（283 頁）則釋相應的"享"均為"進獻"義。

奏$_1$：進獻義,2 見,如：既稽首,征（延）賓,嘼（贊）,賓用虎皮禹毀,用章（璋）奉②（霸伯盂,西中）。李學勤《翼城大河口尚盂銘文試釋》（《文物》2011 年 9 期 67 頁）。句中的"奉"，或作"奏"。李學勤謂："奉"，《爾雅·釋詁》"獻也。"張亮謂："奏"字在此節銘文之末,表禮終之義,應該是儐禮結束之時的一項儀禮；黃錦前謂："奏"，進,獻也。③

進$_1$：表"進獻"義,2 見：執獸一人,孚（俘）馘二百卅七馘。……孟揱（拜）頴首,【以】嘼進,即大廷（5·2839 小盂鼎,西早）；淮尸（夷）舊我員（帛）畮（賄）人,母（毋）敢不出其員其責（積）其進人其賔（貯）,母（毋）敢不即餗（次）即市（16·10174 兮甲盤,西晚）。前例,各家基本如上隸定和斷句（或中間不斷開）。④ "獸"字,張亞初《引得》括注了"酉"，《金文引得》括注了"狩"，葉正渤括注了"首"，但多數未括注。《銘文選（三）》（42 頁注一一）謂："【以】獸進,即大廷：謂獻俘於周朝的大廷。"後例,或在"其進人其賔"前點斷,但基本不影響"進"的釋讀。進,或釋為"力役之征"⑤，或謂"進"是"入"義⑥，或釋為"獻"義。如楊樹達謂："進謂

---

① 譚戒甫《周初夨器銘文綜合研究》（《金文文獻集成》28 冊 292 頁）、《銘文選（三）》（66 頁注三）、《疏證》（3749 頁）。

② 此句有不同的斷句方式,如張亮《考霸伯盂銘文釋西周賓禮》（《求索》2013 年 2 期 81 頁）作：賓用虎皮禹（乘）,毀,用章（璋）,奏；丁進《新出霸伯盂銘文所見王國聘禮》（《文藝評論》2012 年 2 期 4 頁）作：延賓；瓚賓,用虎皮稱；毀用璋,奏。

③ 李學勤《翼城大河口尚盂銘文試釋》（《文物》2011 年 9 期 68 頁）、張亮《考霸伯盂銘文釋西周賓禮》（《求索》2013 年 2 期 82 頁）、黃錦前《霸伯盂銘文考釋》（《中國國家博物館館刊》2012 年 5 期 50 頁）。

④ 郭沫若《大系考釋》（35 頁）、陳夢家《西周銅器斷代》（104 頁）、李學勤《小盂鼎與西周制度》（《李學勤集》169 頁）、宮長為、劉健《小盂鼎銘文與西周門朝制度》（《吉林大學古籍整理研究所建所十五周年紀念文集》）、《銘文選（三）》（42 頁注一一）、彭裕商《西周青銅器年代綜合研究》（251 頁）、葉正渤《西周標準器銘文疏證》（《中國文字研究》第七輯 156 頁）。

⑤ 如郭沫若《大系考釋》（144 頁）、陳公柔《西周金文中的法制文書述例》（《容庚先生百年誕辰紀念文集》316 頁）、《銘文選（三）》（306 頁注六）、應萌《金文所見西周貢賦制度及相關問題的初步研究》（11 頁）、張政烺批註《兩周金文辭大系考釋》（下冊 97 頁）。

⑥ 如於省吾《吉金文選》（217 頁）、連邵名《兮甲盤銘文新考》（《江漢考古》1986 年 4 期 88 頁）、高明《從金文資料談西周商業》（《高明論著選集》）120 頁）。

納入也";趙光賢謂:"進人是獻奴隸";《讀本》謂:"進人:進貢給周朝的力役";李學勤謂:"帛、積、進人應當是並列的三項。……所以'進人'即向王朝貢納的供服役的人";王人聰、杜迺松謂:"其進人,當系指進獻生口之意";王輝謂:"進人,進貢之力役"。《金文常用字典》《通解》《簡明金文詞典》亦釋為"進獻"義。① 當從後者。

晉:表"進獻"義,1 見:秦客王子齊之歲,大府為王飤晉鎬(楚大府鎬,戰國,《李家浩自選集》117 頁)。李家浩謂:"晉"也應該是修飾語。古代"晉""薦"二字音義皆近,可以通用。……指進獻食物用的鎬。②

禀₃:表"進獻"義,1 見:余告慶。曰:公乎(厥)禀貝,用獄𥻊為白(伯)(8·4293 六年琱生簋,西晚)。此句有不同的斷句方式(相應字亦有不同的隸定),但多數如上斷③。釋義則或釋為"賜"④,或釋為"納"⑤。當從後者。

加(賀):讀為"賀",指"以禮物相奉慶",1 見:王作榮仲宮,在十月又二月生霸吉庚寅,子加榮仲𤔔璋一、牲大牢。已巳,榮仲速芮伯,䵼侯、子(子方鼎,西早,《近出二編》第一冊 342 頁)。或釋為"嘉"義⑥,或釋為"增益"義⑦,或釋為"賀"義⑧。今從後者。

共(供):2 見(春秋、戰国),如:楚王畬(熊)忎戰隻(獲)兵銅,正月吉日,窒(令)鑄鐈鼎,以共(供)哉(歲)棠(嘗)。(5·2794 楚王畬忎鼎,戰晚)

---

① 楊樹達《金文說》(20 頁)、趙光賢《從裘衛諸器銘看西周的土地交易》(《北京師範大學學報》1979 年 6 期)、《讀本》(136 頁注 5)、李學勤《兮甲盤與駒父盨——論西周末年周朝與淮夷的關係》(《新出》139 頁)、王人聰、杜迺松《香港中文大學文物館藏〈兮甲盤〉及相關問題研究》(《故宮博物館館刊》1992 年 2 期 66 頁)、王輝《商周金文》(244 頁注 9)、《金文常用字典》(164 頁)、《通解》(291 頁)、《簡明金文詞典》(319 頁)。
② 李家浩《楚大府鎬銘文新釋》(《李家浩自選集》121 頁)。鄒芙都《楚系銘文綜合研究》(208 頁)、陳治軍《安徽出土青銅器銘文圖錄考釋》(安徽大學 2011 年碩士學位論文 99 頁)同。
③ 楊樹達《金文說》(245 頁)作:公乎稟貝!用獄諫為白(伯);陳夢家《西周銅器斷代》(234 頁)作:公厥稟貝,用□諫為白;於省吾《吉金文選》(201 頁)作:公乎稟貝,用獄諫為白;林澐《琱生簋新釋》(《古文字研究》第三輯 129 頁):公厥廩貝,用獄諫為伯;李學勤《青銅器與周原遺址》(《新出》230 頁)作:曰公厥稟貝,用獄諫為白;劉桓《五年琱生簋、六年琱生簋銘文補釋》(《故宮博物院院刊》2003 年 3 期 51 頁)作:公厥稟貝,用獄剌為白。
④ 如楊樹達《金文說》(246 頁)謂:"稟貝猶言賜貝,謂天子所賜之貝也";劉桓《五年琱生簋、六年琱生簋銘文補釋》(《故宮博物院院刊》2003 年 3 期 51 頁)謂:"楊樹達先生已舉證說稟有授義";《疏證》(3948 頁)亦釋為"賜"。
⑤ 如林澐《琱生簋新釋》(《古文字研究》第三輯 129 頁)謂:"稟在此當訓為給納。……稟貝蓋相當於'入束矢'或'入均金',為獄訟之手續";《銘文選(三)》(210 頁)、《通解》(1394 頁)、寇占民《西周金文動詞研究》(350 頁)同。
⑥ 如李學勤《試論新發現的版方鼎和榮仲方鼎》,《文物》2005 年 9 期 64 頁。
⑦ 如馮時《版方鼎、榮仲方鼎及相關問題》,《考古》2006 年 8 期 70 頁。
⑧ 如陳絜《淺談榮仲方鼎的定名及其相關問題》,《中國歷史文物》2008 年 2 期 62 頁。

菫(覲)₂：進獻義，1見：余或至(致)我考我母令，珷生剌(則)菫(覲)圭(珪)(8·4292五年珷生簋，西晚)。句中的"菫"，各家多視為通"覲"，表"獻贈"義。①

鬷(升)₁：進獻義，1見：王蔑呑(友)歷，易(賜)牛三。呑(友)既揉(拜)頴首，升(鬷)於乓(厥)文取(祖)考(8·4194友簋，西中)。或釋為"祭祀"義，如陳夢家謂："升假作登或烝，《爾雅·釋詁》'烝，祭也'，《釋天》'冬祭曰烝'，注云：'進品物也'。"或釋為"進獻"義，如唐蘭引《呂氏春秋·孟夏紀》注"升，獻也"為訓；《類檢》謂："升：進獻，奉祭。"②今從後者。

(三)付與類

以₁：5見(西早₂、西中₁、西晚₂)，如：唯十又四月，王彫，大棚，秦在成周。咸棽，王呼殷厥士，□叔矢，目(以)裳、衣、車、馬、貝卅朋(叔矢方鼎，西早，《近出二編》第一冊344頁320)。例中的"以"，一種意見是屬上讀，"叔矢"前的字雖隸定不同，但一般釋為賞賜類義③；一種意見是連下讀，"以"為動詞，如陳美蘭："筆者認為也許可以如此斷讀：王呼殷厥士，□叔矢，以……，這段話的意思可能是，周王在殷見王朝諸官後，特別對叔矢進行'□'這種儀式或動作，然後再致送叔矢各種賞賜物"；劉宗漢認為"以應讀為與"；陳奇猷釋為"賜"；李曉峰斷句同。④

受(授)₂：7見(西中₂、西晚₅)，或帶單賓語(6例)，如：宰引右頌入門，立中廷，尹氏受(授)王令書(15·9731頌壺，西晚)；或帶雙賓語(1例)：王受(授)乍(作)冊

---

① 林澐《珷生簋新釋》(《古文字研究》第三輯128頁)、《銘文選(三)》(209頁注一〇)、斯維至《關於召伯虎簋的考釋及"僕庸土田"問題》(《徐中舒先生九十壽辰紀念文集》164頁)、方述鑫《召伯虎簋銘文新釋》(《考古與文物》1997年1期66頁)、徐義華《新出土〈五年珷生尊〉與珷生器銘試析》(《中國史研究》2007年2期23頁)、劉桓《五年珷生簋、六年珷生簋銘文補釋》(《故宫博物院院刊》2003年3期51頁)、王占奎《珷生三器銘文考釋》(《考古與文物》2007年5期108頁)、李學勤《珷生諸器銘文聯讀研究》(《文物》2007年8期72頁)、《金文常用字典》(1096頁)、《通解》(3186頁)、寇占民《西周金文動詞研究》(347頁)。
② 陳夢家《西周銅器斷代》(134頁)、唐蘭《史徵》(330頁注3)、《類檢》(108頁注3)。
③ 李伯謙《叔矢方鼎銘文考釋》(《文物》2001年8期42頁)、李學勤《談叔矢方鼎及其他》(《文物》2001年10期67頁)、黄盛璋《晉侯墓地M114與叔矢方鼎主人、年代和墓葬世次年代排列新論證》(《晉侯墓地出土青銅器國際學術研討會論文集》212頁)、黃錫全《晉侯墓地諸位晉侯的排列及叔虞方鼎補證》(《晉侯墓地出土青銅器國際學術研討會論文集》236頁)、馮時《叔矢考》(《晉侯墓地出土青銅器國際學術研討會論文集》258頁)、王輝《商周金文》(44頁)、陳斯鵬《唐叔虞方鼎銘文新解》(《古文字學論稿》181頁)。
④ 陳美蘭《說珷生器兩種"以"字的用法》(《古文字學論稿》310頁)、劉宗漢《叔矢方鼎"王乎殷厥士齎叔矢"解》(《歷史研究》2003年3期188頁)、陳奇猷《北趙晉侯墓出土叔矢方鼎銘文研究》(《古籍整理研究學刊》2004年1期2頁)、李曉峰《天馬——曲村晉侯墓地出土青銅器銘文集釋》(吉林大學2004年碩士學位論文49頁)。

尹者(書),卑(俾)冊令免(8・4240 免簋,西中)①。

分₂:表"分與"義,1見:己(紀)庆(侯)貉子分己(紀)姜寶,乍(作)殷(簋)。(7・3977 己侯貉子簋蓋,西中)②

舍₂:15例(西中₁₂、西晚₂、戰國₁),帶雙賓語的10見,如:舍矩姜帛三兩,洒舍裘衛林㫚里。敢!氒(厥)隹(唯)顏(顏)林,我舍顏(顏)陳大馬兩,舍顏(顏)姒虘沓,舍顏(顏)有嗣(司)壽商䚟裘盠㫚(幎)……舍盠冒□羝皮二……舍㳄(湅)虡㫚(幎)(5・2831 九年衛鼎,西中);帶單賓語的5見,如:矩或取赤虎(琥)兩麂㡿(韍)兩、䒞(賁)韐(帕)鈴一,才(裁)廿朋,其舍田三田(15・9456 裘衛盉,西中)。"舍"的直接賓語主要為指物名詞(如帛、㫚、羝皮)和"田(4見)、里、宇"等。

即₃:表"付與"義,2器3見(西中₂、西晚₁),如:用矢蹼(撲)散邑,洒即散用田(16・10176 散盤,西晚)。郭沫若謂:"'即散用田'與《𠭰鼎》'用即𠭰田'句法相同";楊樹達謂:"'用矢撲散邑,洒即散用田。'二'用'字皆當訓以。即者,今言付與。𠭰鼎云'洒或即𠭰用田二,又臣□一夫,凡用即𠭰田七田,人五夫,'即字用法與此銘同。即𠭰用田,與此文即散用田文句尤一律。然今書傳即字無授與之訓,知古字義之失傳者多矣。"孫常敘、《讀本》、高明、王輝同。③

付:14見(西中₇、西晚₇),或帶雙賓語(7例),如:邦君厲眔付裘衛田(5・2832 五祀衛鼎,西中);或帶單賓語(7例),如:取吳簋舊疆,付吳虎(吳虎鼎,西晚,《近出》第二冊237頁)。帶雙賓語的形式中,直接賓語主要為"里、田";帶單賓語的形式中,賓語主要為指人名詞(6例)。

---

① 另,黃天樹《醽比盨銘文補釋》(《黃盛璋先生八秩華誕紀念文集》184—185頁)謂:"出現在'受田'者'醽比'之前的動詞,共有叏、'友'、'畀'、'余'四個。叏字,從裘錫圭先生釋,當'付與'講。……醽比盨銘文記述田邑轉讓交割之事,交割動詞首言叏,次言'友',三言'畀',末言'余',用字不肯蹈複見之病,是一種修辭手段。(186頁)銘文'……復友(賄)醽比其田……'和'小宮叏醽比田……復限余(舍)醽比田'的句式結構一樣。"按:此器隸定和釋讀一向多分歧,其他各家多未隸定有相應字,也未見類似的解釋。暫附此。又,《散氏盤》(16・10176 西晚)有"我瓱(既)付散氏溼(隰)田□田,余有爽䜌,爰千罰千。西宮□武父剸(則)斳(誓)。氒(厥)□圖矢王於豆新宮東廷"句。"圖"前字主要有"受"和"為"兩種隸定,前者如郭沫若《大系考釋》(131頁)謂:"受字……舊多釋為為,……受字授省,言經界既定,誓要既立,乃授其疆里之圖於矢王";楊樹達《金文說》(19頁)謂:"受讀為授,授圖矢王謂授圖之矢王,抑或矢王授圖之倒文。授圖者為矢,授圖者亦當為矢,或釋授圖於矢王,非也";洪家義《金文選注繹》(307頁)作:氒受圖矢王;張亞初作:氒受(授)圖,矢王於豆新宮東廷。後者如容庚、張維持《殷周青銅器通論》(90頁)作:氒為圖矢王於豆新宮東廷;《銘文選(三)》(299頁注二六)翻譯"氒為圖"為:把矢人交與散人的田塯繪成地圖;《金文引得》(釋文351頁5412)作:氒為圖,矢王於豆新宮東廷;陳夢家《西周銅器斷代》(348頁)謂:"'厥為圖'之為字,舊釋如此,不確。"但沒有解釋是否為"受"字。

② 唐蘭《史徵》(337頁)釋為"分給";於省吾《吉金文選》(297頁)釋為"分與";陳夢家《西周銅器斷代》(130頁)謂:即頒賜《銘文選(三)》(245頁注一)謂:分,與或予。

③ 郭沫若《大系考釋》(130頁)、楊樹達《金文說》(17頁)、孫常敘《𠭰鼎銘文通釋》(《孫常敘古文字學論集》188頁)、《讀本》(107頁注30)、高明《中國古文字學通論》(394頁注十八)、王輝《商周金文》(172頁注43)。

報₁：表"回報"義，3見(西晚)，如：余弄(惠)於君氏大章(璋)，報婦(婦)氏帛束
璜(8·4292五年琱生簋，西晚)。陳夢家謂："'余惠於君氏大章'即君氏賜以大
璋，《廣雅·釋言》曰'惠，賜也'。琱生即受賜於君氏，乃以束帛與璜償報婦
氏。金文惟此二器與《令簋》有報字，報即酬報、償報，無分上下。"①

復₂：表"還付"義，4器6見(西中₁、西晚₅)，如：舐則卑(俾)我賞(償)馬，效
【父】則卑(俾)復厾(厥)絲束(5·2838曶鼎，西中)。陳夢家謂："限許曰以下十四
字，乃約中規定償付代價的辦法。……金文用賣為賞賜之賞，此器之賞即
《說文》'償，還也'，《廣雅·釋言》'償，復也'。是賞、復均謂交付、交易之代
價"；姚孝遂謂："'復'與'償'同義。《說文》訓'償'為'還'，訓'還'為
'復'；《廣雅·釋言》：'償，復也。《禺從盨》有'復友'一詞，與此銘之'復'均
當解為'償付'"；《讀本》謂："復，還給"；張經謂："復，即償也"。②

出₃：表"交出"義，2器3見(西中₂、西晚₁)，如：用徹(聯)征(延)賣(贖)絲
(茲)五夫，用百寽(鋝)。非出五夫【則】旬(詢)。……頴首曰：余無卣(由)异(具)寇正，不
出，叚(鞭)余。(5·2838曶鼎，西中)

致₁：表"致送"義，1見：廼卑(俾)【饗】目(以)曶酉(酒)㕝(及)羊、絲(茲)三寽
(鋝)，用致(致)絲(茲)人。(5·2838曶鼎，西中)

償：1見：舐則卑(俾)我賞(償)馬，效【父】則卑(俾)復厾(厥)絲束。(5·2838曶
鼎，西中)

典₂：表"授予"義，1見：王才(在)周康穆宮，王令尹氏友史趛典蘁(善)夫克田
人，克揲(拜)頴首，敢對天子不(丕)顯魯休賜(揚)，用乍(作)旅盨。(9·4465膳夫克盨，
西晚)《通解》(1082頁)引郭沫若說釋為"冊授"義。

二、獲取類

得：11見(西早₁、西中₂、春秋₂、戰國₆)，或帶賓語(5例)，如：余購遽兒得
吉金鎛鋁，台(以)鑄訴鐘(1·184余購遽兒鐘，春晚)；或不帶賓語(4例)，如：求乃
人，乃弗得，女(汝)匡罰大(5·2838曶鼎，西中)；或充當賓語(2例)，如：鄧小仲隻
(獲)，有得，弗敢阻，用乍(作)厾(厥)文且(祖)寶鸞尊(鄧小仲方鼎，西早，《近出》第二冊
198頁)。除本身充當賓語外，"得"的內容或為"吉金"(1例)，或為人(7例)，
或為抽象的"德"。

隻(獲)₁：17例(西早₄、西中₃、西晚₄、春秋₃、戰國₃)，帶賓語的(11例)多

---

① 陳夢家《西周銅器斷代》(233頁)。《令簋》中的"報"一般視為祭名，參見祭祀類動詞
"報"下。

② 陳夢家《西周銅器斷代》(200頁)、姚孝遂《曶鼎銘文研究》(《吉林大學學報》1962年2期83
頁)、《讀本》(103頁注12)、張經《曶鼎新釋》(《故宮博物院刊》2002年4期52頁)。

於不帶賓語的(6例)。前者如：王【令】盂目(以)□□伐戱(鬼)方□□□□【執】【酋】三人，獲誠三(四)千八百□二誠……獲誠二百三七誠(5·2839小盂鼎,西早)。所獲者主要為"誠(6例)"，其次有"人、兵銅"等。後者如：工戲大子姑發閘反自乍(作)元用，才(在)行之先，目(以)用目(以)隻(獲)，莫敢敚(御)余(18·11718姑發閘反劍,春晚)。從出現語境看，"獲"主要見於描寫征戰的銘文中(15例)，非征戰場合出現的"獲"只有2例。

取₁：21例(西中₈、西中或晚₁、西晚₅、春秋₃、戰國₁)，帶賓語的20例，賓語基本為指物名詞。如：其遚(會)女(如)林，駮(馭)右和同，三(四)駐(牡)汸汸，目(以)取鮮薹(15·9734中山好盗壺,戰早)；不帶賓語的1見：王遲赤金十鈑，王曰：小子、小臣，牧又□，隻(獲)則取(柞伯簋,西早,《近出》第二冊371頁486)。

擇：表"擇取"義，凡62例(西周₂、春秋₅₂、戰國₈)，從形式上看，主要為"擇其吉金"(37例)和"擇厥吉金"(12例)形式，其他形式較少見。如：子璋擇其吉金，自乍(作)穌鐘(1·113—119子璋鐘,春晚)；擇氒(厥)吉金，自乍(作)穌鐘，子子孫孫，永保是從(1·94—101臧孫鐘,春晚)；郐(徐)王義楚擇余吉金，自酢(作)祭鍴(12·6513徐王義楚鍴,春晚)。

吳(虞)：表"擇取"義，1見：敔王夫差吳(虞)金，鑄女子之器(吳王夫差盉,春秋後期,《近出》第三冊414頁941)。陳佩芬謂："吳在此當不是國名，……其吉金之上一字皆為動詞，而沒有作名詞的，因而這個吳也應當是動詞，字當假借為御，……御是進獻的意思，……吳金即御金，可解釋為吳王夫差以臣工或諸侯所獻之金鑄為器用。……御字在這裏還可作為'用'字解"；李家浩引《廣雅·釋詁一》："虞，擇也"，謂："盉銘的'吳'顯然應該讀為'虞'，訓為'擇'"；馮時謂："'吳吉金'，他銘則作'擇吉金'。《廣雅·釋詁一》：'虞，擇也。'故'吳吉金'讀作'虞吉金'，也是擇取吉金之意"。①

宕₂：表"佔有、取得"義，2器4見(西晚)，如：余老之！我僕庸土田多刺，弋許勿使散亡。余宕其三，汝宕其貳。其兄公，其弟仍(五年琱生尊,西晚,《近出二編》第二冊273頁587—588)。例中的"宕"，或釋為"占、取"義②，或釋為"超額"義③。今

---

① 陳佩芬《吳王夫差盉》(《上海博物館集刊》第7輯20頁)、李家浩《吳王夫差盉銘文》(《著名中年語言學家自選集·李家浩卷》62頁)、馮時《工虞大叡鈚銘文考釋》(《古文字研究》第二十二輯112頁)。

② 王占奎《琱生三器銘文考釋》(《考古與文物》2007年5期106頁)、王輝《讀扶風縣五郡村窖藏銅器銘文小記》(《考古與文物》2007年4期15頁)、陳英傑《新出琱生尊補釋》(《考古與文物》2007年5期110頁)、馮卓慧《從傳世的和新出土的陝西金文及先秦文獻看西周的民事訴訟制度》(《法律科學》2009年4期166頁)、王沛《"獄刺"背景下的西周族產析分——以琱生器及相關器銘為中心的研究》(《法制與社會發展》2009年5期43頁)、陳絜《琱生諸器銘文綜合研究》(朱鳳瀚主編《新出金文與西周歷史》89頁)。

③ 辛怡華、劉棟《五年琱生尊銘文考釋》，《文物》2007年8期80頁。

從前者。

稽：表"稽留"義，1見：令敢䚄（揚）皇王㝬，丁公文報，用頴後人亯（享）（8·4300—4301作冊矢令簋，西早）。郭沫若作：用稽（啟）後人亯；於省吾作：用頴（稽）後人享。引《莊子·逍遙遊》"大浸稽天而不溺"釋文引司馬注"稽，至也"為訓，譚戒甫謂："'稽'訓'留止'，有'永久'義，則此殆謂'用永後人亯'"；《銘文選》翻譯為：留福蔭於後人。①

第三節　言語類動詞

據各動詞的詞義，此類動詞可以歸為下述四類。

一、表"命令、冊命"義

令、命₂：凡251例（西早₅₃、西中₈₇、西中或晚₆、西晚₉₁、西周₂、春秋₇、戰國₅），主要出現於兼語句中充當第一動詞（164例），如：佳（唯）王令南宮伐反虎方之年。……王令中先，省南或（國）貫行（5·2751中方鼎，西早）；其次是充當第二動詞（34例），句中第一動詞基本都為"呼"。如：王乎（呼）內史尹冊命師兌，疋（胥）師龢父司左右走馬、五邑走馬（8·4274元年師兌簋，西晚）。見於連動句中的較少（23例），如：王命䚄夨（侯）白（伯）晨（晨）曰：䎽（嗣）乃且（祖）考夨（侯）於䚄（5·2816伯晨鼎，西中）。此外，"命、令"或出現於一般的動詞謂語句中帶單賓語（19例），如：先王既令女（汝），今余唯䌛（申）先王令（8·4284師旂簋蓋，西中）。

二、表"稱揚、稱頌"義

對揚：凡155例（西早₁₆、西早或中₂、西中₉₄、西中或晚₁、西晚₃₉、西周₃），基本都帶賓語（153例），如：閉揲（拜）頴首，敢對䚄（揚）天子不（丕）顯休命（8·4276豆閉簋，西中）；王易（賜）何（何）赤市朱亢䋫（鑾）旂，何揲（拜）頴首，對䚄（揚）天子魯命（8·4202何簋，西晚）。賓語主要為由"休"充當中心語的各類詞組，其中"天子……休"（67例）、"王休"（43例）最為多見。"休"之外的抽象名詞有德、福、釐、耿光等，但比例很小。不帶賓語的"對揚"僅2例，如：天君事（使）趙事舟，趙敢對揚，用乍（作）文且（祖）己公䵼（尊）盂（16·10321趙盂，西中）。

對：27例（西早₁₄、西中₁₀、西晚₃），句法形式以帶賓語為主（23例），如：

---

① 郭沫若《大系考釋》（4頁）、於省吾《吉金文選》（175頁）、譚戒甫《周初矢器銘文綜合研究》（《金文文獻集成》28冊292頁）、《銘文選（三）》（67頁注八）。

亳敢對公中(仲)休,用乍(作)障(尊)鼎(5·2654 亳鼎,西早);晉肈對元值(德),考(孝)各(友)隹(唯)井(型),乍(作)寶障(尊)彝,甘(其)用风(夙)夕蠶富(享)(5·2614 晉方鼎,西早)。賓語以"王休"為主(15 例),其他抽象名詞(如德、令、懋、烈等)居少數(8 例)。不帶賓語的很少(4 例),如:高對,乍(作)父丙寶障(尊)彝,尹甘(其)互萬年受乇(厥)永魯(10·5431 高卣,西早)。

揚₂:35 例(西早₂₂、西早或中₂、西中₉、西晚₂),句法形式以帶賓語為主(33 例),如:公賞(賞)乍(作)冊大白馬,大䛊(揚)皇天尹大保(保)室(5·2758—2761 作冊大方鼎,西早);小臣靜即事,王賜貝五十朋,揚天子休(小臣靜卣,西中,《近出二編》第二冊 232 頁 547)。賓語主要為以"休"為中心語的詞組,如王休、公休、侯休、天子休、伯休、尹休、公伯休、王姜休等,其他形式較少見。不帶賓語的2 例,如:乍(作)冊麥易(賜)金於辟侯(侯),麥揚,用乍(作)寶障(尊)彝(11·6015 麥方尊,西早)。

關於"對""揚""對揚"的釋義,虞萬里謂:"'揚''對'本義相同,均為'舉'和'顯明',於銘文中為顯揚、稱楊或頌揚之義"①;廖序東謂:"'對揚'一詞,金文習見。……由明顯義自可引申為稱揚、讚揚義,故《廣雅·釋詁》訓對為揚,則'對揚'二字同義,連用成詞。金文有單用'對'的,有單用'揚'的,也有分用於一句中的"。② 關於其出現時間,虞萬里謂:"'對揚'是一個結構穩定的複詞,溯其歷史,晚商銘文始'揚',西周初始用'對',而後'對揚'連用";唐鈺明謂:"比如'對揚'一語,在金文中的見次率甚高,其發展脈絡也比較清楚。在早期器銘中,'對'和'揚'是分開單用的。成康之交才開始合用"。③

蔑歷:49 例(西早₁₀、西早或中₁、西中₃₂、西晚₃、西周₃)。或"蔑歷"連用(20 例),如:趯捭(拜)頡首,揚王休對。趯蔑歷,用乍(作)寶障(尊)彝(12·6516 趯觶,西中)。其中多數是"主語+蔑歷"形式,主語是"蔑歷"的受事者,句子為意念被動句。少數用例中或"蔑歷"後帶受事賓語,或承前省略受事賓語,如:王用弗望(忘)聖人之後,多蔑歷,賜休(5·2812 師望鼎,西中)。或為"蔑……歷"形式(24 例),如:益公蔑佣伯禹歷,右告,令金車、旂(佣伯禹簋,西中,《近出二編》第二冊 93 頁 427)。或"蔑"單用(5 例),如:穆王卿(饗)醴,即井伯大祝射,穆穆王蔑長由,以逑即井伯(15·9455 長由盉,西中)④。

———————————
① 虞萬里《金文"對揚"歷史觀》,《語言研究》1992 年 1 期 84—95 頁。
② 廖序東《金文中的同義並列複合詞續考》。
③ 唐鈺明《定量方法與古文字資料的詞彙語法研究》,《唐鈺明自選集》28 頁。
④ 關於"蔑歷"的釋讀曾是各家討論的焦點,相關論文較多,可參看邱德修《商周金文蔑歷初探》、唐蘭《史徵》(377 頁)、嚴一萍《蔑歷古義》(《中國文字》第一冊)、孫稚雛《保卣銘文匯釋·附錄》(《古文字研究》第五輯)、陳漢平《金文編訂補》(266—283 頁)、《金文詁林》、李孝定《金文詁林讀後記》(134 頁)等。

加、嘉：表"稱美"義，3 見(西中、西晚、戰國)，如：趩趩子白，獻戒(馘)於王，王孔加(嘉)子白義。(16·10173 虢季子白盤，西晚)

魯：表"稱美"義，2 見(西早、西中)，如：王令燮(榮)眔內史曰：菁(割)井(邢)厌(侯)服，易(賜)臣三品，州人重人鄘(庸)人。搽(拜)頓首，魯天子㝬(俞)叚(厥)順(順)福(8·4241 邢侯簋，西早)。郭沫若謂："魯字動詞，……本銘之魯當是嘉意，言慶喜也"；於省吾謂："郭云：《史記·周本紀》'魯天子之命'，《魯世家》作'嘉天子之命'，《書序》作'旅天子之命'。此魯字亦嘉字義"；陳夢家謂："魯天子即嘉美稱揚天子之休"；楊文山謂："'魯天子'中的'魯'，諸家多解為'嘉'"。①

禹₂：表"稱揚"義，3 見(西中、西晚、春秋)，如：今余非敢夢先公又(有)㩜徠，余懋禹先公官(8·4327 卯簋蓋，西中)。陳世輝、湯餘惠謂："禹，通偊，舉用"；《銘文選》翻譯為：我美稱先公所命的官職，謂："懋禹，美盛之義。禹，讀作偊"；《類檢》同②。

三、表示"說、告、呼召"等義的

曰₁：凡 179 例(西早₃₃、西中₇₃、西中或晚₁、西晚₆₈、西周₁、春秋₁、戰國₂)，全部引入直接引語，其中"主語＋曰＋直接引語"形式最多見(138 例)，如：王曰：用先。中揚王休，用乍(作)父乙寶障(尊)彝(12·6514 中觶，西早)；或為"動詞＋指人名詞＋曰＋直接引語"形式(27 例)，如：王令榮眔內史曰：菁(割)井(邢)厌(侯)服，易(賜)臣三品(8·4241 榮作周公簋，西早)；或為"動詞＋曰＋直接引語"形式(13 例)，如：懋父令曰：義(宜)殺(播)。叔！叚(厥)不從叚(厥)右征(5·2809 師旂鼎，西中)。

告₁：32 例(西早₁₁、西中₅、西晚₁₃、春中或晚₁、戰國₂)，以帶賓語為主(26 例)，所帶賓語基本為單賓語(25 例)，如：唯歸，逛(揚)天子休，告亡尤，用龏(恭)義(儀)寧厌(侯)，覠孝於井(邢)厌(侯)(11·6015 麥方尊，西早)；帶雙賓語的僅 1 見：母(毋)折威，告余先王若德(5·2841 毛公鼎，西晚)；不帶賓語的居少數(6 例)，如：王命益公征眉敖，益公至，告(8·4331 乖伯歸夆簋，西晚)。

畀(誥)：表示上對下的"告"，2 器 3 見(西早)，如：王畀(誥)宗小(小子)於京室。……王咸畀(誥)，何易(賜)貝卅朋。(11·6014 何尊，西早)

---

① 郭沫若《周公簋釋文》(《郭沫若全集·考古編》第 5 卷 638 頁)、於省吾《吉金文選》(161 頁)、陳夢家《西周銅器斷代》(82 頁)、楊文山《西周青銅器"邢侯簋"通釋》(《邢臺師範高專學報》2002 年 1 期 26 頁)。

② 陳世輝、湯餘惠《古文字學概要》(214 頁注 9)、《銘文選》(173 頁注三)、《類檢》(239 頁注 8)。或不隸為"禹"，如於省吾《吉金文選》(181 頁)作：余懋冊先公官；唐蘭《史徵》(433)作：余懋囗(禹?)先公宮；陳夢家《西周銅器斷代》(223 頁)謂："懋再舊釋懋禹，不確。懋再猶緟就，謂重命之。"

戒₂：告誡義，1見：隹（唯）逆生禍，隹（唯）順（順）生福。雚（載）之笧（簡）筴（策），日（以）戒嗣王。(15·9735 中山王嚳壺，戰早)

憼：警告、警誡義，1見：因雚（載）所美，卲（昭）□皇工（功），詆鄾（燕）之訛，曰（以）憼嗣王。(15·9735 中山王嚳方壺，戰早)

每（誨）：表"告知"義，1見：曶迺每（誨）於䣄【曰】：女（汝）其舍□矢五秉。(5·2838 曶鼎，西中)①

句：表示"告"義，1見：齊侯女雷希喪其殷，齊矦（侯）命大子乘□來句宗白（伯）。(15·9729 洹子孟姜壺，春秋)②

曰₂：表示"謂"義，2器4見（皆西晚），如：迺曰武公曰：女（汝）既靜京𠂤（師），贅（釐）女（汝）。……公親曰多友曰：余肈事女（汝）。(5·2835 多友鼎，西晚)

復₃：回復義，1見：必尚（當）卑（俾）處氒（厥）邑，田氒（厥）田。䣄鄦（則）卑（俾）復令曰：若（諾）。(5·2838 曶鼎，西中)

若（喏）：表應答之聲，1見：䣄鄦（則）卑（俾）復令曰：若（諾）。(5·2838 曶鼎，西中)③

誓：发誓，4器9見（西中₁、西晚₈），如：井（邢）白（伯）、白（伯）邑父、定白（伯）、競白（伯）、白（伯）俗父迺顳，事（使）厲誓(5·2832 五祀衛鼎，西中)。除2例"誓曰"後帶賓語（直接引語）外，餘皆不帶賓語。

矤（矢）：表"陳述"義，1見：裘衛迺矤（矢）告於白（伯）邑父燊（榮）白（伯）定白（伯）𤔲白（伯）單白（伯）(15·9456 裘衛盉，西中)。唐蘭謂："矤，通矢，《爾雅·釋詁》：矢，陳也"；《銘文選》謂："矤：通假為矢，《廣雅·釋詁三》訓矢為'直也'"；《通解》謂："假為矢，陳述之義"；曹瑋謂："矤，通矢，陳述之義"；《疏證》謂："讀為矢，陳也"。④

安₁：表"問安"義，2見（西早、西中），如：王姜令乍（作）冊睘安尸（夷）白（伯），

---

① 句中的"每"或釋為"謀"，參見譚戒甫《西周"曶"器銘文綜合研究》《金文文獻集成》28冊431頁)、孫常敘《曶鼎銘文通釋》《孫常敘古文字學論集》183頁)、洪家義《金文選注繹》(247頁)、張經《曶鼎新釋》《故宮博物院院刊》2002年4期54頁)。或釋為"誨"，訓為"教導"義，如《讀本》(105注20)謂："每：通'誨'，教、令。"李學勤《論曶鼎及其反映的西周制度》《中國史研究》1985年1期97頁)、馮卓慧《從傳世的和新出土的陝西金文及先秦文獻看西周的民事訴訟制度》《法律科學》2009年4期159頁)均擴注了"誨"。

② 於省吾《吉金文選》(155頁)引《史記·劉敬叔孫通傳》"臚句傳"索隱引蘇林"下傳語告上為句"解釋此句為"言告喪於禮官也"；郭沫若《大系考釋》(214頁)同意於說；《銘文選(四)》(550頁注二)謂："句，告也"；《通解》(466頁)謂："句：動詞，傳語也"；《疏證》(428頁)謂："洹子孟姜壺'句'，參《史記·劉敬叔孫通列傳》'大行設九賓、臚句傳'。索隱：蘇林云'上傳語告下為臚，下傳語告上為句'"；楊樹達《金文說》(36頁)謂此句意為"命大子乘遽叩諸大宗伯，請喪期於天子"。

③ 郭沫若《大系考釋》(97頁)、姚孝遂《曶鼎銘文研究》《吉林大學學報》1962年2期81頁)、李學勤《論曶鼎及其反映的西周制度》《中國史研究》1985年1期95頁)、洪家義《金文選注繹》(247頁)、張經《曶鼎新釋》《故宮博物院院刊》2002年4期54頁)、王輝《商周金文》(172頁)均擴注了"諾"。

④ 唐蘭《史徵》(461頁注10)、《銘文選(三)》(128頁注五)、《通解》(2362頁)、曹瑋《衛盉》《吉金鑄國史》246頁)、《疏證》(3001頁)。

尸白(伯)賓㠯貝布(10・5407作冊睘卣,西早)。唐蘭謂:"寧,安也";《銘文選》謂:"安,寧。安夷伯,即向夷伯問安";《通解》謂:"安,猶寧也,問安,省視"。①

寧$_2$:表"問安"義,1見:隹(唯)王初桒於成周,王令盂寧登(鄧)白(伯),賓貝(14・9104盂爵,西早)。唐蘭謂:"寧,此用為動詞,是問安之意,也就是問候";《通解》釋為"慰問、問安";《疏證》釋為"問安"。②

聘:表"問"義,1見:十八年,齊遣卿大夫眾來聘。(16・10372商鞅量,戰國)

睧(問):2見(戰國),如:叟(紹)緟高且(祖)黄帝,𠇷(邇)𠭯(嗣)趕文,淖(朝)睧(問)者(諸)侯(侯),合(答)𤔲(揚)𠂤(厥)悳(德)(9・4649陳侯因𪔂敦,戰晚)。

順(訓):2見(西早、戰國),如:叀(惟)王龏(恭)德谷(裕)天,順(訓)我不每(敏)。(11・6014何尊,西早)

召、訇(召)$_1$:表"宣召"義,12例(西中$_8$、西晚$_4$),主要見於兼語句中充當第二動詞(11例),如:丁酉,武公才(在)獻宮,迺命向父訇(召)多友,迺徒於獻宮(5・2835多友鼎,西晚);出現於一般動詞句中的僅1見:王召走馬雁,令取誰(雖)騧卅二匹易(賜)大(5・2807大鼎,西中)。

乎(呼):凡67例(西早$_1$、西早或中$_1$、西中$_{36}$、西晚$_{29}$),主要見於兼語句中充當第一動詞(61例),如:王乎(呼)號中(仲)入右𧻚(何),王易(賜)𧻚(何)赤市朱亢䜌(鑾)旂(8・4202何簋,西晚),句中第二動詞主要為"冊命"(38例),其他有賜(12例)、召(8例)等。出現於連動句中的有6例,如:王事(使)焚(榮)蔑歷,令戕(往)邦,乎(呼)易(賜)䜌(鑾)旂(8・4192—4193肄簋,西中)。

許:表"答應、允諾"義,3見(西中、西晚、戰晚),如:氏(是)㠯(以)寡人許之。惢(謀)息(慮)皆從。(5・2840中山王𧻚鼎,戰晚)

訊$_2$:表"告訴、傳達"義,2見(西晚),如:䚄(召)白(伯)虎曰:余既嚴(訊)厥我考我母令,余弗敢𩁹(亂)。(8・4292五年琱生簋,西晚)

致$_2$:表"傳達"義,1見:余既嚴(訊)厥我考我母令,余弗敢𩁹(亂),余或至(致)我考我母令。(8・4292五年琱生簋,西晚)

曰$_3$:"叫作"義,5見(西早$_1$、西中$_2$、西晚$_2$),如:嗣(司)土(徒)南宫乎乍(作)大鑪(林)𤔲(協)鐘,兹(兹)名曰無昊鐘。(1・181南宫乎鐘,西晚)

名$_1$:命名義,1見:吉日壬午,乍(作)為元用,玄鏐鋪(鏞)呂(鋁)。朕余名之,胃(謂)之少虡。(18・11696—11697少虡劍,春晚)

諆:表"諆毀"义,1見:因𨐌(載)所美,卲(昭)□皇工(功),諆郾(燕)之諆,㠯(以)憖嗣王。(15・9735中山王𧻚方壺,戰早)

𣁋:表"恥笑"義,1見:猶𣁋(迷)惑於之子而亾(亡)其邦,為天下𣁋。(5・2840中山王𧻚鼎,戰晚)

---

① 唐蘭《史徵》(293頁注釋1)、《銘文選(三)》(65頁注二)、《通解》(1830頁)。
② 唐蘭《史徵》(131頁注1)、《通解》(1132頁)、《疏證》(2177頁)。

四、表示"陳施、寫刻"一類義的

由₂：表"陳述、鑄刻"義，1見：廼易（賜）史䇘貝十朋，䇘由䣄（於）彝，其於之朝夕監（7·4030—4031史䇘簋，西早）。各家隸定雖有不同，但釋義基本一致①。

𢽸（藝、設）₂：表"陳施"義，3見（西早），如：王令中先，省南或（國）貫行，𢽸王应，才（在）夔䣄真山，中乎（呼）歸生鳳於王，𢽸於寶彝（5·2751—2752中方鼎，西早）。或釋為"契刻"義②，或釋為"治"義③，或釋為"陳設"義④。今從後者。

施₁：2見：屖公易（賜）保員（員）金車，曰：用事。隊於寶毁（簋），用卿（饗）公逆洢事（保員簋，西早，《近出》第二冊368頁）；𦎫（肆）敢陣於彝曰：甘（其）自今日，孫孫子子母（毋）敢聖（忘）白（伯）休（8·4269縣改簋，西中）。前例中的相應字雖有不同隸定⑤，但釋讀基本一致，如張光裕謂："隊，疑即《說文》籀文地字異構。……'墜'借為'施'。……今'隊於寶簋'云者，亦猶'施於寶簋'（651頁）"。後例，於省吾謂："陣，阮曰此疑即古文𦘕字，𦘕，述也"；《銘文選》謂："陣，義同肆，鋪

---

① 如郭沫若《大系考釋》（45頁）、楊樹達《金文說》（98頁）、陳夢家《西周銅器斷代》（54頁）隸為"占"；於省吾《吉金文選》（165頁）隸為"召"；唐蘭《史徵》（165頁）隸為"由"，（注3）引《小爾雅·廣詁》："由，用也。"其《史䇘簋銘考釋》（《考古》1972年5期46頁）作：古於彝。（47頁）謂：古於彝的古字，過去也由拓本不清晰，釋為召，或釋為占。……新出的簋作古字，也是很清楚的。古於彝和宋代出土的中方鼎說'藝於寶彝'，清宮舊藏的縣妃簋說'𦎫（肆）敢𢽸於彝'以及《禮記·祭統》所載孔悝鼎銘說'施於烝彝鼎'，都是同一文例。縣妃簋的陣，應是陣的變體。……讀為肆……。肆與古同義，《爾雅·釋詁》："治、肆、古、故也"可證。《說文》："故，使為之也"。《廣雅·釋詁》："故，事也"。是說這些字有作為或從事的意思。《說文》又說"肆，極陳也"。《周頌·時邁》說"肆於時夏"。鄭玄箋："肆，陳也。"那麼，古於彝和肆於彝有為之於彝，陳述之於彝的意思。《銘文選（三）》（55頁注二）作："䇘古（故）於彝"，翻譯此句為：䇘將王誥畢公和史䇘受錫貝之事鑄之於彝；《金文引得》（306頁4885）作"古（故）"；《類檢》（11頁注5）謂："䇘古（故）於彝：故之於彝銘。古，用作動詞。"陳英傑《西周金文作器用途銘辭研究》（下冊527頁）謂："《史䇘簋》□，一般釋為'由'（孫詒讓）或'古'（唐蘭、郭沫若）、'徝'（於省吾）、'協'（楊樹達）。《金文編》133頁釋'古'，董蓮池《校補》60頁從林澐釋為'由'，以為'青'之初文，嚴志斌《四版校補》（21頁）主張'改入由字條下'。'由'釋已逐漸為學界所認同。"

② 如楊樹達《金文說》（111頁）謂："𢽸於寶彝之𢽸當讀為藝。《說文》云：藝，刻也。'藝'與'契'古音同屬月部，故皆可通假矣"；《銘文選》（75頁注六）謂："藝於寶彝，其事植銘於寶彝，即銘此事於彝。"

③ 如唐蘭《史䇘簋銘考釋》（《考古》1972年5期46頁）謂："藝於寶彝的□，即藝字，《廣雅·釋詁三》'藝，治也'，那就是治之於寶彝的意思"；劉先枚《湖北金石志》周楚重器銘文拾考（《江漢考古》1991年3期71頁）謂："'𢽸'應為'治'之初文。原義為從事土木工作，現引申為治鼎彝。"

④ 如陳劍《金文"象"字考釋》（《甲骨金文考釋論集》251—252頁）謂："中方鼎的'𢽸於寶彝'，'𢽸'字楊樹達先生讀為契刻的'契'。……我懷疑應該讀為'設'這個詞的用法，傳世古書中亦不乏其例。……中䞋云：'中𢽸王休'，用作……'。'𢽸'字也應該統一釋讀為'設'。器主中因為要'設王休'即將王之休廳陳設出來誇耀，遂作了這件……"；陳英傑《西周金文作器用途銘辭研究》（527頁）謂："我們遵從古人的用字習慣，認為銘文中當讀為'設'，《說文》：設，施陳也'。"

⑤ 或隸為"隊"，如《近出》（第二冊368頁）、陳佩芬《夏商周青銅器研究》（95頁）、馬承源《新獲西周青銅器研究二則》（《上海博物館集刊》第6輯151頁）。或隸為"隊"，如張光裕《新見保員銘試釋》（《考古》1991年7期649頁）。

陳,在彝器上鑄銘文";陳劍謂:"張政烺先生還指出,縣改簋:'(縣改)銉(肆)敢陣於彝'的'陣'字,……當讀為'施'。這也是很精闢的見解";陳英傑謂:"張政烺指出縣妃簋文例跟《禮記·祭統》所引衛孔悝鼎銘結尾言'施於烝彝鼎'相合,而讀其字為'施'。'施'即'施陳'、'施設'義";張政烺謂:"隊:《禮記·祭統》:'故衛孔悝之鼎銘曰:……悝拜稽首曰:對揚以辟之勤大命,施於烝彝鼎'。注:施猶著也,言我將行君之命,又刻著於烝祭之彝鼎"。①

則:1 見:賞於旟(韓)宗,令於晉公,卲(昭)於天子,用明則之於銘。武文咸剌(烈),永枼(世)母(毋)忘(亡)(1·157—161 屬羌鐘,戰早)。句中的"則",各家多釋為"刻畫、記載"義②。

載₃:表"記載"義,3 見(春秋₁、戰国₂),如:因𢦏(載)所美,卲(昭)□皇工(功)。……𢦏(載)之笧(簡)笧(策),曰(以)憼嗣王。(15·9735 中山王𧻓方壺,戰早)

典₁:表"記錄"義,3 見(西早、西中、西晚),如:㽞(厥)書史敆武立盨(盂)成塈,鑄保(寶)殷(簋),用典格白(伯)田(8·4262 佣生簋,西中)。郭沫若謂:"典如今言記錄或登錄";楊樹達謂:"典,常也,典常猶今言確定之意。或謂典當讀為奠,奠,定也,記田之地界於寶簋,故為定也。或曰:典字從冊,有冊書之義,說亦通"。③

名₂:1 見:今余既一名典獻,白(伯)氏䠁(則)報璧(8·4293 六年琱生簋,西晚)。句中的"名",或釋為"正名、命名"義④,或釋為"簽名"義⑤,或釋為名詞⑥。

---

① 張光裕《新見保鼎銘試釋》(《考古》1991 年 7 期 651 頁)、於省吾《吉金文選》(166 頁)、《銘文選(三)》(124 頁注五)、陳劍《金文"彖"字考釋》(《甲骨金文考釋論集》250 頁)、陳英傑《西周金文作器用途銘辭研究》(528 頁)、張政烺批注《兩周金文辭大系考釋》(下冊 49 頁)。

② 郭沫若《䥯羌鐘銘考釋》(《郭沫若全集·考古編》第 5 卷 748 頁)、《善齋彝器圖錄附考釋》(考釋三頁)、唐蘭《䥯羌鐘考釋》(《唐蘭先生金文論集》4 頁)、徐中舒《䥯氏編鐘考釋》(《徐中舒歷史論文選輯》210 頁)、孫稚雛《䥯羌鐘銘文匯釋》(《古文字研究》第十九輯 111 頁注 13)、《銘文選(四)》(590 頁注八)、容庚、張維持《殷周青銅器通論》(97 頁)、李裕民《古文字考釋四種》(《古文字研究》第七輯)、陳世輝、湯餘惠《古文字學概要》(228 頁注 12)、陳雙新《兩周青銅樂器銘辭研究》(234 頁)、陳英傑《西周金文作器用途銘辭研究》(下冊 529—530 頁)。

③ 郭沫若《大系考釋》(82 頁)、楊樹達《金文說》(10 頁)。連劭名《佣生簋銘文新釋》(《人文雜誌》1986 年 3 期 80 頁)、《通解》(1082 頁)、《類檢》(165 頁注 11)、《疏證》(3672 頁)同。

④ 如楊樹達《金文說》(248 頁)謂:"名典即名田,謂定土田之主名,所謂正名也";劉桓《五年琱生簋、六年琱生簋銘文補釋》(《故宮博物院院刊》2003 年 3 期 48 頁)謂:"'名'則命名之意。"

⑤ 如郭沫若《大系考釋》(146 頁)謂:"'一名'以文理推之蓋謂簽名畫押之類。"朱鳳瀚《琱生簋銘新探》(《金文文獻集成》29 冊 95 頁)、方述鑫《召伯虎簋銘文新釋》(《考古與文物》1997 年 1 期 67 頁)、徐義華《新出土〈五年琱生尊〉與琱生器銘試析》(《中國史研究》2007 年 2 期 25 頁)同。

⑥ 如譚戒甫《周召二簋銘文綜合研究》(《文物》1960 年 2 期 52 頁)謂:"名典,猶云名冊";陳夢家《西周銅器斷代》(234 頁)謂:"一名典:或為劃一其名藉";洪家義《金文選注繹》(391 頁)謂:"名,指有司們的同意言辭";斯維至《關於召伯虎簋的考釋及"僕庸土田"問題》(《徐中舒先生九十壽辰紀念文集》165 頁)謂:"一名典獻伯氏,意謂以伯氏之名登入典冊";連劭名《周生簋銘文所見史實考述》(《考古與文物》2000 年 6 期 43 頁)謂:"名典:即名簿";王占奎《琱生三器銘文考釋》(《考古與文物》2007 年 5 期 108 頁)謂:"今余既一名,即把原來屬於公家的一部分土地劃到琱生名下"。

林澐謂："一名典,疑是將僕墉土田一一登錄於文書之意";《通解》謂："名:錄名,即登錄";王輝引《廣雅·釋詁三》"名,成也"謂："既一名典,已經都登錄成冊";馮卓慧謂："一名典,一一登錄於國家的典冊上"。①

為₅:寫作義,1見:盠(鑄)其龢鐘,台(以)卹其祭祀盟祀,台(以)樂大夫,台(以)宴士庶子,眘(慎)為之名(銘)。(1·245 邾公華鐘,西晚)

第四節　視聽類動詞

見₁:表"見面"義,4見(西早₁、戰國₃),如:烏(嗚)虖(呼)！悠,敬戈(哉)！丝(茲)小彝妹(末)吹,見余,隹(唯)用諆(其)徣女(汝)。(10·5428—5429 叔趯父卣,西早)

見₂:表"觀見、謁見"義,2見(西中),如:雩武王既钺殷,散(微)史剌(烈)且(祖)廼來見武王,武王則(則)令周公舍國(宇)於周,卑(俾)處。(16·10175 史墻盤,西中)

眡(視)₁:表"殷見、觀見"義,8見(西早₁、西中₄、西晚₃),如:眉敖者膚卓事(使)見於王,王大嗇(致)(5·2831 九年衛鼎,西中)。裘錫圭謂:"其他各例所說之事,都跟周王朝與蠻夷之邦間的關係有關。《周禮·春官·大宗伯》:'時聘曰問,殷覜曰視。'……上引墻盤等器銘中的'視',應即'殷覜曰視'的'視',其義與覜、省、聘、問等相近。"②

臨₁:表"自上視下"義,4見(西早₁、西中₁、西晚₂),如:肄(肆)皇天亡斁(斁),臨保我有周,雩三(四)方民亡不康靜。(8·4342 師詢簋,西晚)

觀₁:觀看義,1見:於(嗚)虖(呼)！允哉(哉)若言,明□之於壺而曾(時)觀焉。(15·9735 中山王譽方壺,戰早)

觀₂:視察義,1見:王藿於嘗,公東宮內(納)卿(饗)於王,王易(賜)公貝五十朋(10·5433 效卣,西中)。或釋為祭名③,或釋為"觀",如《銘文選》(152頁二)謂:藿,觀省。觀是古代的一種娛遊;寇占民《西周金文動詞研究》謂:通"觀",視察。今從後者。

---

① 林澐《琱生簋新釋》(《古文字研究》第三輯129頁)、《通解》(152頁)、王輝《琱生三器考釋》(《考古學報》2008年1期55頁)、馮卓慧《從傳世的和新出土的陝西金文及先秦文獻看西周的民事訴訟制度》(《法律科學》2009年4期161頁)。

② 裘錫圭《甲骨文中的見與視》,《甲骨文發現一百周年學術研討會論文集》,文史哲出版社(臺北),1999年。

③ 陳夢家《西周銅器斷代》(121頁)、《金文常用字典》(431頁)、《通解》(894頁)、張政烺批注《兩周金文辭大系考釋》(下冊69頁)。另《史密簋》(西中,《近出》第二冊375頁)"敀南尸(夷)膚(盧)虎會杞(杞)尸(夷)舟尸(夷)藿不靳(折)"中的"藿"有釋"觀"、釋"謹"、釋為陣名、姓氏、城名、國名、語氣詞等多种釋讀意見。故暫存疑不計入。

殷₁：表"會同"義，3 見（西早、西中、西晚），如：隹（唯）王廿又三年八月，王命士百父殷南邦君諸侯，乃賜馬。（士百父盨，西晚，《近出二編》第二冊 137 頁 457）

殷₂：表"覲見、朝見"義，3 見，皆不帶賓語，如：隹（唯）明保殷成周年，公易（賜）乍（作）冊翻鼉貝。（10·5400 作冊翻卣，西早）①

朝：表"朝見"義，3 見，如：隹（唯）十年，陳戾（侯）午淖（朝）羣邦者（諸）戾（侯）於齊，者（諸）戾（侯）盲（享）台（以）吉金，用乍（作）平壽造器羣（敦）。（9·4648 十年陳侯午敦，戰晚）

堇（覲）₁：表"覲見"義，2 見（西早、戰國），如：外之則酒（將）使尚（上）勤（覲）於天子之席（廟），而邊（退）與者（諸）戾（侯）齒洀（長）於途（會）同。（15·9735 中山王䇝方壺，戰早）

廷：表"朝見"義，6 見（西晚₃、春秋₃），均出現在賓語部分，如：不（丕）顯文武，皇天引猒（厭）乎（厥）德，配我有周，雁（膺）受大命，衒（率）襄（懷）不廷方，亡不閈於文武耿光（5·2841 毛公鼎，西晚）。3 例為"不廷方"，3 例為"不廷"，其前主要為"馭、鎮靜、燮"一類動詞和"懷"（使……來）。

省（省）₁：表"巡視、視察"義，16 例（西早₈、西中₁、西晚₅、西周₁、戰國₁），以帶賓語為主（13 例），如：王大省公族於庚，㞢（振）旅，王易（賜）中馬自□戾（侯）三（四）□（12·6514 中觶，西早）。賓語主要為處所名詞（10 例），少數為指人名詞（3 例）。不帶賓語的 3 例，如：公達省自東，才（在）新邑，臣卿易（賜）金，用乍（作）父乙寶彝。（5·2595 臣卿鼎，西早）

省（省）₂：表"察視、觀察"義，3 器 4 見（西早₁、戰國₃），如：王省斌（武）王成王伐商圖，征（延）省東或（國）圖。（8·4320 宜侯夨簋，西早）

監₁：表"察看、鑒戒"義，1 見：廼易（賜）史䇝貝十朋，䇝由㐀（於）彝，其於之朝夕監。（7·4030—4031 史䇝簋，西早）②

監₂：表"監督、監察"義，5 見（西中₁、西晚₄），如：令女（汝）ナ（佐）疋（胥）儥戾（侯），監𩁹師戍。（5·2820 善鼎，西中）

遘₁：表"見"義，2 見（西早、西中），皆帶指人名詞賓語，如：楷白（伯）於遘

---

① 另，《保卣》（10·5415 西早）有"王令保及殷東或（國）五侯"句。其中的"殷"，或釋為"殷見"義，如孫稚雛《保卣銘文匯釋》（《古文字研究》第五輯 197 頁）引蔣大沂《保卣銘考釋》說："'殷'即殷見，殷同之禮……'王令保及殷'就是王命令保去參預大合內外臣工的殷見典禮。"張懋鎔《保卣——殷周文化合璧的物證》（《古文字與青銅器論集》）翻譯為：周王命令保參預殷東國五侯一事。李學勤《邾其三卣與有關問題》（《金文文獻集成》28 冊 67 頁）謂："'殷'，蔣大沂《保卣銘考釋》云即殷見、殷同之禮，並與下文'四方會'等語聯繫，是很有見地的。……保參預殷東國五侯的典禮，執贄賜之事，故王'蔑曆'於他，錫以五侯賓贈之物"。舊多視"殷"為名詞。

② 郭沫若《大系考釋》（45 頁）、唐蘭《史徵》（165 頁）括注了"鑒"；唐蘭《史䇝簋銘考釋》（《考古》1972 年 5 期 47 頁）以"看到"相譯；於省吾《吉金文選》（165 頁）云："其於之朝夕監，之茲古通，謂於茲朝夕鑒戒而有所勉也"；《銘文選（三）》（55 頁注三）謂："監，通鑒，即鑒戒，這裏有勉勵的意思"；《類檢》（11 頁注 6）謂："監，用作鑒"。

王,休亡尤,朕辟天子。(8·4205 獻簋,西早 4981)

遘₂:表"恰逢"義,2見(西早),皆帶指事名詞賓語,如:覞公作鄩姚簋,遘於王命唐伯侯於晉,唯王廿又八祀。(覞公簋,西早,《近出二編》第二冊 78 頁 415)

昏(遭):表"恰逢"義,1見:倘(適)昏(遭)郾(燕)君子儈,不餒(顧)大宜(義),不薔者(諸)厌(侯),而臣宗(主)易立(位)。(15·9735 中山王響方壺,戰早)

逢:表"恰逢"義,1見:逢郾(燕)亡(無)道燙上,子之大臂(僻)不宜(義),彶(反)臣丌(其)宗(主)。(15·9734 中山好盗壺,戰早)

卿、迨、遭、會(會)₁:表"會聚、會合"義,9見(西早₃、西中₁、西晚₁、春秋₁、戰國₃),如:王大糳晨(農)於諆田,餳,王射。有嗣(司)眔師氏小子卿(會)射。(5·2803 令鼎,西早)

會₂:表"遇、逢"義,1見:雩若二月,厌(侯)見於宗周,亡述,迨王饕葬京彫祀。(11·6015 麥方尊,西早)

酗(聞)₁:表"聽聞"義,8見(西早₁、西晚₅、戰國₂),或帶賓語(3例),如:寡(寡)人酗(聞)之:蔓(與)其汋(溺)於人旃,寧汋(溺)於困(淵)(5·2840 中山王響鼎,戰晚);或位於存現動詞"有、無"後充當其謂詞賓語(5例),如:嗣(司)王家外內,母(毋)敢又(有)不酗(聞),嗣(司)百工,出入姜氏令(8·4340 蔡簋,西晚)。

聞₂:表"傳揚"義,4見(春秋),如:中(終)翰叡(且)旝(揚),元鳴孔皇,其音簪簪,聞於四方。(1·182 徐王子旃鐘,春秋)

鳴:7見(春秋),皆不帶賓語,如:自乍(作)訶(歌)鐘,元鳴無萋(期),子孫鼓之。(1·210—222 蔡侯紐鐘,春晚)

旝(揚)₁:表"傳揚"義,5見(春秋),皆為"終翰且揚"形式。如:郐(徐)王子旃翆(擇)其吉金,自乍(作)龢鐘。……中(終)翰叡(且)旝(揚),元鳴孔皇。(1·182 徐王子旃鐘,春秋)

遊₂:表"傳揚"義,1器 2見:簠(鄩)弔(叔)之中(仲)子平自乍(作)鑄甘(其)遊鍊(鐘)。……中(仲)平蕭(善)弢叡考,鑄甘(其)遊鍊(鐘),訇(以)泳甘(其)大酉(酋)。(1·172—180 鄩叔之仲子平鐘,春晚)

第五節　使令類動詞

兩周金文中的使令動詞只有"使""俾"兩詞。

史、事、使(使)₃:40例(西早₃、西早或中₁、西中₂₀、西周₁、西晚₉、春秋₂、戰國₄),皆出現於兼語句中。句中兼語或出現(26例),如:王姜史(使)叔事於大倸(保),賞叔鬱鬯白金芻牛(8·4132—4133 叔簋,西早);或省略兼語(14例),如:邿召作為其旅簠,用實稻粱,用餘諸母諸兄,使受寶,毋有疆(邿召簠,西晚,《近出》第二冊

432頁)。

卑(俾):25例(西中₁₁、西晚₂、春秋₁₂),亦全部見於兼語句中,但省略兼語的(20例)明顯多於兼語出現的(5例),前者如:王受乍(作)冊尹者(書),卑(俾)冊令免(8·4240免簋,西中);後者如:氐則卑(俾)我賞(償)馬,效【父】則卑(俾)復乎(厥)絲束(5·2838曶鼎,西中)。從出現頻率看,"使"多於"俾",但相差不很懸殊(傳世文獻中"使"明顯多見);從出現時間看,"使"多見於西周中期,"俾"則西周中期和春秋兩個時期相差不多;從出現語境看,兩者均出現於兼語句中,不同的是"使"出現於完整兼語句中的用例(26例)明顯多於省略兼語的用例(10例),而"俾"卻主要出現於兼語省略的句子中(20例)。另外,省略兼語時"俾"可以組成"俾+形容詞"的形式(全部見於春秋時期),而"使"都是"使+動詞"的形式。

第六節　存在變化類動詞

一、存在類

才(在):表存在,約244例,出現形式比較豐富,或前後句均有主語出現且主語相同(59例),如:王才(在)華,王易(賜)命鹿,用乍(作)寶彝(7·4112命簋,西早);或前後句均有主語出現但主語不同(29例),如:王才(在)大宮,王姜易(賜)不壽裘(7·4060不壽簋,西早);或"在"字結構相對獨立(33例),如:天子甘(其)萬年昏(眉)壽黃耇,毗(畯)才(在)立(位)(8·4277師俞簋蓋,西晚);或"在"字前或後沒有主語出現(81例),如:王才(在)宗周,各於大廟(8·4270同簋,西中)。此外,還有"辰在乙卯"(22例)、"在九月"、"在二月既望"(20例)類表示時間的結構,其中的"在"亦當視為動詞。

又、友、右、或、有(有):共97例。或帶名詞賓語(46例),如:又(有)乎(厥)忠臣賸,克悆(順)克卑(俾),亡不率仁(5·2840中山王嚳鼎,戰晚);不(丕)顯文武,雁(膺)受大令(命),匍(撫)有三(四)方(9·4467—4468師克盨,西晚)。賓語有指人名詞(3例)、處所名詞(13例)、抽象名詞(29例)、數詞(1例)四種。"有"的賓語或為謂詞性賓語(49例),如:引隹(唯)乃智(知)余非,鼎(庸)又(有)聞(聞)(5·2841毛公鼎,西晚)。"有"後或為單音動詞,或為雙音動詞,或為偏正、述賓、聯合、述補、連動詞組。偶爾為形容詞。

無:表示"沒有"義(226例),主要構成各種固定組合,如:兮白(伯)吉父乍(作)旅簿(尊)盨,甘(其)萬年無疆(疆)(9·4426兮伯吉父盨,西晚);王徒於楚麓,令小臣夌先,省楚应。王至於徣应,無遣(禮)(5·2775 小臣夌鼎,西早)。其中"無疆"最多見(約 169 例),其次是"無期"(43 例),還有"無譴、無匄、無諫、無敄、無斁、無䁉、無智、無叚、無卣(由)"等組合形式。少數時候"無"後為單個動詞,如"無諆(計)、無測、無敵、無䧣(匹)";偶爾為指物名詞,如:柞白(伯)十禹弓,無瀎(廢)矢(柞伯簋,西早,《近出》第二冊 371 頁 486)。

亡₁:表示"沒有"義,33 例(西早₈、西中₆、西晚₁₂、西周₁、戰國₆),或帶名詞性賓語(主要為抽象名詞賓語),如:穆穆秉元明德,御於氒(厥)辟,异屯(純)亡敃(1·238—242 號叔旅鐘,西晚);或帶動詞性賓語,如:隹(唯)皇上帝百神,保余孯(小子),朕猷又(有)成亡競(1·260 毃鐘,西晚)。主要為含"終止"義的動詞,偶爾為其他動詞或動詞性詞組。

二、變化類

(一)表示"終止、消亡"義的

成₁:表"完成"義,18 例(西中₅、西晚₁₀、春秋₂、戰國₁)。或帶賓語(5 例),如:毓文王、王姒聖孫,隥(登)於大服,廣成氒(厥)工(功)(8·4341 班簋,西中);或不帶賓語(5 例),如:皇考孝武趄公,恭哉(哉),大慕(謨)克成(9·4649 陳侯因資敦,戰晚);或出現在"有"後的賓語部分(8 例),如:休不噬(逆),又(有)成事,多禽(擒)(5·2835 多友鼎,西晚)。

既:表"完畢、完成"義,2 器 3 見(西早),如:舍四方命,既咸令,甲申,明公用牲於京宮。……咸既,用牲於明公(11·6016 矢令方彝,西早)。《金文常用字典》(559 頁)、《簡明金文詞典》(260 頁)皆謂例 1"咸既"之"既"表"完畢"義,《通解》(1278 頁)則謂"銘內'既咸'與'咸既'同。'咸''既'二詞同義連用,統表完畢之義。"

咸:表"完畢、完成"義,12 例(西早₈、西中₄)。或獨立成句(7 例),如:王在成周,征(延)武福自鎬,咸,王易(賜)德貝廿朋(5·2661 德方鼎,西早);或位於名詞後(1 例):侯乘於赤旂舟,從,死(尸)咸,之日,王以侯内(入)於寢(11·6015 麥方尊,西早);或位於另一動詞後(1 例):告咸,孟以者(諸)侯暨侯田(甸)男□□從孟征(5·2839 小盂鼎,西早);或與同義動詞"既"連用(3 例),如:舍四方命,既咸令,甲申,明公用牲於京宮。乙酉,用牲於康宮。咸既,用牲於明公(11·6016 矢令方彝,西早)。

衣(卒):表"終止、完結"義,10 見(西早₄、西中₃、西晚₄)。多數帶動詞性賓語,如:孚(俘)戎孚(俘)人百又十又三(四)人,衣(卒)博(搏),無䁉(尤)於戎身(8·4322 彧簋,西中)①;偶爾帶名詞賓語(2 例),如:王客□宮,衣(卒)事,丁子(巳),王

---

① 唐蘭《史徵》(411 頁注 10)謂:"原作衣,即卒字,完畢。"後各家皆同意唐說。

蔑庚嬴厤(歷),易(賜)爵䵼(璋)貝十朋(5·2748 庚嬴鼎,西早)。關於金文中的"衣(卒)",李學勤先生曾有詳細論述:戜簋銘有云:"衣博(搏)無眈(尤)於戜身。"唐蘭同志在釋文注釋中說:"原作衣,即卒字,完畢。……"上海博物館藏《繁卣》,銘中云:"……衣事亡眈(尤)。""衣"字也當讀為"卒","卒事亡尤"即在整個祭祀中沒有過失,與戜簋"卒搏無尤"文例相同。多友鼎銘"衣"字共三見:……這三處"衣"字,讀"卒"都是文義順適的。……還有一些青銅器銘文的"衣"字,也可以"卒"字讀釋。天亡簋:"天亡又(右)王,衣祀於王丕顯考文王,……""衣"字前人多讀為"殷",……"衣"字讀作"卒",訓為既,似更允當。庚嬴鼎:"……衣事,丁巳,王蔑……""衣事"讀為"卒事",意思是終事。它簋有"嗚呼,惟考□□,念自先王先公迺妹克衣告剌(烈)成工(功)"之語。"自"訓為在。"衣"也讀為"卒",訓為終。天亡簋又有"丕克乞(迄)衣王祀"一句,"衣"讀"卒","迄卒"為一詞,其上連"克"字,可與它簋對照。殷墟卜辭也有不少例子,……總之,"衣""卒"二字在卜辭金文中往往混淆不分,需要我們細心區別,才能正確讀釋。①

乞(迄):表"終止、結束"義,2 見(西早),如:戍冀,嗣(司)乞(迄),令敢𢻻(揚)皇王宝。丁公文報,用頿後人言(享)。(8·4300—4301 作冊夨令簋,西早)

冬(終):表"終止、結束"義,25 例(西早₂、西中₅、西晚₁₅、春秋₂、戰國₁),多以"霝終"形式出現(20 例),如:其萬年霝冬(終)難老,子子孫孫是永寶(15·9713 殳季良父壺,西晚)。單獨出現的"終"只佔少數(5 例),如:瞏(遣)孫孫子子其永亡冬(終),用受福(德)(11·6015 麥方尊,西早)。

已:表"完結、終止"義,4 見(西早₁、春秋₃),皆單獨充當謂語,如:鼓鼓趯趯,萬年無諆(期),眉壽母(毋)已,子子孫孫永保鼓之。(1·153—154 許子盦鎛,春秋)

休₁:表"終止"義,1 器 2 見:馭方朝(侑)王,王休宴,乃射,馭方卿(會)王射。馭方休闌,王宴,咸酓(飲),王親易(賜)……(5·2810 鄂侯鼎,西晚)。陳夢家謂:"休宴即息燕,《爾雅·釋詁》曰'休,息也'。……休闌疑是中侯。……休於闌即止於闌,謂中侯。"《銘文選》翻譯為:王停止了宴飲,接着就舉行射禮。謂:"休闌:射禮結束";《通解》亦釋前一個"休"為"息止"義。②

彌:表"終盡"義,4 見(西中₂、西晚₁、春秋₁),如:用祈匄眉壽綽綰永令(命),彌氒(厥)生,霝(令)冬(終)。(8·4198 蔡姑簋,西晚)

息:表"終止"義,1 見:受賃(任)犾(佐)邦,夙夜篚(匪)解(懈),進瞖(賢)散(措)能,亡又(有)斁息(15·9735 中山王𩵦方壺,戰早)。"息"前的字,各家隸定釋

---

① 李學勤《多友鼎的"卒"字及其他》,《新出》134—137 頁。
② 陳夢家《西周銅器斷代》(218—219 頁)、《銘文選》(281 頁注五、注六)、《通解》(1470 頁)。

讀意見頗為分歧,然對"息"的理解無歧義。

遒(濟):表"終止"義,1見:齊厌(侯)既遒洹子孟姜喪,其人民都邑董麥無(舞)(15·9729洹子孟姜壺,春秋)。郭沫若謂:"此遒字當讀為濟。濟者成也,言已成洹子孟姜之親喪";楊樹達謂:"遒與濟同,止也";《銘文選》謂:"濟,完成義";黃德寬謂:"《洹子孟姜壺》遒,讀作濟。《爾雅·釋言》'濟,成也。'齊侯既遒洹子孟姜喪',指齊侯為洹子孟姜家持喪完畢"。①

喪₁:表"喪失、失去"義,9例(西早₃、西中₂、西晚₁、春秋₂、戰國₁),以不帶賓語為主(6例),如:休朕小臣金,弗敢喪,易用乍(作)寶旅鼎(5·2678小臣鼎,西中);帶賓語的居少數(3例),如:無隹(唯)正䎽(昏),引甘(其)唯王䇷(知),迺唯是喪我或(國)(5·2841毛公鼎,西晚)。

死:表"死亡"義,8例(西中₁、西晚₂、春秋₁、戰國₄),皆不帶賓語,或出現於謂語部分(6例),如:佢(厥)非正命,迺敢疾訊人,劇(則)唯專(輔)天降喪,不□唯死(9·4469墜盨,西晚);或充當定語(1器2見):隹(雖)又(有)死皋,及參(三)殂(世),亡不若(赦)。……詒死皋之又(有)若(赦)(5·2840中山王䁐鼎,戰晚)。

亡₂:表示"死亡"義,1見:臣諫□亡,母弟引□(庸)有長子□。(8·4237臣諫簋,西中)②

亡₃:表示"滅亡"義,5見(西中、春秋、戰晚₃),如:隹(唯)民亡徙才(哉)!彝㳚(昧)天令,故亡。(8·4341班簋,西中)

忘(亡₄):表"喪失"義,8例(西中₁、春秋₃、戰国₄),如:孫孫子子其萬年永寶用兹彝,其世毋忘(亡)。(獄簋,西中,《近出二編》第二冊110頁436)

散亡:1見:余老之!我僕庸土田多刺,弋許勿使散亡(五年琱生尊,西晚,《近出二編》第二冊273頁587—588)。句中的個別字,各家有不同隸定和釋讀,但對"散亡"的隸定釋讀無異議。

述、豕、遂(墜):表"喪失"義,3見(西早₁、西中₂),如:我聞(聞)殷述(墜)令(命),佳(唯)殷邊侯田(甸)雩(與)殷正百辟率肄(肆)於西(酒),古(故)喪自(師)。(5·2837大盂鼎,西早)

竝(替):表"斷絕"義,3見(西中₂、戰國₁),如:於(嗚)虖(呼)!念之孥(哉)!子子孫孫,永定俘(保)之,母(毋)竝(替)氒(厥)邦。(5·2840中山王䁐鼎,戰晚)

灋(廢):表"廢棄"義,18例(西早₃、西中₅、西中或晚₁、西晚₆、春秋₃),基本都帶賓語(16例),如:易(賜)鹵賣(積)千兩,勿灋(廢)文侯覞令(命)。(5·2826

---

① 郭沫若《齊侯壺釋文》(《郭沫若全集·考古編》第4卷167頁)、楊樹達《金文說》(35頁)、《銘文選(四)》(550頁注九)、《疏證》(3109頁)。

② 李學勤《元氏青銅器與西周的邢國》(《新出》62頁)翻譯為:向您行禮,我的兒子(?)已經死了,胞弟引則有長子名……;《銘文選(三)》(59頁注三)翻譯為:臣諫之親屬因抗擊戎人殉職,以母弟之子繼之而送征。

晉姜鼎,春早)

隕:表"墜毀"義,1見:叡(寡)人懼其忽然不可旻(得),憚憚慄慄,忑(恐)隕社稷之光。(5·2840 中山王嚳鼎,戰晚)

絕:表"斷絕、廢止"義,1見:日(以)內縊(絕)卲(召)公之祡(業),乏其先王之祭祀。(15·9735 中山王嚳方壺,戰早)

棄₁:1見:昔者,虘(吾)先考成王早棄羣臣,叡(寡)人孷(幼)踵(童)未甬(通)智,隹(唯)傅母氏(是)從。(5·2840 中山王嚳鼎,戰晚)

吹(隳):表"毀壞"義,1見:烏(嗚)虖(呼)!俊,敬戈(哉)!丝(兹)小彝妹(末)吹,見余,唯用諆(其)徣女(汝)(10·5428—5429 叔趯父卣,西早)。李學勤謂:"'吹'疑讀為'隳',毀棄。'妹吹'即不要毀壞";《銘文選》擴注了"墮";《類檢》同。①

盡:表"傷痛、傷殘"義,1見:不录(祿)嗌子,徟先盡死,亡子(10·5427 作冊嗌卣,西中)。此句有不同的斷句方式②,但各家對"盡"的隸定無疑義,釋讀則多據《說文·血部》"盡,傷痛也"為訓。

墢:1見:敬明新墜(地),雨(撫)祠先王,卋卋(世世)母(毋)墢,日(以)追庸先王之工(功)剌(烈)(15·9734 中山好盜壺,戰早)。句中的相應字有頗為分歧的隸定,但釋讀意見大體相同。王穎《戰國中山國文字研究》(60頁)謂:"墢,諸家或釋為'絕',或釋為'已',或釋為'貶',或釋為'陵',或釋為'替',均不外'終止'、'斷絕'、'廢棄'之義。按:此字可視為'範'之異體,在此讀為'犯',表示'違背'的意思。"

濼、彫(凋):同見1器:自乍(作)鴉鐘,不帛(白)不羊(騂),不濼不清。(1·198 者瀘鐘,春秋)③

刺:表"斷絕"義,1見:用乍(作)大神(禰)於氒(厥)且(祖)氒(厥)父母多申(神)。母(毋)念戈(哉)!弋勿尸嗌酱(鰥)寡,遣祐石(祐)宗不刺。(10·5427 作冊嗌卣,西中)

---

① 李學勤《元氏青銅器與西周的邢國》(《新出》63頁)、《銘文選(三)》(61頁注五)、《類檢》(608頁注8)。

② 一種是在"亡"前點斷,如陳夢家《西周銅器斷代》(124頁)作:嗌子徟先盡死,亡子;張亞初《金文新釋》(《第二屆國際中國古文字學研討會論文集》298頁)作:不录(祿)嗌子,子延先盡死,亡(無)子。一種是在"亡"後點斷,如《銘文選(三)》(95頁)作:不录(祿)□子,徟先盡死亡;劉雨《西周金文中的祭祖禮》(《考古學報》1989年4期505頁)作:□子徟先盡死亡;陳佩芬《夏商周青銅器研究·西周篇上》(174頁)作:不录(祿)嗌子,徟先盡死亡。

③ 《郭沫若全集·考古編(第5卷)·金文韻讀補遺》(285頁)謂:"故泺當讀為樂,凋讀為調。余曩讀不為如字,讀泺為鑠,讀凋為彫,終嫌意有未安。"《銘文選》(四冊363頁注3)謂:"不,語辭,無實義。……濼通作鑠。《詩·周頌·酌》:'於鑠王師',毛亨《傳》:'鑠,美也'。"

(二)表示增減變化義的

曾(增):2見(西中、西晚),如:今余曾(增)乃令,易(賜)女(汝)玄衣黹屯(純)赤市朱黃(衡)戈彤沙禺(珌)戲旂五日,用事。(8·4286 輔師嫠簋,西晚)

遺₂:表"增加"義,1見:東宮廼曰:賞(償)曶禾十秭,遺十秭,為廿秭(5·2838 曶鼎,西中)。句中的"遺"或釋為"饋予"義,或釋為"餘留"義①,但多數釋為"增益、增加"義。②

引:延續義,1見:孫孫子子其萬年永寶,用茲王休,其日引勿替。(獄簋,西中,《近出二編》第二冊 115 頁 438)

蕃昌:1見:子孫蕃昌,永保用之,冬(終)歲無疆。(11·6010 蔡侯尊,春晚)

生₁:表"降生、出生"義,2見(西晚、春秋),如:其配襄公之妣,而鯎(成)公之女,零生叔尸(夷),是辟於齊侯之所。(1·285 叔夷鎛,春晚)

生₂:表"產生"義,1器2見:隹(唯)逆生禍,隹(唯)忞(順)生福。(15·9735 中山王礐方壺,戰早)

降₂:1見:天命禹敷土,墮山濬川,廼差方設征,降民監德(豳公盨,西中,《近出二編》第二冊 138 頁 458)。裘錫圭謂:"'降民'指生下民。"③

出₅:失去義,1見:拍乍(作)朕配平姬敦,……永棐(世)母(毋)出。(9·4644 拍敦,春秋)

毀:減去義,1見:屯甘檐台(以)堂(當)一車,台(以)毀於五十乘之中(18·12110—12112 鄂君啟車節,戰國)。陳世輝、湯餘惠謂:"毀,減損";《銘文選》謂:"毀,《說文·上部》云'缺也'。於此作減、扣意"。④

取₃:拿走、取走義,1見:昔乃且(祖)亦既令乃父死(尸)嗣(司)荥人,不盩(淑),取我家寚,用喪。(8·4327 卯簋蓋,西中)

乏:缺少義,1見:目(以)內齾(絕)卲(召)公之惷(業),乏其先王之祭祀。(15·9735 中山王礐方壺,戰早)

---

① 如郭沫若《大系考釋》(99 頁)、張亞初《引得》、《简明金文詞典》(427 頁)。《銘文選》(172 頁注三一)謂:"遺,餘留的意思。"
② 如楊樹達《金文說》(40 頁)謂:"阮元《積古齋款識》釋□為遺字,是也。然未釋其義。余按《詩·邶風·北門》:政事一埤遺我。《毛傳》云:遺,加也;陳夢家《西周銅器斷代》(202 頁)謂:"於是東宮乃令匡季償禾,其辦法是:償還原來的十秭,外加十秭,共為廿秭";姚孝遂《曶鼎銘文研究》(《吉林大學學報》1962 年 2 期 85 頁)謂:"郭沫若先生解釋'遺十秭'為'饋送十秭',楊樹達先生《積微居金文說》釋'遺'為'加'。兩說可以互足"。其他如高明《中國古文字學通論》(394 頁注十七)、李朝遠《西周金文中所見土地交換關係的再探討》(《上海博物館集刊》第 6 輯 156 頁)、孫常敘《曶鼎銘文通釋》(《孫常敘古文字學論集》187 頁)、《金文常用字典》(183 頁)、《通解》(328 頁)、張經《曶鼎新釋》(《故宮博物院刊》2002 年 4 期 55 頁)、王輝《商周金文》(175 頁注 41)、王晶《西周曶鼎銘文中宼禾案所牽涉法律問題研究》(《中國歷史文物》2006 年 6 期 60 頁注 7)等亦釋為"加、益"義。
③ 裘錫圭《豳公盨銘文考釋》,《中國歷史文物》2002 年 6 期 17 頁。
④ 陳世輝、湯餘惠《古文字學概要》(238 頁注 8)、《銘文選(四)》(435 頁注一六)。

遺₄:遺漏義,1見:叀(唯)西六𠂤(師)殷八𠂤(師)伐噩(鄂)厌(侯)馭(馭)方,勿遺壽幼。(5・2833—2834 禹鼎,西晚)

老:5見(西晚₃、春秋₂),或單獨充當謂語,如:余老之,公僕𩰫(庸)土田多𦧊(諫)……(8・4292 五年琱生簋,西晚);或出現在賓語部分,如:齊大宰歸父叀為足(己)鑄盤,曰(以)𤔲(祈)眉壽,魯命難老。(16・10151 齊大宰歸父盤,春秋)

改:1見:昔先王既令女(汝)乍(作)𤔲(司)士,今余唯或虥改(改),令女(汝)辟百寮。(8・4343 牧簋,西中)

渝改:1見:枼(世)萬至於辝孫子,勿或(有)俞(渝)改。(1・271 䜌鎛,春中或晚)

變改:1見:𠭯(鮑)子𣪘(作)朕(媵)中(仲)匋始(姒),其𨾔(獲)者(諸)男子,勿或(有)柬(變)已(改)(鮑子鼎,春秋)。吳鎮烽謂:"柬讀為闌,有阻隔、阻攔、將盡、將完等義";何景成謂:"'已'應釋為'改'。'闌改'的'闌'當讀為'變'";侯乃峰認為"柬"當讀為"間",訓為"間隙、嫌隙、隔閡"等義。……"已"字在此處銘文中當是做句末語辭,即典籍中的"已"或"矣"。① 今從何景成說。

貳:通"忒",改變義,1見:賙渇(竭)志盡忠,曰(以)𢓊(佐)右𠂤(厥)辟,不貳(忒)其心。(15・9735 中山王𧊒方壺,戰早)

爽:改變義,1器2見:我殀(既)付散氏田器,有爽,實余有散氏心賊,則爰千罰千,傳棄之。……我殀(既)付散氏溼(隰)田□田,余有爽竊,爰千罰千。(16・10176 散氏盤,西晚)

第七節　心理動詞

殷墟甲骨文中已見此類動詞②,但數量有限,兩周金文中明顯增多。據詞義色彩可先大別為正面心理動詞和負面心理動詞兩類。

---

① 吳鎮烽《鮑子鼎銘文考釋》(《中國歷史文物》2009年2期52頁)、何景成《鮑子鼎銘文補釋》(復旦大學出土文獻與古文字研究中心網站2009年9月18日)、侯乃峰《鮑子鼎銘文補說》(《中國歷史文物》2010年2期71頁)。

② 陳年福《甲骨文動詞詞彙研究》(16頁)心理類動詞下有"畏(畏懼)、每(懊悔)、子(以……為子)、疑(懷疑)、匄(乞求)、气(乞求)"六詞。其《甲骨文詞義論稿》(69頁)心理動詞下有"壬(企求、希企)、求(乞求);祈(祈求);乞(乞求);念(思念);畏(害怕);疑(懷疑);惕(畏懼、戒懼);訢(欣喜、高興)"九詞。楊逢彬《殷墟甲骨刻辭詞類研究》(54—61頁)感知心理動詞下有聞、悔、訊、聽、占、見、𢼸、省、監、遘、若、佐、佑、畏、告、夢、觀、曰、貞、占、呼等21詞。陳練文《甲骨文心理動詞研究》(27頁)將甲骨文中的心理動詞分為兩類:一類是感知類心理動詞,有"目、省、見、監、望、聽、聞、觀、令、曰、告、呼、敢、召、乞、匄、若、訊、貞、占(甲)、占(乙)"等23詞;一類是情態類心理動詞,有"畏、悔、疑、𢼸、夢、醜"6詞。可以看出楊逢彬和陳練文所說的心理動詞是包括了視覺、聽覺、言語類動詞的。我們在這裏所論的心理動詞則不包括這三類,而同於陳年福的分類和陳練文所分的後一類。

47

一、正面心理動詞

正面心理動詞是指含有積極色彩義的動詞,兩周金文中此類心理動詞居多數,據具體詞義可進一步分爲下述幾小類。

(一)表示"恭敬"義的

共、龏(恭):24例(西早₁、西中₂、西中或晚₁、西晚₃、春秋₁₃、戰國₄),帶賓語的(14例)多於不帶賓語的(9例),前者如:余小子司朕皇考,肇帥井(型)先文且(祖),共(恭)明德,秉威義(儀)(8·4242 叔向父禹簋,西晚)。賓語主要由抽象名詞充當,如純、明德、命、天命、天常、盟祀等,偶爾爲"鬼神"。不帶賓語的如:侃先王,先王其嚴(儼)才(在)帝ナ(左)右,敫狄(逖)不龏(恭)(1·49 敫狄鐘,西中或晚)。

芍、苟、敬(敬):50例(西早₇、西中₇、西晚₁₆、春秋₁₄、戰國₆),不帶賓語的(34例)明顯多於帶賓語的(16例)。在不帶賓語的形式中,"敬"或單獨充當謂語或謂語中心詞(21例),如:烏(嗚)虖(呼)!悠,敬戈(哉)!玆(兹)小彝妹(末)吹,見余,唯用謀(其)徝女(汝)(10·5428—5429 叔趠父卣,西早);或充當狀語(12例),如:康諧穌好,敬配吳王,不諱考壽(11·6010 蔡侯鐘,春晚)。帶賓語的形式中,賓語主要爲抽象名詞,如:允才(哉)顯!隹(唯)苟(敬)德,亡逌(攸)違(8·4341 班簋,西中);偶爾爲指人名詞(2例),如:王曰:盂,若芍(敬)乃正,勿廢(廢)朕令(5·2837 大盂鼎,西早)。

虔:24例(西中₃、西晚₉、春秋₁₁、戰國₁),不帶賓語的(15例)多於帶賓語的(9例)。不帶賓語的形式中,"虔"以充當謂語或謂語中心詞爲主(14例),如:望肇帥井(型)皇考,虔夙(夙)夜出內(納)王命,不敢不分不叇(5·2812 師望鼎,西中);充當狀語的1見:女(汝)亦虔秉不(丕)涇(經)惠(德)(1·122 者沪鐘,戰早)。帶賓語的如:虔龏(恭)盟【祀】,【以】侖(答)【揚】皇卿,智親百薾(職)(16·10342 晉公盆,春秋)。賓語主要爲抽象名詞,只有1例是指人名詞。

惠、盦、禽、彊、寅(寅):7例(西中₁、春早₁、戰國₅),不帶賓語的(5例)多於帶賓語的(2例)。前者如:余陳起子之裔孫,余寅事齊厌(侯),懂血(卹)宗家(9·4629 陳逆簠,戰早);帶賓語的2例,均以同義連用形式出現,如:嚴鏧(恭)寅天命,保嬳丮(厥)秦(8·4315 秦公簋,春早)。

祇:5見(西中₁、春晚₁、戰國₃),帶賓語(2例)和不帶賓語(3例)相差不多,前者如:子子孫孫,母(毋)又(有)不敬,惠(寅)祇丞(烝)祀(15·9734 中山好盗壺,戰早);後者或充當謂語(1例),或充當狀語(2例),如:用許(作)大孟姬嬃(媵)彝籃(缶),禮嘗(享)是台(以),祇盟嘗畬,祐受母(毋)已(11·6010 蔡侯尊,春晚)。

嚴①：18例（西中₁、西中或晚₁、西晚₁₁、春秋₃、戰國₂），不帶賓語為主（15例），其中的"嚴"或單用（8例），如：不（丕）顯皇且（祖）考穆穆克誓（哲）氒（厥）德，嚴才（在）上，廣啓氒（厥）孫子於下（8·4328—4329 不嬰簋，西晚）；或與"異（翼）"對用（5例），如：皇考嚴（儼）才（在）上，異（翼）才（在）下，數數巇巇，降旅多福（1·238—240 虢叔旅鐘，西晚）；其他2例均以同義連用形式出現。帶賓語的3見，如：余嚴敬茲禋盟，穆穆熙熙，至於子子孫孫（鄭大子之孫與兵壺，春秋後期，《近出二編》第三冊195頁878）。賓語皆為抽象名詞，同時"嚴"也均以同義連用形式出現。

異（翼）₃：6見（西晚₅、春秋₁），形式上主要是和"嚴"上下句對用（例見前）；單用的只如下1見：焘焘允義，翼受明德，曰（以）康奠朕（協）朕或（國）（1·267—270 秦公鎛，春早）。

堇（謹）₂：表"敬"義，7見（西晚₅、春秋₁、戰國₁），如：氒（厥）取氒（厥）服，堇（謹）尸（夷）俗，豙（遂）不敢不敬愄（畏）王命逆見我（9·4464 駒父盨蓋，西晚）。王輝謂："'堇（謹）夷俗'意謂尊重夷之習慣"；黃德寬翻譯為：要謙敬淮夷風俗習慣。②

慎₁：表"敬"義，7見（西中₁、西晚₆），如：大師小子師望曰：不（丕）顯皇考宠（宫）公，穆穆克盟（明）氒（厥）心，愻（慎）氒（厥）德，用辟于先王，旻屯（純）亡敃（5·2812 師望鼎，西中）。皆帶賓語，且賓語均為抽象名詞"德"。

卹（恤）₂：表"敬"義，6見（西中₂、西晚₁、春秋₃），如：追虔夙（夙）夜卹氒（厥）死（尸）事，天子多易（賜）追休，追敢對天子覭賜（揚），用乍（作）朕皇且（祖）考障（尊）殷（簋）（8·4219 追簋，西中）。皆帶賓語（事₄、祀₂），"卹"或單獨帶賓語（3例），或與同類動詞共現（虔敬卹、敬卹、虔卹）。今按：傳世文獻中的"恤"，各家多訓為"慎"，為"謹慎，慎重"義③，金文中則多為"敬"義。

---

① 關於"嚴"的討論可參看王人聰《西周金文"嚴在上"解——並述周人的祖先神觀念》（《考古》1998年1月）、王冠英《再說金文套語"嚴在上，異在下"》（《中國歷史文物》2003年2期）、潘玉坤《金文"嚴在上，異在下"與"敬乃夙夜"試解》（《故宮博物院院刊》2003年5期）、陳劍《金文"豙"字考釋》（《甲骨金文考釋論集》253—254頁）、董珊《略論西周單氏家族窖藏青銅器銘文》（《中國歷史文物》2003年4期44頁注19）。

② 王輝《駒父盨蓋銘文試釋》（《考古與文物》1982年5期58頁）、黃德寬《淮夷文化研究的重要發現——駒父盨蓋銘文及其史實》（《東南文化》1991年2期146頁）。

③ 如楊樹達《金文說》（22頁）謂："按《書·多士》云：自成湯至於帝乙，罔不明德恤祀。銘文與《多士》同。《多士》之恤，王引之《經義述聞》訓為慎，得之；《通解》（1247頁）解釋"卹"曰："謹慎，慎重。常與'敬''虔'連用。瘋鐘'今瘋夙夕虔敬，卹氒死事'。追簋'追夙夕卹氒事'。孫怡讓曰：'凡古書之言恤者，多訓為慎。'《古籀拾遺》中21《師寰簋》'師寰虔不墜，夙夜卹將事'。郭沫若曰：恤氒將事，與追簋'恤氒死事'同例。死同尸，主也。謂慎所主持之事（《大系考釋》146頁）。王引之《經義述聞·尚書》上：家大人曰：《堯典》曰：欽哉欽哉，惟刑之恤哉。恤者，慎也。……即《康誥》之慎罰也。今本尚書作'卹'"。

肇₂:表"敬"義,62例(西早₇、西早或中₂、西中₂₆、西晚₁₅、西晚或春早₁、春秋₁₀、戰國₁),如:諶肇乍(作)其皇考皇母者(諸)從君鼏鼎,諶其萬年鼻(眉)壽,子子孫孫永寶用亯(享)(5·2680諶鼎,西晚);望肇帥井(型)皇考,虔夙(夙)夜出內(入)王命(5·2812師望鼎,西中)。"肇"後動詞主要為"作"(47例),其次為遵循效法義或申繼義動詞,偶爾與同義或反義詞同現。

敏₂:表"敬"義,5見(西早₁、西中₃、春秋₁),如:君夫敢每(敏)叚(揚)王休,用乍(作)文父丁齍。(8·4178君夫簋蓋,西中)

遟(齊):1見:是忑(小心)䎽(恭)遟,龖(靈)力若虎,堇肈(勤勞)其政事(1·285叔夷鐘,春晚)。楊樹達謂:"遟,與齊同,龏齊同義"。①

卹龏、龏龏(愻恭):4見(春秋₃、戰國₁),如:余卹龏(恭)威婁(畏忌),余不敢諂,舍(余)龏(擇)氒(厥)吉金,鉉(玄)鏐鏞鋁,自乍(作)鉤鑃(2·426配兒鉤鑃,春晚)。形式上全部是"畢恭畏忌"。孫怡讓謂畢當讀愻,引《說文·比部》"愻,慎也"為證。各家多從之。《銘文選》謂:"必龏,即翼恭"。②

(二)表示"喜樂"義的

㑛、㑛、侃(侃):15例(西中₂、西中或晚₂、西晚₁₁),全部帶賓語,如:兮中(仲)乍(作)蠚(林)鐘,甘(其)用追孝於皇考己白(伯),用侃喜前文人(1·65—71兮仲鐘,西晚)。賓語皆為指人名詞,多數是指稱祖先的名詞,其他名詞只有"多友""百姓朋友眔子婦"2例。形式上基本都與同義動詞"喜"連用,計有"喜侃樂(1見)、喜侃(7見)、侃喜(4見)"三種組合形式。單用的只3見。

喜:26例(西中₁、西中或晚₁、西晚₁₃、春秋₁₁),帶賓語的(16例)略多於不帶賓語的(10例),所帶賓語亦以指稱祖先的名詞為主。形式上,或與"侃"連用(13例),如:用卲(昭)各(格)喜侃樂前文人,用祓壽,匄永令(命)(1·246瘋鐘,西中);或與"宴"對用(8例)、連用(1例),如:用匽(宴)台(以)喜,用樂嘉賓大夫及我倗友(1·153—154許子䵼鎛,春秋);其他形式較少(4例),如:會平倉倉,歌樂自喜(鄦編鐘,春秋後期,《近出》第一冊90頁)。句法功能上,與"侃"連用的"喜"皆帶賓語(見前"侃"下),與"宴"對用或連用的"喜"除1例外,餘皆不帶賓語。其他形式中有2例帶賓語(文神人、皇祖),2例不帶賓語。

匽(宴)₂:13例,全部見於春秋時期。不帶賓語的(8例)多於帶賓語的(5例),前者如:闌闌龢鐘,用匽(宴)台(以)喜,用樂嘉賓父蛻(兄)及我倗友(1·261王孫遺者鐘,春晚);後者如:自乍(作)鉤鑃,目(以)宴賓客,目(以)樂我者(諸)父(2·427配兒句鑃,春晚)。與"侃""喜"不同,"宴"所帶賓語皆為指稱生者的名詞。

---

① 楊樹達《金文說》(34頁)。
② 孫怡讓《古籀拾遺》(中冊10頁)、《銘文選(四)》(369頁注三)。

形式上,"宴"或與同類動詞句中對用,或與同類動詞上下句對用,或與同類動詞連用;不與同類動詞共現的只1例。

樂:34例(西中₂、西晚₆、春秋₂₂、戰國₄),帶賓語為主(27例),賓語多數為指稱生者的名詞(20例),如:穆穆龢鐘,用匽(宴)㠯(以)喜,用樂嘉賓大夫及我倗友(1·153—154許子盠鎛,春秋);亦有"先祖、前文人、大神"一類名詞充當的賓語,如:用卲(昭)各喜侃樂前文人,用祿壽,匂永令(命)(1·246瘋鐘,西中);其他名詞充當的賓語比較少見。不帶賓語的形式中(7例),"樂"多與同類動詞同現,如:晉侯對乍(作)寶尊㲃盨,其用田狩,湛樂於原隰(晉侯對盨,西晚,《近出》第二冊402頁503)。

康(康)₂:6見(西晚₂、戰國₄),如:齊陳(陳)曼不敢□①康,肇堇(謹)經德,乍(作)皇考獻弔(叔)饙䀇,永保用㠯(簋)(9·4595—4596齊陳曼簠,戰早)。不帶賓語的(4例)多於帶賓語的(2例)。形式上與"樂"同現的3例,其他3例。

語、舍、訏(娛):3見(春秋),如:余鉸子擇氒(厥)吉金,自乍(作)龢鐘,台(以)亯台(以)孝於我皇祖,至於子孫,永寶是舍(娛)(叡巢鐘,春秋,《金文引得》18頁6120)。谷建祥、魏宜輝謂:"'舍'當讀作'娛','舍'從余從口,即'舍'字。徐器僮兒鐘銘文中有'孫孫用之,後民是語。'吳器配兒鉤鑼銘文中有'子孫用之,先人是訏。'董楚平先生在對僮兒鐘的考釋中認為:'後民是語'與配兒鉤鑼'先人是訏'句式相同,並指出吾、予、吳、虞古通。……銘文中的'語'與配兒鉤鑼之'訏',均讀作'娛'。此說可從";馮時謂:"□兒鐘叚辭云:'子孫用之,後民是語(娛)。'配兒鉤鑼銘云:'子孫用之,先人是訏(娛)。'與叡巢鐘祝叚內容一致,是當時習語"。②

盤(般):表"樂"義,1見:中(終)翰叡(且)旟(揚),元鳴孔皇,孔嘉元成,用盤歙(飲)酉(酒),龢遵(會)百生(姓)(1·203沇兒鐘,春晚)。於省吾引《漢書·敘傳下》集注"盤,樂也"相釋;董楚平引吳闓生說"盤,樂也";陳秉新謂:"盤借為般,訓為樂,用般飲酒,就是用以助飲酒之樂的意思。"③

盱:表"樂"義,1見:虘(吾)台(以)匽(宴)歙(飲),盱我室家,曵獵母(毋)後(15·9715杕氏壺,春晚)。於省吾作:多寡丕訏。謂:"訏盱古通,樂也";郭沫若括注了"樂";

---

① 此字或隸為"逸",如《銘文選(四)》(557頁注一)謂:"逸康即逸樂自安之意";於省吾《吉金文選》(210頁)未隸定相應字;吳振武《陳曼瑚'逐'字新證》(《吉林大學古籍整理研究所建所十五周年紀念文集》46頁)作:齊陳曼不敢(逐)康,謂:"意思是追逐康樂"。

② 谷建祥、魏宜輝《邳州九女墩所出編鎛銘文考辨》(《考古》1999年11期71頁)、馮時《叡巢鐘銘文考釋》(《考古》2000年6期77頁)。

③ 於省吾《吉金文選》(109頁)、董楚平《吳越徐舒金文集釋》(267頁注六)、陳秉新《古文字考釋三題》(《古文字研究》第二十一輯303頁)。

沙宗元謂:"'盱我室家'釋為'安樂我室家',則文意條暢,了無障礙"。①

牫忢(慈愛):1見:昔者,先王牫(慈)忢(愛)百每,竹(篤)甯亡彊(疆),日夋(夜)不忘大耇(去)型(刑)罰,目(以)惠(憂)乎(厥)民之佳(罹)不姃(幸)。(15·9734 中山奵盗壺,戰早)

慈(牫):1見:慈孝寰(宣)惠,舉孯(賢)迠(使)能。(15·9735 中山王䰜方壺,戰早)

忢、哀(愛):2見(西早、戰国),如:旃(故)諱(辭)豊(禮)敬則孯(賢)人至,厲忢(愛)深則孯(賢)人竁(親),攼(作)斂中則庶民佸(附)。(15·9735 中山王䰜方壺,戰早)

好:表"喜愛"義,1器2見:民好明德,□才(在)天下,……心好德②,婚遘(媾)亦唯協。(豳公盨,西中,《近出二編》第二冊138頁458)

(三)表示"謹慎"義的

堇(謹)₁:1見:王出獸(狩)南山,寅迤山谷,至於上厌(侯)燆川上,啓從征,堇(謹)不變(擾)。(10·5410 啓卣,西早)

育(慎)₂:2見(春秋),均充當狀語,如:鼉(鑄)其稣鐘,台(以)卹其祭祀盟祀,台(以)樂大夫,台(以)宴士庶子,育(慎)為之名(銘)。(1·245 邾公華鐘,春秋)

忈(小心):1見:女(汝)忈(小心)悁(畏)忌,女(汝)不彖(惰)夙(夙)夜,宦執而(爾)政事。(1·285 叔夷鐘,春晚)

憼戒:1見:尸(夷)不敢弗憼戒,虔卹乎(厥)死(尸)事。(1·285 叔夷鐘,春晚)

(四)表示"知曉、顧念"義的

智(知):8例(西晚₄、戰國₄),帶賓語的(5例)多於不帶賓語的(3例),前者如:引(矧)佳(唯)乃智(知)余非,亯(庸)又(有)䎽(聞)(5·2841 毛公鼎,西晚);後者如:今余佳(唯)或(又)䜌朅(申就)乃命,叀(更)乃且(祖)考事,歎嗣(司)康宫王家臣妾曼亯(庸),外入(內)母(毋)敢無□(聞)層(知)(宰獸簋,西晚,《金文引得》325頁5048)。

通:表"知曉"義,1見:𢉘(寡)人學(幼)穜(童)未甬(通)智,佳(唯)俌(傅)姆(姆)氏(是)從。(5·2840 中山王䰜鼎,戰晚)

念:13例(西早₃、西中₄、西晚₄、戰國₂),帶賓語的(9例)多於不帶賓語的(4例)。前者如:烏虖(嗚呼)!王唯念戏辟剌(烈)考甲公,王用肇事(使)乃子戏逵

---

① 於省吾《吉金文選》(158頁)、郭沫若《金文續考·枼氏壺》(《郭沫若全集·考古編》第5卷836頁)、沙宗元《枼氏壺銘文補釋》(《安徽大學學報》(哲學社會科學版)2001年4期54頁)。
② 此句或在"好德"後點斷,如李零《論豳公盨發現的意義》(《中國歷史文物》2002年6期)、李學勤《論豳公盨及其重要意義》(《中國歷史文物》2002年6期)、連邵名《豳公盨銘文考述》(《中國歷史文物》2003年4期)、劉雨《豳公考》(《第四屆國際中國古文字學研討會論文集》)、江林昌《豳公盨銘文的學術價值綜述》(《華學》第六輯)、邢文《釋文與釋經——豳公盨與新經學》(《第四屆國際中國古文字學研討會論文集》124頁)、馮時《豳公盨銘文考釋》(《考古》2003年5期)。或"好德婚媾"連讀,如裘錫圭《豳公盨銘文考釋》(《中國歷史文物》2002年6期)、朱鳳瀚《豳公盨銘文初釋》(《中國歷史文物》2002年6期)、饒宗頤《豳公盨與夏書佚篇'禹之總德'》(《華學》第六輯)、周鳳五《遂公盨銘初探》(《華學》第六輯)。

(率)虎臣御濰(淮)戎(5·2824 威方鼎,西中)。賓語或為指人名詞,或為主謂詞組,或為偏正詞組,或為指事代詞"之"。不帶賓語的如:用乍(作)大御(禦)於氒(厥)且(祖)氒(厥)父母多申(神),母(毋)念哉(哉)(10·5427 作冊嗌卣,西中)。

追$_2$:表"追念"義,均為"追孝"組合(西早$_1$、西中$_8$、西晚$_{11}$、春秋$_7$、戰國$_1$),帶賓語的(22 例)明顯多於不帶賓語的(6 例),前者如:就覒作旅甗,用夙夕追孝於朕文祖日己、朕文考日庚(就覒甗,西中,《近出二編》第一冊 146 頁 125),賓語皆為指稱先祖的名詞。後者如:西其用追孝,用祈眉壽、被祿、純魯(師西鼎,西中,《近出二編》第一冊 352 頁 326)。

卹、血(恤)$_1$:6 見(西中$_1$、西晚$_2$、春晚$_2$、戰國$_1$),皆帶賓語,如:女(汝)台(以)尃(敷)戒公家,雁(膺)卹余於盭(明)卹,女(汝)台(以)卹余朕身(1·285 叔夷鐘,春晚)。《銘文選》翻譯"雁(膺)卹余於盭(明)"為"憂慮我之所憂";於省吾解釋"女以恤余朕身"的"恤"為"憂也"。①

悥(慮):1 見:氐(是)目(以)痵(寡)人医(委)貨(任)之邦而去之遊,亡惠(懅)惕之悥(慮)。(5·2840 中山王譽鼎,戰晚)

谷、俗(欲):3 見(西晚),皆帶小句做賓語,如:敬明乃心,率目(以)乃友干吾(捍敔)王身,谷(欲)女(汝)弗目(以)乃辟圅(陷)於囏(艱)。(8·4342 師詢簋,西晚)

褱(懷)$_1$:2 器 3 見(西早$_2$、西晚),如:文王孫亡弗褱(懷)井(型),亡克竸(競)氒(厥)剌(烈)。(8·4341 班簋,西中)

厭:表"滿足"義,3 見(西早、西晚、春晚),如:皇天引猒(厭)氒(厥)德,配我有周,雁(膺)受大命,衒(率)褱(懷)不廷方。(5·2841 毛公鼎,西晚)

二、負面心理動詞

(一)表示"憂愁、畏懼"義的

哀:4 見(西晚$_2$、春晚$_2$),均為"哀哉"形式,如:烏虖(嗚呼)哀戈(哉)!用天降大喪於下或(國),亦唯噩(鄂)厌(侯)駿(馭)方率南淮尸(夷)東尸(夷),廣伐南或(國)東或(國),至於厲內。(5·2833 禹鼎,西晚)

憂:3 見(西晚$_1$、戰國$_2$),如:昔者,虖(吾)先祖(桓)王、邵(昭)考成王,身勤社稷行四方,目(以)憂勞(勞)邦家。(5·2840 中山王譽鼎,戰晚)

愧、敃(畏):4 見(西早、西晚、春秋$_2$),2 例帶賓語,2 例不帶賓語,前者如:敏朝夕入閘(諫),亯(享)奔走,愧(畏)天愧(威)(5·2837 大盂鼎,西早);後者如:余不敃(畏)不羞(差),惠於政德,怓(淑)於威義(儀)(5·2811 王子午鼎,春中或晚)。

懼:2 見(西晚、戰晚),如:痵(寡)人懼其忽然不可旻(得),惲惲懍懍,志(恐)隕社稷之光。(5·2840 中山王譽鼎,戰晚)

---

① 《銘文選(四)》(542 頁注一四)、於省吾《吉金文選》(89 頁)。

忎(恐):2見(西中、戰晚),如:眔(寡)人懼其忽然不可昬(得),憚憚慄慄,忎(恐)隕社稷之光。(5·2840中山王嚳鼎,戰晚)

畏忌:9見(西晚₁、春秋₇、戰早₁),皆不帶賓語,如:余彌心畏誋(忌),余四事是台(以)。(1·271齡鎛,春中或晚)

慮惕:2見(戰國),如:氏(是)目(以)遊夕歓(飲)飤,盗(寧)又(有)憲(慮)惕。(15·9735中山王嚳方壺,戰早)

僤悆(怒):1見:隹(唯)司馬賙訢諮(謀)戰(僤)悆(怒),不能盗(寧)處,率師征鄩(燕),大啓邦冱(宇)。(15·9734中山矷盗壺,戰早)

(二)表示"荒怠"義的

荒寧:3見(西晚₂、春秋₁),皆不帶賓語,如:命女(汝)官嗣歷人,母(毋)敢妄(荒)寧,虔夙夕惠雝我邦小大猷。(四十三年逑鼎,西晚,《近出二編》第一冊362頁330—339)

寧荒:1見:余唯(雖)末少子,余非敢寧忘,有虔不易(惕),輅右(佐佑)楚王。(1·210蔡侯紐鐘,春晚)

怠荒:1見:目(以)卿(饗)上帝,目(以)祀先王,穆穆濟濟,嚴敬不敢怠(怠)荒。(15·9735中山王嚳方壺,戰早)

解(懈):2見(戰國),如:使智(知)社稷之賃(任),臣宗之宜(義),敢夙夜不解(懈),目(以)誆道(導)眔(寡)人。(5·2840中山王嚳鼎,戰晚)

豕(惰):表"懈怠"義,13例(西早₁、西中₂、西晚₆、春秋₄)。不帶賓語為主(10例),如:師袁虔不豕(惰),奴(夙)夜卹氒(厥)牆事(8·4313—14師袁簋,西晚)。形式上皆與否定副詞"不"同現。帶賓語的3例,如:敬乃奴(夙)夜用辟(屏)朕身,勿濾(廢)朕命,母(毋)豕(惰)乃政(1·60—63逆鐘,西晚)。上述各例中的相應字,舊多讀為"墜",陳劍認為應讀為"惰"①。可從。

易、惕、賜(惕):表"輕慢"義,4見(西晚、春晚₃),如:母(毋)敢湛於酒,女(汝)母(毋)敢豕(惰)才(在)乃服,嗣奴(夙)夕,敬念王愧(威)不賜(易)(5·2841毛公鼎,西晚)。張之綱謂:"'不賜':徐釋賜,窓齋釋慢易之易。……綱案:此字窓齋所釋甚確";董作賓謂:"易,吳大澂釋慢易之易,謂《說文》'賜,目疾視也。'疾視者有輕易之意,疑古易賜為一字";楊紹萱謂:"賜,轉眼,忽視之意";謂:"賜,輕易"。

---

① 陳劍《金文"豕"字考釋》(《甲骨金文考釋論集》243頁)謂:"西周春秋金文中有一個寫作……等形,常常與否定詞語'不'、'毋'、'不敢'和'毋敢'連用的字。《金文編》收在卷二0110號'豕'字下。把△釋作'豕',讀為墜落、失墜的'墜',是從宋代開始就一直佔統治地位的意見。"(249頁)《古漢語研究》1998年第3期發表的孟蓬生《釋"豕"》一文,……論證"△"字當釋為"豕",……讀為"懈弛"的"弛"。(253頁)前文所見"△"字,在絕大部分銘文中實應讀為"惰"。……其本義按《說文》的解釋,就是'不敬也'"。董珊《略論西周單氏家族窖藏青銅器銘文》(《中國歷史文物》2003年4期44頁)引上述例3作:逑御厥辟,不敢豕(惰)。

沮：表"懈怠"義，5見（西早₂、西中₃），如：今余弗叚組（沮），余用乍（作）朕後男黴尊簋，其萬年子子孫孫永寶用亯（享）(8·4313—4314 師𡩜簋，西晚)。孟蓬生謂："組"、"且"、"取"應該跟傳世文獻中表示"懈弛"、"懈怠"的"沮"字加以認同。……金文中"弗敢且"或"弗敢取"就是"不敢懈怠"的意思。①

忝：表"怠慢"義，3見（西晚），如：肄（肆）禹亦弗敢惷（忝），賜（惕）共（恭）朕（朕）辟之命(5·2833—2834 禹鼎，西晚)。陳世輝謂："忝賜"當讀為"惷易"，乃慢侮之意。據此推之，忝當是與"慢侮"義近之動詞②。

能飼（罷怠）：1見：哀成弔（叔）之鼎，永用窜（禋）祀，死（尸）於下土，台（以）事康公，勿或（有）能飼（罷怠）(5·2782 哀成叔鼎，戰早)。句中的"飼"，多數釋為"怠"③；句中的"能"，或釋為"能夠"義，或視為承接連詞④，但蔡運章謂："'能'讀如始"；張政烺謂："能，疑是罷字之誤（未寫完全）"；彭裕商謂："能音台。怠字從台得聲，故此能字也有懈怠之意。能怠猶言懈怠"。⑤

喬（驕）：2見（春秋、戰國），如：余不敢為喬（驕），我目（以）亯（享）孝，樂我先且（祖），目（以）斨（祈）眉壽，世世子孫永目（以）為寶。(1·225—237 邿黛鐘，春晚)

迷惑：1見：鄲（燕）君子會觀拿夫猎（悟），诈（長）為人宗，閈於天下之勿（物）矣，猶規（迷）惑於之子而廷（亡）其邦。(5·2840 中山王譻鼎，戰晚)

（三）表示"遺忘"義的

望、忘（忘）：19例（西早₂、西中₉、西晚₆、戰國₂），帶賓語為主（17例），如：王用弗鼜（忘）聖人之後，多蔑歷易（賜）休(5·2812 師望鼎，西中)。賓語或為指人名詞、或為抽象名詞、或為指地名詞。不帶賓語的2見，如：余弋母（毋）亯（庸）又（有）聖（忘）(5·2774 帥佳鼎，西中)。

---

① 孟蓬生《師𡩜簋"弗叚組"新解》（復旦大學出土文獻與古文字中心網站，2009年2月25日）。相應用例中的"沮"，或訓為"墜亡、敗壞"義，參見陳夢家《西周銅器斷代》(91頁)、李學勤《論史牆盤及其意義》(《新出》80頁)、裘錫圭《史牆盤銘解釋》(《文物》1978年3期30頁)、徐中舒《西周牆盤銘文箋釋》(《考古學報》1978年2期146頁)、《通解》（下冊2807頁）、寇占民《西周金文動詞研究》(372頁)。
② 陳世輝《禹鼎釋文斠》，《人文雜誌》1959年2期71頁。
③ 徐中舒《殷周金文集錄》(34頁)、趙振華《哀成叔鼎的銘文與年代》(《文物》1981年7期68頁)、蔡運章《哀成叔鼎銘考釋》(《中原文物》1985年4期59頁)、《銘文選（四）》(501頁注七)、趙平安《哀成叔鼎"蔤蕻"解》(《中山大學學報》1992年3期130頁)、曹錦炎《商周金文選》(142頁)、李家浩《庚壺銘文及其年代》(《古文字研究》第十九輯96頁)、張光裕《新見宋君夫人鼎銘"為民父母"與經典詮釋》(《第四屆國際中國古文字學研討會論文集》113頁)、李義海《哀成叔鼎銘文續考》(《漳州師範學院學報》（哲學社會科學版）2003年4期61頁)等。
④ 如《銘文選（四）》(501頁注七)。
⑤ 蔡運章《哀成叔鼎銘考釋》(《中原文物》1985年4期59頁)、張政烺《哀成叔鼎釋文》(《古文字研究》第五輯33頁)、彭裕商《嘉鼎銘文考釋》(《古文字論集（一）》37頁)。

(四)表示"吝嗇"義的

歚(吝):1見:余既易(賜)大乃里,嬰賓豕章(璋)帛束。嬰令豕曰天子:余弗敢歚(吝)(8·4298—4299大簋蓋,西晚)。郭沫若括注了"婪",於省吾括注了"嗇",陳夢家謂:"此假作婪,《說文》'婪,貪也'";《銘文選》謂"借為吝",張亞初括注了"吝"。①

第八節　能願動詞

能願動詞是指位於動詞、形容詞前表示意願、可能、必要等的一類詞。殷墟甲骨文中是否已有能願動詞,各家意見不一②。兩周金文中則可肯定有能願動詞出現,且具備了下列三個類別。

一、"能可"類能願動詞

克₂:44例(西早₉、西中₆、西晚₁₇、春秋₅、戰國₇),如:不(丕)顯朕烈祖考蘇明克事先王(虎簋蓋,西中,《近出》第二冊379頁)。形式上,"克"多見於肯定句中。其後動詞集中於"明、哲、敬"等稱揚德行和"御、事、臣"等表輔佐義的動詞。

能₁:5見(西中、西晚、戰国₃),如:我不能不眔縣白(伯)萬年保。(8·4269縣改簋,西中)

龕(堪):3見(西中₁、西晚₂),如:年無彊(疆),龕(堪)事朕辟皇王,眉(眉)壽永寶。(1·40—41眉壽鐘,西晚)

可:8例(西晚₁、春晚₁、戰國₆),如:於(嗚)虖(呼)!先王之惪(德)弗可復复(得),霝霝(清清)流涕,不敢㝬(寧)處(15·9734中山好盜壺,戰早)。就出現時間看,"可"明顯偏晚;就表意看,"可"也比同類各詞複雜些。

---

① 郭沫若《大系考釋》(88頁)、於省吾《吉金文選》(187頁)、陳夢家《西周銅器斷代》(257頁)、《銘文選(三)》(268頁注六)、張亞初《引得》(釋文85頁)。另《班簋》(8·4341西中)中有"班非敢覓,佳(唯)乍(作)卲(昭)考□,益(諡)曰大政"句。句中相應字或隸為"覓"釋為"希求",如郭沫若《班簋的再發現》(《文物》1972年9期9頁)謂:"《說文》無覓字,有……。其實都是覓字。字在此有覬覦或希冀之意,是說班非敢有所覬覦或希冀";於省吾《吉金文選》(160頁)謂:"覓謂有所求取";《銘文選(三)》(110頁注二八)翻譯此句為:班不敢有所企求。但此字實有不同隸定和釋讀,姑附此。

② 持肯定意見的,如張玉金《甲骨文語法研究》(1頁)謂:"能願動詞很少,只有一個'克'";陳年福《甲骨文動詞詞彙研究》(13頁)舉有"異"(會、將要)、"克"(能)、"可"(可以)三詞;黃天樹《殷墟甲骨文助動詞補說》(《古漢語研究》2008年4期)總結殷墟甲骨文有"克、肩、可、宜、若"五個助動詞。持否定意見的,如《讀本》(279頁)謂:"甲骨文中無助動詞。……助動詞的產生似為進入西周以後的事";楊逢彬《殷墟甲骨刻辭詞類研究》(77頁)謂:"在殷墟甲骨刻辭中,我們尚未發現能願動詞"。

敢₁：周金文中有一些"敢"表示的是"可以"義而非"膽敢"義，即為"能可"類而非意志類能願動詞，如：女(汝)母(毋)敢弗帥先王乍(作)明井(型)用，零乃噝(訊)庶右粦(鄰)，母(毋)敢不明不中不井(型)(8·4343 牧簋，西中)。此類"敢"共有 23 例，只見於西周中期和晚期(西中₈、西晚₁₅)。從形式上看，"敢"前基本為否定副詞"毋"，其後還常有另一否定詞，構成"毋敢不、毋敢弗"等形式。關於這類"敢"的詞義，湯餘惠謂："金文'敢'字還具有另一種涵義……如《新鄭虎符》銘云：必會王符，乃敢行之……其中的'敢'只能解釋作'可以'或'能夠'……金文中還有'毋敢''毋敢不'的句子。……以上諸句，有兩點必須指出：一是均屬周王或上級官長對作器者的策命或訓誡之詞，並不是作器者自己將如何如何。有的學者未加詳辨，誤以'冒昧之辭'解之，無疑是錯誤的；二是'敢'字之前用'毋'，而不用'不''弗'等否定詞……'毋敢'猶言'不可''不得'。"①

二、"事理"類能願動詞

義、宜(宜)₂：借"義"字的 3 器 4 見，如：懋父令曰：義(宜)殷(播)。戠！卑(厥)不從卑(厥)右征(5·2809 師旂鼎，西中)；用"宜"字的 1 器 2 見，如：宜曲則曲，宜植(直)則植(直)(16·10407 鳥書箴銘帶鉤，戰國)。

三、"意志"類能願動詞

敢₂：有兩種出現語境：一種是主語不是作器者或說話人，如：其有敢亂茲命，曰：汝使召人，公則明殛(五年琱生尊，西晚，《近出二編》第二冊 273 頁 587—588)；一種是主語為作器者或說話人，如：烏(嗚)虖(呼)！效不敢不邁(萬)年夙(夙)夜奔走𩫨(揚)公休(10·5433 效卣，西中)。此類"敢"有 35 例，全部出現於否定句中，構成不敢弗、不敢不、不敢、弗敢、勿敢、無敢、非敢等形式。當這些組合為雙重否定形式時，其後多為"帥用、帥型、奔走、敬畏"等動詞，句子表達對自身的勉勵；當這些組合為單純否定形式時，其後多為"墜、忘、廢、沮、驕、吝、昧、怠荒"等含有消極色彩義的詞，句子表達說話人從反面對自己的儆戒。

恋(願)：1 見：賜恋(願)坐(從)杜(士)大夫，目(以)請(靖)郾(燕)彊(疆)。(15·9735 中山王𰀜方壺，戰早)

---

① 湯餘惠《金文中的"敢"和"毋敢"》，《中國古文字研究》第一輯 55 頁。

第三章　社會生活類動詞

第一節　軍事類動詞

兩周金文中與軍事有關的動詞特別豐富,依征戰進程,這些動詞可大別為如下四類。

一、興兵、備戰類

反:表"反叛"義,6見(西早₅、西中₁),如:

1. 過白(伯)從王伐反荆,孚(俘)金,用乍(作)宗室寶隩(尊)彝。(7·3907過伯簋,西早)
2. 叔!東尸(夷)大反,白(伯)懋父目(以)殷八自(師)征東尸(夷)。(8·4238—4239小臣謎簋,西早)

句法形式以充當定語爲主(如例1),其次是單獨充當謂語(如例2)。

興(興)₁:表"興兵"義,2見:

1. 用嚴(玁)狁(狁)放(方)興(興),廣伐京自(師),告追於王,命武公遣乃元士羞追於京自(師)。(5·2835多友鼎,西晚)
2. 淮南尸(夷)毛敢尃厥眾魯(旅),敢加興乍(作)戎,廣伐南國。(應侯視工簋,西中,何景成《應侯視工青銅器研究》)

興₂:表"調動"義,2見,如:凡興士被甲,用兵五十人目(以)上,必會君符,乃敢行之。(18·12109杜虎符,戰晚)

乍(作)₆:表"作爲、興起"義,2見(西中),如:唯南夷毛敢作非良,廣伐南國。王命應侯視工曰:征伐毛。(應侯視工鼎,西中,《近出二編》第一册348頁323)

尃₁:表陳列義。1見:淮南尸(夷)毛敢尃(敷)厥眾魯(旅),敢加興乍(作)戎,廣伐南國(應侯視工簋,西中)。陳斯鵬謂:"尃"應讀爲"敷",陳也。李零先生讀

第三章　社會生活類動詞

"布",近之。(270頁)"敷其眾旅"即陳列其軍隊師旅。①

同:聚合義,1見:戎大同,從追女(汝),女(汝)叔(及)戎大章(敦)戟(搏)(8·4328—4329不嬰簋,西晚)。陳夢家引《說文》"同,合會也",謂"戎大同即被擊散之戎重又集合。"②

某(謀):1見:王伐楚厌(侯),周公某(謀)禽祝,禽又(有)毁(脤)祝(7·4041禽簋,西早)。句中"禽"後的字或隸為"祝"(如郭沫若、陳夢家、《銘文選》、《金文引得》、彭裕商,或隸為"祁"(如唐蘭、劉啟益);"某"字,或釋為"謀",或釋為"誨",或釋為"禖"③。斷句主要有兩種:一種是在"祝"後點斷④,一種在"某"後點斷⑤。

令、命₁:與征戰有關的"令、命"凡43例(西早₁₃、西中₁₀、西晚₁₇、春晚₂、戰國₁),以出現於兼語句中充當第一動詞為主(31例),其次是見於連動句中充當第一動詞(12例)。前者如:王命益公征眉敖,益公至,告(8·4331乖伯歸夆簋,西晚);後者如:隹(唯)白(伯)犀父曰(以)成自(師)即東,命戍南夷(10·5425競卣,西中)。句中後一動詞主要為"率、追、征、伐、及"等。

遣₁:派遣義,6見(西早₂、西晚₃、春秋₁),或出現於兼語句中充當第一動詞,如:用嚴(獫)玁(狁)放(方)興(興),廣伐京自(師),告追於王,命武公遣乃元士羞追於京自(師)(5·2835多友鼎,西晚);或後帶介詞引進處所(1例):唯十又一月,趙自口自(次),述東阞,伐海眉(8·4238小臣逨簋,西早);或帶單賓語(1例):虔不象(惰),魯覃京自(師),辥(乂)我萬民,嘉遣我(5·2826晉姜鼎,春早)。

以₂:表"率領"義,17例(西早₃、西中₁₀、西晚₄),全部出現於連動句中,如:隹(唯)白(伯)犀父曰(以)成自(師)即東,命戍南夷(10·5425競卣,西中)。

率、達(率)₁:16例(西中₃、西晚₉、春秋₂、戰國₂),主要出現於連動句中充當第一動詞(12例),如:諸楚荊不聽命於王所,子犯及晉公率西之六師搏伐楚荊,孔休(子犯編鐘,春秋後期,《近出》第一冊16頁10);有時是兼語句套連動句中(4例),如:王用肇事(使)乃子戎達(率)虎臣御濮(淮)戎(5·2824戎方鼎,西中)。

被(披):戰國金文始見(2例),如:凡興士被甲,用兵五十人目(以)上,必會君

---

① 陳斯鵬《新見金文釋讀商補》(《古文字研究》第二十九輯269頁)。或謂"搏"應讀為"薄",訓為"迫"。參見陳絜《讀金劄記二則》(《古文字研究》第二十九輯267頁)、趙燕姣《應侯見工簋銘文補釋》(載朱鳳瀚編《新出金文與西周歷史》294頁),韓巍《讀〈首陽吉金〉瑣記六則》(朱鳳瀚編《新出金文與西周歷史》218頁)作:搏厥眾魯。
② 陳夢家《西周銅器斷代》(322頁)。
③ 如張政烺批注《兩周金文辭大系考釋》(下冊10頁)。
④ 如郭沫若《大系考釋》(12頁)、《銘文選(三)》(18頁注二)、《金文引得》(釋文307頁4892)、彭裕商《西周青銅器年代綜合研究》(42頁)、劉啟益《西周紀年》(66頁)。
⑤ 如唐蘭《史徵》(37頁)、陳夢家《西周銅器斷代》(28頁)。

符,乃敢行之。(18·12109 杜虎符,戰晚)

蒙:戰國金文始見(1例):賙忱(願)坒杜(士)大夫,曰(以)請(靖)郾(燕)彊(疆)。氐(是)曰(以)身蒙冑(甲)胄,曰(以)栽(誅)不忍(順)。(15·9735 中山王譽壺,戰早)

晨(振):戰國金文始見(1例):敓(奮)桴晨(振)鐸,闢啓斠(封)疆,方譽(數)百里。(5·2840 中山王譽鼎,戰晚)

二、攻擊、追擊類

出₂:表"出動"義,2見(西中、西晚),如:隹(唯)戎大出【於】軝,井(邢)厌(侯)赓(搏)戎。(8·4237 臣諫簋,西中)

貫:表"貫通"義,2見(西早、西中),如:王令中先,省南或(國)貫行。(3·949 中甗,西早)

貫通:1見:嘉遣我,易(賜)鹵貴(積)千兩,勿潓(廢)文灰(侯)覭令,卑貫甬(通)□,征鯀湯(陽)。(5·2826 晉姜鼎,春早)

逆₂:表"迎戰"義,1見:荊伐徐,余親逆攻之,敗三軍,獲□馬,支七邦君。(吳王壽夢之子劍,春秋後期,《近出二編》第四冊 265 頁 1301)

圅(陷)₂:表"侵入、攻入"義,2見(西晚),如:晉侯率厥亞旅、小子、或人先陷入,折首百,執訊十又一夫。(晉侯蘇編鐘,西晚,《近出》第一冊59頁35)

入、內(入)₂:表"攻入"義,7見(西早₁、西中₁、西晚₂、戰國₃),以帶處所賓語為主(5例),如:鼎(員)從史旟伐會(鄶),鼎(員)先內(入)邑,鼎(員)孚(俘)金,用乍(作)旅彝(10·5387 員卣,西早);不帶賓語的2例,如:晉侯率厥亞旅、小子、或人先陷入,折首百,執訊十又一夫(晉侯蘇編鐘,西晚,《近出》第一冊59頁35)。

征₂:凡37例(西早₁₁、西中₉、西晚₁₀、西周₁、春秋₃、戰國₃),以帶賓語為主(22例),出現語境或為單純的述賓句(13例),如:中子化用保楚王,用正(征)栢(苢)(16·10137 中子化盤,春秋);或出現於連動句中(6例),如:唯九月,隹(鴻)弔(叔)從王鼎(員)征楚尒(荊)(7·3950—3951 鴻叔簋,西中);或出現於兼語句中(4例),如:王命益公征眉敖,益公至,告(8·4331 乖伯歸夆簋,西晚)。所帶賓語皆為處所名詞,且全部指敵方。不帶賓語的14例,如:唯三月,白(伯)懋父北征,唯還,呂行藖(捷),孚(俘)貝,用乍(作)寶障(尊)彝(15·9689 呂行壺,西早)。

伐:表"攻伐"義,凡64例(西早₂₀、西中₁₅、西晚₂₄、春秋₄、戰國₁)。"伐"的對象主要是敵方。句法形式多為單純的述賓句,如:王伐彔子耴,叡!玤(厥)反,王降征命于(於)大(太)保(8·4140 太保簋,西早);或見於連動句中,如:過白(伯)從王伐反荊,孚(俘)金(7·3907 過伯簋,西早);或見於兼語句中,如:王令毛公曰(以)邦冢君土(徒)馭(馭)戜人伐東或(國)痟戎(8·4341 班簋,西中);或充當定語,如:唯十又一月,王令南宮伐虎方之年(戠甗,西早,《近出二編》第一冊147頁126)。偶爾"伐"的對象是我方(7例),如:淮尸(夷)敢伐內國,女(汝)廿(其)曰(以)成周師氐成於□白(10·5419—5420 彔戜卣,西中)。不帶賓語的僅 2 例,如:敢不用令,鞫(則)即井(刑)戄(撲)伐(16·10174 兮甲盤,西晚)。

牧、遳、逨₂:表"征伐"義,3 見(西中、春秋、戰國),如:唯廿又再祀,屬羌乍(作)戕㝅(厥)辟旟(韓)宗敵(徹),達(率)征秦遳(逨)齊(1·157—161 屬羌鐘,戰早)。或釋為"迫"義①,或在此基礎上釋為"征"義,如徐中舒謂:"此鐘征遳並用,征為征伐,遳亦征伐";陳世輝、湯餘惠謂:"遳,通'逨'。遳齊,如同說伐齊";湯餘惠謂:"逨,與'征'義近";《甲骨金文字典》釋為"迫近、征伐"義;《金文常用字典》謂由"逼迫"義引申為"征伐"義;《通解》謂由"迫、逼迫、壓迫,引申有以師旅相加之義。"②

達(撻):表"撻伐"義,2 見(西中、西晚),如:丕顯朕皇高祖單公,桓桓克明哲㝅(厥)德,夾召文王武王,達(撻)殷,膺(膺)受大魯令(命),匍有四方。(逨盤,西晚,《近出二編》第三冊 262 頁 939)

哉(捷)₁:1 見:王令趞哉(捷)東反尸(夷),寘肇從趞(遣)征,攻開(會)無敵(敵),省於㝅(厥)身(5·2731 寘鼎,西中)。郭沫若謂:"當是古捷字";楊樹達謂:"釋為捷字,是也。吳云:'捷東反夷,伐東反夷也。'按經傳訓詁無訓捷為伐者,余疑字當讀為截,截謂阻擊也";陳夢家謂:"此處是動詞,假作截或裁";唐蘭釋為"誅伐"義;《銘文選》謂:"哉,捷之古文,義為克,制勝";《通解》謂:"截擊,迎擊,亦有出戰交戰義。典籍作'截',亦作'捷'"。③

搏、博(搏):表"搏擊、攻伐"義,13 例(西中₄、西晚₇、春秋₁、戰國₁),帶賓語(7 例)和不帶賓語(6 例)相差不多。前者如:子犯及晉公率西之六師搏伐楚荊(子犯編鐘,春晚,《近出》第一冊 16 頁);後者如:衣(卒)博(搏),無斁(尤)於戜身,乃子戜拜(拜)頒首,對罛(揚)文母福剌(烈)(8·4322 戜簋,西中)。無論何種形式,"搏"的對象都是敵方。

戄、戜(撲):表"征伐"義,7 見(西中₂、西晚₅),對象亦均為敵方。如:南或(國)及子敢舀(陷)處我土,王㝅(敦)伐其(其)至,戜(撲)伐㝅(厥)都(1·260 㝅鐘,西晚)。楊樹達在解釋《兮甲盤》時說:"戄伐連言,戄亦伐也。宗周鐘云'戜伐

---

① 如於省吾《吉金文選》(103 頁)謂:"遳即迮迫也";郭沫若《大系考釋》(237 頁)謂"遳即迮迫字"。《呂大史申鼎》"用征以遳",征遳對文與此同";唐蘭《屬羌鐘考釋》(《唐蘭先生金文論集》3 頁)謂:"'遳'即'逨',迫也";孫稚雛《屬羌鐘銘文匯釋》(《古文字研究》第十九輯 109 頁)引《說文》"逨,迫也"為釋;《銘文選(四)》(590 頁注四)翻譯為:征伐秦國,迮迫齊國;陳雙新《兩周青銅樂器銘辭研究》(232 頁)謂:"'逨齊入長城'是說迫使齊軍退到長城以內"。

② 徐中舒《屬氏編鐘考釋》(《徐中舒歷史論文選輯》214 頁)、陳世輝、湯餘惠《古文字學概要》(229 頁注 4)、湯餘惠《戰國銘文選》(11 頁注 4)、《甲骨金文字典》(118 頁)、《金文常用字典》(169 頁)、《通解》(298 頁)。

③ 郭沫若《大系考釋》(20 頁)、楊樹達《金文說》(207 頁)、陳夢家《西周銅器斷代》(20 頁)、唐蘭《史徵》(242 頁)、《通解》(2812 頁)、《銘文選(三)》(52 頁注一)。

垦都',散氏盤云'用矢戮散邑',其字皆從戈從業,蓋厲伐之厲之本字矣。"①

辜(敦)₁:表"征伐"義,4見(西晚),均與同類動詞同見(敦伐₃、敦搏₁),如:戎大同從追女(汝),女(汝)彶(及)戎大辜(敦)戟(搏)。(8•4328—4329不嬰簋,西晚)

各(格):表"擊伐"義,1見:王初各(格)伐厭(獫)犹(狁)於詈盧,兮甲從王,折首執噙(訊),休亡敗。(16•10174兮甲盤,西晚)

井(刑):表"擊伐"義,1器2見:敢不用令,劓(則)即井(刑)厲(撲)伐。其隹(唯)我者(諸)医(侯)百生(姓),垦(厥)賈(賈)母(毋)不即市,母(毋)敢或入繼娈賈(賈),則亦井(刑)。(16•10174兮甲盤,西晚)

爕₁:表"征伐"義,4見(春秋),如:佣用爕不廷(佣戈,春秋後期,《近出》第四冊227頁)。李家浩謂:佣戈"用爕不廷"之"爕"的意思,需要略做說明。按"用爕不廷"之"爕",當與下錄文字中的"爕"同義:《詩•大雅•大明》:"爕伐大商。"曾伯霁簠:"克狄淮夷,印爕繁湯(陽)。"《大明》的"爕",毛傳:"和也。"鄭玄箋:"使協和伐殷之事。……"馬瑞辰不同意毛、鄭的說法,並提出了自己的意見。馬氏說:爕與襲雙聲,爕伐即襲伐之假借。……(13頁)按馬說很有道理,所以得到人們的贊同。……對於曾伯霁簠"印爕繁陽"句的解釋,李平心的意見值得注意。李氏說:……"印爕"與"克狄"對舉,義訓相近,印當讀為膺,爕當訓為征。②

戠(襲)₁:3見(西中、西晚₂),如:戍達(率)有嗣(司)師氏奔追戠(襲)戎於臧林,博(搏)戎默(8•4322戍簋,西中)。句中的相應字,舊多釋"御",裘錫圭釋為"襲"③。今多從之。

攻:3見(西早₁、春秋₂),如:王令趞戠(捷)東反尸(夷),虘肇從趞(遣)征,攻開(禽)無啻(敵),省於垦(厥)身。(5•2731虘鼎,西早)

開:1見:王令趞戠(捷)東反尸(夷),虘肇從趞(遣)征,攻開(禽)無啻(敵),省於垦(厥)身(5•2731虘鼎,西早)。句中的相應字,或釋為"登越"義④,或釋為"攻戰"義⑤。今從後者。

兽、遺、戠(戰):作戰義,6見(西早₃、西中₁、春秋₁、戰國₁),如:交從獸(戰),遂卽,王易(賜)貝,用乍(作)寶彝(4•2459交鼎,西早)。金文中的"兽",舊多

---

① 楊樹達《金文說》(37頁)。
② 李家浩《說"貓不廷方"》,《古文字學論稿》12頁。
③ 裘錫圭《關於晉侯銅器銘文的幾個問題》(《傳統文化與現代化》1994年2期41頁)。另,陳美蘭《金文劄記二則》(《中國文字》第廿四期)對該詞的釋讀意見有總結,可參看。
④ 如郭沫若《大系考釋》(20頁)謂:"攻開連文,則又假為躍";唐蘭《論周昭王時代的青銅器銘刻》(《唐蘭先生金文論集》253頁)謂:"開即禽,此當讀若躍,當跳越的意義";陳夢家《西周銅器斷代》(22頁)謂:"攻開無啻:錢氏釋'攻戰無敵',郭氏釋'攻躍無敵'";《銘文選(三)》(52頁注三)謂:"開即禽字,……借為躍。《廣雅•釋詁三》:'躍,拔也'。"
⑤ 如楊樹達《金文說》(111頁)作:"攻單(戰)無敵";唐蘭《史徵》(242頁)翻譯為:攻擊無人能敵。

釋為"狩"(狩獵義)。劉雨謂:"狩,金文寫作獸。……狩,獵也,原意為田獵。古代常以田獵作為軍事演習、校閱軍隊的一種方式,當然也是炫耀武力的一種方式。……可見狩字已成為征伐的隱語,此字也多用於西周早期";陳劍謂:"一類即交鼎此字,及邾黛鐘:'余頡岡(頏)事君,余獸燮武。'這是器主誇耀自己的忠心和勇武,釋為'單'讀為戰爭的'戰',顯然比舊說釋讀為狩獵的'狩'要好;又大盂鼎'賜乃祖南公旂,用邈。'……'獸'釋讀為'戰'當然遠勝舊說釋為'狩'。總之,古文字中的'兽',皆當釋為'單',交鼎此字也不應該例外。它在銘中做動詞,當從裘錫圭先生之說讀為'戰'。"①

敏(懲):1見:宖(宏)魯卲(昭)王,廣敏楚荊(荊),隹(唯)寏(貫)南行(16·10175 史牆盤,西中)。句中的"敏",或釋為"批"②,或釋為"答"③,或釋為"懲"④,或認為與"撲"有關⑤,或釋為"能"(親善義)⑥。今從釋"懲"說。

(誅):表"誅伐、攻伐"義,1見:氐(是)目(以)身蒙冑(甲)胄,目(以)(誅)不恖(順)。(15·9735 中山王𰀃方壺,戰早)

圍:3見(西晚₂、春秋₁),皆帶處所賓語,如:今汝其率蔡侯左于至於昏邑。既圍城,令蔡侯告徵虢仲,遣氐曰:"既圍昏。"虢仲至,辛酉搏戎。(柞伯鼎,西晚,《近出二編》第一冊354頁)

門:1見:齊三軍圍釐,冉子䡍(執)鼓,庚大門之,虢者獻于禀(靈)公之所(15·9733 庚壺,春晚)⑦。楊樹達謂:"庚大門之者,謂攻門也。"⑧

追₁:15例(西中₃、西晚₁₂),以不帶賓語為主(12例),如:駿(馭)方厰(玁)

---

① 劉雨《西周金文中的軍禮》(《容庚先生百年誕辰紀念文集》328頁)、陳劍《據郭店簡釋讀西周金文一例》(《甲骨金文考釋論集》29頁)。
② 如唐蘭《略論西周微史家族窖藏銅器群的重要意義——陝西扶風新出牆盤銘文解釋》(《文物》1978年3期21頁)、杜迺松《史牆盤銘難字解釋和周初史事》(《吉金文字與青銅文化論集》65頁)。
③ 如裘錫圭《史牆盤銘解釋》(《文物》1978年3期25頁)、《銘文選(三)》(155頁注一〇)。
④ 如陳世輝《牆盤銘文解說》(《考古》1980年5期434頁)、於豪亮《牆盤銘文考釋》(《微氏家族青銅器群研究》308頁)、劉士莪、尹盛平《牆盤銘文考釋》(《微氏家族青銅器群研究》48頁)。
⑤ 如徐中舒《西周牆盤銘文箋釋》(《考古學報》1978年2期142頁)謂:"敏,象以撲馴服走獸之形,其義與柔撞同";洪家義《牆盤銘文考釋》(《微氏家族青銅器群研究》356頁)謂:"敏,字不識。從攴,當有撻伐意";劉桓《牆盤銘文劄記》(《故宮博物院院刊》2004年1期88頁)謂:"敏字構形當是表示以攴(撲)擊熊,其字應通撲"。
⑥ 如李學勤《論史牆盤及其意義》(《新出》77頁)謂:"敏,讀為能,……能是親善的意思";戴家祥《牆盤銘文通釋》(《微氏家族青銅器群研究》330頁)謂:"敏當釋能。……古者謂相善為相能";高明《中國古文字學通論》(388頁注十一)謂:"案敏當為能,即能邇之能,有和善之義";李零《重讀史牆盤》《吉金鑄國史》亦釋為"能"。
⑦ 郭沫若《大系考釋》(209頁)、楊樹達《金文說》(159頁)、張政烺《庚壺釋文》(《出土文獻研究》128頁)、《銘文選(四)》(548頁)、張亞初《引得》並作"庚大門之"。李家浩《庚壺銘文及其年代》《古文字研究》第十九輯89頁)作:庚入門之。
⑧ 楊樹達《金文說》(159頁)。

姕(狁)廣伐西餘(俞),王令我羞追於西(8·4328—4329 不嬰簋,西晚);帶賓語的僅 3 見,如:戜達(率)有嗣(司)師氏奔追龖(襲)戎於臧林,博(搏)戎谻(8·4322 戜簋,西中)。"追"的對象基本是敵方。

逐₂:2 見(西晚),均帶賓語,如:卑(俾)復虐逐氒(厥)君氒(厥)師,廼乍(作)余一人戹。(9·4469 燮盨,西晚)

奔₂:1 見:戜達(率)有嗣(司)師氏奔追龖(襲)戎於臧林,博(搏)戎谻。(8·4322 戜簋,西中)

羞₂:表"追"義,皆為"羞追"連用,3 器 4 見(西晚),如:王曰:師旋,令女(汝)羞追於齊,儕(齎)女(汝)十五易登盾生皇畫內(芮),戈琱戜□(綏)必(柲)彤沙,敬(敬)母(毋)敦(敗)速(績)。(8·4216—4218 五年師旋簋,西晚)

從₂:25 例(西早₈、西中₈、西晚₈、戰國₁),或表"追擊"義(3 例),如:戎大同,從追女(汝),女(汝)彶(及)戎大臺(敦)毃(搏)(8·4328—4329 不嬰簋,西晚);或表與征戰有關的"跟隨"義(22 例),主要見於連動句中,如:唯甶(叔)從王南征,唯歸,佳(唯)八月才(在)酉㝵,誨乍(作)寶䵼鼎。(5·2615 唯叔鼎,西早)

狄、貗(逖):表"驅逐"義,5 見(西中₁、西晚₂、西中或晚₁、春秋₁),如:䚞圉武王,遹征(正)亖(四)方,達(撻)殷畯民,永不鞏(恐),狄(逖)虘髟,伐尸(夷)童(16·10175 牆盤,西中);文人陟降,余黃耇(耈)㱃(烝),受(授)余屯(純)魯,用貗(逖)不廷方(2·358 五祀㽙鐘,西晚)。前例中的"狄"舊多連上讀,或釋為"惕",或視為名詞。裘錫圭、林澐如上斷句,讀為"逖"①。今多從之。後例,李家浩謂:"鐘銘貗當讀為'邊'或'逖'。……'貗(狄)不廷方'當跟'討不庭'、'燮(襲)不廷'等同義,意思是說剪除那些不朝於朝廷的國家。"②

辟(闢)₂:表"驅逐、驅除"義,2 見(西早、西晚),如:汝唯克型乃先祖考,□(闢)獫狁,出戜於邢阿(四十二年逨鼎,西晚,《近出二編》第一冊 356 頁 328—329)。裘錫圭謂:"'獫狁'上一字,下半為米,像相背的兩手,上半殘泐不清。各家似皆未釋此字。……所以此字無疑應該釋為'闢'。……用法與盂鼎'闢厥匿'之'闢'相同,意為屏除。"③

毆:表"驅趕、驅逐"義,1 見:休既又(有)工(功),折首執嚛(訊),無諆徒駮(馭),毆孚(俘)士女羊牛,孚(俘)吉金。(8·4313—4314 師寰簋,西晚)

---

① 裘錫圭《史牆盤銘解釋》(《文物》1978 年 3 期 26 頁)、林澐《釋史牆盤銘中的"逖虘髟"》(《陝西歷史博物館館刊》第 1 輯 29 頁)。
② 李家浩《說"貗不廷方"》,《古文字學論稿》16 頁。
③ 裘錫圭《讀逨器銘文劄記三則》(《文物》2003 年 6 期 76 頁)。李零《讀楊家村出土的虞逨諸器》(《中國歷史文物》2003 年 3 期 18 頁)、董珊《略論西周單氏家族窖藏青銅器銘文》(《中國歷史文物》2003 年 4 期 41 頁)、李學勤《眉縣楊家村新出青銅器研究》(《文物》2003 年 6 期 68 頁)、孫亞冰《眉縣楊家村卌二、卌三年逨鼎考釋》(《中國史研究》2003 年 4 期 26 頁)亦均釋為"闢"。

三、守衛、防禦類

衛：2見(西中、西晚)，如：遣令曰：㠯(以)乃族從父征，捫𢧴(城)，衛父身，三年靜(靖)東或(國)。(8·4341 班簋，西中)

戒₁：1見：余易(賜)女(汝)馬車戎兵鸞(鑾)僕三百又五十家，女(汝)台(以)戒戎鈠(作)。(1·285 叔夷鐘，春晚)

干、攼(捍)：5見(西中₁、西晚₃、戰國₁)，有單用(2例)和"干吾(捍禦)"連用(3例)兩種，前者如：王乎(呼)譱(膳)大(夫)騾召大曰(以)氒(厥)友入攼(捍)(5·2807 大鼎，西中)；後者如：虩(則)隹(唯)乃先且(祖)考，又勞於周邦，干害(捍禦)王身，乍(作)爪牙。(9·4467 師克盨，西晚)

卸(御)₃：表"抵禦"義，5見(西中₁、西晚₃、春秋₁)，或"捍御"(干吾₂、干害₁)連用(見前)，或單用(2例)，如：烏(嗚)虖(呼)！王隹(唯)念𢦏辟刺(烈)考甲公，王用肈事(使)乃子𢦏達(率)虎臣卸(御)灘(淮)戎。(5·2824 𢦏方鼎，西中)

戍：8見(西早₂、西中₅、西晚₁)，以不帶賓語居多(6例)，如：𢦏從師雝(雍)父戍於㠱𠂤之年，𢦏蔑歷，中(仲)競父易(賜)赤金(11·6008 𢦏尊，西中)；帶賓語的僅2見，如：戍冀，嗣(司)乞(汽)，令敢䚢(揚)皇王宿。(8·4300 作冊夨令簋，西早)

守：1見：王才(在)䜌𠉣宮，大曰(以)氒(厥)友守，王卿(饗)豊(醴)(5·2807 大鼎，西中)。楊樹達謂："大以厥友守，謂大率其部屬守衛也。"①

處₂：駐扎義，1見：隹(唯)戎大出【於】軝，井(邢)㑥(侯)厮(搏)戎，征令臣諫□(以)□□亞旅處於軝。(8·4237 臣諫簋，西中)

救：1見：郾(燕)𣱏(故)君子徻，新君子之，不用豊(禮)宜(儀)，不躬(顧)逆𢡱(順)，𣱏(故)邦迖(亡)身死，曾亡鼠(一)夫之戏(救)。(15·9735 中山王䓻壺，戰早)②

四、戰果類

孚(俘)：表"俘獲"義，凡30例(西早₁₅、西中₅、西晚₁₀)，以帶賓語為主(28例)，如：白懋父北征，隹(唯)還，呂行䜌(捷)，孚(俘)貝，用乍(作)寶䵼(尊)彝

---

① 楊樹達《金文說》(256頁)。
② 另，《秦王鐘》(1·037春晚)有"秦王卑命競坪，王之定，救秦戎"，《䛮篘鐘》(1·038春晚)有"隹(唯)䛮篘屈柰，晉人救戎於楚競(境)"。句中的"救"或釋為"救援"義，如李瑾《關於〈競鐘〉年代的鑒定》(《江漢考古》1980年2期57頁)、黃錫全、劉森森"救秦戎"鐘銘文新解》(《江漢考古》1992年1期73頁)、張光裕《新見楚式青銅器銘試釋》(《文物》2008年1期82頁)、吳鎮烽《競之定銅器群考》(《江漢考古》2008年1期84頁)，又據陳雙新《兩周青銅樂器銘辭研究》(163—164頁)饒宗頤、劉彬徽、何琳儀釋為"救"。或釋為"聚集"義，如據陳雙新《兩周青銅樂器銘辭研究》(163—164頁)李零謂"救"讀為"逑"，配偶義；趙誠《䛮篘鐘新解》(《江漢考古》1998年2期67頁)謂："救非營救之義，而是聚集之義。即銘文之救用作'勼'。《集韻·尤韻》：勼，《說文》'聚也，古作救，通作鳩。'也可為證"；鄭芙都《楚系銘文綜合研究》(110頁)謂："已往學者全部將'救'字理解為'營救'之'救'，《集韻·尤韻》：'勼，《說文》聚也，古作救，通作鳩。'可見'救'古時有'聚'意。……所以'救秦戎'並非指'援救秦軍'，而是召集秦軍。"句子亦有頗為分歧的斷句意見。故暫附此。

(15•9689 呂行壺，西早)。

所帶賓語主要為"金、貝、戈、金胄、戎兵、戎器、馬、牛、車、車馬"等指物名詞和"人、戎"等指人名詞。不帶賓語的1見：肅從王伐荊，孚(俘)，用乍(作)䵼𣪕(簋)(6•3732 肅簋，西早)；充當定語的1見：唯孚(俘)車不克吕(以)，衣(卒)焚，唯馬敺盡。(5•2835 多友鼎，西晚)

隻(獲)$_2$：表"俘獲"義，16例(西早$_3$、西中$_3$、西晚$_4$、春秋$_3$、戰國$_3$)，以帶賓語為主(11例)，不帶賓語的居少數(5例)。前者如：楚王酓忎戬(戰)隻(獲)兵銅，正月吉日，窒(室)盥(鑄)少(小)盤，目(以)共(供)戕䣙(歲嘗)(16•10158 楚王酓忎盤，戰晚)。所獲者主要為"馘(6例)"，其次有"人、兵銅"等。後者如：唯燕王職踐阼承祀，度幾卅，東會盟國。命曰壬午，克邦墮城，水滅齊之獲。(燕王職壺，戰國後期，《近出二編》第三冊193頁877)。

禽(擒)：4見(西中$_1$、西晚$_3$)，以不帶賓語為主(3例)，如：余肇事(使)女(汝)，休不逆(逆)，又(有)成事，多禽(擒)(5•2835 多友鼎，西晚)；帶賓語的1見：武公入右敔(敔)，告禽䤴(馘)百䤴(訊)冊(8•4323 敔簋，西晚)。

取$_2$：用於征戰場合的2見(春早)，如：卑(俾)貫涌(通)□，征絲湯(陽)，取氒(厥)吉金，用乍(作)寶尊鼎。(5•2826 晉姜鼎，春早)

敓(奪)：4見(西晚$_3$、戰國$_1$)，皆帶賓語，如：長榜(榜)栽(載)首百，執䤴(訊)冊，奪孚(俘)人三(四)百，蠭(鄙)於炎(榮)白(伯)之所(8•4323 敔簋，西晚)。所帶賓語或為"俘、俘人"一類指人名詞，或為"楚京"一類指地名詞。

匋(復)$_4$：表"奪回"義，1見：凡目(以)公車折首二百又□又五人，䝙(執)䤴(訊)廿又三人，孚(俘)戎車百乘一十又七乘，衣(卒)匋(復)笱(郇)人孚(俘)。(5•2835 多友鼎，西晚)

執$_1$：表"拘捕"義，23例(西早$_2$、西中$_3$、西晚$_{18}$)，全部帶賓語，如：晉侯蘇折首百又廿，執訊廿又三夫……折首百，執訊十又一夫。……晉侯折首百又一十，執訊廿夫，大室，小臣，車僕，折首百又五十，執訊六十夫(晉侯蘇編鐘，西晚，《近出》第一冊59頁)。"執"的對象基本為"訊"(20例)，且多"折首執訊"形式。

折：16例，全部見於西晚，且均帶賓語，賓語皆為"首"。具體有"折首執訊"和"折首……執訊"兩種形式，如：多友右(有)折首執訊，凡以公車折首二百又□又五人……或博(搏)於龏(共)，折首卅又六人，執訊二人。……多友或(又)右(有)折首執訊……公車折首百又十又五人，執訊三人。(5•2835 多友鼎，西晚)

克$_1$：表"戰勝、攻克"義，5見(西早$_3$、西中$_1$、戰早$_1$)，皆帶賓語，如：隹(唯)珷(武)王既克大邑商，剛(則)廷告於天。(11•6014 何尊，西早)

墮：表"攻陷"義，1見：唯燕王職踐阼承祀，度幾卅，東會盟國。命曰壬午，克邦墮城，水滅齊之獲。(燕王職壺，戰國後期，《近出二編》第三冊193頁877)

戔(殺)：3見(西早$_1$、西中$_2$)，如：隹(唯)周公於征伐東尸(夷)，豐白(伯)尃(薄)古(姑)咸戔，公歸□於周廟(5•2739 塱方鼎，西早)。相應字，曾有多種釋讀意見,吳振武釋為"殺"①。今多從之。

戩(捷)₂:2見(西早、西晚),如:女(汝)隹(唯)克弗(艴)乃先祖考,闢玁狁,出戩(捷)於井阿。(四十二年逑鼎,西晚,《近出二編》第一冊356頁328—329)

勝:表"戰勝"義,1見:孟冬戊辰,大櫜□孔陳璋內(入)伐匽(燕)亳邦之雋(獲)(15·9703陳璋方壺,戰中)。句中的"亳"舊多釋為地名;或讀為"薄",訓為"至"②。董珊、陳劍作:孟冬戊辰,齊臧□孔(?)陳璋內伐郾勝邦之雋(獲)③。今從後說。

印(抑):表"扼制"义,1見:克狄(逖)淮尸(夷),印(抑)燮繁湯(陽)。(4631—4632曾伯雩簠,春早)

靜、請(靖):表"平定"義,4見(西中、西晚、春秋、戰國),如:賙忻(願)夵(從)在大夫,曰(以)請(靖)郾(燕)彊(疆)。(15·9735中山王𩼁壺,戰早)

陕:表"平定"義,1見:隹八月公陕殷年,公益(賜)□貝十朋,乃令□曷(嗣)三族,為何室(何簋,西早,《文物》2009年2期53頁)。張光裕謂:"'陕',從阜從夷,《說文·大部》:'夷,平也。……'文獻多引申為平定、平治或摧毀之意。……本銘'陕'字於金文則為首見,當用為動詞。'陕殷'當與平定殷地或殷族有關。"④

鎮靜:抑制、平定義,1見:盭盭文武,鋚(鎮)靜不廷,虔敬朕祀,乍(作)□宗彝。(8·4315秦公簋,春早)⑤

覆:覆滅義,1見:昔者吳人并雩(越),雩(越)人敓(修)教備恁(信),五年覆吳。(5·2840中山王𩼁鼎,戰晚)

滅:表"消滅"義,2見(春秋、戰国),如:子犯及晉公率西之六師搏伐楚荊,孔休。大上楚荊,喪氒(厥)師,滅氒(厥)夬。(子犯編鐘,春秋後期,《近出》第一冊16頁10—17)

殘:表"殘滅"義,1見:郾(燕)王職隓(殘)齊之□(獲),台(以)為雲萃鈢(矛)(11525燕王職矛,戰國)。此器有不同的隸定,今從劉釗釋,其謂:"銘文所說'郾(燕)王職隓(殘)齊之□(獲)台(以)為雲萃鈢(矛)'就是'以燕王職殘齊之獲為雲萃矛'的意思"⑥。朱均筠同意劉釗說⑦。

---

① 吳振武《"戈"字的形音義》,《甲骨文發現一百周年學術研討會論文集》288頁。
② 李學勤、祝敏申《盱胎壺銘與齊破燕年代》(《文物春秋》1989年創刊號14頁)作:孟冬戊辰,齊臧錢孤,陳璋內伐匽亳邦之獲。謂:"亳邦"多以為地名。……"亳"疑為動詞,讀為"薄",《爾雅·釋詁》"至也。……陳璋內伐燕薄邦之獲",是說陳璋上獻伐燕至其都城的俘獲。
③ 朱曉雪《陳璋壺及郾王職壺綜合研究》(吉林大學2007年碩士學位論文17頁)同意董珊、陳劍將一般釋為"亳"的字釋為"勝"。
④ 張光裕《何簋銘文與西周史事新證》,《文物》2009年2期53頁。
⑤ 郭沫若《大系考釋》(247頁)、伍仕謙《秦公鐘考釋》(《四川大學學報》1980年2期104頁)、王輝《秦銅器銘文編年集釋》(三秦出版社,1990年,24頁)、《銘文選》(610頁)如上作。
⑥ 劉釗《兵器銘文考釋(四則)》,《出土文獻與古文字研究》第二輯,復旦大學出版社,2008年。
⑦ 朱均筠《近二十年新見戰國標準器整理與研究》(中山大學2010年碩士學位論文,23頁)。

服₁：表"降服、順服"義，1見：悍作距末，用佐商國，光張上【下】，四方是服。（悍距末，戰國前期，《近出二編》第四冊 309 頁 1343）

并：表"合併、吞併"義，2器3見（戰國），如：昔者吳人并雩（越），雩（越）人敓（修）教備忎（信），五年覆吳，克并之。（5·2840 中山王𧊒鼎，戰晚）

喪₂：表"喪失、滅亡"義，1見：子犯及晉公率西之六師搏伐楚荊，孔休。大上楚荊，喪氒（厥）師，滅氒（厥）央。（子犯編鐘，春秋後期，《近出》第一冊 16 頁 10—17）

奔：表示戰敗逃走，1見：王至淖列，淖列夷出奔（晉侯穌編鐘，西晚，《近出》第一冊 59 頁）。此句有不同的斷句方式，此從李學勤①。

敗：表"打敗"義，2見（春秋、戰國），如：荊伐徐，余親逆攻之，敗三軍，獲□馬，攴七邦君。（吳王壽夢之子劍，春秋後期，《近出二編》第四冊 265 頁 1301）

敗速：1見：令女（汝）羞追於齊。……牧（敬）母（毋）敗（敗）速（績）。（8·4216—4218 五年師旋簋，西晚）

刱（創）：表"開闢"義，1見：述（遂）定君臣之靖（位），上下之體，休又（有）成工（功），刱（創）闢酎（封）疆。（15·9735 中山王𧊒壺，戰早）

啟₁：表"開闢"義，2見（戰國），如：隹（唯）司馬賙訢詻（諤）戰（戰）忎（怒），不能寍（寧）處，率師征鄾（燕），大啟邦泘（宇），枋（方）響（數）百里。（15·9734 中山好盗壺，戰早）

啟₂：表"擴大"義，1見：王命士百父殷南邦，啟諸侯，乃賜馬（文盨，西晚）。此例據黃錫全文②，其謂："本銘'啟諸侯'當即'光啟諸侯'，大開諸侯，廣開諸侯，亦即擴大了諸侯，壯大了力量。"

闢₁：表"開闢"義，3見（西中₁、戰國₂），如：自乃且（祖）考又（有）□於周邦，右□（闢）三（四）方，更（惠）圅天命，女（汝）肇不彖（惰）。（8·4302 彔伯𣫏簋蓋，西中）

第二節　奉事類動詞

此類動詞動作行為的發出者主要是居下位者，各類動詞強調居下位者的臣事、輔佐、踵繼等方面的行為，是兩周金文中數量較多且頗有特點的一類動詞。

一、表"臣事"義的

臣：18例（西早₁、西中₅、西晚₁₂），全部帶賓語，如：此敢對賜（揚）天子不（丕）顯休令，用乍（作）朕皇考癸公障（尊）毁（簋），用孝於文申（神），匃眉壽。此其萬年無

---

① 李學勤《晉侯穌編鐘的時、地、人》，《綴古集》102 頁，上海古籍出版社，1998 年。
② 黃錫全《西周"文盨"補釋》，《古文字學論稿》24 頁。

彊(疆)，眈(畯)臣天子。(5·2821 此鼎，西晚)。賓語主要為"皇考、皇辟、天子、皇王、先王"等指人名詞，"臣"的"奉事"義很明顯。

辟₁:13 例(西早₁、西中₅、西晚₆、春晚₁)，以帶賓語為主(12 例)，如:隹(唯)九月既望庚寅，楷白(伯)於遣王，休亡尤，朕辟天子，楷白(伯)令毕(厥)臣獻金車(8·4205 獻簋，西早)。賓語主要為"天子、先王、前王、我一人、屬王"等指人名詞，"辟"的"臣事"義亦非常明顯。不帶賓語的 1 見:不(丕)顯穆公之孫，其配襄公之妣，而餓(成)公之女，雩生叔尸(夷)，是辟於齊厌(侯)之所(1·285 叔夷鐘，春晚)。

事₂:24 例(西早₇、西中₁₀、西晚₂、春秋₃、戰國₂)，以帶賓語為主(23 例)，如:年無彊(疆)，龕(堪)事朕皇王，眉(眉)壽永寶(1·40 眉壽鐘，西晚);不帶賓語的僅 1 見:王曰:中，丝(兹)福人入史(事)，易(賜)於戏(武)王乍(作)臣(5·2785 中方鼎，西早)。

御₂:4 見(西晚)，全部為"御＋於＋賓語(辟₂、天子、君)"形式，如:牧師父弟弔(叔)妘父御於君，乍(作)歔(微)姚寶毀(簋)，其萬年子子孫孫永寶用亯(享)。(7·4068—4070 叔妘父簋蓋，西晚)

享₃:7 見(西早₃、西中₂、西晚₂)，帶賓語的 4 例(賓語為先王、乃辟，天子、屬王)，如:王曰:太保，唯乃明乃心，享於乃辟，余大對乃享，令克侯於匽(克盉，西早，《近出》第三冊 416 頁 942)①。例中的"享"或釋為"祭祀"義②、或釋為"進獻"義③，或釋為"奉事"義，如李仲操謂:"享字有獻也、祭也、歆也等義。……孔

---

① 句中的"心"，或隸為"邕";"對"或隸為"封"。句子也有不同的斷句，如《金文引得》(122 頁 2201)作:王曰大(太)保，隹(唯)乃明，乃邕亯(享)於乃辟，余大對乃亯(享)。

② 劉桓《關於琉璃河新出太保二器的考釋》(《學習與探索》1992 年 3 期 141 頁)謂:"《說文》:'亯，獻也'。……因為享是享祭，乃對已故者說的";方述鑫《太保罍、盉銘文考釋》(《考古與文物》1992 年 6 期 51—54 頁)謂:"享，獻享之祭，……《廣雅·釋詁五》:'享，祀也'";張亞初《太保罍、盉銘文的再探討》(《考古》1993 年 1 期 61 頁)謂:"(享)本義是享將，孝享，是對死者亡靈的一個專用字。……太保器中的盟、邕、享是緊密相關的三個字。享就是孝享。是盟祭、邕祭的歸納、總結和進一步說明";劉雨《西周金文中的大封小封和賜田里》(《中國考古學論叢——中國社會科學院考古研究所建所 40 年紀念文集》315 頁)謂:"金文通例，燕饗生人用'鄉'(饗)不用'享'，祭祀鬼神用'享'不用饗。武王乃太保奭之辟君，故'享於乃辟'、'乃享'都是講享祀先辟武王";楊靜剛《琉璃河出土太保罍、太保盉考釋》(《第三屆國際中國古文字學研討會論文集》384 頁)引《廣雅·釋言》"享，祀也"為釋。

③ 如李學勤《克罍克盉的幾個問題》(《走出疑古時代》160 頁)謂:"享訓為獻";殷瑋璋《新出土的太保銅器及其相關問題》(《考古》1990 年 1 期 67 頁)謂:"享與饗字通用。可用作祭祀與宴饗。但此處作獻出解。(此句)是指太保曾以香酒奉獻給君王以示敬賀之事";陳平《克罍、克盉銘文及其有關問題》(《考古》1991 年 9 期 846 頁)謂:"但衡以上下文意，此處享與其釋作祭獻神之本義，不如釋作'奉上謂之享'之引申意。所謂'享於乃辟'，是指太保以臣下奉享於其君上時王;所謂'余大對乃享'，是周王在對太保說:'我要大大地報答你的享獻'";孫華《匽侯克器銘文淺見——兼談建燕及相關問題》(《文物春秋》1992 年 3 期 30 頁)謂:"享字，當訓為獻。《爾雅·釋詁》:'享，獻也'";杜迺松《克罍克盉銘文新釋》(《故宮博物院刊》1998 年 1 期 62 頁)謂:"《儀禮·聘禮》:'受享束帛加璧'，鄭注:'享，獻也'，即有進獻義，罍、盉銘文並非指進獻什麼物品，結合下文'余大對乃享'看是指治國安邦的道理。……'余大對乃享'是說周天子大合太保的進獻，即讚賞同意其治國安邦的方法與道理"。

安國謂：'奉上之謂享'。奉上的內容較廣，生前的奉事、輔佐、死後的享祀、享祭等，都可用享字來表達。如《大盂鼎》'敏朝夕入諫，享奔走'，《麥尊》'享□（奔）□（走）令'。可知為王奔走效勞、朝夕納諫等，都是享的內容。'享'字確有奉事、輔佐之義"；《類檢》翻譯"亯（享）於乃辟"為：奉事你的君主。謂："亯（享），這裏作奉事、輔佐。或釋為祭享、宴饗"；陳英傑謂："克罍'唯乃明乃心，享於乃辟，余大對乃享'之'享'也是'享辟'義，可以理解為'奉事'、'侍奉。'"①當從後者。不帶賓語的3例，如：烏（嗚）虖（呼）！爾有唯（雖）小子亡戠（識），睍（視）於公氏，有□於天，敵（徹）令苟（敬）亯（享）戈（哉）（11·6014何尊，西早）。李零謂："句中相應字多隸為'享辟'，或隸為'享佐'"；李學勤謂："'享'訓獻，見前。古以事上為享"；董珊謂"'享辟'，克罍、克盉銘'余大對乃享'，《洛誥》'汝其敬識百辟享，亦識其有不享'，偽孔傳'奉上謂之享'；'辟'，常訓為'君'，或用為動詞，就是'以……為君'、'臣事'的意思"；彭曦謂："享，《說文》：'享，獻也。'獻身輔佐於厲王"；陳英傑謂《逨盤》《逨鐘》《克罍》中的"享"均是"享辟"義，"可以理解為'奉事'、'侍奉'"。②

二、表"輔佐"義的

左（佐）：9見（西中₃、西晚₁、春秋₂、戰國₃），全部帶賓語，如：昔先王既令女（汝）ナ（佐）疋（胥）龏厌（侯），今余佳（唯）肇䰠（申）先王令，令女（汝）ナ（佐）疋（胥）龏厌（侯）（5·2820善鼎，西中）。賓語皆為指人名詞，形式上或單用，或與同義動詞連用。

又、右（佑）₁表"佑導"義，凡73例（西早₁、西中₃₄、西晚₃₆、春秋₂），帶賓語占絕對比例，如：唯王二月既眚（生）霸，辰才（在）戊寅，王各於師戲大室，井白（伯）入右豆閉（8·4276豆閉簋，西中）；旦，王各大室，即立（位），宰倗父右堲入門立中廷，北卿（嚮）（8·4272望簋，西中）。從形式上看，出現於連動式中最多見，具體有"入右"（37例）、"右……入……"（19例）、"右＋賓語1＋動詞2＋賓語2"（8例）三種形式。出現於非連動式中的僅7例（如例3）。不帶賓語的僅2見，如：丙公獻王褺器，休無遣。內尹佑，衣（卒）獻，公飲在館，賜疊馬（疊卣，西中，《近出》第三冊66頁605）。

---

① 李仲操《燕侯克罍盉銘文簡釋》（《考古與文物》1997年1期70頁）、《類檢》（544頁注3）、陳英傑《西周金文作器用途銘辭研究》（上冊274頁）。
② 李零《讀楊家村出土的虞逨諸器》（《中國歷史文物》2003年3期16頁）、李學勤《眉縣楊家村新出青銅器研究》（《文物》2003年6期67頁）、董珊《略論西周單氏家族窖藏青銅器銘文》（《中國歷史文物》2003年4期42頁注3）、彭曦《逨盤銘文的注譯及簡析》（《寶雞文理學院學報》2003年5期13頁）、陳英傑《西周金文作器用途銘辭研究》（上冊274頁）。

佑₂：表"佐助"義，12見(西早₃、西中₄、西晚₃、春秋₂)，如：不(丕)顯文武膺(膺)受天命，亦則(則)於女(汝)乃聖且(祖)考克尃右(輔佑)先王(8·4342師訇簋，西晚)。帶賓語的6例，不帶賓語的6例；形式上單用的11例，同義連用的1例。

左右：表"輔佐"義，10見(西早₁、西中₃、春秋₄、戰國₂)，全部帶賓語，如：王易(賜)赤□巿玄衣黹屯(純)䋣(鑾)旂，曰：用又右(佐佑)俗父嗣(司)寇(5·2781庚季鼎，西中)。賓語皆為指人名詞。

尃、輔(輔)：7見(西晚₄、春秋₂、戰國₁)，皆帶賓語，如：雩朕皇亞祖懿仲，敔諫諫，克匍(輔)保厥辟孝王、夷王，有成於周邦(逨盤，西晚，《近出二編》第三冊262頁939)①。賓語或為"先王、厥辟、余"等指人名(代)詞，或為"厥身、王身、公家、天"等名詞。

疋、楚(胥)：表"輔佐"義，14例(西中₉、西晚₅)，全部帶賓語，或見於連動句中為第一動詞(7例)，句中第二動詞基本為"嗣(司)"，如：余既令女(汝)疋(胥)師龢父嗣(司)ナ(左)右走馬，今余佳(唯)䎽䨻(申就)乃令，令女(汝)榦嗣(司)走馬(8·4318—4319三年師兌簋，西晚)；或為第二動詞(2例)，第一動詞均為"更(賡)"，如：令女(汝)更乃且(祖)考事疋(胥)備中，嗣(司)六𠂤(師)服(15·10169呂服余盤，西中)；非連動式的語境相對少(5例)，如：王乎(呼)尹氏冊命師㝨，易(賜)女(汝)赤舄攸勒，用楚(胥)弭白(伯)(8·4254弭叔師㝨簋，西晚)。

䢅(召)₃：表"輔佐"義，11見(西早₃、西晚₇、春秋₁)，帶賓語為主(10例)，賓語皆由指人名詞充當，如：余不叚(暇)妄寧，巠(經)雝明德，宣卹我獻，用䢅(召)匹辟辟(5·2826䣄姜鼎，春早)；不帶賓語的僅1見：盂，廼龏(召)夾死(尸)嗣(司)戎，敏諫罰訟(5·2837大盂鼎，西早)。組合形式上同義連用比較明顯(召夾₁、夾召₄、召匹₂)。

夾：表"輔佐"義，5見(西早₁、西晚₄)，形式上均與"召"同義連用(召夾₁、夾召₄)。句法形式以帶賓語為主(4例)，如：丕顯朕皇高祖單公，桓桓克明哲氒(厥)德，夾䢅(召)文王、武王。……則繇唯乃先聖祖考夾䢅(召)先王，□堇(謹)大命(逨盤，西晚，《近出二編》第三冊262頁939)。王輝謂："夾詔同義連用，義為輔佐"；董珊謂："'夾'訓為'輔'，見《左傳·僖公四年》'夾輔周室'杜注，'夾召'一詞常見於金文，如大盂鼎、師詢鼎、禹鼎；'召'、'夾'為義近連用，'召(詔)'訓為'相'，'夾召'即'輔相'"；劉懷君、辛怡華、劉棟謂："'夾召'為固定用語。……或作'召夾'，……可見，此用語大意即輔佐、輔助"；周鳳五

---

① 董珊《略論西周單氏家族窖藏青銅器銘文》(《中國歷史文物》2003年4期42頁注3)謂："此處'匍'與'保'聯用，當讀為'輔'或'傅'。"

謂："夾召,西周金文習見。……豐,文獻作'召',讀為詔,助也。《爾雅·釋詁下》：'詔、相、導、左、右,助也。'字或作'紹',……是夾、輔、詔、紹、介皆訓助,可組成同義複詞。《大盂鼎》倒文作'召夾',義同"。① 不帶賓語的 1 見：

廼譬(召)夾死(尸)嗣(司)戎,敏諫罰訟。(5·2837 大盂鼎,西早)

匹：表"輔佐"義,5 見(西中₁、西晚₃、春秋₁),均與同義動詞連用(逑匹₃、召匹₂),皆帶賓語,如：不(丕)顯皇且(祖)剌(烈)考逑匹先王,□堇(謹)大命。余小子肇帥井(型)朕皇且(祖)考懿德,用保奠(奠)。(1·82 單伯昊生鐘,西晚)

莽、逑(逑)₁②：表"輔佐"義,5 見(西早₁、西中₁、西晚₃),有 3 例為"逑匹"同義連用。全部帶賓語,如：朕不(丕)顯且(祖)玟(文)珷(武),膺(膺)受大命,乃且(祖)克莽(逑)先王,異(翼)自它邦。(8·4331 乖伯歸夆簋,西晚)

相：表"輔佐"義,1 見：天不夐(斁)其又(有)忨(愿),逑(使)旻(得)臤(賢)在(才)良猺(佐)䐁,目(以)輔相氒(厥)身。(15·9735 中山王嚳壺,戰早)

比₁：表"輔佐"義,1 器 2 見：王令吳白(伯)曰:目(以)乃自(師)左比毛父。王令呂白(伯)曰:目(以)乃自(師)右比毛父(8·4341 班簋,西中)。楊樹達《金文說》(104 頁)引《易·比卦·象傳》"比,輔也"、《詩·唐風·杕杜》"胡不比焉"鄭箋注"比,輔也"、《爾雅·釋詁》"比,俌也"為釋。

甹(屏)：表"輔佐"義,5 見(西中₁、西晚₃、戰國₁),皆帶賓語,如：命女(汝)辥(乂)我邦我家內外,憩於小大政,甹(屏)朕立(位),虩許上下若否(5·2841 毛公鼎,西晚)。所帶賓語與前此諸詞不同,均非指人名詞,而是"身₁、位₄"。

保₂：表"輔佐"義,8 見(西中₄、西晚₃、春秋₁),全部帶賓語,如：肆克龏(恭)保氒(厥)辟龏(恭)王,諫(敕)辥(乂)王家(5·2836 大克鼎,西晚)。郭沫若謂："'肆克龏保氒辟龏王'句謂故能敬輔其君恭王";楊樹達謂："古人保傅連言,傅之為言輔也,保傅義近,知保亦有輔義"。③

辥(乂)₂：表"輔佐"義,1 見：隹(唯)天甾(將)集氒(厥)命,亦隹(唯)先正䇘辥(乂)氒(厥)辟,□堇(謹)大命。肆皇天亡昊(斁),臨保我又(有)周(5·2841 毛公鼎,西晚)。郭沫若謂："此當即刈字,亦即是乂。……乂之引申有治理、保養、扶植諸義";楊樹達謂："余按《爾雅·釋詁》云:'艾,相也。'郭注云:'未詳。'王引之《經義述聞》云:'艾與乂同,乂有輔相之義。《書·君奭》曰:'用乂厥辟',

---

① 王輝《逑盤銘文箋釋》(《考古與文物》2003 年 3 期 83 頁)、董珊《略論西周單氏家族窖藏青銅器銘文》(《中國歷史文物》2003 年 4 期 42 頁注 3)、劉懷君、辛怡華、劉棟《逑盤銘文試釋》(《文物》2003 年 6 期 91 頁)、周鳳五《眉縣楊家村窖藏四十二年逑鼎銘文初探》(《華學》第七輯 97 頁)。

② 相應字的隸定頗為分歧,但基本都釋為"輔佐"一類義。

③ 郭沫若《大系考釋》(122 頁)、楊樹達《金文說》(32 頁)。

謂用相厥辟也。……樹達按王氏申證《雅》詁,其說至確。鼎銘襄辭𠦪辟,與《君奭》'用乂厥辟'語意正同。襄字有贊襄之義,實假為輔相之相。辭假為艾,義亦訓相。襄辭二字同義連文";於省吾謂:"凡金文辭皆是協輔之義";陳夢家謂:"襄辭義當與'夾召''左右'相近"。①

異(翼)$_2$:表"輔佐"義,1見:乃且(祖)克荼(逑)先王,異(翼)自它邦,又(有)芇於大命(8·4331 乖伯歸夆簋,西晚)。於省吾謂:"翼,輔也,言自他邦來輔先王也"。②

會$_3$:表"輔佐"義,1器2見:雩朕皇高祖新室仲,克幽明厥心,柔遠能邇,會召康王,方懷不廷。雩朕皇高祖惠仲盨父,鼛鯀于政,有成於獸,用會昭王、穆王,盭政四方,撲伐楚荊。(逑盤,西晚,《近出二編》第三冊262頁939)③

正$_2$:表"輔正"義,1見:用乃孔德㻌屯(遜純),乃用心引正乃辟安德(5·2830師訇鼎,西中)。黃盛璋釋為"輔正",於豪亮、王輝釋為"匡正",《通解》釋為"輔佐、贊助"。④

弼:表"輔弼"義,1見:愳學𧻚𧻚哉弼王佐(宅)(1·12者汈鐘,戰早)。此句雖有在"哉"前或後點斷兩種斷句方式⑤,但基本都釋"弼"為"輔弼"義。

鬲(歷):輔佐義,1見:女(汝)敬共(恭)辝命,女(汝)雁(膺)鬲(歷)公家(1·285叔夷鐘,春晚)。郭沫若謂:"雁通應若膺,當也,任也。鬲讀為歷,《爾雅·釋詁》'歷,傅也。'故膺鬲謂擔戴輔弼"。楊樹達謂:"二孫讀鬲為歷,誠是。惟仲容訓歷為試,則於文義殊不密合。余謂《爾雅·釋詁》云:'艾,歷,……相也。'文謂汝應輔相公家也"。⑥

御$_5$:表"侑助"義,2見(西中),如:王在周康宮,饗醴,亦御,王穰厥老亦麿。

---

① 郭沫若《毛公鼎之年代》(《郭沫若全集·考古編》第5卷548—549頁)、楊樹達《金文說》(16頁)、於省吾《吉金文選》(125頁)、陳夢家《西周銅器斷代》293頁)。

② 於省吾《吉金文選》(182頁)。

③ 董珊《略論西周單氏家族窖藏青銅器銘文》(《中國歷史文物》2003年4期42頁注3)謂:"'會召',《書·文侯之命》'汝肇刑文武,用會紹乃辟',追孝於前文人'作'會紹','會'當訓'匹'、'合'(見《爾雅·釋詁》),與'逑匹'義近。"王偉《眉縣新出青銅器銘文綜合研究》(陝西師範大學2005年碩士學位論文5頁)謂:"會,本象敦蓋等器皿有蓋相合之形,有合、集義。引申有仇匹,輔弼義。"

④ 黃盛璋《扶風強家村新出西周銅器群與相關史實之研究》(《金文文獻集成》28冊372頁)、於豪亮《陝西扶風縣強家村出土號季家族銅器銘文考釋》(《古文字研究》第九輯254頁)、王輝《商周金文》(159頁注6)、《通解》(263頁)。

⑤ 前者如郭沫若《郭沫若全集·考古編(第6卷)·者汈鐘銘考釋》(164頁)、曹錦炎《吳越青銅器銘文述編》(《古文字研究》第十七輯105頁)、陳世輝《金文韻讀續輯》(《古文字研究》第五輯175頁)、《銘文選(四)》(374頁注五)、《金文引得》(春秋戰國卷18頁);後者如董楚平《吳越徐舒金文集釋》(182頁注九)、何琳儀《者汈鐘銘校注》(《古文字研究》第十七輯150頁)。

⑥ 郭沫若《大系考釋》(205頁)、楊樹達《金文說》(33頁)。

(亦簋,西中,《近出二編》第二册107頁434—435)

侑:表"侑助"義,6見(西早₂、西中₂、西晚₂),如:王夕卿(饗)醴於大室,穆公吝(友)□,王乎宰利易(賜)穆公貝廿朋。(8·4191穆公簋蓋,西中)

即(佽):表"佐助"義,3見(西早₁、西中₂),如:交從獸(戰),遂即,王易(賜)貝,用乍(作)寶彝(4·2459交鼎,西早)。相关的"即",舊多理解為"就"義。陳劍引金美京意見認為:"'即'讀為'次',意為'比次'。謂:'次'有'亞'、'副貳'一類意思,引申之則意為'輔助'、'佐助'。"王輝引《長由盉》作:即(佽)井白大祝射……以遂(仇)即(佽)井白。謂:"即讀為佽。《廣韻》:'佽,助也。'"袁俊傑同意陳劍、王輝說。①

邇:表"侑助"義,1見②:己卯,公才(在)□,保員邇。犀公易(賜)保員(員)金車。(保員簋,西早,《近出》第二册368頁)

三、表"接受、承受"義的

受₁:表"接受"義,8例(西早₁、西中₂、西晚₄、戰國₁),如:山撵(拜)頴首,受冊佩目(以)出,反(返)入(納)堇(瑾)章(璋)(5·2825膳夫山鼎,西晚)。"受"的賓語或為具體物品(如冊佩、駒),或為一般名詞(如萬邦、卿事寮)。

受₂:表"承受"義,凡50例(西早₈、西早或中₁、西中₇、西晚₁₇、春秋₂₀、戰國₁),如:皇天引厭氒(厥)德,配我有周,雁(膺)受大命(5·2841毛公鼎,西晚)。所帶賓語皆為抽象名詞,如天命₁₇、休₆、福₁₂、純魯₃、德₃、祐₂等。

雁(膺):10見(西晚₇、春秋₃),皆帶賓語,形式上全部為"膺受"組合,如:不(丕)顯文武,雁(膺)受大令(命),匍(撫)有三(四)方(9·4467師克盨蓋,西晚)。賓語除1例"賜眡"外,餘皆為"令(命)"。

承₁:表"承受、接受"義,3見(西早、西晚、戰国),皆帶賓語,如:命(令)瓜(狐)君孠(嗣)子乍(作)鑄萆(尊)壺,棗棗嘼嘼,康樂我家,犀犀康盅(淑),承受屯(純)惠(德)。(15·9719—9720令狐君嗣子壺,戰中)

入₃:表"接受"義,1見:令克□於匽,剸羌豕,祖於御微,克□匽,入土眔有嗣(克盉,西早,《近出》第三册416頁942)。句中的"入",各家或括注了"納",或釋為

---

① 陳劍《據郭店簡釋讀西周金文一例》(《甲骨金文考釋論集》21頁、27頁)、王輝《商周金文》(107頁、108頁)、袁俊傑《兩周射禮研究》(河南大學2010年博士學位論文107頁、165頁)。

② 另《尹光鼎》(5·2709殷)有"王卿(饗)酉(酒),尹光邇,佳各,商(賞)貝"句。於省吾《吉金文選》(288頁)解釋《尹光鼎》"王饗酒,尹光邇",謂"佐匹侑酒者也"。張光裕《新見保員銘試釋》(《考古》1991年7期651頁)謂:"邇字曾見乙亥父丁鼎,銘云:王鄉西,尹光邇。……按邇實有並行、襄助之意"。謝明文《〈大雅〉〈頌〉之毛傳鄭箋與金文》(首都師範大學2008年碩士學位論文49頁)謂:"釋此銘之邇與尹光鼎之邇為佐匹侑酒者,可從"。

"接納"義①。

宧(稟)₁：表"秉受"義，1見：隹(唯)王初𨺍宅於成周，復宧(稟)珷(武)王豊(禮)裸自天(11·6014何尊，西早)。相應字有不同隸定，句子亦有不同斷句，但多數隸為"宧(或稟)"，釋為"受"。②

即₂：表"接受"義，4見(西中₃、西晚₁)，賓語皆為"命"，如：戊寅，王各於大朝(廟)，密弔(叔)右趞即立(位)，内史即命。(8·4266趞簋，西中)

聽₂：表"接受"义，1見：齊庆(侯)雷希喪其殷，齊庆(侯)命大子乘□來句宗白(伯)，䎽(聽)命於天子。曰：萬(期)則爾期。(15·9729洹子孟姜壺，春秋)

四、表"繼承、踵繼"義的

更(賡)₁：表"踵繼"義，20例(西中₁₅、西晚₄、西周₁)，以構成連動句充當第一動詞為主(17例)，如：王乎(呼)尹氏冊令舀，曰：更(賡)乃祖考𠂤(作)冢司土(徒)於成周八師(15·9728舀壺蓋，西中)。句中第二動詞多是"𤔲(司)、疋(胥)、作、事"一類動詞，"賡"後的賓語基本是"祖考"，句子基本都是說承繼先祖之職事做什麼。其次有"賡+賓語"形式(西中₃)，如：王乎內史冊令趞：更(賡)乐(厥)祖考服(12·6516趞觶，西中)。

---

① 如陳平《克罍、克盉銘文及其有關問題》(《考古》1991年9期843頁)、張亞初《太保罍、盉銘文的再探討》(《考古》1993年1期62頁)括注了"納"；王世民《北京琉璃河出土西周有銘銅器座談紀要》(《考古》1989年10期955頁)括注了"納"，解釋"入"為"收受"；李學勤(同上956頁)作："入(受、取)土眔叀(有司)"；殷瑋璋《新出土的太保銅器及其相關問題》(《考古》1990年1期68頁)謂："入字有納、受、收等意思"；方述鑫《太保罍、盉銘文考釋》(《考古與文物》1992年6期53頁)謂："入，接納收受"；楊靜剛《琉璃河出土太保罍、太保盉考釋》(《第三屆國際中國古文字學研討會論文集》385頁)謂："'入'即'內'，通'納'，納有接納及貢納的意思，此處當作接納解"；李仲操《燕侯克罍盉銘文簡釋》(《考古與文物》1997年1期71頁)謂："入字，《廣韻》謂：'納也，得也。'入土即納土，與命辭封土地之事相照應"。或釋為"進入"義，如杜迺松《克罍克盉銘文新釋》(《故宮博物院院刊》1998年1期63頁)翻譯為：克進駐到燕土，並平定了那裏的亂。

② 如唐蘭《史徵》(73頁)翻譯為：還用武王的典禮；李學勤《何尊新釋》(《中原文物》1981年1期36頁)謂："'稟'原作'稟上'，意為領受"；洪家義《金文選注繹》(38頁)謂："稟，受"；《讀本》(74頁注3)翻譯為：承受來自上天的福祐；李民《何尊銘文補釋——兼論何尊與〈洛誥〉》(《語言文字學》1982年2期53頁)作：復稟武王禮；楊福仁《從何尊銘文看檔案的價值》(《陝西檔案》2000年5期36頁)作：復稟武王豊裸自天。或釋為"敬"，如陳福林、任桂芝《何尊銘考釋補訂》(《考古與文物》1992年6期72頁)作：復宧武王豊；(73頁)謂："至於復字後面的字，有的未隸定，又有的隸定為宧，也有的在宧字基礎上隸定為稟。筆者認為這裏的宧應當是稟字。稟，《方言》云：'稟，浚，敬也。秦晉之間曰稟，齊曰浚，吳楚之間自敬曰稟。'……何尊銘文中的稟字本意也完全是恭敬的意思"；陳福林《關於何尊銘文的幾點新補證》(《貴州社會科學》1991年8期46頁)謂："由此可知稟、懷、敬的意思"。或未隸定，如高明《中國古文字學通論》(375頁注二)謂："復下一字渺甚難識"；陳世輝、湯餘惠《古文字學概要》(199頁)、黃盛璋《晉侯墓地M114與叔夨方鼎主人、年代和墓葬世次年代排列新論證》(《晉侯墓地出土青銅器國際學術研討會論文集》224頁)亦未隸定。或隸為"禹"，如《銘文選(三)》(21頁注二)謂："禹，讀作偊。稱譽，稱揚"；《金文引得》亦隸為"禹"。

承₂：表"承繼"義,4見(西晚₁、春秋₁、戰國₂),3例不帶賓語,如：穆穆魯辟,徲(祖)省朔旁(方),虩(信)於兹從,丙(歷)年萬不(丕)承(5·2746粱十九年亡智鼎,戰國);帶賓語的1見：唯燕王職踐阼承祀,虔禝卅,東會盟國(燕王職壺,戰國後期,《近出二編》第三冊193頁877)。

司、訇、嗣(嗣)：14例(西早₂、西中₁、西晚₅、春秋₂、戰國₄),帶賓語和不帶賓語數量相同,前者如：王命瓶厌(侯)白(伯)晨(晨)曰：訇(嗣)乃且(祖)考厌(侯)於瓶(5·2816伯晨鼎,西中);後者如：先王既令女(汝)瓶嗣(司)王宥(囿)。……今余隹(唯)或嗣(嗣)命女(汝)(8·4285諫簋,西晚)。

餘、扅(纘)：表"踵繼"義,3見(西中₁、西晚₂),如：祇覬穆王,井(型)帥宇(訏)誨,諡寧天子,天子圉扅(纘)文武長刺(烈)(16·10175牆盤,西中)。各家均引《玉篇》"饡"之古文作"扅"讀為"纘",訓為繼。①

佾、佾(肖)：表"承繼"義,2見(西中、西晚),如：閉,易(賜)女(汝)戠衣□市縊(鑾)旂,用佾(肖)乃且(祖)考事(8·4276豆閉簋,西中)。句中相應字有"佾、佾"兩種隸定,或讀為"肖"②,或直接釋為"嗣續"義。③

盅(紹)：表"踵繼"義,1見：叀余𤔲(小子)肇盅先王德,易(賜)女(汝)……。(5·2830師𩰬鼎,西中)。於豪亮謂："盅讀為紹。……紹,繼承";《通解》同。④

紹踵：1見：其惟因齊𣪘(揚)皇考,䚯繈(紹踵)高且(祖)黃帝,邇鏐(嗣)𧻚文,淖(朝)□(問)者(諸)厌(侯),合(答)𣪘(揚)氒(厥)惪(德)(9·4649陳侯因齊敦,戰晚)。

---

① 洪家義《牆盤銘文考釋》(《微氏家族青銅器群研究》356頁)、李學勤《論史牆盤及其意義》(《新出》77頁)、徐中舒《西周牆盤銘文箋釋》(《考古學報》1978年2期143頁)、唐蘭《略論西周微史家族窖藏銅器群的重要意義——陝西扶風新出牆盤銘文解釋》(《文物》1978年3期23頁注40)、裘錫圭《史牆盤銘解釋》(《文物》1978年3期32頁注12)、戴家祥《牆盤銘文通釋》(《微氏家族青銅器群研究》334頁)、於豪亮《牆盤銘文考釋》(《微氏家族青銅器群研究》308頁)、《銘文選(三)》(155頁注一二)、陳世輝、湯餘惠《古文字學概要》(213頁注15)、陳秉新《牆盤銘文集釋》(《文物研究》第8輯162頁)、孟蓬生《金文考釋二則》(《古漢語研究》2000年4期17頁)、李零《重讀史牆盤》(《吉金鑄國史》49頁)、劉士莪、尹盛平《牆盤銘文考釋》(《微氏家族青銅器群研究》51頁)。

② 如《銘文選(三)》(160頁注三)、《類檢》(187頁)。

③ 郭沫若《大系考釋》(78頁)、於省吾《吉金文選》(319頁)、楊樹達《金文說》(48頁)、陳夢家《西周銅器斷代》(152頁)。

④ 於豪亮《陝西扶風縣強家村出土虢季家族銅器銘文考釋》(《古文字研究》第九輯255頁)、《通解》(1216頁)。但此例中的"盅"一般釋為"淑",表"善"義,如王慎行《師𩰬鼎銘文通釋譯論》(《古文字與殷周文明》218頁)謂"盅"字在此當假為"淑",《爾雅·釋詁》："淑,善也";《銘文選(三)》(135頁注五)謂："盅,假借為淑。用為動辭作修善解";其他如唐蘭《史徵》(492頁)、吳鎮烽、雒忠如《陝西省扶風強家村出土的西周銅器》(《文物》1975年8期57頁)、杜迺松《商周青銅器銘文研究》(《考古與文物》1993年5期70頁)、張亞初《引得》(釋文53頁)、《金文引得》(殷西周卷252頁4018)、彭裕商《西周青銅器年代綜合研究》(338頁)、王輝《商周金文》(156頁)均括注了"淑"。

句中的"聖緟",各家均認為即傳世文獻中的"紹踵",表繼承、嗣續義。①

䋣:表"踵繼"義,24例(西早₁、西中₆、西晚₁₇),全部帶賓語,且賓語集中於抽象名詞"令(命)"。或單獨出現(8例),如:肆(肆)天子弗聖(忘)㽙(厥)孫子,付㽙(厥)尚官,天子甘(其)萬年䋣丝(兹)命(虎簋蓋,西中);或"䋣臺"連用(11例),如:昔先王既命汝,今余唯或䋣臺乃命(宰獸簋,西中,《近出》第二冊377頁);或"䋣圝"連用(5例),如:余小子司朕皇考,肇帥井(型)先文且(祖),共(恭)明德,秉威義(儀),用䋣圝塈(𡈼)保我邦我家(8·4242叔向父禹簋,西晚)。關於"䋣",主要有釋為"緟"訓為"承續"和釋為"申"訓為"重申"兩種意見,但實際上兩者並不矛盾,如於省吾先生即謂:"金文的䋣字也作緟,《說文》訓緟'增益',增益與繼續之義訓本相因"。②

圝₁:表"踵繼"義,6見(西中₁、西晚₅),皆帶賓語(主要為"令"),具體有兩種出現形式:一是"䋣圝"連用(5例),如:用卬(仰)卲(昭)皇天,䋣圝大命(5·2841毛公鼎,西晚)。高亨謂:"圝當讀為紹,二字古通用。……《說文》'紹,繼也。'緟圝皆為繼承之義";朱國藩謂:"'圝'讀為'紹',解作'繼'。'䋣圝大命'就是'重申、繼承大命'的意思"。③ 二是"圝餮"連用(1例):祗覞穆王,井(型)帥宇(訏)誨,䋣寧天子,天子圝餮文武長剌(烈)(16·10175史牆盤,西中)。句中的"圝",舊或釋為"恪"④,或釋為"勉"⑤,戴家祥謂:"其在金文銘辭,應讀為駱。駱義為續,俗書作絡";孟蓬生謂:"准此以求,牆盤圝字可以讀作'紹'。《說文》:'紹,繼也。'……圝餮為同義文,繼承之意"。⑥

啻(嫡):表"繼承"義,5見(西中₄、西晚₁),皆帶賓語。如:王若曰:趞,命女(汝)乍(作)□自家嗣(司)馬,啻官僕射士嚛(訊),小大又(右)粦。(8·4266趞簋,西中)

秉₂:表"秉持"義,13例(西中₁、西晚₇、春秋₄、戰國₁),全部帶賓語,如:不(丕)顯皇考更弔(叔),穆穆秉元明德,御於㽙(厥)辟,異屯(純)亡敃(敃)(1·238—240虢叔旅鐘,西晚)。

---

① 容庚《善齋彝器圖錄》(24頁)、於省吾《吉金文選》(205頁)、徐中舒《陳侯四器考釋》(《史語所集刊》3本4分483頁注13)、陳世輝、湯餘惠《古文字學概要》(231頁注7)、《銘文選(四)》(561頁注二)、湯餘惠《戰國銘文選》(14頁)、《金文常用字典》(861頁)、《通解》(2257頁)。
② 於省吾《牆盤銘文十二解》、《微氏家族青銅器群研究》291頁。
③ 高亨《毛公鼎銘箋注》(《高亨著作集林第九卷·文史述林》474頁)、朱國藩《從詞彙運用角度探討毛公鼎銘文的真偽問題》(《史語所集刊》71本2分477頁)。
④ 李學勤《論史牆盤及其意義》(《新出》77頁)、《銘文選(三)》(155頁注一二)、李零《重讀史牆盤》(《吉金鑄國史》49頁)、於豪亮《牆盤銘文考釋》(《微氏家族青銅器群研究》309頁)。
⑤ 於省吾《牆盤銘文十二解》(《微氏家族青銅器群研究》291頁)、劉士莪、尹盛平《牆盤銘文考釋》(《微氏家族青銅器群研究》51頁)。
⑥ 戴家祥《牆盤銘文通釋》(《微氏家族青銅器群研究》334頁)、孟蓬生《金文考釋二則》(《古漢語研究》2000年4期17頁)。

賓語除 1 例 "威義(儀)" 外，餘皆為抽象名詞 "德"(明德₆、德₄、元明德、不經德)。

寺(持)：表具體的 "持有" 義，6 見(春秋₄、戰國₂)，皆不帶賓語，如：上曾大子般殷翠(擇)吉金自乍(作)䵼彝。……父母嘉寺(持)，多用旨食。(5·2750 上曾大子鼎，春早)

寶：表 "保有、珍藏" 義，主要出現在兩種語境中：一是作器後所說的 "其萬年永寶""子子孫孫永寶""子子孫孫永寶用""永寶用享" 等形式中，數量很多，但形式單一。其中的 "寶" 應視為動詞，這從 "永寶" 一類形式可看得更清楚。二是賓語前置句中，如：殳季良父作㚸尊壺，……子子孫孫是永寶(15·9713 殳季良父壺，西晚)；子子孫孫其萬年永是寶用(晉侯㝬馬壺，西晚，《近出》第三冊449 頁)。句中的 "是" 為 "寶" 的前置賓語，指代前面提到的器物。金文中另有通常隸為 "保" 的字，亦表 "保有" 義，或謂即 "寶" 之異體，根據是其字常從 "玉"。此說頗有道理。因為此類 "保" 的出現語境與 "寶" 很相似，如 "永保用""永保用享""子孫永保""子孫是保" 等。《通解》(1978 頁)即釋 "子子孫孫永保用之" 之 "保" 為 "保有，護持，珍藏" 義，謂 "與'寶'用例同。……彝銘習見'永寶用'之語，'保''寶' 同義"。

尚(常)：表示 "保有" 義，9 見(西晚₁、春秋₇、戰國₁)，如：喪史寅自乍(作)瓶，用征用行，用䖒(祈)眉壽萬年無彊(疆)，子子孫孫永寶是尚(常)(16·9982 喪史寅瓶，戰國)。形式上，除 1 例是 "萬歲用尚" 外，其餘均為 "是尚" 這種賓語前置形式。句中的 "尚"，各家皆視為 "常" 之通假字，如商承祚謂："'子孫是尚'、'永寶是尚'、'萬歲用尚'，其意與'子孫是保'、'永寶用享'、'萬歲用享'近"。《甲骨金文字典》釋為 "長有，長守" 義；《金文常用字典》謂："'尚'，通'常'，義為'守'"。並引《詩·魯頌·閟宮》"魯邦是常"，鄭箋訓 "常" 為 "守" 為證；《通解》釋為 "守護" 義；潘玉坤亦持同樣看法。①

享₅：表 "享有、擁有" 義，1 見：乃且(祖)克逑先王，異(翼)自它邦，又(有)芾於大命。我亦弗□言(享)邦，易(賜)女(汝)犹(貔)裘(8·4331 乖伯歸夆簋，西晚)。《通解》(1376 頁)釋爲 "享受、享用" 義，謂："簋銘言'享邦'，即典籍之'享國'也。享國者，受國也，即在君位也"；寇占民《西周金文動詞研究》(362 頁)釋爲 "享有、擁有" 義。

五、表 "遵循、效法" 義的

帥：表 "效法" 義，17 例(西中₇、西晚₈、春秋₂)，多數帶賓語(15 例)，如：

---

① 商承祚《中山王譻鼎、壺銘文芻議》(《古文字研究》第七輯 62 頁)、《甲骨金文字典》(50 頁)、《金文常用字典》(81 頁)、《通解》(118 頁)、潘玉坤《西周金文中的賓語前置句和主謂倒裝句》(《中國文字研究》第四輯 118 頁)。

望肇帥井(型)皇考,虔夙(夙)夜出内(入)王命(5・2812 師望鼎,西中)。賓語或為指人名詞(8例),或為抽象名詞(7例,主要是"德")。不帶賓語的只有2例,如:余甘(其)永萬年寶用,子子孫孫甘(其)帥井(型)受丝(茲)休(8・4302 彔伯冬簋蓋,西中)。形式上最明顯的特徵是多以同義連用形式出現,計有帥型₁₀、型帥₁、帥用₄三種。

率₄:表"遵循"義,1見:又(有)钚(厥)忠臣賙,克懃(順)克卑(俾),亡不率仁,敬懃(順)天悳(德),目(以)猺(左)右䢘(寡)人。(5・2840 中山王䰲鼎,戰晚)

井(型):表"效法"義,18例(西早₃、西中₇、西晚₇、春秋₁),帶賓語居多數(15例),如:余小子肇帥井(型)朕皇且(祖)考愨(懿)德,用保辥(乂)(1・82 單伯昊生鐘,西晚)。賓語或為"祖考、皇考、聖祖考、皇祖考、先文祖、先祖考、先王"等指人名詞(8例),或為"孝友、訏謀、令、懿德、元德、明德、威儀"等抽象名詞(7例)。不帶賓語的3見,如:余甘(其)永萬年寶用,子子孫孫甘(其)帥井(型)受丝(茲)休(8・4302 彔伯冬簋蓋,西中)。形式上亦多同義連用,如帥型₁₀、型帥₁、異型₁。

異₃:表"效法"義,1見:作冊翻異型秉明德,虔夙夕卹周邦,保王身,諫辥(乂)四國(作冊翻卣,西晚,《近出二編》第一冊115頁94—95)。王冠英謂:異井,即式刑、式型。過去學者多釋異為翼,謂翼為輔翼、輔佐義,不見得正確。裘錫圭先生在《卜辭"異"字和詩書裏的"式"字》一文中指出"卜辭、金文和文獻之中,式、異、翼等不同的寫法很可能代表同一個詞。"這是很有見地的。……異井,其實就是文獻記載的"式刑"。……"異井秉明德",跟"肇帥井先文祖,共明德,秉威義"的意義相近,都是說祖法先人、秉持明德、保持威儀的意思。①

用₂:表"效法"義,8見(西中₃、西晚₄、戰國₁),帶賓語的7例,如:女(汝)母(毋)弗帥用先王乍(作)明井(型),俗(欲)女(汝)弗目(以)乃辟䧟(陷)於囏(5・2841 毛公鼎,西晚)。賓語或為"文祖皇考、先王"這樣的指人名詞,或為"政德、茲德、禮儀"等抽象名詞。不帶賓語的1見:皇且(祖)考翻(司)威義(儀),用辟先王,不敢弗帥用夙(夙)夕(8・4170—4177 瘐簋,西中)。形式上有"帥用"連用(5例)和單用(3例)兩種。

巠(經)₂:表"遵循"義,9見(西晚₇、春秋₂),如:朕文考其巠(經)遣姬、遣白(伯)之德言,其競余一子。(䢌簋,西晚)

雝:表"遵循"義,7見(西早₂、西晚₄、春秋₁),如:余隹(唯)司(嗣)朕先姑君晉邦,余不叚妄(荒)寧,巠(經)雝明德,宣卹我猷,用匽(召)匹辟辟(5・2826 晉姜鼎,春早)。此類"雝"皆帶賓語,賓語基本為抽象名詞(猷₃、德經₁、德₁、明德₁),只

---

① 王冠英《作冊封鬲銘文考釋》,《中國歷史文物》2002年2期4頁。

有1例為指人名詞(先王)。徐難於舉有《大盂鼎》《辛鼎》《晉姜鼎》《尌簋》《毛公鼎》,謂:"上揭周銘的雝字所涉對象有德、獸兩類,人相對於德、獸,並非和諧、協和關係,而應為順應、遵從關係。……涉及德的行為動詞,周銘的'經雝'與文獻的'經'最為近似。……由此可見,周銘之'經雝'當屬近義連文,這一構詞現象無疑表明'雝'有遵循、順從之義"。①

由₁:表"遵循"義,1器2見:不(丕)自乍(作)小子夙夕專(薄)由先且(祖)剌(烈)德,用臣皇辟,白(伯)亦克叔由先祖(5·2830師訇鼎,西中)。句中的相應字或隸為"古"②,或隸為"由"③。今多從後者。

啚(稟)₄:表"效法"義,1見:今我隹(唯)即井(型)啚(稟)於玟(文)王正德,若玟(文)王令二三正(5·2837大盂鼎,西早)。或釋為"秉承"義④,或釋為"效法"義,如楊樹達謂:"按刑啚亦見《叔毛鼎》,彼文云'唯□學前文人秉德,其刑啚吳配,格於宗室。合二器觀之,刑啚蓋與儀刑義同,此銘云即刑啚於文王正德,猶《詩·大雅·文王》言:儀刑文王……即刑啚於文王正德者,以文王之德為儀刑而效法之也。刑啚吳配格於宗室者,身為儀刑,而使吳配及宗室效法之也……啚字得有刑法之義者,愚疑字假為品。《廣雅·釋詁一》云:'品,法也。'"廖序東同意楊說。⑤ 其實二說實質上是相通的。

睍(視)₂:表"效法"義,1見:爾有唯(雖)小子亡(無)哉(識),睍(視)於公氏有□於天,敏(徹)令苟(敬)言(享)戈(哉)。(11·6014何尊,西早)

虩:表"效法"義,2見(西中),如:白(伯)戎肇其乍(作)西宮寶,隹(唯)用妥(綏)神襄(懷),虩(效)前文人,秉德共(恭)屯(純)(7·4115伯戎簋,西中)。楊樹達謂:"字在此蓋假為效。簋鼎二銘虩前文人秉德共屯,並謂效法前文人秉德共純也"。⑥

巫(極):表"效法"義,1見:令尹子庚,殹民之所巫(極)(5·2811王子午鼎,春

---

① 徐難於《〈尚書〉"雝"與金文"雝"義新解》,《中華文化論壇》2009年1期11—14頁。
② 劉雨《西周金文中的祭祖禮》(《考古學報》1989年4期506頁)、王慎行《師訇鼎銘文通釋譯論》(《古文字與殷周文明》215)、《銘文選》(135頁)、《金文引得》(殷商西周卷252頁4018)、劉啟益《西周紀年》(262頁)。
③ 李學勤《師訇鼎剩義》(《新出》95頁)、唐蘭《史徵》(493頁)、於豪亮《陝西扶風縣強家村出土虢季家族銅器銘文考釋》(《古文字研究》第九輯260頁)、吳鎮烽、雒忠如《陝西省扶風強家村出土的西周銅器》(《文物》1975年8期57頁)、《讀本》(343頁)、杜迺松《商周青銅器銘文研究》(《考古與文物》1993年5期70頁)、董蓮池《金文編校補》(278頁)、王輝《商周金文》(156頁)。
④ 如於省吾《吉金文選》(116頁)謂:吳北江先生曰:若,及也。法文王及文王所命之二三正也。儀型稟承於文王之正德;唐蘭《史徵》(176頁注29)謂:啚是稟字,讀如稟。……受也;《銘文選(三)》(40頁注一六)謂:啚,稟字的或體,意為稟受;王輝《商周金文》(69頁注19)謂:讀為稟,秉承。
⑤ 楊樹達《金文說》(44頁)、廖序東《金文中的同義並列複合詞》(166頁)。
⑥ 楊樹達《金文說》(168頁)。《銘文選(三)》(119頁注二)、《類檢》(57頁)、陳英傑《西周金文作器用途銘辭研究》(515頁)同。

中或晚)①。句中的"亟",或釋為"敬"義②,或讀為"極",釋為"表率"義③。後者可從,但因"亟"前有"所"字,故"亟"應視為動詞,為"效法"義。

瀺:表"效法"義,1見:釙(鑄)為彝壺,節於醴醑,可瀺可尚,曰(以)卿(饗)上帝,曰(以)祀先王。(15·9735 中山王𨊠壺,戰早)

放(仿):表"效法"義,1見:隹(唯)朕皇祖(祖)文武,趄(桓)且(祖)成考,是又(有)純悳(德)遺訓,曰(以)施(施)及子孫,用隹(唯)朕所放(仿)。(15·9735 中山王𨊠壺,戰早)

學:表"學習、仿效"義,1見:丁卯,王令靜司(司)射學宮,小子𠊱服眾小臣眾尸僕學射。(8·4273 靜簋,西中)

聽₁:表"遵從、服從"义,2見(春秋、戰國),如:諸楚荊不聽命於王所,子犯及晉公率西之六師搏伐楚荊,孔休。(子犯編鐘,春秋後期,《近出》第一冊 16 頁)

用₃:表示"聽從"義,2見(西晚、戰國),如:淮尸(夷)舊我員(帛)畮(賄)人,母(毋)敢不出其員其賈(積)其進人其貯(貯),母(毋)敢不即諫(次)即市。敢不用令(命),䚽(則)即井(刑)屢(撲)伐。(16·10174 兮甲盤,西晚)

從₄:表"聽從、遵從"義,2器 4見(西晚₂、戰國₂),如:女(汝)亦既從辭(辭)從誓(誓),弋(式)可(苛),我義(宜)便(鞭)女(汝)千,毇毇女(汝)。(16·10285 牆匜,西晚)

行₃:表"遵從、聽從"義,1見:達(進)退迮乏者,死亡若(赦)。不行王命者,快(殃)遝(襲)子孫。(16·10478 兆域圖銅版,戰晚)

順:表"遵從"義,1器 2見:敬郢(順)天悳(德),曰(以)猺(左)右臸(寡)人。……侖(論)其悳(德),眚(省)其行,亡不郢(順)道。(5·2840 中山王𨊠鼎,戰晚)

跡:表"循道"義,1見:淮尸(夷)繇(舊)我員畮臣,今敢博(薄)𠩺(厥)眾叚(暇),反𠩺(厥)工吏,弗速(蹟)我東鹹(國)。(8·4313—4314 師寰簋,西晚)

六、表"勤勉"等義的

堇(勤):4 見(西早₁、西晚₂、戰國₁),皆不帶賓語,如:王肇遹𤯒(省)文武堇(勤)彊(疆)土,南或(國)及孼(子)敢臽(陷)處我土,王敦(敦)伐甘(其)至,毇(撲)伐𠩺(厥)都。(1·260 㝨鐘,西晚)

---

① 句中的相應字,或隸為"敬",如趙世綱、劉笑春《王子午鼎銘文試釋》(《文物》1980 年 10 期 27 頁)、劉彬徽《楚國有銘銅器編年概述》(《古文字研究》第九輯 341 頁)。
② 如伍仕謙《王子午鼎、王孫𦎫鐘銘文考釋》(《古文字研究》第九輯 282 頁)謂:"此字應釋為亟,訓為敬愛之意。《方言》:'自關而西秦晉之間,凡相敬愛謂之亟'";曹錦炎《鳥蟲書通考》(152 頁)訓為敬愛。
③ 如《銘文選(四)》(424 頁注八)謂:"亟,孳乳為極,在此用為表率的意思";王輝《商周金文》(290 頁注 12)謂:"亟讀為極,榜樣,表率";鄒芙都《楚系銘文綜合研究》(79 頁)謂:"'亟',孳乳為'極',朱熹《集傳》:'極,中之表也,居中而為四方所取正。'故極有表率之意"。

懋：表"勉勵"義，4見（西早₁、西中₃），皆不帶賓語。如：覭皇且（祖）考嗣（司）威義（儀），用辟先王，不敢弗帥用夙（夙）夕。王對瘋楙（懋），易（賜）佩（8·4170—4177瘋簋，西中）。梁雲謂："懋：伍仕謙認為同'蔑'。……認為有勉勵的意思"；《類檢》謂："懋（懋）：勤勉、勉勵"。①

尃（薄）₂：表"勤勉"義，2見（西中、西晚），如：孥（小子）夙（夙）夕尃（薄）由先且（祖）剌（烈）德，用臣皇辟（5·2830師䚘鼎，西中）。於豪亮謂："'尃'讀為薄，《方言》一：'釗、薄，勉也。秦晉曰釗，或曰薄，故其鄙語曰薄努，猶勉努也。南楚之外曰薄努'"；王輝謂："尃讀為薄，《方言》卷一：'薄，勉也。……'由，《廣雅·釋詁》：'行也。'……此句意謂䚘早晚勉力遵行先祖美德"；《讀本》謂："尃，通'薄'，勉力，努力"；《金文常用字典》《通解》亦均釋為"勉"。②

農₂：表"勉勵"義，1見：不（丕）顯皇且（祖）考穆穆異異（翼翼），克慎氒（厥）德，農臣先王（1·187—190梁其鐘，西晚）。郭沫若謂："農者，勉也。《洪范》'農用八政'。……"；陳夢家謂："'農臣先王'即勉臣先王。《廣雅·釋詁》三'農，勉也'"；《銘文選》謂："《說文通訓定聲》：'農，假借為勞，農、努一聲之轉。'《廣雅·釋詁三》：'農，勉也'"。③

圂₂：表"勤勉"義，3見（西中₂、西晚），如：瘋不敢弗帥且（祖）考秉明德，圂夙（夙）夕左（佐）尹氏（1·247瘋鐘，西中）；祇覭穆王，井（型）帥宇（訏）誨，䰙寧天子，天子圂屖文武長剌（烈）（16·10175牆盤，西中）。孟蓬生謂："金文又恒見'圂夙夕'一語，'圂'當讀為'劭'。《說文》：'劭，勉也'"④。後例中的"圂"，或釋為"恪敬"義⑤，或釋為"續"義⑥，或釋為"勉"，如於省吾謂："金文常見的圂字應讀為貊，訓為勉勵"。⑦ 陳秉新謂："'圂'均讀為劭，訓為勉"。⑧

肇₁：表"勤勉"義，13例（西早₅、西中₃、西晚₂、西周₁、春秋₂），如：卒獻，公飲在館，賜叠馬，曰：用肇事。叠拜稽首，對揚公休，用作父已寶障（尊）彝（叠卣，西中，《近出》第三冊66頁605）；服肇夙（夙）夕明亯（享），乍（作）文考日辛寶障（尊）彝（11·5968服

---

① 梁雲《吉金鑄國史》（144頁）、《類檢》（92頁注5）。
② 於豪亮《陝西扶風縣強家村出土號季家族銅器銘文考釋》（《古文字研究》第九輯260頁）、王輝《商周金文》（160頁）、《讀本》（343頁）、《金文常用字典》（356頁）、《通解》（707頁）。
③ 郭沫若《陝西新出土銅器銘考釋》（《郭沫若全集·考古編》第6卷40頁）、陳夢家《西周銅器斷代》（279頁）、《銘文選（三）》（274頁）。
④ 孟蓬生《金文考釋二則》，《古漢語研究》2000年4期17頁。
⑤ 李學勤《論史牆盤及其意義》（《新出》77頁）、《銘文選（三）》（155注一二）、李零《重讀史牆盤》（《吉金鑄國史》49頁）、於豪亮《牆盤銘文考釋》（《微氏家族青銅器群研究》309頁）。
⑥ 戴家祥《牆盤銘文通釋》（《微氏家族青銅器群研究》334頁）、孟蓬生《金文考釋二則》《古漢語研究》2000年4期17頁）。
⑦ 於省吾《牆盤銘文十二解》（《微氏家族青銅器群研究》291頁）。另，劉士莪、尹盛平《牆盤銘文考釋》（《微氏家族青銅器群研究》51頁）同意於老說。
⑧ 陳秉新《釋"圂"及相關字詞》，《古文字研究》第二十二輯100頁。

方尊,西中)。前例,陳英傑謂:"用肇事"僅見彙卣,"肇"當與敬或勉義近。……親簋"汝肇享"之"肇"亦是此義。"敏"有勉和敬義。① 日月謂:親簋"汝肇享"、彙卣"用肇事"之"肇"亦可訓作敏勉義。② 後例,日月謂:服方尊"服肇夙夕明亯",逑盤"逑肇纂朕皇祖考服"及金文中多見的"肇帥型"之類的"肇"似也應當以訓"敬敏"義為宜。③

每、敏(敏)₁:表"勤勉"義,7見(西早₃、西中₁、西晚₂、春秋₁),皆不帶賓語(以充當狀語為主),如:王若曰:師嫠,才(在)先王小學,女(汝)敏可事(使),既令女(汝)更乃且(祖)考嗣(司)小輔,今余唯繼熹(申就)乃令。(8·4324—4325 師嫠簋,西晚)

享₄:表"勤勉"義,2見(西早),皆為"享奔走"形式,如:敏朝夕入諫(諫),宮(享)奔走,愧(畏)天愧(威)(5·2837 大盂鼎,西早)。或釋為"廟享"義④,或釋為"獻"義⑤,或釋為"敬"義,如《通解》(1374頁)引陳偉湛、唐鈺明說釋"享"為"敬",謂:"鼎銘'敏''享''畏'相應,'享'實有敬義"。按:"勉"義與"敬"義很接近,從上下文意看,例中的"享"釋為"勉"義更恰當。

勞:表"勤勞"義,2見,如:昔者,虐(吾)先祖(祖)趄(桓)王、卲(昭)考成王,身勤社稷行四方,日(以)憂悠(勞)邦家。(5·2840 中山王嚳鼎,戰晚)

勤勞:1見:雩生叔尸(夷),是辟於齊医(侯)之所,是忑(小心)龏(恭)遱,虩(靈)力若虎,董(勤)襞(勞)其政事,又(有)共(恭)於公所。(1·285 叔夷鐘,春晚)

學(效)₁:表"效力"義,1見:王至於濂宮,啟(嫛),令掾(拜)頴(稽)首曰:小【子】卣學(效),令對昕(揚)王休。(5·2803 令鼎,西早)⑥

蠹(盡):表"勤勞"義,2見(西中、戰早),如:王曰:師鰥,女(汝)克蠹(盡)乃身,臣朕皇考穆王,用乃孔德琳屯(遜純),乃用心引正乃辟安德(5·2830 師鰥鼎,西中)。黃盛璋謂:"第二字從兩貝,盡聲,即'賰'字繁文。《說文》作'賮,會禮也,從貝,盡聲。'……銘文的意思就是'獻身'";於豪亮謂:"盡、蠹、賰諸字均與進字相通假,則蠹字亦當與進字相通假。《禮記·學記》'禮減而進,以進為文。'注:'進謂自勉強也'"。

渴(竭):1見:嬰渴(竭)志盡忠,日(以)佐(佐)右(佑)氒(厥)闢(辟),不貣(貳)其心。(15·9735 中山王嚳壺,戰早)

---

① 陳英傑《談親簋銘中"肇享"的意義——兼說冊命銘文中的"用事"》,《古文字研究》第二十七輯 212 頁。
② 《金文"肇"字補說》,復旦大學出土文獻與古文字研究中心網站,2010 年 6 月 14 日。
③ 《金文"肇"字補說》注腳 31,復旦大學出土文獻與古文字研究中心網站,2010 年 6 月 14 日。
④ 如於省吾《吉金文選》(117 頁)謂:此言廟享奔走常畏天威也;秦永龍《西周金文選注》解釋為:廟享之時奔走助祭。
⑤ 如葉正渤《西周標準器銘文疏證》(《中國文字研究》第七輯 155 頁)引《說文》"獻也"為釋。
⑥ 楊樹達《金文說》(1 頁)解釋為"效,驗也";於省吾《吉金文選》(119 頁)謂:"孫云《尚書大傳》'學,效也'";《銘文選(三)》(70 頁注五)謂:"學,讀為'效',效命,效勞"。

明：表"彰明"義，11例（西早₁、西中₂、西晚₆、春秋₁、戰國₁），皆帶賓語，如：不（丕）顯皇考亮公，穆穆克盟（明）乎（厥）心，惎（慎）乎（厥）德，用辟於先王（5·2812師望鼎，西中）。賓語除1例為"光"外，餘皆為"心"。

卲（昭）：表"彰明"義，9見（西早₂、西中₁、西晚₂、春秋₁、戰國₃），不帶賓語的（5例）多於帶賓語的（4例）。前者如：遲父乍（作）𠭯（齊）妥穌齹（林）鍾（鐘），用卲乃穆不（丕）顯龏光，乃用旂匃多福（1·103遲父鐘，西晚）；後者如：祗祗翼翼，卲（昭）告逡（後）嗣：隹（唯）逆生禍，隹（唯）惎（順）生福（15·9735中山王𨟭方壺，戰早）。

光₁：6見（西早₃、戰國₃），帶賓語的（4例）多於不帶賓語的（2例）。前者如：乍（作）冊令敢揚明公尹人乎（厥）宦，用乍（作）父丁寶障（尊）彝，敢追明公賞於父丁，用光父丁□（11·6016矢令方尊，西早）；後者如：召多用追於炎不難白（伯）懋父𤽐（友），召萬年永光，用乍（作）𠭯宮𣪘（旅）彝（10·5416召卣，西早）。

啟₃：表"彰明"義，1見：休辥皇且（祖）憲公，𢁨𢁨趩趩，啟乎（厥）明心，廣𠀎（經）其猷。（戎生編鐘，春早，《金文引得》釋文12頁6065—6072）

宏：表"光大"義，1見：命女（汝）巫（極）一方，盫（宏）我邦我家，毋頎（頹）於政，勿雝（壅）建庶□□。（5·2841毛公鼎，西晚）

裕：表"順"義，1見：𦀚王龏（恭）德谷（裕）天，順（訓）我不每（敏）（11·6014何尊，西早）。洪家義謂："谷，《說文·谷部》泉出通訓為谷。谷有溝通、順暢之意。此句意為：敬德順天"；《銘文選》謂："裕，《廣雅·釋詁四》：'裕，容也'"。①

辥（乂）₃：表"修治"義，2見（西早、春秋），如：雖今小子，整辥（乂）爾宗，宗婦楚邦。（16·10342晉公盆，春秋）

省₃：表"善"義，1見：王令趙𢧢（捷）東反尸（夷），𢐳肇從趙（遣）征，攻開（禽）無啻（敵），省於乎（厥）身（5·2731𢐳鼎，西中）。句中的"省"，或釋為"稱善"，如唐蘭謂："眚仍應讀省。《爾雅·釋詁》：'省，善也。'省於人身當為句，被人稱善"②；或釋為"善"，如《銘文選（三）》（52頁注四）翻譯"省於乎身"為：善於其身。即𢐳身在攻戰中無所傷損③。或釋為"睹"④，或釋為"傷"⑤。今按：從上下文看，當為"善"義。

安₂：表"樂、善"義，1見：用乃孔德琡屯（純），乃用心引正乃辟安德（5·2830師𩰴鼎，西中）。"安"所在句子有不同的斷句，但對"安"的隸定，各家無疑義。釋讀意見主要是釋為"善、樂"，如李學勤謂："'安'，《淮南子·汎論》注：'樂

---

① 洪家義《金文選注繹》(41頁)、《銘文選》(21頁注一三)。
② 唐蘭《史徵》(242頁注6)。
③ 唐蘭《史徵》(242頁注6)、《銘文選（三）》(52頁注四)。
④ 如郭沫若《大系考釋》(20頁)謂：言己之武勇為人與我所共睹也。
⑤ 如楊樹達《金文說》(111頁)謂：相於乎身，劉心源釋為省於乎身，省字文不可通。吳闓生釋為相於乎身，云：相猶衛也。說義亦不可通。余疑相當讀為傷。

84

也。'意即導正其君使樂於德;"王慎行謂:"《國語·晉語》:'君父之所安也',韋昭《注》:'安,猶善也'"。①

䉈:表"盛美"義,1見:余亡康晝夜,坙(經)䩶(離)先王,用配皇天,簧䉈朕心,墜於三(四)方(8·4317 㝬簋,西晚)。或讀為"致"②,或釋為"美",如張亞初謂:"䉈,為盛美義";《銘文選》翻譯相應句為:朕心寬廣,通達於天下。謂:"簧䉈讀為廣侈。䉈讀為侈,聲假";《讀本》謂:"䉈:刺繡,此指使美好"。《通解》同意張亞初釋③。今從後者。

競₂:表"匹敵"義,3見(西早₁、西中₁、西晚₁),皆不帶賓語,如:尹甘(其)互萬年受乓(厥)□魯,亡競才(在)服。(10·5431 高卣,西早)

啻(敵):表"匹敵"義,1見:寖肈從趙(遣)征,攻開(翦)無啻(敵),省於乓(厥)身。(5·2731 寖鼎,西中)

第三節　治理類動詞

一、表示"治理、管理"義的

正、政₁:9見(西早₁、西中₁、西晚₅、春秋₁、戰國₁),帶賓語的居多(7例),如:王命蕭(膳)夫克舍令於成周遹正八自(師)之年,克乍(作)朕皇且(祖)釐季寶宗彝(5·2796 小克鼎,西晚)。賓語基本為指人名詞。不帶賓語的僅2例,如:肆武公亦弗叚朢(忘)臃(朕)聖且(祖)考幽大弔(叔)懿弔(叔),命禹仦(肖)艍(朕)且(祖)考政於井(邢)邦(5·2833 禹鼎,西晚)。

尹:5見(西早₁、西中₂、西晚₂),帶賓語的(4例)多於不帶賓語的(1例),前者如:天子甘(其)萬年無彊(疆),保辥(乂)周邦,畯(畯)尹三(四)方(5·2836 大克鼎,西晚)。賓語皆為指地名詞(四方、三事四方、億疆)。不帶賓語的1見:母(毋)敢不尹丌(其)不中不井(型)(8·4343 牧簋,西中)。於省吾作:毋敢不尹其不

---

① 李學勤《師䢅鼎剩義》(《新出》95頁)、王慎行《師䢅鼎銘文通釋譯論》(《求是學刊》1982年4期54頁)。尚有其他釋讀,如於豪亮《陝西扶風縣強家村出土虢季家族銅器銘文考釋》(《古文字研究》第九輯254頁)謂:"安訓為於,說詳《經傳釋詞》。因此,……意思是蠡對其君之德行多所引導、匡正";《銘文選(三)》(135頁注四)乃用心引正乃辟安德:用心智來永遠保持你元首的安和之德。

② 如王慎行《胡簋銘文考釋》(《古文字與殷周文明》210頁)謂:"'䉈'殆應讀為'致'";張政烺《周厲王胡簋釋文》(《古文字研究》第三輯107頁)謂:"䉈,疑讀為至或致"。

③ 張亞初《周厲王所作祭器胡簋考——兼論與之相關的幾個問題》(《古文字研究》第五輯151頁)、《銘文選(三)》(278頁注二)、《讀本》(124頁注4)、《通解》(1967頁)。

中不刑,引《爾雅·釋言》"尹,正也"為釋;《銘文選》翻譯為:布行政事,不能不秉法辦事。①

登(烝)₁:表"治理"義,1見:廼譻(召)夾死(尸)飼(司)戎,敏諫罰訟,厭(夙)夕譻(召)我一人登(烝)三(四)方。(5·2837大盂鼎,西早)

諫、諫、敕(敕):表"整治、管理"義,10例(西早₁、西中₁、西晚₅、春秋₂、戰國₁),皆帶賓語,如:余雖卒(小子),穆穆帥秉明德,剌剌(烈烈)起趄(桓桓),邁(萬)民是敕(8·4315秦公簋,春早)。賓語或為指地名詞(如四方、四國、王家),或為指人名詞(如庶民、萬民),或為指事名詞(如罰訟)。

辥(乂)₁:表"整治、治理"義,10例(西早₃、西晚₆、春秋₁),全部帶賓語,如:丕顯天尹,匍(輔)保王身,諫辥(乂)四方(曶鼎,西晚,《近出二編》第一冊350頁324)。賓語或為指人名詞(如民、萬民),或為指地名詞(如四方、四國、周邦、王國、鄀國)。

飭(飭):表"整飭、治理"義,1見:余商(函)糤(恭)糤屖,敔毅(畏忌)趣趣,肅哲聖武,惠於政遹(德),忌(淑)於威義(儀),誨猷不(丕)飭(飭)(1·261王孫遺者鐘,春晚)。郭沫若謂:"誨猷不飭"當讀為"謀猷丕飭",飭猶秩秩也;於省吾謂:誨讀謀,飭讀嗣,謂繼續;董楚平作:"誨(謀)猷不(丕)飭(飭)";《銘文選》謂:"飭,讀為飭,義為謹";《讀本》謂:"誨:同'謀'。不:通'丕',大。飭:通'飭',整治,此指有條不紊"。②

鑾:表"統治、治理"義,1見:嚴龏(恭)夤(寅)天命,保鑾氒(厥)秦,虢事(使)蠻(蠻)夏。(8·4315秦公簋,春早)

卸(御)₄:表"治理、管理"義,5見(西早₃、春秋₂),全部帶賓語,且賓語皆為"事",有"御事"和"御……事"兩種形式。如:弔(叔)趯父曰:余考(老),不克御事,唯女(汝)俊其(其)敬辥(乂)乃身,母(毋)尚為小子(10·5428叔歡父卣,西早)。

事₁:表"治理"義,3見(西中₂、春秋₁),皆帶賓語,如:隹(唯)正月初吉,君才(在)韐,即宮,命趞事於述土。(16·10321趞盂,西中)

亟:表"治理"義,1見:今余唯龤(申)先王命,命女(汝)亟(極)一方,弘(宏)我邦我家(5·2841毛公鼎,西晚)。或釋為"極",如於省吾謂:"命女亟(極)一方,言命女作極於一方。極,中也";王輝謂:"亟讀為極。《廣雅·釋言》:'極,中也。'引申為準則"。或釋為"治",如郭沫若謂:"'亟一方'孫云'讀為極,正治之意'";高亨謂:"疑亟本治義"。③ 今從後者。

---

① 於省吾《吉金文選》(185頁)、《銘文選(三)》(188頁注六)。
② 郭沫若《大系考釋》(162頁)、於省吾《吉金文選》(108頁)、董楚平《吳越徐舒金文集釋》(376頁)、《銘文選(四)》(428頁注五)、《讀本》(158頁注5)。
③ 於省吾《吉金文選》(129頁)、王輝《商周金文》(266頁注42)、郭沫若《大系考釋》(138頁)、高亨《毛公鼎銘箋注》(《高亨著作集林》第九卷478頁)。

第三章　社會生活類動詞

　　𢻫(徹)₁：表"治理"義，1見：𡧱(憲)聖成王，𠂇(左)右䋣猷剛鯀，用肇𢻫(徹)周邦。(16·10175史牆盤，西中)

　　整：表"整治"義，2見(西晚、春秋)，如：王唯返歸，在成周，公族整師(晉侯蘇編鐘，西晚，《近出》第一冊59頁)。此句有不同的斷句①，但皆釋"整"為"整頓"義。

　　肅：表"整飭"義，1見：余命女(汝)政於朕(朕)三軍，篅(肅)成朕(朕)師旟之政德。(1·285叔夷鐘，春晚)

　　戒₃：表"治"義，1見：女(汝)台(以)專(輔)戒公家，雍(膺)卹余於𥃝(盟)卹。(1·285叔夷鐘，春晚)

　　經₁：表"经营"义，1見：休辝皇且(祖)憲公趡趡趩趩，啓𠦒(厥)明心，廣𢀖(經)其猷，𠭯(戢)亞穆穆(戎生編钟，春早，《近出》第一冊41頁)。陳英傑、陳雙新謂："'廣經其猷'之'經'，裘先生從高亨解為'經營'，可從"。②

　　營：表"經營、治理"義，1見：余執𢦏(恭)王卹工(功)，於卲(昭)大室東逆(朔)𤊾(營)二川。(5·2832五祀衛鼎，西中)

　　巠緱(經維)：表"治理"義，1見：不(丕)顯子白，壯(壯)武於戎工(功)，經緱(維)三(四)方，博(搏)伐厰(獫)狁(狁)於洛之陽。(16·10173虢季子白盤，西晚)

　　嗣、𤔲(司)：表"掌管、管理"義，75例(西早₄、西中₂₈、西中或晚₁、西晚₃₈、西周₂、春秋₂)。皆帶賓語，如：王乎(呼)內史𤳇(駒)冊命師𡢁父，易(賜)載市冋(絅)黃玄衣黹屯(純)戈禹(琱)戲旂，用嗣(司)乃父官友(5·2813師𡢁父鼎，西中)。賓語或為指人名詞，或為指事名詞，或為指地名詞，或為指物名詞，或為指人兼指事詞組，或為指地兼指人的詞組。可見"司"的內容非常广泛(其中指人和指事居多)。

　　死(尸)：表"掌管、管理"義，15例(西早₁、西中₆、西中或晚₁、西晚₄、西周₁、春秋₁、戰國₁)。帶賓語(8例)和不帶賓語(7例)相差不多。前者如：𥃝(載)乃先且(祖)考死(尸)嗣(司)𤊾(榮)公室。昔乃且(祖)亦既令乃父死(尸)嗣(司)莽人，不盭，取我家𡨦，用喪。……今余隹(唯)令女(汝)死(尸)嗣(司)莽宮莽人，女(汝)母(毋)敢不譱(善)(8·4327卯簋蓋，西中)。所帶賓語有我家、畢王家、王家、榮公室、莽人、莽人、官、戎等。後者如：追虞倗(夙)夜卹𠦒(厥)死(尸)事，天子多易(賜)追休(8·4219—4224追簋，西中)。不帶賓語的形式中，"死(尸)"充當定語居多(5例)。

---

①　或在"宮"後點斷，如李學勤《晉侯蘇編鐘的時、地、人》(《綴古集》102頁)作：王惟反歸，在成周公族整師宮；陳雙新《兩周青銅樂器銘辭研究》(209頁)同，李凱《晉侯蘇編鐘所見的西周巡狩行為》(《文物春秋》2009年5期3頁)作：王佳反(返)，歸成周。公族整自(師)宮。或在"師"後點斷，如馮時《晉侯穌鐘與西周歷法》(《考古學報》1997年4期407頁)、陳秉新《晉侯蘇編鐘銘文考釋》(《文物研究》第13輯260頁)、馬承源《晉侯蘇編鐘》(《上海博物館集刊》第七期15頁)。

②　陳英傑、陳雙新《戎生編鐘銘文補議》，《古籍研究》2007卷上83頁，安徽大學出版社，2007年。

官：表"掌管、管理"義，17例（西中₆、西晚₁₁），全部帶賓語，如：王乎（呼）乍（作）冊尹克冊命師旋曰：備於大ナ（左），官嗣（司）豐還（園）ナ（左）又（右）師氏（8·4279—4282元年師旋簋，西晚）。賓語主要為指人名詞詞組，如康宮王臣妾百工、邑人師氏、穆王正側虎臣、邑人、歷人、飲獻人、左右師氏等，形式上則多與"司"連用（15例）。

辟₂：表"管理、掌管"義，1見：昔先王既令女（汝）乍（作）嗣（司）士，今余唯或庿改（改），令女（汝）辟百寮（寮）。（8·4343牧簋，西中）

監₃：表"掌管、管理"義，2見（西中、西晚），皆帶賓語，如：令女（汝）官嗣（司）成周貯（貯）廿家，監嗣（司）新寤（造）貯（貯）用宮御。（5·2827頌鼎，西晚）

董裁：表"治理、管理"義，1見：余令女（汝）死（尸）我家，𤔲嗣（司）我西扁（偏）東扁（偏）僕駿（馭）百工牧臣妾，東（董）裁（裁）內外，母（毋）敢否（不）譱（善）。（8·4311師獸簋，西晚）

立事：即蒞事、主事，12例（春秋₃、戰國₉），如：佳（唯）王五年，奠（鄭）易隍（陳）旻（得）再立事歲，孟冬戉启，齊饗錢孔，隍（陳）璋入伐匽（燕）亳邦之隻（獲）。（16·9975陳璋鑼，戰國）

立工：與"立₂事"同，1見：尹令史獸立工於成周，十又一月癸未，史獸（獸）獻工於尹（5·2778史獸鼎，西早）。於省吾謂："立事，謂視事也。此言立工，工亦事也"；唐蘭謂："立工等於立政，是建立工作。工通功"；《金文常用字典》《通解》皆謂："'立工'即蒞事，視事，主事"。①

進事：表"治事"義，1見：佳（唯）十又二月初吉丁卯，盥（召）启進事，奔走事皇辟君（16·10360召圜器，西早）。陳夢家謂："'启進事'猶《燕侯旨鼎》的'初見事'"。②

即事：表"執事"義，2見（西早、西中），如：唯十又三月，王饗莽京，小臣靜即事（小臣靜卣，西中，《近出二編》第二冊232頁547）。陳夢家謂："所謂'即事'即就事，成王時《小臣靜卣》'小臣靜即事'與此同"；《銘文選（三）》謂："即，就；即事，猶執事"；《金文常用字典》謂："'即事'，就事，前往任事"；《通解》解釋為"往就其事"。③

視事：表"治事"義④，2見（西早），如：匽（燕）厌（侯）旨初見事於宗周，王賣（賞）旨貝廿朋，用乍（作）姑（姒）寶障（尊）彝。（5·2628燕侯旨鼎，西早）

---

① 於省吾《吉金文選》（120頁）、唐蘭《史徵》（141頁注1）、《金文常用字典》（941頁）、《通解》（2510頁）。
② 陳夢家《西周銅器斷代》（52頁）。
③ 陳夢家《西周銅器斷代》（55頁）、《銘文選（三）》（128頁注一）、《金文常用字典》（556頁）、《通解》（1272頁）。
④ 裘錫圭《甲骨文中的見與視》，載《甲骨文發現一百周年學術研討會論文集》，文史哲出版社（臺北），1999年。

視服：与"視事"同，表"治事"義，1 器 2 見：隹(唯)公大史見服於宗周年，才(在)二月既望乙亥，公大史咸見服於辟王，辨於多正。(10·5432 作冊瞏卣，西早)

奔走：表"效力"義，7 見(西早₅、西中₁、戰國₁)，如：隹(唯)十又二月初吉丁卯，盠(召)啓進事，奔走事皇辟君。(16·10360 召圜器，西早)

秉₃：表"掌管、主持"義，2 見，如：甲戌，王令毛白(伯)更(賡)虢戚(城)公服，甹(屏)王立(位)，乍(作)三(四)方亟(極)，秉緐蜀巢令。(8·4341 班簋，西中)

執₄：表"掌管"義，2 見(西中、春秋)，皆帶賓語，如：余執龏(恭)王卹工(功)，於卲(昭)大室東逆(朔)燊(營)二川。(5·2832 五祀衛鼎，西中)

牆(將)：表"掌管"義，1 見：師袁虔不豕(惰)夙(夙)夜卹(恤)氒(厥)牆(將)事(8·4313—4314 師袁簋，西晚)。郭沫若謂："'恤氒牆事'與《追簋》'恤氒死事'同例。死通尸，主也。謂慎所主持之事。牆則讀為將"；《銘文選》謂："通作將，義為持。將事，執行所負任務"；《通解》謂："用為'將'，奉也"；《類檢》謂："牆，義為將，持也"。李先登、彭裕商亦括注了"將"。①

宦：表"掌管"義，1 見：女(汝)忞(小心)悁忌，女(汝)不豕(惰)夙(夙)夜，宦執而政事。(1·285 叔夷鐘，春晚)

寮(僚)：表"掌管"義，1 見：君才(在)酆，即宮，命趞事於述土，……寮(僚)女(汝)寮(僚)。(16·10321 趞盉，西中)

仜(任)₂：表"掌管"義，1 見：白(伯)犀父休於縣改(妃)曰：叡！乃任縣白(伯)室，易(賜)女(汝)……(8·4269 縣改簋，西中)。相應字或隸為"仜"(或仜)，如郭沫若謂："'仜'字孫詒讓釋任。案上壬字作□，與此從工作者有異，疑是仜字。《廣雅·釋詁》'仜，有也。'有縣伯室亦謂與縣伯之內助"。② 或隸為"任"③，或隸為"佐"④。今按：字形隸寫雖有分歧，但從上下文意看，視為此類動詞應無問題。

戠：表"掌管"或"擔任"義，1 見：余命女(汝)戠差(左)卿，為大事，觥命於外內之事(1·285 叔夷钟，春晚)。或釋為"職"，如於省吾謂："孫云織與職通"；張亞初括注了"職"；或釋為"載"，如《銘文選》釋為"載"，謂："義猶任"；《金文引得》括注了"載"。⑤

---

① 郭沫若《大系考釋》(147 頁)、《銘文選》(308 頁注九)、《通解》(1401 頁)、《類檢》(213 頁 9)、李先登《禹鼎集釋》《夏商周青銅文明探研》216 頁)、彭裕商《西周青銅器年代綜合研究》(438 頁)。
② 郭沫若《大系考釋》(67 頁)。
③ 於省吾《吉金文選》(166 頁)、唐蘭《史徵》(392 頁)、《銘文選(三)》(123 頁)、彭裕商《西周青銅器年代綜合研究》(308 頁)、《金文引得》(320 頁 5017)。
④ 如吳闓生《吉金文錄》(一·二一)。
⑤ 於省吾《吉金文選》(89 頁)、張亞初《引得》、《銘文選(四)》(539 頁)、《金文引得》(23 頁 6144)。

𡎜(藝):表"治理、管理"義,1見:雩之庶出入事於外,尃(敷)命尃(敷)政,𡎜(藝)小大楚(胥)賦(5·2841毛公鼎,西晚)。楊樹達謂:"藝小大楚賦,猶言治大小臣工";於省吾引《廣雅·釋詁》"藝,治也"為釋;高亨、王輝同;陳世輝、湯餘惠謂:"通藝,治理";《銘文選》括注了"治";《類檢》謂:"𡎜,即藝,義為治"。①

𩪘(敦)₂:表"治"義,2見(西中、戰国),如:命左關市(師)𡎜,敕成左關之釜(釜),節于穀(稟)釜(釜),𩪘(敦)者曰陳純(16·10371陳純缶,戰國)。郭沫若謂:"敦者治也";於省吾謂:"劉云敦者謂治此事者";趙誠謂:"當為治義,亦即主管者或製造者";湯餘惠謂:"敦者,督造者。敦,督促";《通解》同意郭沫若說;《金文常用字典》釋為"敦促"義②。

行₂:表"施行"義,3器6見(戰國),如:非恁(信)與忠,其隹(誰)能之?其隹(誰)能之?隹(唯)虐(吾)老賙是克行之。(5·2840中山王䜮鼎,戰晚)

服₂:表"行"義,1器3見:三𠂎(左)三右多君入服酉(酒)。……三□入服酉(酒)。……三事【大】【夫】入服酉(酒)(5·2839小盂鼎,西早)。《銘文選》謂:"服酒即事酒";《通解》謂:"'入服酒',殆言入而行酒事也";《金文常用字典》謂:"由服事引申為進獻"。③

從₃:表"從事"義,2見(西中、西晚),如:白(伯)氏賓敔,易(錫)敔弓矢束馬匹貝五朋,敔用從,永㽙(揚)公休。(7·4099敔簋,西中)

使₁:表"命令、任事"義,1見:余肇事(使)女(汝),休不逆(逆),又(有)成事,多禽(擒)。(5·2835多友鼎,西晚)

𢦏(載)₄:表"執行"義,1見:卿(饗)女(汝)彶屯(純)卹周邦,妥(綏)立余小子,𢦏(載)乃事。(8·4342師詢簋,西晚)④

值:表"擔當、掌管"義,1見:令女(汝)更疐,克嗣(司)直(值)啚(鄙),易(賜)女(汝)䜌(鑾)旂,用事。(8·4199—4200恆簋蓋,西中)

二、與政事活動有關的動詞

出₄:表"發佈"義,1器2見:益公內(入)即命於天子,公乃出厥(厥)命:易(賜)

---

① 楊樹達《金文說》(13頁)、於省吾《吉金文選》(128頁)、高亨《毛公鼎銘箋注》(《高亨著作集林》第九卷476頁)、王輝《商周金文》(266頁注37)、陳世輝、湯餘惠《古文字學概要》(221頁注45)、《銘文選》(三)(319頁注二六)、《類檢》(467頁注17)。

② 郭沫若《大系考釋》(224頁)、於省吾《吉金文選》(225頁)、趙誠《金文詞義探索一》(《第三屆國際中國古文字學研討會論文集》)、湯餘惠《戰國銘文選》(16頁注7)、《通解》(749頁)、《金文常用字典》(380頁)。

③ 《銘文選》(42頁注二)、《通解》(2150頁)、《金文常用字典》(828頁)。

④ 於省吾《吉金文選》(178頁)引《荀子·榮辱》"使人載其事"注"載,行也,任之也"為釋;郭沫若《大系考釋》(140頁)同意於說;《銘文選》(三)(175頁注一三)謂:"𢦏,與載同";李學勤《細說師兌簋》(《夏商周年代學劄記》177頁)、洪家義《金文選注繹》(478頁)、《金文引得》(328頁5062)均括注了"載"。《简明金文詞典》(426頁)謂:"同'執',執行"。

叀師永㽙(厥)田淪(陰)易(陽)洛,彊(疆)眔師俗父田。㽙(厥)眔公出㽙(厥)命。(16·10322 永盂,西中)

出内(出納):表"發佈"義,4 見(西中₁、西晚₃),賓語皆為"令(命)",如:望肈帥井(型)皇考,虔夙夜出内(納)王命,不敢不分不妻。(5·2812 師望鼎,西中)

舍₃:表"發佈"義,3 器 4 見(西早₂、西晚₂),賓語亦皆為"令(命)",如:王命膳(膳)夫克舍令於成周通正八自(師)之年,克乍(作)朕皇且(祖)釐季寶宗彝。(5·2796 小克鼎,西晚)

尃(敷)₂:表"發佈"義,2 器 4 見(西晚),賓語亦皆為"命",如:王親令克遹涇東至於京自(師),易(賜)克甸車馬乘,克不敢㒸(憜),尃(敷)酉(奠)王令(命)。(1·205—206 克鐘,西晚)

㠯(以)₃:表"發佈、傳達"義,3 見(西早₁、西晚₂),皆帶賓語,如:史兒至,㠯(以)王令(命)曰:余令女(汝)史(使)小大邦。(3·949 中甗,西早)

乍(作)₃:表"制定"義,1 見:關㽕(夙)夕敬念王畏(威)不賜(惕),女(汝)母(毋)弗帥用先王乍(作)明井(型)。(5·2841 毛公鼎,西晚)

乍(作)₄:表"施行"義,1 見:朕吾考令乃鵙(嬗)沈子乍(作)綴於周公宗,陟二公。(8·4330 沈子它簋,西早)

乍(作)₅:表"作為"義,3 見(西中、西晚、春秋),如:甲戌,王令毛白(伯)更虢猷(城)公服,粤(屏)王立(位),乍(作)三(四)方亟(極),秉緐蜀巢令。(8·4341 班簋,西中)

為₂:表"舉行"義,1 見:雩若翌(翌)日,才(在)璧灉(雍),王乘於舟為大豊(禮)。(11·6015 麥方尊,西早)

為₃:表"執行、掌管"義,1 見:崔崔鶿(為)政,天命是䢵。(1·219—222 蔡侯鎛,春晚)

為₄:表"制定"義,1 見:王命賙為逃(兆)乏(法),闊関(狹)小大之□。(16·10478 兆域圖銅版,戰晚)

為₆:表"作為"義,2 見(戰國),如:昔者,郾(燕)君子噲,觀夫猎(悟),𢦏(長)為人宗,閈於天下之勿(物)矣,猶糨(迷)惑於之子而述(亡)其邦。(5·2840 中山王𰻞鼎,戰晚)

致₃:表"施行,執行"義,1 見:自今余敢夒(擾)乃尖(小大)事,乃師或㠯(以)女(汝)告,勪(則)侄(致)乃便(鞭)千,黻毅。(16·10285 儦匜,西晚)

尃(敷)₃:表"布"義,3 見(西晚₁、春秋₂),如:余命女(汝)𢦏差(左)正卿,為大事,𣪕命於外内之事,中尃(敷)盥(明)刑,女(汝)台(以)尃(敷)戒公家(1·285 叔夷鐘,春晚)。孫詒讓謂"中尃盥刑,言執中以布明刑也",郭沫若、於省吾同;《銘文選》翻譯為:循中正之道以布明法。①

---

① 孫詒讓《古籀拾遺·古籀餘論》(6 頁)、郭沫若《大系考釋》(206 頁)、於省吾《吉金文選》(89 頁)、《銘文選》(542 頁注一三)。

徹₂：表"貫徹"義，1見：爾有唯（雖）小子亡（無）戠（識），䁝（視）於公氏有□於天，敭（徹）令苟（敬）宣（享）弋（哉）。（11・6014 何尊，西早）

隮（登）₂：表"就職"義，1見：不杯秊（揚）皇公受京宗懿釐，毓（育）文王王姒聖孫，隮（登）於大服，廣成氒（厥）工（功）。（8・4341 班簋，西中）①

備₂：表"居官、就職"義，1見：王乎（呼）乍（作）冊尹克冊命師旋曰：備於大𠂇（左），官嗣（司）豐還（園）𠂇（左）又（右）師氏。（8・4279 元年師旋簋，西晚）②

勖：表"升、擢"義，2見（西晚），如：不（丕）顯皇且（祖）考穆克誓（慎）氒（厥）德，嚴才（在）上，廣啓氒（厥）孫子於下，勖於大服。（8・4326 番生簋蓋，西晚）

粛（致）₄：致館禮，1見：王才（在）周駒宮，各廟，眉敖者膚卓事（使）見於王，王大粛（致）。（5・2831 九年衛鼎，西中）。唐蘭謂："粛應讀為致。……大致是舉行隆重的致館禮"；《銘文選》謂："粛與致同音假借。大致，盛意存問致賜"；《類檢》謂："粛，讀為致，義為致館"；劉傳賓謂："大粛：'簡報'的作者釋為大致，唐蘭進一步解釋說粛、致音相近，大致是舉行隆重的致館禮；《銘文選》的作者也將大粛讀為大致，但認為是盛意存問致賜；白川靜認為報告的作者將'王大粛'的大粛，解釋為大致，其義不明。大粛也許與前鼎'王禹旗於豐'相似，是什麼禮儀，也許是有關於此迎接眉敖使者的廷見禮儀。……李學勤認為'粛疑讀為唏，喜笑'。要之，白川氏認為'王大粛'與衛盉'王禹旗於豐'相似極有見地，'大粛'應是周王舉行的'迎接眉敖使者的廷見禮儀'，但具體為何種禮儀，現不得而知"。③

墜、陁（施）₂：表"施及"義，2見（西晚、戰國），皆帶賓語，如：王曰：有余隹𦔮（小子），余亡寎晝夜，𢀜（經）雝（雍）先王，用配皇天，簧粛朕心，墜（施）於亖（四）方（8・4317 㝬簋，西晚）。例中的"墜"，多釋為"施"，如張政烺作：墜（施）於四方；《讀本》謂："墜，同'地'，此通'施'，施及。此句意為：皇天光美我的心，施及於四方"；陳劍謂："張政烺先生指出即《說文・土部》'地'字的籀文'墜'；'地'當讀為'施'，……。這個意見極為可信"。④ 或釋為"達"，如何琳儀、黃錫全謂："應隸定為墜，與隊同字；隊、遂音通。簋銘'墜於四方'即《呂氏春秋》的

---

① 《金文常用字典》（147頁）、《通解》（252頁）、《簡明金文詞典》（373頁）皆釋為"就職"義。
② 陳夢家《西周銅器斷代》（204頁）謂："'備於大左'應指列於'王行'的左行列"；《通解》（1993頁）釋為"居官""就職"；《簡明金文詞典》（356頁）釋為"就職、居官"。
③ 唐蘭《史徵》（465頁注2)、《銘文選（三）》(137頁注二)、《類檢》（448頁注2)、劉傳賓《西周青銅器銘文土地轉讓研究》（16頁）。
④ 張政烺《周厲王胡簋釋文》（《古文字研究》第三輯104頁）、《讀本》（124頁注4)、陳劍《金文"彖"字考釋》（《甲骨金文考釋論集》250頁）。

'遂於四方'。墜、遂訓達於典籍和銘文均吻合無間";《銘文選》謂:"墜讀作遂,義為達";《類檢》謂:"墜,讀為遂,義為達"。①

賃(任)₁:戰國 3 例,皆帶雙賓語,如:余智(知)其忠訒(信)施而謨(專)賃(任)之邦。(15·9735 中山王譽壺,戰早)

眾(暨)₁:表"參與"義,8 見(西早₁、西中₃、西晚₄),如:厥北疆甾人眾疆,厥東疆官人眾疆,厥南疆畢人眾疆,厥西疆荥姜眾疆。(吳虎鼎,西晚,《近出》第二册 237 頁)

𢍰(藝、設)₁:表"設立、建立"義,4 見(西早₃、西中₁),如:隹(唯)王令南宫伐反虎方之年,王令中先,省南或(國)□(貫)行,𢍰王应才(在)夔隩真山(5·2751—2752 中方鼎,西早)。或釋為"設、樹立"義,如郭沫若謂:"'𢍰王应'者謂張設王之行屋也。𢍰即樹藝之藝";《銘文選》謂:"𢍰,從丮從坴,像人植木於土狀,即樹藝之藝,引申為樹立、建樹"。或釋為"治"義,如楊樹達謂:"𢍰王居在□□真山,八字為一句,謂治王居於□□真山也";唐蘭翻譯為:建王的行宮。謂:"𢍰讀如藝,《廣雅·釋詁》三'藝,治也'";劉先枚謂:"按𢍰字的造型,為雙手營治土木。……'治王居'即為王治行宫"。②

建₁:表"封賜"義,1 見:肆余作女(汝)盠訇,余肇建長父,侯於楊(卌二年逑鼎一,西晚,《近出二編》第一册 356 頁 328—329)。劉懷君、辛怡華、劉棟謂:"建,設置,封建";王輝謂:"建,封賜";孫亞冰謂:"建,封建"。③

建₂:表"建立、設置"義,3 見(春秋₂、戰國₁),如:天子建邦,中山厌(侯)□乍(作)絲(兹)軍政,日(以)敬(儆)氒(厥)眾。(18·11758 中山侯鈸,戰中)

啚₂:表"分封"義,1 器 2 見:王束(柬)伐商邑,祉(誕)令康厌(侯)啚於衛,沬嗣(司)土(徒)送眾啚,乍(作)氒(厥)考障(尊)彝(7·4059 沬司徒送簋,西早)。多釋為"分封"義,如楊樹達謂:"延令康侯啚於衛,即封康叔於衛也";《銘文選》謂:"古文啚、鄙一字。《廣雅·釋詁四》:'鄙,國也。'此用為動詞";《類檢》謂:"啚(鄙):邊邑,這裏用作動詞,猶言分封";王輝謂:"啚,本指郊

---

① 何琳儀、黄錫全《胡簋考釋六則》(《古文字研究》第七輯 114 頁)、《銘文選(三)》(278 頁注二)、《類檢》(218 頁注 5)。或釋為"地",訓為"佔有"義,如張亞初《周厲王所作祭器胡簋考——兼論與之相關的幾個問題》(《古文字研究》第五輯 153 頁)謂:"墜於四方,就是底著於四方,與金文中常見的'匍有四方'一詞意思相近";陳世輝《金文韻讀續輯(一)》(《古文字研究》第五輯 183 頁)作:墜(地)於四方,謂"猶言佔有四方"。

② 郭沫若《大系考釋》(18 頁)、《銘文選(三)》(76 頁注四)、楊樹達《金文說》(111 頁)、唐蘭《史徵》(283 頁)、劉先枚《〈湖北金石志〉周楚重器銘文拾考》(《江漢考古》1991 年 3 期 71 頁)。

③ 劉懷君、辛怡華、劉棟《四十二年、四十三年逑鼎銘文試釋》(《文物》2003 年 6 期 86 頁)、王輝《四十二年逑鼎銘文箋釋》(《陝西歷史博物館館刊》第 10 輯 48 頁)、孫亞冰《眉縣楊家村卌二、卌三年逑鼎考釋》(《中國史研究》2003 年 4 期 27 頁)。

野,引申為守衛郊野,實即分封。畵或讀為圖,版圖,銘中用為動詞,予以版圖"。①

侯:"稱侯"義,6例(西早₄、西中或晚₁、西晚₁),皆用介詞"於"引進處所,如:王曰:大(太)保,隹(唯)乃明乃心,言(享)於乃辟。余大對乃言(享),令克矦(侯)於匽。(克罍,西早)

與:讀為"舉",表"振興"義,1見:【隹】十月初吉丁亥,虢【季】作為協鐘,其音鳴【龖】,用義其賓,用與其【邦】(虢季編鐘,西晚,《近出》第一冊212頁86)。《三門峽虢國墓》(上冊520頁)謂:"與字與興字在文獻中可同訓為舉、舉薦,'用與其邦'有振興邦國之意。……又,'與'字有親與之意,因此這裏又有親與邦國之意";陳英傑謂:"'與'讀為'舉',復興、振興之義,也是合適的"。②

踐:表"登"義,1見:唯燕王職踐阼承祀,度機卅,東會盟國。(燕王職壺,戰國後期,《近出二編》第三冊193頁877)

進₂:表"推舉"義,1見:受賃(任)狴(佐)邦,夙(夙)夜篚(匪)解(懈),進孯(賢)敓(措)能,亡又(有)嚲息。(15·9735中山王譽方壺,戰早)

孯(措)₁:表"推舉"義,1見:受賃(任)狴(佐)邦,夙(夙)夜篚(匪)解(懈),進孯(賢)敓(措)能,亡又(有)嚲息。(15·9735中山王譽方壺,戰早)

飭(修):表"整備"義,2見(春秋、戰國),如:昔者,吳人并雩(越),雩(越)人飭(修)教備㥅(信),五年覆吳,克并之至於含(今)。(5·2840中山王譽鼎,戰晚)

備₁:表"整備"義,1見:昔者,吳人并雩(越),雩(越)人飭(修)教備㥅(信),五年覆吳,克并之至於含(今)。(5·2840中山王譽鼎,戰晚)

效₂:表"考效"義,1見:隹十月初吉,辰在庚午,師多父令圅於周曰:余學事,女(汝)母(毋)不善(聞簋,西中)。張光裕謂:"'學'固可徑讀為學習之'學',然從語氣上考量,'學'宜讀為'教',有'教'義";董珊謂:"'學'讀為'效',意思是'考效','效事'猶'考效事功'";何景成同。③

校、比₂:各1見:韐伯慶錫戎箅彌、鑣膺、虎裘、豹裘。用政於六自(師),用校於

---

① 楊樹達《金文說》(222頁)、《銘文選(三)》(20頁注二)、《類檢》(26頁注6)、王輝《商周金文》(39頁注2)。或釋為"規劃"義,如張桂光《沬司徒疑簋及其相關問題》(《古文字研究》第二十二輯69頁)謂:"聯繫雍伯鼎'王令雍伯畵于之,為宮,雍伯乍寶尊彝'的銘文看,畵所指,當為規劃、建設之事。畵可讀為圖,用為動詞,即作'作圖'解,再作引申,則規劃、建設之義便顯現眼前了。"或謂指"邊邑",如唐蘭《史徵》(27頁)翻譯為:防守邊境。

② 《三門峽虢國墓》(上冊520頁,文物出版社,1999年)、陳英傑《西周金文作器用途銘辭研究》(下冊543頁注腳2)。

③ 張光裕《新見樂從堂圅尊銘文試釋》(《古文字學論稿》)、董珊《讀聞尊銘》(復旦大學出土文獻與古文字研究中心網站,2008年4月26日)、何景成《從金文看西周職官的考績制度》(復旦大學出土文獻與古文字研究中心網站,2008年7月1日)。

比,用狱次(倓戒鼎,西晚,《近出》第二冊204頁347)。吳振武謂:"'校'字在古文字中是第一次出現,原篆作上下結構。……銘中'比'是名詞,'校'是動詞。'校'當考校、校比講(與'比'同義)。'校於比',意即校比民數、土地、六畜、車輦等";李學勤同意吳文對"校"的釋讀,但認為"於"字系連詞,訓為與;陳佩芬謂:"此鼎銘誇字中間從木,或為誇之繁,今讀如誇,誇有大義,《廣雅·釋詁》云:誇為大也。……比,考核,比較。……誇比,就是大比,主持比較六師治理的優長名次"。①

去$_2$:表"去除"義,1見:昔者,先王孥忑(慈愛)百每,竹(篤)胄亡彊(疆),日夕(夜)不忘大杢(去)型(刑)罰,目(以)惡(憂)㘴(厥)民之隹(罹)不刓(幸)。(15·9734 㚸盗壺,戰早)

節:表"節制、約束"義,1見:中山王礜命相邦賙斁(擇)郾(燕)吉金,鈏(鑄)為彝壺,節於醴醇,可濾可尚,目(以)卿(饗)上帝,目(以)祀先王。(15·9735 中山王礜方壺,戰早)

睨(視)$_3$:表"參照"義,1見:王後堂方二百毛(尺),亓(其)牀(葬)眂(視)㚔後。(16·10478 兆域圖銅版,戰晚)

具:表"具備"義,1見:余無卣(由)昪(具)寇正,不□出,皏(鞭)余(5·2838 曶鼎,西中)。吳闓生謂:"無由具寇,言不能得盜禾者";馮勝君謂:"具訓為足、備。《廣雅·釋詁》:'具,備也。''具'在銘文中用為動詞。……具寇是指交出所有的賊寇"。王晶解釋"具寇"為"交出搶禾的人"。②

覃:表"擴展"義,1見:魯覃京自(師),辥(乂)我萬民,嘉遣我,易(賜)鹵賣(積)千兩,勿灋(廢)文医(侯)覞令。(5·2826 晉姜鼎,春早)

合$_1$:表"商議"義,1見:隹(唯)五年正月己丑,禹(琱)生又(有)事,䚘(召)來合(會)事,余獻寪(婦)氏目(以)壺,告曰:……(8·4292 五年琱生簋,西晚)

會$_4$:表"核對"義,2見,如:凡興士被甲,用兵五十人目(以)上,必會君符,乃敢行之。燔䥫之事,雖母(毋)會符,行殹(也)。(18·12109 杜虎符,戰晚)

執$_2$:表"拘執、執掌"義,3見(西中$_2$、西中),如:王初執駒於岸(岸),王乎(呼)師虘召盠。王親旨盠,駒易(賜)兩。(11·6011 盠駒尊,西中)

使$_2$:表"出使"義,1見:史兒至,目(以)王令(命)曰:余令女(汝)史(使)小大邦。(3·949 中甗,西早)

求(逑)$_2$:表"聚集"義,1見:王命君夫曰:儥求(逑)乃友。君夫敢每(敏)㖋(揚)

---

① 吳振武《倓戒鼎補釋》(《史學集刊》1998年1期5頁)、李學勤《翰伯慶鼎續釋》(《徐中舒先生百年誕辰紀念文集》99頁)、陳佩芬《新獲兩周青銅器》(《上海博物館集刊》第8期135頁)。
② 吳闓生《吉金文錄》(一·二七)、馮勝君《二十世紀古文獻新證研究》(104頁)、王晶《西周曶鼎銘文中寇禾案所牽涉法律問題研究》(《中國歷史文物》2006年6期60頁)。

王休,用乍(作)文父丁鷺(8·4178 君夫簋蓋,西中)。郭沫若謂:"逑者,《說文》云'斂聚也';《通解》謂:"求:讀為'逑',聚也"。①

事₃:表"對待"義,1器2見:事孛(少)女(如)淚(長),事愚女(如)智,此易言而難行施。非怎(信)與忠,其隹(誰)能之?(5·2840 中山王礬鼎,戰晚)

求₂:表"追求"義,1見:番生不敢弗帥井(型)皇且(祖)考不(丕)桮元德,用贘圝大令(命),粤(屏)王立(位),虔夙夜專(薄)求不昏(替)德,用諫三(四)方。(8·4326 番生簋蓋,西晚)

求₃:表"尋求"義,4見(西中₂、西晚₁、春秋₁),皆帶賓語,如:黿(邾)君求吉金,用自乍(作)甘(其)龢鍾(鐘)□鎗(鈴),用虎(處)大政。(1·50 邾君鐘,春晚)

齒長:1器2見:外之則酒(將)使䇂(上)勤(覲)於天子之庿(廟),而退與者(諸)侯齒伥(長)於迨(會)同。……酒(將)與虐(吾)君並立於訛(世),齒伥(長)於迨(會)同。(15·9735 中山王礬方壺,戰早)

三、教導佑助類

畯:表"教導、改正"義,2見(西早、西中),如:豁圉武王,遹征(正)四方,達(撻)殷畯民,永不鞏,狄(逖)虐岢,伐尸(夷)童(16·10175 史牆盤,西中)。例中的"畯民",舊多視為名詞(指才俊之士),今則多釋為動詞。如李零謂:"'畯民',指治理人民,大盂鼎有'畯正厥民'一語,是類似的話";劉士莪、尹盛平謂:"畯民與大盂鼎'畯正厥民'同義,指使殷民改惡向善";連劭名謂:"'畯民也就是'安定人民'的意思";麻愛民認為'畯民'就是使民改正向善。"②

敎、教、效(教):表"教導"義,5見(西中₁、西晚₃、春秋₁),如:女(汝)母(毋)弗蕭(善)效(教)姜氏人,勿事(使)敢又(有)疾止從(縱)獄。(8·4340 蔡簋,西晚)

毓(育):表"養育、教育"義,1見:班撵(拜)頜首,曰:烏(嗚)虎(呼)!不桮丮(揚)皇公受京宗歙(懿)釐,毓(育)文王王妣聖孫,隉(登)於大服,廣成氒(厥)工(功)(8·4341 班簋,西中)。郭沫若謂:"毓即育字"(按:釋為教育義);李學勤謂:"'受京宗懿釐',與下'毓(育)文王、王妣聖孫'作一氣讀。'育',訓為成。句意為受京宗福蔭而成為文王、太妣有聖德之孫"。③

---

① 郭沫若《大系考釋》(59頁)、《通解》(2093頁)。或釋為"匹配"義,《銘文選(三)》(234頁注一)謂:"求,讀如逑,匹配的意思";《類檢》(96頁注4)謂:"求,通逑,匹配"。

② 李零《重讀史牆盤》《吉金鑄國史》47頁),劉士莪、尹盛平《牆盤銘文考釋》(《微氏家族青銅器群研究》43頁)、連劭名《史牆盤銘文研究》(《古文字研究》第八輯33頁)、麻愛民《牆盤與文獻新證》(《語言研究》2003年3期72頁)。

③ 郭沫若《班簋的再發現》(《文物》1972年9期8頁)、李學勤《班簋續考》(《古文字研究》第十三輯185頁)。

畜："聚集、培養"義，2 見（春秋），如：余咸畜胤士，乍（作）□左右，保辪（乂）王國。（16・10342 晋公盆，春秋）

立$_3$：表"樹立"義，1 見：卿（嚮）女（汝）彶屯（純）卹周邦，妥（绥）立余小子𢦏（載）乃事。（8・4342 師訇簋，西晚）

道（導）：表"引導、教導"義，1 見：𫊣（夙）夜不解（懈），目（以）詳道（導）㝱（寡）人。（5・2840 中山王嚳鼎，戰晚）

率$_2$：表"引導、帶領"義，4 見（西早$_3$、戰國$_1$），皆帶賓語，如：𡨦（庈）父乍（作）𧻓寶鼎，延令曰：有（侑）女多兄，母（毋）又（有）違女（汝），隹（唯）女（汝）率我友目（以）事。（5・2671—2672 庈父鼎，西早）

敬、憼（儆）："警誡"義，3 見（春秋$_1$、戰國$_2$），如：天子建邦，中山𥎦（侯）□乍（作）兹（兹）軍𨧫，目（以）敬（儆）氒（厥）眾。（18・11758 中山侯鉞，戰中）

啟$_4$：表"佑助"義，5 見（西中$_1$、西中或晚$_1$、西晚$_3$），皆帶賓語，如：不（丕）顯皇且（祖）考穆穆克誓（慎）氒（厥）德，嚴才（在）上，廣启氒（厥）孫子於下，勵於大服（8・4326 番生簋蓋，西晚）。楊樹達謂："知銘文廣啟即《左傳》之光啟，蓋廣字從黃聲，黃字從古文光聲，二字音本同也。……《禮記・祭統》記衛孔悝鼎銘曰：'啟右獻公，'亦以啟與右連文。右佑字同，余疑佑啟啟右皆以同義為連文，右訓助，啟蓋亦當訓助"；李學勤謂："啟，《說文》'教也'。金文常言祖考廣啟其孫子，楊樹達以為與'佑'義同，訓為助，和教也是相近的"；《上古漢語詞典》謂："啟：助也"，引有《番生簋》《叔向父簋》《士父鐘》三器；《通解》同。[①] 今按：賓語分別為士父身、禹身、厥孫子、癲身、朕身，主語皆為高祖考、皇考、皇祖、皇祖考一類指人名詞，句子後面又多有"勵於大服"一類內容，故釋為"佑助"較"啟發、教導"義更恰當。

襲$_2$：表"佑助"義，2 見（西中），如：朕文考甲公文母日庚弋（翼）休，𠟭（則）尚安永宕乃子𢦚心，安永襲𢦚身（5・2824 𢦚方鼎，西中）。例中的"襲"或釋為"沿及"義[②]，或釋為"蔭佑"義，如《通解》謂："'襲'字與'及'、'加'、'重'諸義皆近，有蔭佑之意"；陳美蘭謂："'襲'字在二器中的用法相同，均用作動詞，唐蘭釋為'沿及'之義，陳煒湛、唐鈺明則解為'陰佑'之義，都是說明器主𢦚受到祖先的庇佑，故得以敬事天子、克敵制勝"；陳英傑謂："'廣啟某身'的說

① 楊樹達《金文說》（86 頁）、李學勤《魯方彝與西周商賈》（《李學勤集》193—199 頁）、鐘旭元、許偉建《上古漢語詞典》（64 頁）、《通解》（712 頁）。

② 唐蘭《史徵》（407 頁）、《用青銅器銘文來研究西周史——綜論寶雞市近年發現的一批青銅器的重要歷史價值》（《文物》1976 年 6 期 38 頁）、黃盛璋《彔伯𢦚銅器及其相關問題》（《考古與文物》1983 年 5 期 43 頁）、《銘文選（三）》（117 頁注四）、《甲骨金文字典》（611 頁）、《金文常用字典》（807 頁）、《簡明金文詞典》（490 頁）、劉越（《吉金鑄國史》268 頁）、《疏證》（3850 頁）。

法與西中蠡方尊'剌朕身'、戜方鼎'永襲戜身'、癲鐘'用□光癲身'……等表達的意思相近"。①

弋、異（翼）₁：表"佑助"義，2見（西早、西中），如：叡！西（酒）無敢酡（酖），有粼（柴）羹（烝）祀無敢醻，古（故）天異（翼）臨子。（5·2837大盂鼎，西早）

宕₁：表"擴展"義，2見（西中），如：朕文母競敏□行，休宕氒（厥）心，永襲氒（厥）身，卑（俾）克氒（厥）啻（敵）。（8·4322戜簋，西中）

光₂：表"光寵"義，7見（西早₂、西中₂、西中或晚₁、西晚₁、春晚₁），以帶賓語為主，所帶賓語或為指人名詞，如：敢對王休，用作寶尊彝，其萬年揚王光厥士（叔矢方鼎，西早，《近出二編》第一冊344頁320）；或為其他名詞，如：寅（廣）啓朕身，勵於永令（命），用寬光我家（1·64通录鐘，西中或晚）；不帶賓語的僅1見：尸（夷）用或（又）敢再拜稽首，雁（膺）受君公之易（賜）光（1·285叔夷鐘，春晚）。

皇：表"光耀"義，2見（西早、西中），如：王乎（呼）師虘召盠，王親旨盠，駒易（賜）兩。撲（拜）頴首，曰：王弗望（忘）氒（厥）舊宗小子，螢皇盠身（11·6011盠駒尊，西中）。句中"皇"前的字雖有不同的隸定（螢、癲、苤）和釋讀，但各家對"皇"的釋讀無歧義，如郭沫若謂："螢皇猶輝煌"；陳邦懷謂："擬釋為癲。楷侯簋銘：'用永皇方身，'永皇方身與此銘癲皇盠身，語例相同"；周萼生謂："癲字從林矛聲，古茂字，通懋。……懋，盛大也。皇，光也。懋皇盠身，大光盠身。皇字和矢方尊銘末'用光父丁'的光字同意"；譚戒甫謂："郭君謂'螢皇猶輝煌'是恰當的。……凡這些辭彙都是光寵的意思，不是自贊的"；陳夢家翻譯相應句為"錫兩駒以光其身"，謂："《方簋蓋》曰'永皇方身'，永皇猶言苤皇"；《銘文選》謂："螢，字書所無，從林從虫。一說，蟲、輝雙聲疊韻假借。螢皇即輝煌"；趙誠釋《楷侯簋》中的"皇"為"讚美"義，釋《盠駒尊》中的"皇"為"光耀"義。②

競₁：表"強盛"義，1見：朕文考其巠（經）遺姬遺伯之德言，其競余一子（禹簋，西周）。吳振武謂："'競'的本義是相爭、爭勝。……又引申出強盛義。……本銘'競'字即用此義"。③ 按："競余一子"即"使余強盛"義。

乍（措）₂：表"置於"義，1見：朕文考其巠（經）遺姬遺伯之德言，其競余一子。朕

---

① 《通解》（2079頁）、陳美蘭《金文劄記二則》（《中國文字》廿四期64頁）、陳英傑《西周金文作器用途銘辭研究》（478頁）。
② 陳夢家《西周銅器斷代》（129頁）、郭沫若《盠器銘考釋》（《考古學報》1957年2期4頁）、陳邦懷《盠作騾尊跋》（《人文雜誌》1957年4期71頁）、周萼生《郿縣銅器銘初釋》（《文物》1957年8期53頁）、譚戒甫《西周晚季盠器銘文的研究》（《人文雜誌》1958年2期106頁）、陳夢家《西周銅器斷代》（173頁）、《銘文選（三）》（190頁注五）、趙誠《金文的"皇"、"㺇"、"鼓"》（《於省吾教授百年誕辰紀念文集》106—107頁）。
③ 吳振武《新見西周禹簋銘文釋讀》，《史學集刊》2006年2期86頁。

文考其用乍(措)厥身,念㝬戈(哉)！亡勾(害)！(禹簋,西周)。吳振武謂:"乍,似應讀作'措',訓置。"①

四、侵擾刑罰類

擾:表"侵擾"義,3見(西早₂、西晚₁),如:王出獸(狩)南山,寅迺山谷,至於上㕁(侯)滰川上。啓從征,堇(謹)不褻(擾)。(10·5410 啓卣,西早)

童(動):表"擾亂"義,1見:命女(汝)辥(乂)我邦我家内外,憸於小大政,嚻(屏)朕立(位),虢許上下若否雩三(四)方,死(尸)母(毋)童(動)余一人在立(位)。(5·2841 毛公鼎,西晚)。相應句有不同的斷句方式②,但對"童"的釋讀各家無疑義。

賊:表"破壞"義,1見:我既(既)付散氏田器,有爽,實余有散氏心賊,則爰千罰千,傳棄之(16·10176 散氏盤,西晚)。於省吾謂:"實余有散氏心賊,言我既付散氏田與器,如有爽變,實余仍有侵害散氏之心";陳世輝、湯餘惠謂:"有散氏心賊,即有賊散氏心的倒文。賊,害";《銘文選》謂:"實余有散氏心賊:實是我對散氏心懷禍念。心賊,即賊心。"③

寇:表"掠奪"義,1見:昔饉歲,匡眾㠱(厥)臣廿夫寇曶禾十秭。(5·2838 曶鼎,西中)

虐:2見(西中、西晚),如:不用先王乍(作)井(型),亦多虐庶民。(8·4343 牧簋,西中)

從(縱)₁:表"放縱"義,4見(西晚₃、春秋₁),如:䎽䎽三(四)方,大從(縱)不靜,烏(嗚)虖(呼)！趧余小子圂湛於艱,永鞏先王。(5·2841 毛公鼎,西晚)

肆:表"放肆"義,1見:我聞(聞)殷述(墜)令(命),隹(唯)殷陷(邊)㕁(侯)田(甸)雩(與)殷正百辟,率肄(肆)於酉(酒),古(故)喪自(師)。(5·2837 大盂鼎,西早)

敄(侮):表"欺侮"義,2見(西晚),如:母(毋)敢龏橐,龏橐廼敄(侮)鰥寡,譱(善)効乃友正,母(毋)敢湎於酒。(5·2841 毛公鼎,西晚)

鬲(亂):表"違背"義,3見(西中₁、西晚₂),皆不帶賓語,如:其又(有)敢亂兹命,曰:汝使召人,公則明殛。(五年琱生尊,西晚,《近出二編》第二册 273 頁 587—588)

違、諱(違):表"違背""違失"義,2見(西中、春晚),如:敬配吳王,不諱考

---

① 吳振武《新見西周禹簋銘文釋讀》,《史學集刊》2006 年 2 期 86 頁。
② 或作:雩四方死毋童,……。如王國維《毛公鼎銘考釋》(《王國維遺書》第 6 册 9 頁);高亨《毛公鼎銘箋注》(《高亨著作集林》第九卷 472 頁);陳世輝、湯餘惠《古文字學概要》(218 頁)、孫稚雛《毛公鼎今譯》(《容庚先生百年誕辰紀念文集》287 頁)、王輝《商周金文》(259 頁)、寇占民(359 頁);或作:死(尸)母(毋)童(動)余一人在立(位),如《金文引得》;或作:虢許上下若否雩四方死(事),毋童余一人在位,如《通解》(2691 頁)。
③ 於省吾《吉金文選》(215 頁)、陳世輝、湯餘惠《古文字學概要》(218 頁注 25)、《銘文選(三)》(299 頁注二〇)。

壽,子孫蕃昌,永保用之,冬(終)歲無疆(11·6010 蔡侯尊,春晚)。各家皆讀"諱"為"違",如於省吾謂:"'諱'應讀作'違',二字並諧'韋'聲,故通用。'不諱考壽'即'不違考壽',……這是說,不違失於考壽,即長享老壽之意";《讀本》謂:"不諱考壽:猶言長壽。諱:同'違',違失";《銘文選》謂:"不諱考壽:不違於老壽";《疏證》謂"'不違考壽',不失老壽"。①

逆₃:表"違背"義,3 見(西晚₂、戰國₁),如:女(汝)敏於戎工(功),弗逆朕親命,赘女(汝)秬鬯一卣……(卅二年逨鼎,西晚,《近出二編》第一冊 356 頁 328—329)

志(昧):表"冒犯、違背"義,2 見(西中、西晚),如:佳(唯)民亡徣才(哉)!彝志(昧)天令,故亡。(8·4341 班簋,西中)

逹退(進退):1 見:王命覵為逃(兆)乏(法),闊关(狹)小大之囗,有事者官囗之,逹(進)退迖乏者,死亡若(赦)。(16·10478 兆域圖銅版,戰晚)。相應字多釋為"進退"。如朱德熙、裘錫圭謂:"銘文'逹'當讀為'進'。'進退'猶言'損益''出入',引申為'違失''不遵從'的意思";《銘文選》謂:"進退一詞多義,在此當解釋為損益";《通解》同意朱德熙、裘錫圭說。②

韍橐:表"中飽"義,4 見(西晚),如:母(毋)敢韍橐,韍橐廼秎(侮)鰥寡。(5·2841 毛公鼎,西晚)

叡:表"奪取"義,1 見:譱(善)效(教)乃友内(入)雱(辟),勿事(使)𧧼(暴)虐從(縱)獄,爰奪叡行道。(9·4469 塱盨,西晚)③

圅(陷)₁:表"陷入"義,2 見(西晚),如:谷(欲)女(汝)弗目(以)乃辟圅(陷)於囏(艱)。(8·4342 師詢簋,西晚)

湛₁:表"陷入"義,1 見:翩翩三(四)方,大從(縱)不靜,烏(嗚)虖(呼)!趣余小子囧湛於艱。(5·2841 毛公鼎,西晚)

湛₂:表"沉溺"義,1 見:晉侯對作寶尊彶盨,其用田(畋)獸(狩),甚(湛)樂於原隰。(晉侯對盨,西晚,《近出》第二冊 402 頁)

溺:表"沉溺"義,1 器 2 見:於(嗚)虖(呼)!語不癹(悖)芋(哉),痒(寡)人聒(聞)之:蒦(與)其汓(溺)於人旃,寧汓(溺)於困(淵)。(5·2840 中山王譽鼎,戰晚)

博(薄)₁:表"迫使、逼迫"義,1 見:淮尸(夷)繇(舊)我員畮臣,今敢博(薄)氒(厥)眾叚(暇),反氒(厥)工吏,弗速(蹟)我東臧(國)。(8·4313—4314 師𡘝簋,西晚)。於省吾謂:"吳云博迫也,言敢迫其眾以暇時";郭沫若謂:"'博氒眾叚'謂迫其

---

① 於省吾《壽縣蔡侯墓銅器銘文考釋》(《古文字研究》第一輯 47 頁)、《讀本》(165 頁注 9)、《銘文選(四)》(395 頁注一三)、《疏證》(2870 頁)。
② 朱德熙、裘錫圭《平山中山王墓銅器銘文的初步研究》(《文物》1979 年 1 期 45 頁)、《銘文選(四)》(584 頁注二)、《通解》(290 頁)。
③ 於省吾《吉金文選》(211 頁)引《說文》"叡,又取也"為釋;《銘文選(三)》(313 頁注三)謂:"叡讀作阻",翻譯相應句為:勿使有劫奪而阻塞行道的事情發生。

眾使暇";《銘文選》翻譯為：現在竟敢迫使這些提供帛晦的奴隸們閑下來不事勞作。謂："博,借為薄";《類檢》謂："博,假為薄,義為迫"。①

乍(作)₇:造成義,1見:雩乃訊庶有粦,毋敢不中不型,毋弊槀,弊槀唯有宥縱,廼敎飤寡,用作余我一人夗(怨)②,不肖隹(唯)死。(卌三年逨鼎,西晚,《近出二編》第一冊 362 頁 330—339)

襲₃:表"連及"義,1見:有事者官□之,逪(進)退逵乏者,死亡若(赦)。不行王命者,怏(殃)逨(襲)子孫。(16·10478 兆域圖銅版,戰晚)

隹(罹):表"遭受"義,1見:日炙(夜)不忘大杢(去)型(刑)罰,日(以)意(憂)乎(厥)民之隹(罹)不䛈(幸)。(15·9734 中山好盜壺,戰早)

訊₁:"訊問"義,8例(西中₄、西晚₄),不帶賓語居多(5例),如:䛉則卑(俾)我賞(償)馬,效【父】則卑(俾)復乎(厥)絲束,贇效父廼誥(訊)(5·2838 曶鼎,西中);帶賓語的3例,如:正廼噝(訊)厲曰:女(汝)覓(賈)田不？厲廼許曰:余審(審)覓(賈)田五田。(5·2832 五祀衛鼎,西中)

訟:表"訟告"義,6見(西早₁、西中₂、西晚₃),皆不帶賓語,如:【召】事(使)乎(厥)小子□曰(以)限訟於井弔(叔),我既賣(贖)女(汝)五【夫】【效】父,用匹馬束絲。(5·2838 曶鼎,西中)

告₂:表"訟告"義,5見(西中₃、西晚₂),如:昔饉歲,匡眾乎(厥)臣廿夫寇曶禾十秭,曰(以)匡季告東宮。(5·2838 曶鼎,西中)

罰:表"刑罰"義,8例(西中₃、西晚₄、春秋₁),以帶賓語居多(6例),如:唯三月丁卯,師旂眾僕不從王征於方,黽(雷)事(使)乎(厥)友弘曰(以)告於白(伯)懋父,才(在)芬(芳),白(伯)懋父廼罰得曩古三百孚(鋝)(5·2809 師旂鼎,西中);不帶賓語的居少數(2例),如:東宮廼曰:求乃人,乃弗得,女(汝)匡罰大。(5·2838 曶鼎,西中)

鞭:2器5見(西中₁、西晚₄),皆帶賓語,如:頷首曰:余無由(由)昪(具)寇足,不出,皮(鞭)余。(5·2838 曶鼎,西中)

殺(播):1器2見:懋父令曰:義(宜)殺(播),叡！乎(厥)不從乎(厥)右征。今母(毋)殺(播),䢼(其)又(有)內(納)於師旂。(5·2809 師旂鼎,西中)

---

① 於省吾《吉金文選》(196頁)、郭沫若《大系考釋》(147頁)、《銘文選》(307頁注三)、《類檢》(213頁注4)。

② 相應字或釋為"怨",如董珊《略論西周單氏家族窖藏青銅器銘文》(《中國歷史文物》2003年4期41頁)作"夗(怨)";連邵名《眉縣楊家村窖藏青銅器銘文考述》(《中原文物》2004年6期44頁)同。或釋為"咎",如李學勤《眉縣楊家村新出青銅器研究》(《文物》2003年6期69頁),劉懷君、辛怡華、劉棟《四十二年、四十三年逨鼎銘文試釋》(《文物》2003年6期87頁),孫亞冰《眉縣楊家村卌二、卌三年逨鼎考釋》(《中國史研究》2003年4期30頁)。或釋為"死",如周鳳五《眉縣楊家村窖藏四十三年逨鼎銘文初探》(《康樂集——曾憲通教授七十壽慶論文集》51頁);李零《讀楊家村出土的虞諸器》(《中國歷史文物》2003年3期26頁注36)謂:"用作余我一人□。末字,寫法有點怪。董珊文釋'夗',讀'怨',但其他幾件或作'死'。"

棄₂：遺棄、放逐義，1見：我妝（既）付散氏田器，有爽，實余有散氏心賊，則爰千罰千，傳棄之。（16·10176散氏盤，西晚）

黜斁：1器2見：我義（宜）便（鞭）女（汝）千，黜斁女（汝）。今我赦（赦）女（汝），義（宜）便（鞭）女（汝）千，黜斁女（汝）（16·10285𢑩匜，西晚）。句中相應字雖隸定有分歧，然各家多認為屬墨刑這種刑罰。

獄：表"伺察"義，1見：韎伯慶賜庡戒簟弼、齱膺、虎裘、豹裘。用政於六師，用梏比，用獄次（庡戒鼎，西晚，《近出》第二冊204頁347）。陳佩芬謂："《玉篇》云：'察也，今作伺、覗。'此處當從《玉篇》說。用獄次，是指視察六師兵舍的處止"；吳振武謂："'獄盜'即伺捕盜賊的意思"；李學勤謂："'獄'為動詞，陳文引《玉篇》：'察也，今作伺、覗'"；何景成同。①

亟：表"刑罰"義，1見：其有敢乱兹命，曰：汝使召人，公則明亟（五年琱生尊，西晚，《近出二編》第二冊273頁587—588）。或釋為"極"，如陳英傑括注了"極"；辛怡華、劉棟謂："'亟'，同'極'，有中正，則，準則之義"；馮卓慧解釋為"中正、準則"②。或釋為"敬"，如王輝謂"亟應讀為'悈'。《說文》：'悈，疾也。從心，亟聲。一曰謹重貌。'《廣雅·釋詁一》：'亟，敬也。'……'悈'有警惕、恭謹、慎重等義"。③或釋為"誅罰"義，如李學勤謂："亟，《爾雅·釋言》'誅也'"；徐義華括注了"亟"，翻譯為"懲罰"；陳美蘭作：公則明□（亟？）；王進鋒、邱詠海譯為：（我們的先祖召公）就會昭明而誅之；王沛譯為"嚴懲"。④

赦：1器2見：我義（宜）便（鞭）女（汝）千，黜斁女（汝）。今我赦（赦）女（汝），義（宜）便（鞭）女（汝）千，黜斁女（汝）。今大赦（赦）女（汝），便（鞭）女（汝）五百，罰女（汝）三百寽（鋝）。（16·10285𢑩匜，西晚）

五、安定類

保₁：13例（西中₂、西晚₈、春秋₂、戰國₁），帶賓語的（11例）遠多於不帶賓

---

① 陳佩芬《釋庡戒鼎》（《第三屆國際中國古文字學研討會論文集》320頁）、吳振武《庡戒鼎補釋》（《史學集刊》1998年1月5頁）、李學勤《韎伯慶鼎續釋》（《徐中舒先生百年誕辰紀念文集》99頁）、何景成《試論庡戒鼎所反映的"羨卒"問題》（《中原文物》2008年6月70頁）。

② 陳英傑《新出琱生尊補釋》（《考古與文物》2007年5期109頁）、辛怡華、劉棟《五年琱生尊銘文考釋》（《文物》2007年8期79頁）、馮卓慧《從傳世的和新出土的陝西金文及先秦文獻看西周的民事訴訟制度》（《法律科學》2009年4期166頁注14）。

③ 王輝《琱生三器考釋》（《考古學報》2008年1期55頁）。

④ 李學勤《琱生諸器銘文聯讀研究》（《文物》2007年8期73頁）、徐義華《新出土〈五年琱生尊〉與琱生器銘試析》（《中國史研究》2007年2期18頁）、陳美蘭《說琱生器兩種"以"字的用法》（《古文字學論稿》314頁）、王進鋒、邱詠海《五年琱生尊與琱生器人物關係新論》（《寶雞文理學院學報》（社會科學版）2008年3期48頁）、王沛《"獄刺"背景下的西周族產析分——以琱生器及相關器銘為中心的研究》（《法制與社會發展》2009年5期43頁）。

語(2例)的。前者如：王事(使)燮(榮)蔑歷，令敍(往)邦，乎易(賜)巒(鑾)旂，用保辥(厥)邦(8·4192 肆簋，西中)；後者如：上帝司□保，受天子綰(綰)令厚福豐年。(16·10175 牆盤，西中)。

奠：表"安定"義，14 例(西晚₁₁、春秋₃)，除 1 例不帶賓語外，餘皆帶賓語。前者與"保"連用：余小子肇帥井(型)朕皇且(祖)考㦤(懿)德，用保奠(1·82 單伯昊生鐘，西晚)；後者如：不(丕)顯趩趩(桓桓)皇且(祖)穆公，克夾瑁(召)先王，奠三(四)方。(5·2833 禹鼎，西晚)。賓語或為處所名詞(7 例)，或為抽象名詞(3 例)，或為指人名詞(3 例)。

定：3 見(春晚₂、戰早₁)，皆帶賓語，如：述(遂)定君臣之謂(位)，上下之體。(15·9735 中山王嚳方壺，戰早)

燮₂：表"安定、和諧"義，3 見(春秋)，如：奠(鄭)義伯乍(作)步□鋁，以燮我奠(鄭)。(16·9973 鄭義伯鋁，春秋)

寧₁：表"安寧"義，4 見(西早₁、西中₂、春秋₁)；如：孔淑且碩，乃穌且鳴，用宴用寧，用享用孝。(子犯編鐘，春秋後期，《近出》第一冊 16 頁)

專(敷)₄：表"安定"義，1 見：秦政伯喪，戮政四方，作造元戈喬黃，竈專(敷)東方。(秦政伯喪戈，春秋前期，《近出二編》第四冊 212 頁 1248—1249)

義、宜(宜)₁：表"安"義，4 見(西早、西中、西晚、春秋)，如：虢季作為協鐘，其音鳴雝，用義其賓，用與其邦(虢季編鐘，西晚，《近出》第一冊 212 頁 86—93)。謝明文謂："金文中此兩例(指《虢季編鐘》和《瘋鐘》)'義'均應讀作'宜'，用法和意義與'宜大夫庶士'之'宜'相同。……而《說文·宀部》：'宜，所安也。'則例(1)(2)之'義(宜)'和'宜大夫庶士'之'宜'應當近如《說文》所說，訓為'安'。……秦子簋蓋'義其士女'，……'義'也應當讀為宜，訓"安""。① 陳英傑謂："'義'在文獻中最常見的用法是用為'宜'。"②

康₁：表"安寧、安定"義，4 見(西晚₁、春秋₃)，皆帶賓語，如：母(毋)折緘，告余先王若德，用卬(仰)卲(昭)皇天，䛐(申)閾大命，康能三(四)國。(5·2841 毛公鼎，西晚)

合₂：表"協合"義，1 見：剌剌(烈烈)卲(昭)文公靜公憲公，不㒸(惰)於上，卲(昭)合皇天，目(以)虢事(使)巒(鑾)方。(1·267—270 秦公鎛，春早)

協：表"協和"義，1 見：𣄤𣄤允義，翼受明德，目(以)康奠龤(協)朕或(國)。(1·262—270 秦公鎛，春早)

均：表"協和"義，1 見：竃竃𪓈(為)政，天命是逗，定均庶邦，休有成慶。(1·210—211 蔡侯紐鐘，春晚)

穌：表"和諧"義，1 見：零朕皇考恭叔，穆穆趩趩，穌詢於政，明陘於德，享辟厲

---

① 謝明文《〈大雅〉〈頌〉之毛傳鄭箋與金文》(45—46 頁)。
② 陳英傑《西周金文作器用途銘辭研究》(下冊 542 頁)。

王。(逑盤,西晚,《近出二編》第三冊262頁939)

鰲龢:表"安定和諧"義,5見(西中₂、西晚₂、春早₁),皆帶賓語,如:克明又(有)心,鰲龢胤士,咸畜左右,譱譱允義,翼受明德,日(以)康奠龢(協)朕或(國)(1・262—3秦公鐘,春早)。

龢協:1見:龢獻(協)而(爾)又(有)事,卑(俾)若鐘鼓,外内剴(闇)辟。(1・285叔夷鐘,春晚)

協龢:1見:虔敬朕祀,以受多福,協龢萬民。(1・270秦公鎛,春早)

勠龢:1見:尸(夷)不敢弗憝戒,虔䘏㐀(厥)死(尸)事,勠龢三軍徒迖雩(與)㐀(厥)行師。(1・285叔夷鐘,春晚)

龢淲:1見:余恁㕣心,征(誕)永余恵(德),龢淲民人,余尃(敷)旬於國(1・261王孫遺者鐘,春晚)。"龢"字釋讀無疑義,"淲"字多讀為"戾",訓為"安定"義。①

配₁:表"匹配、協合"義,9例(西中₁、西晚₆、春秋₂),皆帶賓語,如:天子甘(其)萬年眉壽,畍(畯)永保三(四)方,配皇天(1・181南宮乎鐘,西晚)。賓語主要為"皇天₃、上下、上帝、命、厥休"等抽象名詞。

惠₁:表"順、善"義,11例(西中₁、西晚₆、春秋₄),以帶賓語為主(7例),如:余不敢(畏)不羞(差),惠於政德,思(淑)於威義(儀)(5・2811王子午鼎,春中或晚)。賓語為抽象名詞的4例、為指人名詞的3例。形式上或用介詞"於"引進對象(5例),或與"淑"對用(3例)。不帶賓語的形式中,"惠"皆充當狀語,如:今余隹(唯)龖臺乃令,令女(汝)叀(惠)龏(雝)我邦小大猷(8・4342師訇簋,西晚)。

能₂:表"善、親睦"義,5見(西晚₄、春秋₁),皆帶賓語,如:番生不敢弗帥井(型)皇且(祖)考不(丕)杯元德,用龖闢大令(命),甹(屏)王立(位),虔夙(夙)夜尃(溥)求不朁德,用諫三(四)方,顲(柔)遠能埶(邇)(8・4326番生簋蓋,西晚)。賓語除1例為指人名詞外,餘皆為指地名詞。形式上有3例為"柔遠能邇",2例為"康能"連用。

顲(柔):表"親善"義,5見(西晚₃、春秋₂),皆帶賓語,如:肄(肆)克龏(恭)保㐀(厥)辟龏(恭)王,諫(敕)辭(乂)王家,叀(惠)於萬民,顲(柔)遠能埶(邇)(5・2836大克鼎,西晚)。賓語除1例為指人名詞外,餘皆為指地名詞。

褱(懷)₂:表"懷柔"義,4見(西中₁、西晚₂、春秋₁),如:取㐀(厥)吉金,用乍(作)寶尊鼎,用康媆妥(綏)褱(懷)遠埶(邇)君子。(5・2826晉姜鼎,春早)

---

① 劉釗《古文字構形學》(270頁)謂:1998年廖名春先生在《楚文字考釋三則》(《吉林大學古籍整理研究所建所十五周年紀念文集》)一文中,指出此字與見於包山楚簡和郭店楚簡的"溺"字寫法相近,也應該釋為"溺"。……這一考釋無疑是正確的。(271頁)廖名春先生文認為當讀為"淑"。……我們認為"和溺"應該讀為"和弱"。……乃"調和抑制"之意。

臣(附):1 器 2 見:屆惡(愛)深則孚(賢)人窺(親),忮(作)斂中則庶民臣(附)。……隹(唯)惠(德)臣(附)民,隹(唯)宜(義)可縸(長)。(15·9735 中山王嚳方壺,戰早)

第四節 祈匄類動詞

兩周金文因特定內容的關係,比較集中地出現了一組表示祈求義的動詞。同時因為銘文內容的程式化特點,此類動詞的出現語境也非常相似,即:作器→用此器享孝先祖→向先祖祈求長壽福祿等。

旞、𣄰、旞、旂(祈):凡 107 例(西早₁、西中₁₂、西晚₂₆、春秋₆₆、戰國₂),全部帶賓語,如:師器父乍(作)障(尊)鼎,用亯(享)考於宗室,用旂(祈)𧈟(眉)壽黃句(耈)吉康(5·2727 師器父鼎,西中);大師虘乍(作)𢼸(嬎)障(尊)豆,用邵(昭)洛(格)朕文且(祖)考,用旞(祈)多福,用匄永令,虘其永寶用亯(享)(9·4692 大師虘豆,西晚)。從"祈"的賓語看,以"眉壽"為中心的長壽內容占絕對多數(79 例,如例 1、2);或者在長壽之外加上福祿、吉康一類內容(19 例);祈求長壽之外內容的(如多福₆)僅占少數(9 例)。

乞:2 見(春秋),如:用追享孝於皇祖考,用乞眉壽萬年無疆。(5·2753 鄀公諴鼎,春早)

匄₁:52 例(西早₂、西中₂₃、西晚₂₅、春秋₁、戰國₁),全部帶賓語,如:乍(作)且(祖)丁寶旅障(尊)彝,用匄魯福,用夙(夙)夜事(10·5410 啟卣,西早)。祈求內容限於長壽的 20 例,長壽之外加上其他內容的 19 例,祈求長壽之外內容的 13 例(亦主要是"福")。可以看出"匄"的祈求內容也以長壽為主,但不像"祈"那樣集中。

易(賜)₂:35 例(西早₁、西中₁、西中或晚₁、西晚₂₂、春秋₇),全部帶賓語,如:陽飤生自乍(作)障(尊)殷(簋),用易(賜)鼉(眉)壽萬年,子子孫永寶用亯(享)(7·3984—3985 陽飤生簋蓋,西晚)。祈求的內容僅限於長壽的 29 例,長壽之外還有其他祈求內容的 4 例,祈求長壽之外內容的 2 例。關於周金文中"賜"的祈求義,唐鈺明謂:"'易'字在銘文中常表賞賜,但有部分辭例用賞賜義卻解釋不通,據文例排比,這類'易'字實與'祈'、'匄'同義";《通解》列有此義項,舉有《鄀公簋》《鄀公鼎》;張振林謂:"'匄、旞、割'等都具有'祈求''乞求'的意義,這是學者們有共識的。但是對'易'在嘏辭中的作用,卻未能準確理解它,其原因在於它們和'旞、匄'不是完全同義詞。在嘏詞中'易'的基本義是'乞求',同時還有附加義'賜予',完整的意思是'乞求(祖先或天)賜予'"。

105

楊懷源謂:"賜,本為'賜予',引申之,'請求賜予'也可稱'賜'"。①

萊:8見(西早₂、西中₂、西晚₂、西周₁、春秋₁),祈求的内容基本為長壽(壽₆、萬年₁),如:衛肇乍(作)厥(厥)文考己中(仲)寶齋鼎,用萊壽,匄永福(5·2733衛鼎,西中)。形式上,或與"匄"對用(4例),或與"祈"連用(2例)。只有1例是祈福的:季盇(寧)乍(作)寶障(尊)彝,用萊畐(福)(11·5940季盇尊,西早)。陳初生謂:"銅器中,祈求長壽可以言'祈'、'匄'、'萊',求福亦可稱'祈''匄'而未見有稱'萊'者,今得此季寧尊銘,求福稱'萊',恰好補足此缺,實屬可貴";②孟蓬生謂:"字在甲骨文中當'求'講,這是學者們熟知的事實。"③

妥(綏)₃:5見(西早₁、西中₄),祈求的内容基本都是"福"(多福、福、媸祿、康命),如:寧肇諆(其)乍(作)乙考障(尊)殷(簋),用各百神,用妥(綏)多福,世孫子寶(7·4021—4022寧簋蓋,西早)。金文中"妥(綏)"的這一義項,各家提及的很少,《通解》(2885頁)謂:"降、降予;轉向降之所至、受降者一方,則有丐、乞求、祈請之義。典籍作'綏'、'墮'、'隋'。《或鼎》'用穆穆夙夜尊享孝妥福'。《或者鼎》'用匄稱魯福,用妥髮祿。'徐中舒謂:"《或者鼎》及《蔡姑簋》諸器中之'妥'在《詩經》中作'綏',可釋為予,曰:此妥字當讀如《士虞禮》'祝命佐食隋祭'之'隋'……妥、'隋',今古文多參差互不一致。按:妥墮古同聲字,同屬透母魚部,故得相通,墮有墮下之意,墮下猶言降,上舉妥綏諸例,如均以降釋之,則不至悍格難通矣"。楊懷源在"求(福)"類同義詞下列有此詞,舉有《或者鼎》《善鼎》二例④。

求₁:2見(春秋),如:厌(侯)母乍(作)厌(侯)父戎壺,用征行,用求福無彊(疆)(15·9657侯母壺,春早)。裘錫圭謂:"求"大概是"蛛"的初文,求索是它的假借義。……從"蛛"在甲骨卜辭裏的用法來看,把它釋作"求"也是合理的⑤。

偁:1見:或者乍(作)旅鼎,用匄偁魯虩(福),用妥(綏)眉泉(祿),用乍(作)文考宫白(伯)寶障(尊)彝(5·2662或者鼎,西中)。金信周謂:"'匄偁'此語别致,其他銅器皆未見。'偁'字,《說文·人部》:'偁,揚也。'段注云:'揚者,飛舉也。'《釋言》曰:'偁,舉也。'……'偁'為稱的本字,典籍均作'稱'。或者鼎的'匄偁'為動詞連用之例,猶言祈求、得到魯福";《通解》謂:"偁同稱,舉也,銘内與

---

① 唐鈺明《異文在釋讀銅器銘文中的作用》(《著名中年語言學家自選集·唐鈺明卷》89頁)、《通解》(1560頁)、張振林《金文"易"義商兑》(《古文字研究》第二十四輯189頁)、楊懷源《西周金文辭彙研究》(116頁)。
② 陳初生《萊福考》,《古文字研究》第十九輯539頁。
③ 孟蓬生《釋"萊"》,《古文字研究》第二十五輯269頁。
④ 楊懷源《西周金文辭彙研究》116頁。
⑤ 裘錫圭《釋"求"》,《古文字論集》60頁。

'匄'意義相近。①

追₃:1 見:輆史展乍(作)寶壺,用禋祀於玆(茲)宗室,用追窑(福)彔(祿)於玆(茲)先申(神)皇且(祖)啻(享)弔(叔),用易(賜)眉壽無彊(疆),用易(賜)百窑(福)(15·9718 輆史展壺,西晚)。金信周謂:"追,金文多解為追逐或追念之義。此處的'追'字從'用易眉壽無疆''用易百福'兩句子來看,釋為祈求之意符合於文義"。②

第五節 祭祀類動詞

啻(享)₁③:表"祭獻"義,凡 292 例,出現時間以西晚最多(150 例),其次是春秋(89 例)和西中(34 例)。句法形式上以不帶賓語為主(245 例),如:黃季乍(作)季嬴寶鼎,甘(其)萬年子孫永寶用啻(享)(5·2565 黃季鼎,春早)。帶賓語的居少數(47 例),賓語基本為指稱先祖的名詞(43 例),如:道拜稽首,對揚天子丕顯休命,用作朕文考寶尊簋,余其萬年寶,用享於朕文考辛公(師道簋,西中,《近出二編》第二冊 116 頁 439)。

孝:凡 100 例(西早₂、西早或中₁、西中₁₉、西晚₄₈、西中或晚₁、春秋₂₈、戰國₁)。或單獨出現(帶賓語和不帶賓語各 3 例),如:此敢對賜(揚)天子不(丕)顯休令,用乍(作)朕皇考癸公障(尊)殷(簋),用孝於文申(神),匄眉壽(8·4310 此簋,西晚);或"享、孝"對用(不帶賓語的(23 例)多於帶賓語的(6 例)),如:姬蠶彝,用悉用嘗,用孝用享,用匄眉壽無疆(5·2681 姬鼎,西晚);或"享孝"連用(不帶賓語的(21 例)多於帶賓語的(17 例)),如:梁其作尊壺,用享孝於皇祖考(15·9716—9717 梁其壺,西中);或"追孝"連用(帶賓語的(22 例)多於不帶賓語的(6 例)),如:西其用追孝,用祈眉壽、祓祿、純魯,西其万年,子子孙孙永宝用享孝於宗(師酉鼎,西中,《近出二編》第一冊 352 頁 326)。

關於金文中"孝"的釋讀,主要有下述幾種意見:(1)釋為"祭祀"義:如舒大剛謂:"金文、《詩經》中的'孝'都是祭祀,'孝'與'享'單用時可互通,連用

---

① 金信周《兩周祝嘏銘文研究》(42 頁)、《通解》(2002 頁)。
② 金信周《兩周祝嘏銘文研究》43 頁。
③ 金文中的"享",或據《說文》"啻,獻也"釋為"獻"義,如唐鈺明《據金文解讀〈尚書〉二例》(《中山大學學報》1987 年 1 期 149 頁)謂:"'享'的初義應是'獻',而'祀'則是其後起義"。或訓為"祭祀"義,如《金文常用字典》(594 頁)、《通解》(1376 頁)。或訓為"祭獻"義,如《简明金文詞典》(213 頁)釋為"祭獻、上供";陳英傑《西周金文作器用途銘辭研究》(281 頁)謂:"享不是祭祀專名,而是一個泛化的表示祭祀義的動詞。……均是祭獻之義。"今從第三種意見。

時則指祭神的禮拜和供品的獻物"[1];其《從兩周金文及先秦早期文獻看"孝"字的本義》謂:"'孝享'一詞,渾言之即祭祀;析言之,則'孝'乃向神行禮,'享'乃向神獻物,這才是它們的正解"。(2)釋為"敬"義,如謂:"'孝'字本義應是'敬也'。……金文常見的'用享用孝'或'以孝以享',意思就是'用獻用敬'或'以敬以獻'。'享孝'既明,'追孝'也就不難理解了。金文所見'追孝'二十餘例,均可解為'追敬'"[2]。(3)釋為"享獻+誠敬"義:如陳英傑謂:"'享孝'後或接'大宗'、'祖考'、'兄弟'、'婚媾'、'諸老'、'宗老'等受事賓語,或接'宗室'、'宗廟'等地點補語,有人把這一切都當作同一個意義上的孝的對象是不妥當的,用於祭享義的'享孝'包括了祭品、祭禮、誠敬等方面的內涵,用於生人則是強調其行為之誠敬,已非原來意義上的'享孝'"[3];寇占民《西周金文動詞研究》(362頁)解釋"孝"為"享獻、孝敬"義,(381頁)解釋"享孝"為"祭祀、奉獻"義,(382頁)解釋"追孝"為"追念、追享"義。今按:金文中的"孝"主要有兩種用法:與"享"對用或連用,"追孝"連用。據此"孝"亦可釋為"祭獻"義。

祭:11例(西早$_2$、西中$_1$、西晚$_1$、西周$_1$、春秋$_4$、戰國$_2$),以不帶賓語為主(9例),如:辛巳,王祭,烝,在成周。呂賜毁一卣、貝三朋,用作寶尊彝(呂壺蓋,西早,《近出二編》第三冊189頁873);帶賓語的2見,如:隹(唯)十月又一月丁亥,我乍(作)祄(禦)朕且(祖)乙匕(妣)乙且(祖)己匕(妣)癸。征(延)礿繫二女(5·2763 我方鼎,西早)。

祀:或單獨出現(不帶賓語的(10例)多於帶賓語的(7例)),如:隹(唯)六月初吉丁亥,冶中(仲)丂(考)父自乍(作)壺,用祀用卿(饗),多福滂滂(15·9708冶仲考父壺,春早);或與其他祭祀動詞連用,有烝祀$_2$、彭祀$_2$、禋祀$_3$、饗祀$_2$、盟祀$_8$等。

祠:3見(西早、春秋、戰國),如:禺邗王於黃池,為趙孟庎,邗王之惕(賜)金,台(以)為祠器。(15·9678—9679 趙孟庎壺,春晚)

祥:1見:余陳趫子之裔孫,余寅事齊灰(侯),歔皿(恤)宗家。翠(擇)毕(厥)吉金,台(以)乍(作)毕(厥)原配季姜之祥器(9·4629—4630 陳逆簠,戰早)。於省吾《吉金文選》(210頁)謂:阮云:祥祭之器。

盟:18例(西早$_7$、西中$_2$、春秋$_8$、戰國$_1$),帶賓語的居少數(2例),如:刺觏乍(作)寶障(尊),甘(其)用盟(盟)蒿亮媯日辛(4·2485 刺觏鼎,西早)。不帶賓語的形式中,"盟"出現在賓語部分的居多(10例),如:盟(鑄)其龢鐘,台(以)恤其祭祀盟祀,台(以)樂大夫,台(以)宴士庶子(1·245 邾公華鐘,春晚);其次是充當定語

---

[1] 舒大剛《周易,金文"孝享"釋義》,《周易研究》2002年4期55—59頁。
[2] 唐鈺明《據金文解讀〈尚書〉二例》,《著名中年語言學家自選集·唐鈺明卷》148—151頁。
[3] 陳英傑《西周金文作器用途銘辭研究》(286頁)。

(3例)和謂語(3例),如:遼作祖丁盟隻(鑊)(遼鼎,西早2110)①;服肇夙(夙)夕盟言(享),乍(作)文考日辛寶障(尊)彝(11·5968服方尊,西中)。從形式上看,"盟"多與同類動詞連用(禋盟、盟享₃、盟鬻、盟祀₈),單獨出現的較少(5例)。

尊₂:表"獻祭"義,6見(西早₃、西中₂、西晚₁),帶賓語和不帶賓語相同,前者如:晉侯獿馬既為寶孟,則作尊壺,用尊於宗室(晉侯獿馬壺,西晚,《近出》第三冊449頁);後者如:魯矦(侯)乍(作)爵,邕□,用障(尊)□(茜)盟。(14·9096魯侯爵,西早)。文術發謂:"'尊(障)'金文通常用為形容詞,作定語,表'尊貴'義。亦可用作祭名,表示'祭祀'義。如《亞獏四祀邲其卣》:'尊文武帝乙宜。'……《冘簋》:'用夙夜尊享孝於氒文母。''尊享孝'為祭名並用。……可知'尊'為'置酒以祭'。'尊'、'奠'本一字之分化。《說文》:'奠,置祭。''置祭'就是置酒以祭,保存'尊'之古義"。②

鬻:祭名,8見(西早₆、西晚₂),不帶賓語的(6例)多於帶賓語的(2例),前者如:曆肇對元禎(德),考(孝)䜽(友)隹(唯)井(型),乍(作)寶障(尊)彝,甘(其)用夙(夙)夕鬻言(享)(5·2614曆方鼎,西早);後者如:顥乍(作)母辛障(尊)彝,顥易(賜)婦□,曰:用鬻於乃姑□(10·5388—5389顥卣,西早)。

禋:祭名,5見(西中₁、春秋₃、戰國₁),皆不帶賓語,或充當謂語(2例),如:哀成弔(叔)之鼎,永用禋(禋)祀,死(尸)於下土,台(以)事康公,勿或能飼(罷怠)(5·2782哀成叔鼎,戰早);或出現在賓語部分(3例),如:余嚴敬茲禋盟,穆穆熙熙,至於子子孫孫(鄭大子之孫與兵壺,春秋後期,《近出二編》第三冊195頁878)。形式上則皆與同義動詞同現(禋祀₃、禋享、禋盟)。

禘(禘):祭名,7見(西早₂、西中₅),帶賓語的(5例)多於不帶賓語的(2例),前者如:王才(在)蓱京,禘(禘)於珋(昭)王(16·10166鮮盤,西中);後者如:唯五月,王才(在)初,辰才(在)丁卯,王禘(禘),用牡於大室(5·2776剌鼎,西中)。

禴、雨(禴):3見(西早、西周、戰國),如:史喜乍(作)朕文考翟(禴)祭,乓(厥)日隹(唯)乙。(4·2473史喜鼎,西周)

礿:1見:我乍(作)柳(禦)祟且(祖)乙匕(妣)乙且(祖)己匕(妣)癸,征礿繫二女。咸,羋遺福二□貝五朋,用乍(作)父乙寶障(尊)彝。(5·2763我方鼎,西早)③

---

① 陳英傑《西周金文作器用途銘辭研究》(上冊258頁)。
② 文術發《魯侯爵銘文考釋》,曾憲通主編《古文字與漢語史論集》304頁。
③ 各家多如上隸定,見陳夢家《西周銅器斷代》(72頁)、於省吾《吉金文選》(237頁)、《銘文選》(85頁)、高明《中國古文字學通論》(370頁)、曹兆蘭《金文中的女性人牲——我方鼎銘文補釋》(《古文字研究》第二十五輯156頁)、《類檢》(389頁)、葉正渤《我方鼎銘文今釋》(《故宮博物院院刊》2001年3期61頁)、王輝《商周金文》(29頁)。張亞初《引得》括注了"禴",《金文引得》(3976)未括注。

賓₂:祭祀義,1見:王令般□米於□甬甬用賓父己。來。(15·9299般甗,西早)

配₂:表"配祭",1見:用作辛公寶尊彝,用夙夕配宗(11·6005䚄方尊,西早)。《通解》(3490頁)釋為"配享,配祀"。

繫:1見:我乍(作)祠(禦)𥛱且(祖)乙匕(妣)乙且(祖)己匕(妣)癸,征衜繫二女。(5·2763我方鼎,西早)①

柴:1見:叔!酉(酒)無敢䤖(酖),有柴𡩿(烝)祀無敢擾,古(故)天異(翼)臨子(5·2837大盂鼎,西早)。郭沫若括注了"柴";陳夢家作:右、柴、烝、祀無敢擾;陳世輝、湯餘惠謂:"從此聲,當讀為柴,燔薪柴之祭";《銘文選》謂:"𤐫,柴的本字。《說文·示部》:'柴,燒柴寮祭天也'";王輝謂:"讀為柴,《說文》:'燒柴焚燎以祭天神'"。② 今按:字形隸定雖有不同,但多釋為祭名。

祠(禦):6見(西早₂、西早或中₁、西中₁、西晚₂),如:繛甘(其)萬年𢽧,實朕多祠(禦),用祓壽,匃永令(命),盷(矧)才(在)立(位),乍(作)宣才(在)下(8·4317繛簋,西晚)。張政烺謂:"祠,從示,卩聲,禦之異體。《說文》:'祁,祀也。'……多禦蓋多神之禦";張亞初謂:"𢽧為一般意義上的祭祀,禦為特定的祭祀";王慎行謂:"御當假為禦,《說文》:'御,祀也';《銘文選》謂:"祠,通作禦。《說文·示部》:'禦,祀也'"。③

盨(升)₂:2見:敢乍(作)文人大寶𠷭(協)龢鐘,用追孝盨(升)祀,卲(昭)各樂大神,大神其陟降,嚴祜𤔔妥(綏)厚多福(1·247—250瘈鐘,西中);王對瘈㹊(𢘪),易(賜)佩,乍(作)且(祖)考𣪘(簋),其盨(升)祀大神,大神妥(綏)多福,瘈萬年寶(8·4170—4177瘈簋,西中)。陳英傑謂:"祀"前之字,《金文編》347頁云:"《說文》所無,義如享。周法高隸為"盨",讀"敦",厚也。……伍仕謙以為是"醇"字,醇祀卲各義即來享醇祀也。……劉桓以為即盨字,《集韻·灰韻》訓"歃血器",劉氏以為銘文意思就是"歃血祭祀大神"。……曾憲通認為亯和臺二字義極相近,在出土文獻和典籍中往往混用不別,瘈器中用為亯,薦獻於神曰亯(享)。④

寮(燎):3見(西早),皆不帶賓語,如:唯王既寮(燎),坙(巠)伐東尸(夷),才

---

① 陳夢家《西周銅器斷代》(72頁)、高明《中國古文字學通論》(370頁)、曹兆蘭《金文中的女性人牲——我方鼎銘文補釋》(《古文字研究》第二十五輯156頁)、《類檢》(389頁)、葉正渤《我方鼎銘文今釋》(《故宮博物院院刊》2001年3期61頁)隸為"繫";於省吾《吉金文選》(237頁)、王輝《商周金文》(29頁)隸為"繫"。

② 郭沫若《大系考釋》(34頁)、陳夢家《西周銅器斷代》(102頁)、陳世輝、湯餘惠《古文字學概要》(201頁注9)、《銘文選》(三)(39頁注八)、王輝《商周金文》(68頁注10)。

③ 張政烺《周厲王胡簋釋文》(《古文字研究》第三輯114頁)、張亞初《周厲王所作祭器胡簋考——兼論與之相關的幾個問題》(《古文字研究》第五輯158頁)、王慎行《胡簋銘文考釋》(《古文字與殷周文明》213頁)、《銘文選》(三)(279頁注七)。

④ 陳英傑《西周金文作器用途銘辭研究》(上冊248頁)。

(在)十又一月,公反(返)自周。(保員簋,西早,《近出》第二冊368頁)

賓:5見(西早₃、西中₂),如:隹(唯)王大禴(禴)於宗周,祉賓芳京年(10·5421—5422 士上卣,西早)①。劉雨據《沈子它簋》認為是新死之父祔入宗廟的大典。②

綿:1見:朕吾考令乃鵑(嬗)沈子乍(作)綿於周公宗,陟二公,不敢不綿(8·4330沈子它簋,西早)。劉雨作:不敢不賓;單育辰謂:"平心、劉雨讀為'賓',認為是'禴'或'新死之父祔入宗廟的祭禮';而唐蘭讀之為'裸',認為是'裸禮'。按……此'綿'字應與祭祀活動有關"。③

茶、裸:12例(西早₈、西中₄),皆不帶賓語,如:王茶於成周,王易(賜)圌貝,用乍(作)寶障(尊)彝。(7·3825 圌簋,西早)

祓:1見:用乍(作)文父癸宗寶障(尊)彝,遘(遘)於三(四)方适(會)王大祀,祓於周,才(在)二月既望(10·5415 保卣,西早)。多數釋為"祐",謂表"助祭"義,如郭沫若謂:"當是祐之古文";陳夢家謂:"'字從示友聲,疑當作'祐'。……《說文》'祐,助也'";唐蘭謂:"即祐字,此處當助祭講。通右";何幼琦、曹錦炎、《銘文選》、《類檢》、《金文引得》、王輝同。④ 或釋為"祭祀"義,如李學勤謂:"'祓'讀為'侑',亦祭祀之意。《爾雅·釋天》訓'侑'為'報',作為祭名的'侑'義與'報'相近";彭裕商翻譯為:時逢四方會王大祭祀於周;王進鋒翻譯為:正好趕上四方會合王大祭祀於周之年。⑤

報₂:1器2見:公尹白丁父兄(貺)於戍,戍冀,嗣(司)乞(訖),令敢咢(揚)皇王宝,丁公文報,用頔後人亯(享),隹(唯)丁公報(8·4300—4301 作冊矢令簋,西早)。郭沫若謂:"報當讀為保,文報猶言福蔭。下'隹丁公報'則是報祭之報";唐蘭謂:"報,祭名。……文報是報祭的有文采的";洪家義謂:"報,讀為保。文保:美好的佑翼。唯丁公報:即報丁公,動賓倒置";劉雨視"隹丁公報"的"報"為

---

① 郭沫若《大系考釋》(32頁)、孫斌來、范友芳《臣辰盉之年代考》(《陝西歷史博物館館刊》第11輯48頁)、《金文引得》(157頁2827)括注了"禴";唐蘭《史徵》(257頁)括注了"裸";《銘文選(三)》(82頁注一)翻譯為:王在宗周作大禴,又到方京作賓祭的年份;陳夢家《西周銅器斷代》(42頁)謂:"第二行第一字,或釋賓,疑是居字";省吾《吉金文選》(360頁)認為是甲文智字;曹淑琴《臣辰諸器及其相關問題》(《考古學報》1995年1期19—37頁)認為是客(即各)。

② 劉雨《西周金文中的祭祖禮》,《考古學報》1980年4期495—521頁。

③ 劉雨《金文賓祭的斷代意義》(《第三屆國際中國古文字學研討會論文集》244頁)、單育辰《再論沈子它簋》(《中國歷史文物》2007年5期9頁)。

④ 郭沫若《保卣銘釋文》(《郭沫若全集·考古編》第6卷)、陳夢家《西周銅器斷代》(9頁)、唐蘭《史徵》(67頁注11)、何幼琦《評"保卣銘新釋"的人物考釋——兼論金文的有關語詞》(《殷都學刊》1988年2期6頁)、曹錦炎《商周金文選》(5頁)、《銘文選》(23頁注六)、《類檢》(589頁注11)、《金文引得》(2823)、王輝《商周金文》(52頁注7)。

⑤ 李學勤《鄵其三卣與有關問題》(《金文文獻集成》28冊65—68頁)、彭裕商《保卣新解》(《考古與文物》1998年4期71頁)、王進鋒《〈保卣〉銘剩義新探》(《唐都學刊》2008年3期59頁)。

祭;《銘文選》謂:"文報,祭名,《國語·魯語下》'有虞氏報焉',韋昭《注》:'報,報德之祭也。'這是令稱揚皇王之休而報祭於丁公。一說'文報'義為美好的福蔭"。按:"唯丁公報"的"報"一般釋為祭名,但"丁公文報"的"報"則有祭名和佑翼兩種釋讀意見。①

歲:4見(西晚₁、春秋₁、戰國₂),皆不帶賓語(1例單用,3例"歲嘗"連用),如:易(賜)女(汝)鬯卣一卣。……易(賜)女絲(茲)𢀳(臆),用歲用政(征)(5·2841毛公鼎,西晚)。郭沫若謂:"'用歲用政'政讀為征無可疑。歲字舊多異說,近時吳闓生解為祭歲,最為得之";陳夢家謂:"用歲即用於歲祭"。②

嘗(嘗):9見(西晚₂、春秋₂、戰國₅),皆不帶賓語("歲嘗"連用3例、與"烝"對用4例、單用2例)。如:用糈(烝)用嘗,用孝用亯(享),用匄眉壽無彊(疆),其萬年子子孫孫永寶用(5·2681姬鼎,西晚)。陳英傑謂:"'嘗'不見於西周早期和中期金文,可能是周人在西周晚期新設的祭祖禮儀。這些祭名在西周可能是專祭名,只是內涵多已不可考,到了戰國時期,烝嘗、歲嘗可能都已經引申泛指各種祭祀"。③

登、𤊾、登、丞(烝)₂:14例(西早₃、西中₃、西晚₄、春秋₁、戰國₃),皆不帶賓語。如:者(諸)戾(侯)甗薦吉金,用乍(作)孝武趄公祭器錞(錞),台(以)𤊾(烝)台(以)嘗,保有齊邦(9·4649陳侯因𪧟敦,戰晚)。形式上,或與"嘗"對用或連用(4例),或為"烝祀"組合(2例),或為"祭烝"組合(1例),或單用(7例)。

造(祮):1見:□安之孫篦(鄬)大史申,乍(作)其造鼎(鼎)十,用延(征)台(以)迨,台(以)御賓客(5·2732鄬大史申鼎,春晚)。④ 張亞初《引得》括注了"祮",《通解》(294頁)引郭沫若《大系考釋》釋為"祮"。

喜(饎):1見:王祀於天室,降,天亡又(佑)王,衣(卒)祀於王不(丕)顯考文王,事喜(饎)上帝(8·4261天亡簋,西早)。各家釋讀基本相同,如郭沫若謂:"喜當是熹省,卜辭'延於丁宗熹',當與柴燎同意";陳夢家謂:"'喜'應讀作'饎',……喜上帝即祭上帝";於省吾謂:"事喜(饎)上帝:徐云饎亦作糦,《天保》傳:饎,酒食也。《商頌》'大糦是承',箋:糦,黍稷也";唐蘭謂:"喜假借為饎,《說文》:'酒食也。'又作糦";孫作雲謂:"'事喜上帝'之'喜'即'禧',為酒食之祭,於

---

① 郭沫若《大系考釋》(5頁)、唐蘭《史徵》(278頁注15)、洪家義《金文選注繹》(126頁)、劉雨《西周金文中的祭祖禮》、《銘文選(三)》(67頁注七)。
② 郭沫若《大系考釋》(139頁)、陳夢家《西周銅器斷代》(300頁)。
③ 陳英傑《西周金文作器用途銘辭研究》(271頁)。
④ 另,劉雨《西周金文中的軍禮》釋《師同鼎》"羊百,契,用造"、《小臣夌鼎》"王造於楚麓……王造应"中的"造"為造祭義。

省吾先生說"。①

陟₂：升祭義，1見：朕吾考令乃鴉(嬗)沈子乍(作)綊於周公宗，陟二公，不敢不綊(8•4330 沈子它簋，西早)。郭沫若謂："陟，本銘讀為德，猶言謝恩也"；於省吾謂："宗陟二公：郭云宗陟猶言宗祀升祭於祖也"；唐蘭謂："陟是升的意義。《爾雅•釋詁》：'陟，陞也。'陟二公是把二公升上去"；《銘文選》翻譯為：親人沈子在周公的宗廟中為祼禮以升獻二公；劉雨謂："陟者，升也。陟二公，即將曾祖、祖父二公之神主按昭穆遞升一級，以使寶考的新主袝入宗廟"；《類檢》謂："陟，祭品的氣味達於上天，在天先祖獲得享祀"。②

牢：2見（西早、西中），如：王牢於厭，咸宜。王令士衛歸(饋)貉子鹿三，貉子對䚇(揚)王休。(10•5409 貉子卣，西早)

酙：3器4見（西早₂、西中₂），皆不帶賓語。形式上有"酙祀₂、禘酙"連用和單用（1例）兩種，前者如：雩若二月，辰(侯)見於宗周，亡述。遘王饔荠京酙祀（11•6015 麥方尊，西早）；後者如：唯十又四月，王酙，大柵，栄在成周。咸栄，王呼殷厥士，齊叔矢以裳、衣、車、馬、貝卅朋（叔矢方鼎，西早，《近出二編》第一冊344頁320）。《近出二編》如上斷句，但李學勤作：隹(唯)十又四月，王酙大柵栄，在成周。咸栄，王乎殷厥士，桼叔矢以㝬衣、車馬、貝卅朋。謂："酙字迄今仍未釋出，但從卜辭看，它作為與祭祀有關的動詞，可單獨使用，也可與種種祀典相連使用。……足見酙是近似'享''獻'之類意義寬泛的詞。在西周青銅器銘文裏，與祭祀有關的酙字，以前發現過兩次，都和'祀'字接連。其一是成王時的麥尊，另一是穆王時的繁卣。……也是意義寬泛的動詞，並非特種祀典或祀典中特定的儀節"。③

曾(贈)₂：1見：王蔑(在)畢孞(烝)。戊辰，曾(贈)。王蔑段歷，念畢中(仲)孫子，令龏悆遣大劃(則)於段（8•4208 段簋，西中）。郭沫若謂："曾殆贈之省文。《周官•男巫》'冬堂贈'。杜子春云'堂贈謂逐疫也。'鄭玄云：'冬歲終，以禮送不祥及惡夢。'此在十一月，正合"；於省吾謂："唐讀曾為贈省，冬祭也"；《銘文選》

---

① 郭沫若《大系考釋》(1頁)、陳夢家《西周銅器斷代》(5頁)、於省吾《吉金文選》(170頁)、唐蘭《史徵》(13頁注7)、孫作雲《說"天亡簋"為武王滅商以前銅器》(《文物》1958年1期30頁)。陳世輝、湯餘惠《古文字學概要》(198頁注7)、高明《中國古文字學通論》(374頁注九)、《銘文選（三）》(15頁注六)、劉雨《西周金文中的祭祖禮》、葉正渤《西周標準器銘文疏證》(《中國文字研究》第七輯150頁)同。

② 郭沫若《大系考釋》(46頁)、唐蘭《史徵》(323頁注8)、於省吾《吉金文選》(172頁)、《銘文選》(57頁注二)、劉雨《金文䘍祭的斷代意義》(《第三屆國際中國古文字學研討會論文集》244頁)、《類檢》(245頁注5)。

③ 李學勤《談叔矢方鼎及其他》，《文物》2001年10期67—68頁。

《讀本》《金文常用字典》《類檢》同。①

𥃝:1見:隹(唯)周公於征伐東尸(夷),豐白(伯)尃(薄)古(姑)咸𢦏,公歸,𥃝於周廟(5·2739𥃝方鼎,西早)。此句多如上斷句且釋相應字為祭名,如於省吾謂:"𥃝當系祭義";陳夢家謂:"第三行第二字,祭名,見於卜辭";譚戒甫作:公歸,𥃝於周廟。謂:"𥃝字形象奇異。甲文亦有此字,上從又隹倒置,下從'示'正寫。'隹'是短尾禽,此或當釋為雞。字象在神前殺雞薦血,與'祭'字從右手持肉在示前相似";《銘文選》翻譯為:周公歸祭於宗廟以告成功。謂:"𥃝,祭名,具體內容未詳。卜辭中亦有此祭名"。②

---

① 郭沫若《大系考釋》(51頁)、於省吾《吉金文選》(176頁)、《銘文選(三)》(189頁注三)、《讀本》(301頁)、《金文常用字典》(80頁)、《類檢》(130頁注4)。

② 於省吾《吉金文選》(114頁)、陳夢家《西周銅器斷代》(19頁)、譚戒甫《西周𥃝鼎銘研究》(《考古》1963年12期671—672頁)。另一種意見是釋為"獲",如唐蘭《史徵》(41頁)翻譯為:周公回來,在周都宗廟裏獻俘獲;何清谷《西周冉方鼎銘文考釋》(《文博》1998年2期47頁)謂:"□,唐蘭《史徵》認作'獲'字,本意當是捕獲鳥用以祭祀之義";商艷濤《金文劄記二則》(《嘉興學院學報》2007年5期88頁)謂:"從文義來看,把該字看成是獲俘獻馘之用字應該較為合理,而釋祭釋𥃝之說皆有未當。"另,或以為"邁、奠、褂、綏、呂、脈、祁、冊、事、旅、鬯、祈、翟、又、諫、閟"等詞亦有表祭祀之義。但各家釋讀意見頗為紛繁不一,故暫附此。

第四章　日常生活類動詞

第一節　飲食住休類動詞

卿、盲（饗）：表"宴饗"義，凡 45 例（西早15、西中16、西晚10、春秋4），以帶賓語為主（40 例），賓語又以指人名詞為主（32 例），如：白（伯）康乍（作）寶毁（簋），用卿（饗）朋友，用饎（饎）王父王母（8·4160—4161 伯康簋，西晚）；指物名詞賓語有 10 例（酒3、醴7），如：唯十又一月既生霸戊申，王在周康宫，饗醴，亦御（亦簋，西中，《近出二編》第二册 107 頁 434—435）。不帶賓語的 5 例，如：王各周廟宣廚，爰卿（饗）（16·10173 虢季子白盤，西晚）。

宴1：表"宴飲"義，2 器 3 見（西晚2、春晚），如：慮（吾）台（以）爲弄壺，自頌既好，多寡不訐，慮（吾）曰（以）匽（宴）歓（飲），盱我室家。（15·9715 㚄氏壺，春晚）

言（歆）："歆饗"義，3 見（西早、西中、西晚），如：白（伯）矩乍（作）寶彝，用言（歆）王出内（入）事（使）人（4·2456 伯矩鼎，西早）。於省吾作：用音（歆）王出内（入）使人；唐蘭謂："言就是音字，古代常通用。此處讀爲歆，《詩·生民》毛傳：'歆，饗也。'《國語·周語上》：'王歆太牢'"；張亞初《引得》和《金文引得》亦括注了"歆"。《金文常用字典》謂："同'音'，通'歆'，歆饗。《伯矩鼎》用言王出入使人。指作銅器用以歆饗君王的出入使臣……文獻中的'歆'指對神靈的歆饗，銘中則對生人亦可稱歆"；《通解》亦謂："假爲'歆'，饗也"。①

飤：表"飲食、宴饗"義，凡 74 例（西早4、西中1、西晚7、西周2、西晚或春早1、春秋56、戰國3）。以不帶賓語爲主，主要充當定語（62 例），其次是謂語中心詞（7 例），如：吴王姬乍（作）南宫史叀（叔）飤鼎，甘（其）萬年子子孫孫永寶用（5·2600 吴王姬鼎，西晚）。帶賓語的僅 5 見，如：諫作寶簋，用日飤賓（諫簋，西晚，《近

---

① 於省吾《吉金文選》（246 頁）、唐蘭《史徵》（102 頁注 1）、《金文常用字典》（240 頁）、《通解》（478 頁）。

御₆:表"宴饗"義,1見:□安之孫篇(鄦)大史申,乍(作)其造(祰)鼎(鼎)十,用征(征)台(以)逰,台(以)御賓客,子孫是若。(5·2732 鄦大史申鼎,春晚)

餴(饋):表"饗食"義,54例(西早₆、西中₄、西晚₁₂、西周₁、西晚或春早₁、春秋₃₀),以充當定語為主(50例),如:辰乍(作)餴(饋)殷(簋),甘(其)子孫孫永寶用(6·3734 辰簋蓋,西中);帶賓語的僅2見,如:敔乍(作)寶殷(簋),用餴(饋)氒(厥)孫子(7·3827 敔簋,西早)。

饗:表"饗食、宴饗"義,5見(春秋),不帶賓語的(3例)略多於帶賓語的(2例)。前者如:擇氒(厥)吉金,乍(作)鑄餃鼎,余以鑄以饗,以伐四方,以從攻虐王。世万子孫,永保用饗(逨邗鼎,春秋前期,《近出》第二冊 215 頁 354);後者如:郐(徐)王糧用其良金盥(鑄)其餴鼎,用鬻□,用雛(饗)賓客,子子孫孫,世世是若(5·2675 徐王糧鼎,春早)。

餇:表"宴饗"或"飽食"義,3見(西早),如:王易(賜)命鹿,用乍(作)寶彝,命甘(其)永日(以)多友簋(餇)飲。(7·4112 命簋,西早)

食:6見(西早₁、西中₂、西晚₁、春秋₂),皆不帶賓語。或充當定語(4例),如:牧共乍(作)父丁之食殷(簋)(6·3651 牧共作父丁簋,西早);或充當謂語中心詞(2例),如:用孝用言(享),既穌無測,父母嘉寺(持),多用旨食(5·2750 上曾大子鼎,春早)。

鑫:表"盛放(食物)"義,3見(西早₂、西中₁),2例充當定語,1例帶賓語。如:乍(作)丝(茲)殷(簋),用鑫卿(饗)已公,用袼多公(8·4330 沈子它簋蓋,西早);嬴霝惪(德)乍(作)鑫簋(6·3585 嬴霝德簋,西中)。

徧:1見:烏(嗚)虖(呼)!悠,敬戈(哉),丝(茲)小彝妹(未)吹,見余,唯用諆(其)徧女(汝)(10·5428—5429 叔趨父卣,西早)。或釋為"飲",如李學勤謂:"'用諆(其)徧'即用之飲汝";《銘文選》謂:"假為歆。《說文·欠部》:'歆,飲也'";《類檢》同。或釋為"酬",如陳劍謂:"字從'酉'為意符,疑可讀為'酬',勸賓客飲酒之意";寇占民謂:"徧通'酬',酬答"。①

念(飪):表"烹煮"義,1見:對眾(揚)王休,用乍(作)宮中(仲)念(飪)器。(7·4046 燮簋,西中)

會(膾):1見:宋糖(莊)公之孫趞亥自乍(作)會(膾)鼎,子子孫孫永壽用之。(5·2588 趞亥鼎,春中)

善(膳):9見(春秋),皆充當定語,如:魯大左嗣(司)徒元乍(作)蕭(膳)鼎,甘(其)萬年眉壽,永寶用之。(5·2592—2593 魯大左司徒元鼎,春秋)

---

① 李學勤《元氏青銅器與西周的邢國》(《新出》63頁)、《銘文選》(61頁注六)、《類檢》(609頁注9)、陳劍《釋造》(《甲骨金文考釋論集》175頁)、寇占民《西周金文動詞研究》(336頁)。

第四章　日常生活類動詞

鬻：表"烹煮"義，3 見（春秋），皆不帶賓語，如：弔（叔）夜鑄其鐈鼎，日（以）征日（以）行，用鼒（鬻）用鬻（盲），用旂（祈）眉壽無彊（疆）。（5·2646 叔夜鼎，春早）

煮：1 見：羃（擇）乓（厥）吉金，乍（作）盥（鑄）飤鼎，余台（以）盥（煮）台（以）鬻（享），台（以）伐四方。（夫趺申鼎，春秋，《金文引得》釋文 51 頁 6510）

炒：2 見（春晚、戰晚），皆充當定語，如：王子晏（嬰）次之庶（炒）盧（爐）。（16·10386 王子嬰次爐，春晚）

歙（飲）：14 例（西早₃、西中₄、西晚₁、春秋₄、戰國₂），以不帶賓語為主（13 例），如：曩中（仲）乍（作）佣生歙（飲）壺，匄三壽懿德萬年（12·6511 曩仲觶，西中）；帶賓語的僅 1 見：孔嘉元成，用盤歙（飲）酉（酒），穌逌（會）百生（姓），盅（淑）於威義（儀），惠於明祀（1·203 沈兒鐘，春晚）。

酌："斟酒"義，1 見：白（伯）公父乍（作）金爵，用獻用酌，用亯（享）用孝於朕皇考，用旂（祈）眉壽。（16·9935—9936 伯公父勺，西晚）

酖：表"沉溺於酒"義，1 見：叡！酉（酒）無敢酖（酖），有粥（紫）羕（烝）祀無敢醴，古（故）天異（翼）臨子，灋（廢）保先王，尃（敷）有三（四）方。（5·2837 大盂鼎，西早）

召₂：表"召請"義，1 器 2 見：白大師小子白公父作簠……用成（盛）穧飭（稻）需（糯）粱（粱），我用召卿事、辟王，用召諸考諸兄，用祈眉壽多福無疆（9·4628 伯公父簠，西晚）。《讀本》（114 頁注 8）引《呂氏春秋》高誘注"召，請也"，謂："此指宴請。"

速：表"召請"義，2 見（西早、春早），如：弔（叔）家父乍（作）中（仲）姬匡（筐），用成（盛）稻朻（粱），用速先後者（諸）姓（兄），用旂（祈）眉考無彊（疆）（9·4615 叔家父簠，春早）。李學勤謂："速，召請"；陳劍謂："叔家父簠說：'……用速先後諸兄，……'《金文編》在此'速'字下的注語引《詩經·小雅·伐木》'既有肥羜，以速諸父'的'速'字為說，是很貼切的。鄭玄箋云'速，召也。'……西周晚期的伯公父簠說作簠'用召卿事辟王，用召諸考諸兄'，就用'召'字"；何景成謂："第 6 行的'速'字，諸家均解釋為'召、召請'，無異議。'速'的這種用法也見於《花園莊東地甲骨》的卜辭中。速的這種含義在先秦運用得較為普遍"。①

盥：17 例（春秋），皆充當定語，如：隹（唯）王正月初吉丁亥，夆弔（叔）乍（作）季妃盥般（盤），其眉壽萬年，永僳（保）其身。（16·10163 夆叔盤）

沬：表"洗面"義，10 例（西中₂、西晚₃、春秋₅），皆充當定語，如：邛中（仲）之孫白（伯）戔自乍（作）顯（沬）盤，用旂（祈）譽（眉）壽邁（萬）年無彊（疆）。（16·10160

---

① 李學勤《試論新發現的版方鼎和榮仲方鼎》（《文物》2005 年 9 期 64 頁）、陳劍《說花園莊東地甲骨卜辭的"丁"——附：釋"速"》（《甲骨金文考釋論集》95 頁）、何景成《關於榮仲方鼎的一點看法》（《中國歷史文物》2006 年 6 期 64 頁）。

117

伯戔盤,春秋)

浴:5 例(春秋₄、戰國₁),皆充當定語,如:楚叔之孫佣擇其吉金,自作浴鬲,眉壽無期,永保用之。(楚叔之孫佣鼎,春秋後期,《近出》第二冊 196 頁)

汲:表"取水"義,1 見:己(紀)庆(侯)乍(作)鑄壺,事(使)小臣目(以)汲,永寶用。(15·9632 紀侯壺,春早)

實:表"盛放"義,2 見(西晚、春秋),如:郜召作為其旅簠,用實稻粱。(郜召簠,西晚,《近出》第二冊 432 頁)

成(盛):表"盛放"義,7 見(西晚₄、春秋₃),皆帶賓語,如:史免乍(作)旅簠,從王征行,用盛牆(稻)沏(粱),其子子孫孫永寶用昌(享)(9·4579 史免簠,西晚)

歆:表"盛受"義,1 見:弔(叔)朕繄(擇)甘(其)吉金,自乍(作)薦臣(簠),目(以)歆稻粱,萬年無彊(疆)(9·4620—4622 叔朕簠,春早)。郭沫若謂:"'以歆稻粱'與《史免簠》《曾伯桼簠》《叔家父簠》之'用盛稻粱'同例,《弭仲簠》云'用盛秫稻糯粱'亦同。歆與盛必同意";陳英傑謂:"字從孚從欠,郭沫若云與盛同意,讀為保"。①

容:表"盛受"義,4 見,皆帶數量賓語,如:容一斗一升,百廿七,六斤十四兩,過。鄂貧陽共鼎,容一斗一升,重六斤七量。(貧陽鼎,戰晚;《金文引得》51 頁 6515)

臄(庚)₂:表"容受"義,9 例(戰國),其後均為數量成分,如:梁廿又七年,大梁司寇肖(趙)亡智鈁(鑄)為量,庚伞(半)齋。(5·2610 廿七年大梁司寇鼎,戰晚)

受₃:表"容受"義,5 見(戰國),如:詢(信)安君厶(私)官,臄半,眠(視)事軟,社(冶)瘠。十二年,受二益(鎰)六釿,下官,臄半。詢(信)安君厶(私)官,臄半,眠(視)事司馬軟,刘(冶)王石。十二年,受九益(鎰)。(5·2773 信安君鼎,戰晚)

載₂:表"容受"義,3 見(戰国),如:梁十九年,亡智求戠嗇夫庶魔(蒐)羁(擇)吉金鈁(鑄),肌(載)少伞(半)(5·2746 梁十九年亡智鼎,戰國)。楊樹達謂:"今按字從肉從才,當即《說文》之胾字。……胾在此當讀爲容載之載";曹錦炎、吳振武謂:"新出《平安君鼎》銘文中的'肌(胾)'字只能是讀爲'載'。此是假胾爲載之例";李學勤謂:"'肌'讀為'載',與兩件平安君鼎辭例相同。'少半'義為三分之一,所以'載少半'和梁上官鼎的'容三分'文異義同";湯餘惠謂:"'𡩀',載字異體,義同容、盛";李剛謂:"可以確定'臄'與'肌'意義是相同的,所以此字應從李學勤先生釋,將此字隸定為'肌',讀為載"。②

處₁:表"居處"義,9 見(西中₃、西晚₁、春秋₂、戰國₃),帶賓語的(5 例)略多於不帶賓語的(4 例),前者如:必尚(當)卑(俾)處氒(厥)邑,田氒(厥)田(5·

---

① 郭沫若《大系考釋》(224 頁)、陳英傑《西周金文作器用途銘辭研究》(537 頁注腳 2)。
② 楊樹達《金文說》(增訂本 213 頁)、曹錦炎、吳振武《釋"胾"》《吉林大學學報》(社科版)1982 年 2 期 25 頁)、李學勤《論梁十九年鼎及有關青銅器》《新出》207 頁)、湯餘惠《戰國銘文選》(4 頁注 4)、李剛《三晉系記容記重銅器銘文集釋》(吉林大學 2005 年碩士學位論文 12 頁)。

2838 曶鼎,西中);後者如:於(嗚)虖(呼)！先王之愚(德)弗可復旻(得),霂霂(潸潸)流
涕(涕),不敢寍(寧)處。(15·9734 中山玨盜壺,戰早)

宅:表"居處"義,4見(西早₂、春秋₂),皆帶處所賓語,如:余其(其)宅丝
(兹)中或(國),自之辥(乂)民。(11·6014何尊,西早)

居:1見:大司馬卲鄴(陽)敗(敗)晉帀(師)於襄陵之哉(歲),颛(夏)层之月,乙亥
之日,王尻(居)於茂郢之遊宫。(18·12113 鄂君啟舟節,戰國)

邑:1見:溓叔右矜即立中廷,作冊尹冊命矜:賜鬯,令邑於奠(矜簋,西中,《近出二
編》第二册104頁433)。張光裕謂:"'令邑於奠','邑於奠'猶言出掌'奠'地之
長,以'奠'為其封邑。"①

畐₁:表"寄居"義,1見:長榜(榜)戠(載)首百,執噝(訊)冊,奪乎(俘)人三(四)
百,畐於熒(榮)白(伯)之所(8·4323敔簋,西晚)。或釋為"寄居"義,如郭沫若翻
譯為:暫寄於榮伯之所;《銘文選》謂:"畐,有收存義"。或釋為"廩給"義,如
張政烺謂:"畐:廩給"。今從前者。②

鼓:表"擊鼓"義,13例(春秋₁₁、戰國₂),皆為"鼓之"形式,如:其眉壽無朞
(期),子子孫孫永保鼓之。(1·113—119 子璋鐘,春晚)

走(奏)₂:2見(春秋),如:鄩公敄人自乍走(奏)鐘。(1·59鄩公敄人鐘,春早)

弄:4見(春秋₃、春晚或戰早₁),皆充當定語,如:杕氏福及,歲賢鮮於,可
(何/荷)是金契,虐(吾)台(以)為弄壺。(15·9715 杕氏壺,春晚)

縱₂:1見:齊厌(侯)既遭洹子孟姜喪,其人民都邑堇霙無(舞),用從(縱)尔大樂,
用鑄尔羞銅,用御天子之事(15·9729 洹子孟姜壺,春秋)。相應句有不同的斷句
("無"連上或屬下讀),如楊樹達、郭沫若、於省吾作:用從(縱)尔大樂;李學
勤、陳佩芬作:無用從(縱)尔大樂。但"從"都釋為"縱"。③

訶(歌):3見(春秋),如:自乍(作)訶(歌)鐘,元鳴無朞(期),子孫鼓之。(1·
210—222 蔡侯紐鐘,春晚)

訶䢅(歌舞):1見:余購逯兒得吉金鏄(鏞)鋁,台(以)鑄訴(穌)鐘,台(以)追孝侁
(先)且(祖),樂我父兄,歓(飲)飤訶䢅(歌舞),孫孫用之,後民是語(娛)。(1·183余購
逯兒鐘,春晚)

懸:1見:大鐘既縣(懸),玉鎛黽鼓,余不敢為喬(驕),我目(以)亯(享)孝,樂我先
且(祖)。(1·225—237 邵黛鐘,春晚)

妥(綏)₁:表"安樂"義,6見(西早₂、西中₁、西晚₂、春秋₁),皆帶指人名詞

---
① 張光裕《讀新見西周矜簋銘文劄逡》,《古文字研究》第二十五輯175頁。
② 郭沫若《大系考釋》(110頁)、《銘文選》(2867頁注六)、張政烺批注《兩周金文辭大系考釋》
(下冊75頁)。
③ 楊樹達《金文說》(35頁)、郭沫若《大系考釋》(213頁)、於省吾《吉金文選》(156頁)、李學
勤《綴古集》(225頁)、陳佩芬《夏商周青銅器研究·東周篇上》(177頁)。

賓語,如:莫(鄭)井弔(叔)乍(作)霝(靈)鐘,用妥(綏)賓。(1・21—22 鄭井叔鐘,西晚)

處₃:1 見:䇂(邾)君求吉金,用自乍(作)其(其)龢鍾(鐘)鈴(鈴),用麀(處)大政(1・050 郏君鐘,春晚)。張政烺引楊樹達云:"處蓋假為虞,虞與娛同,猶虡鐘云用樂好賓。"①

第二節 勞作貿易類動詞

用₁:使用義,出現頻率很高,句法形式以不帶賓語為主,或充當謂語中心詞,如:吕季姜乍(作)醴壺,子子孫孫永寶用(15・9610—9611 吕季姜壺,西中);或充當定語,如:隹(唯)彊(虢)白(伯)乍(作)井(邢)姬用鼎毁(簋)(5・2676—2677 彊伯鼎,西中);帶賓語的數量很有限,如:遽白(伯)睘乍(作)寶障(尊)彝,用貝十朋又三(四)朋(7・3763 遽伯睘簋,西早)。

御₁:表"用"義,11 例(春秋₁₀、戰國₁),皆充當定語修飾器名,如:吳王夫差擇氒(厥)吉金,自乍(作)御監(鑑)。(16・10294 吳王夫差鑒,春晚)

作₁:表"製造"義,出現頻率極高,但形式單一,主要是"作+器名",如:走乍(作)朕皇且(祖)文考寶龢鐘,走甘(其)萬年子子孫孫永寶用喜(享)。(1・54—58 走鐘,西晚)

為₁:表"製造"義,凡 68 例(西周₁₉、春秋₂₈、戰國₂₁),主要為"為+器名"形式(53 例),如:兄(貺)氒(厥)師眉,簿王為周客(客),易(賜)貝五朋,用為寶(寶)器鼎二毁(簋)二(5・2705 客鼎,西中);偶爾有"為之"和"所為"形式,如:鑄客為王句(後)六室為之(9・4506—4513 鑄客簠,戰晚)。

鑄:表"製造"義,凡 92 例(西周₂₄、春秋₄₇、戰國₂₁),主要為"鑄+器名"形式(80 例),如:周乎鑄旅宗彝,用喜(享)於文考庚中(仲),用匄永黛(福),孫孫子子甘(其)永寶用(10・5406 周乎卣,西中);此外還有單獨充當謂語的(12 例),如:大梁司寇肖(趙)亡智鑄(5・2609 廿七年大梁司寇鼎,戰中或晚)。

造₂:表"製造"義,約 84 例,主要見於戰國時期的兵器銘文中。形式上以單獨充當謂語為主(31 例),還有"……之造"(12 例)和"……所造"形式,"造+器名"的形式僅 1 見:邶坴(陵)君王子申,攸玗(哉)戠(造)金監(鑑),攸立戠棠(16・10297 邶陵君鑑,戰晚)。

農₁:表"耕作"义,1 見:王大耤農(農)於諆田,錫,王射,有嗣(司)眔師氏小子腳(合)射。(5・2803 令鼎,西早)

---

① 張政烺批注《兩周金文辭大系考釋》(下冊 131 頁)。

第四章　日常生活類動詞

耤：表"耕作"義,1見：王大耤農(農)於諆田,錫,王射,有嗣(司)眔師氏小子卿(合)射。(5·2803 令鼎,西早)

履：表"踏勘"義,11例(西中₃、西晚₈),如：帥(率)履裘衛厲田三(四)田,迺舍寓(宇)於乎(厥)邑。(5·2832 五祀衛鼎,西中)

濬：表"疏通"義,1見：天命禹敷土,墮山濬川,迺差方設征,降民監德。(豳公盨,西中,《近出二編》第二冊)138頁)①

饉：表"歉收"義,1見：昔饉歲,匡眔乎(厥)臣廿夫,寇曶禾十秭,目(以)匡季告東宮。(5·2838 曶鼎,西中)

成₂：標定義,1見：乎(厥)書史戠武立堼(甬)成堼②,鑄保彀(簋),用典格白(伯)田。(8·4262—65 倗生簋,西中)

封₁：表"樹封"義,一器17見,如：自濡涉目(以)南,至於大沽,一奉(封)。目(以)陟,二奉(封)。至於邊斋(柳),復涉濡,陟雩(越)叡□陜目(以)西,奉(封)於□鹹(城)楮木,奉(封)於芻逨,奉(封)於芻□。(16·10176 散氏盤,西晚)

立₂：設立義,1見：乎(厥)書史戠武立堼(甬)成堼,鑄保彀(簋),用典格白(伯)田。(8·4262 倗生簋,西中)

漁：捕魚義,3見(西中),皆帶處所補語,如：唯五月初吉,王在荓京,漁於大滬,王萐老歷,賜魚百。(老簋,西中,《近出二編》第二冊91頁426)

甸、田(畋)：打獵義,3見(西晚₂、戰國₁),如：晉侯對作寶尊彶盨,其用田(畋)獸(狩),甚(湛)樂於原隰。(晉侯對盨,西晚,《近出》第二冊402頁)

獵：打獵義,2見(春晚、戰早),如：虍(吾)目(以)匽(宴)歉(飲),盱我室家,罞獵母(毋)後,齋在我車。(15·9715 杕氏壺,春晚)

罞：表"射獵"義,1見：虍(吾)台(以)匽(宴)歉(飲),盱我室家,罞獵母(毋)後(15·9715 杕氏壺,春晚)。郭沫若認為是"弋之繁文";《銘文選》翻譯相應句為"弋獵時不要放置在後車";沙宗元謂："銘文'罞'字,羅振玉、於省吾隸定為'罞',甚確,但無釋;郭沫若直接隸定為'罞'釋為'弋'。'弋'有'射獵'義,故其上加'网','网'為贅加意符,屬字形繁化"。③

茅、蒐：表狩獵義,各1見：隹(唯)送(朕)先王,茅蒐狃(畋),於皮(彼)新垚(土)。(15·9734 中山好盗壺,戰早)

射：12例(西早₄、西中₅、西晚₃),不帶賓語的居多(10例),如：王才(在)

---

① "山"前的字有不同隸定和釋讀,但對"濬"的釋讀,各家無疑義。
② "成"後的字,多謂指"鄰道",如郭沫若《大系考釋》(82頁)引《說文》"堼,鄰道也"為釋;《銘文選(三)》(144頁注四)謂："堼義為鄰道";《類檢》(165頁注10)翻譯為：書史戠武起土以定田界的邊道。或有其他釋讀,如譚戒甫《格伯簋銘》綜合研究》《金文文獻集成》28冊409頁)翻譯為：蒞盟成社;連劭名《倗生簋銘文新釋》(《人文雜誌》1986年3期79頁)認為"堼是作器者的私名"。
③ 郭沫若《金文續考·杕氏壺》(《郭沫若全集·考古編》第5卷837頁)、《銘文選(四)》(564頁注三)、沙宗元《杕氏壺銘文補釋》(《安徽大學學報》(哲學社會科學版)2001年4期54頁)。

121

周新宮,才(在)射廬(5・2780 師湯父鼎,西中);帶賓語的 2 見,如:霧若翊(翌)日,才(在)璧澭(雝),王乘於舟為大豊(禮),王射大龏(鴻),禽(擒)(11・6015 麥方尊,西早)。

再₁:表"舉"義,2 見(西早、西中),如:柞白(伯)十再弓無廫(廢)矢,王貺(則)異(畀)柞白(伯)赤金十反(鈑)。(柞伯簋,西早)

秉₁:表"執持"義,2 見(西晚、春早),如:楚公豪秉戈。(17・11064 楚公豪戈,西晚)

拱:表"執持"義,2 見,如:戉(越)王差(佐)郘(徐),以其鐘金,鑄其戜(拱)戟(越王佐徐戈,春秋)。曹錦炎謂:"拱字原篆從共從戈,……《說文》:'拱,斂手也。從手共聲。'訓為執持。……'拱戟'猶言'執戟'"。① 鄒芙都謂:"'戜',從'戈','共'聲,黃錫全先生疑為"拱"之異體。(《曾侯乙墓》254、256 頁)《爾雅・釋詁下》:"拱,執也。"……故"戜戈"即"執持之戈","戜戈"之"戜"與"寢戈""行戈"之"寢""行"一樣表戈之用途。②

執₃:持、執掌義,1 見:齊三軍圍釐,冉子轅(執)鼓,庚大門之,虢者獻於霝(靈)公之所。(15・9733 庚壺,春晚)

佩:佩系,5 見(西晚),如:山揲(拜)頴首,受冊,佩目(以)出,反(返)入(納)堇(瑾)章(璋)(5・2825 膳夫山鼎,西晚)。按:雖然相應句有不同的斷句③,但可以看出多視為動詞。

焚:1 見:唯孚(俘)車不克目(以),衣(卒)焚,唯馬敺盡。(5・2835 多友鼎,西晚)

僕:駕馭義,1 見:王歸(歸)自諆田,王駿(馭)溓中(仲)僸(僕)。(5・2803 令鼎,西早)

作₂:建造義,1 見:王作榮仲宮,在十月又二月生霸吉庚寅,子加榮仲珥庸一、牲大牢。(榮仲方鼎,西早,《近出二編》第一冊 342 頁 318—319)

琱:雕刻義,13 例(西早₁、西中₃、西晚₉),除 1 例"玄琱戈"外,餘皆為"戈琱戜"。如:王目(以)氒(侯)內(入)於寢(寢),氒(侯)易(賜)玄周(琱)戈(11・6015 麥方尊,西早)。

封₂:表"封存"義,1 見:余告慶,余曰(以)邑磲(訊)有嗣(司),余典勿敢封。(8・4293 六年琱生簋,西晚)

路(露):1 見:隹(唯)八月既死霸戊寅,王才(在)薜(鎬)京湮宮,竀(親)令史懋路(露)筝(篘)(15・9714 史懋壺,西中)。關於"路"的釋讀,各家意見較為分歧。然

---

① 曹錦炎《越王得居戈考釋》,《黃盛璋先生八秩華誕紀念文集》301 頁。
② 鄒芙都《楚系銘文綜合研究》133—134 頁。
③ 潘玉坤《金文語法劄記五則》,《中國文字研究》第五輯 136 頁。

從上下文看，"令"應是"命令"義，則"路"當為動詞無疑。或釋為"露"，如楊樹達謂："路筮猶言露筮"；《銘文選》謂："路筭，即露筭"；張亞初《引得》《金文引得》均括注了"露"。① 今從之。

遲：表"陳列"義，1見：王㞢(遲)赤金十鈑，王曰：小子小臣，敬又(有)賢隻(獲)則取(柞伯簋，西早，《近出》第二冊371頁486)。李學勤括注了"遲"，謂："'遲'訓為待，句子的意思是王懸賞十塊餅金以待"；陳劍謂："尋繹上下文意，'王遲赤金十鈑'不是作為一般的賞賜、饋贈，而是用作射禮的獎品即'懸賞'的。'遲'似當讀為'尸'或'矢'。尸、矢同紐同韻，典籍中都常訓為'陳也'"；周寶宏謂："'遲'在先秦文獻中經常與夷、尸通用，夷、尸二字在先秦文獻中有'陳放'之義"。②

分₁：劃分、分配義，2見(西晚、春晚)，如：至於蠆(萬)年，分器是寺(持)。(1·149—152 郑公輕鐘，春晚)

析：剖分義，1見：格白(伯)取良馬乘於倗生，氒(厥)貯(賈)卅田，則(則)析(8·4262—4265 倗生簋，西中)。郭沫若謂："則析，謂析券成議也"；譚戒甫謂："析，意謂劃分田界，即下文所記各事"；周瑗謂：雙方分執券契；《銘文選》翻譯為：書券剖析。③

才(裁)：表"定價"義，4見(西早₂、西中₂)，皆帶數量賓語，如：矩白(伯)庶人取瑾(瑾)章(璋)於裘衛，才(裁)八十朋，氒(厥)貯(賈)甘(其)舍田十田。矩或取赤虎(琥)兩麂(麂)䩛(韍)一，才(裁)廿朋，甘(其)舍田三田。(15·9456 裘衛盉，西中)

顡：表"核實"義，2見(西中)，如：矩廼衆濼(漅)舜令壽商衆官曰：顡。履付裘衛林𠮵里，則(則)乃成夆(封)三(四)夆(封)(5·2831 九年衛鼎，西中)。劉傳賓謂："顡(斠)：該字還見於九年衛鼎，舊或認為通作'講'，作'明'、'直'解，則銘文

---

① 楊樹達《金文說》(224頁)、《銘文選》(三)(159頁注二)、張亞初《引得》(釋文145頁)、《金文引得》(98頁1799)。其他釋讀，如郭沫若《大系考釋》(92頁)謂："徐同柏云'路，正也。筮，射筮。……'孫詒讓云'徐說非也。此路即道路字，筮謂會計案比之事。'……今案……路當解為路寢路車之路，大也"；於省吾《吉金文選》(284頁)謂："命史懋路筭。徐云：路正也；筭射筭；王云：筭與簡策本是一物"；唐蘭《史徵》(368頁注釋2)謂："路當讀為笿，《廣雅·釋詁》三：'笿，束也。'……此銘言'路笿'，是說一束筮，如矢束、絲束之類"；陳直《讀金日劄》(90頁)謂："'路'應為'略'字之假借，偽《書·武成》'以造亂略'，偽孔傳：'略，路也'。《廣雅·釋詁》三：'略，治也'。本銘文謂治筮有成，王錫史懋貝"；張政烺批注《兩周金文辭大系考釋》(下冊65頁)謂："路是祭名，旅也"。
② 李學勤《柞伯簋銘考釋》(《文物》1998年11期67—68頁)、陳劍《柞伯簋銘補釋》(《甲骨金文考釋論集》1頁注腳4)、周寶宏《西周金文詞義研究(六則)》(《古文字研究》第二十五輯110頁)。
③ 郭沫若《大系考釋》(82頁)、譚戒甫《格伯簋銘》綜合研究》(《金文文獻集成》28冊409頁)、周瑗《矩伯、裘衛兩家族的消長與周禮的崩壞——試論董家青銅器群》(《文物》1976年6期47頁)、《銘文選》(三)(144頁注一)。

中'顜'後應讀斷;或認為與'構'通,'促成'之義。吳振武先生讀為'斠',認為九年衛鼎中'顜'、'履'、'付'是土地轉讓中的三個環節。……將'顜'釋為'核斠'"。①

征、迋(徵):表"徵收"義,2見(西早、西中),如:雩乎(厥)復歸,才(在)牧自(師),白(伯)懋父承王令易自(師)達(率)征自五齵貝,小臣謎蔑歷,眔易(賜)貝。(8·4238—4239 小臣謎簋,西早)

買:表"交易、買賣"義,2見(西早、西中),如:唯王正月,王在氐,任蔑歷,使獻為於王,則盡買,王使孟聯父蔑歷。(任鼎,西中,《近出二編》第一冊 351 頁 325)

賈:表"交換"義,1器 2見:正廼嚣(訊)厲曰:女(汝)賈(賈)田不?厲廼許曰:余害(審)賈(賈)田五田。(5·2832 五祀衛鼎,西中)

贖:表"交易"義,1器 3見:【舀】事(使)乎(厥)小子□曰(以)限訟於井弔(叔):我既賣(贖)女(汝)五【夫】【效】父,用匹馬束絲。……用徵(賠)征賣(贖)絲(茲)五夫,用百寽(鋝)。……井弔(叔)曰:才(哉),王人廼賣(贖)用徵(賠),不逆付(5·2838 舀鼎,西中)。句中的相應字,各家均釋為"贖",但具體釋讀尚有不同。或釋為"交換",或釋為"買",或釋為"贖回"。如楊樹達謂:"銘文賣字作贖字用,余疑即贖之初文也。《說文》云:'賣,衒''贖,貿也。'衒'訓行且賣,貿訓易財,義相近";姚孝遂謂:"'衒'即'贖',訓作'貿',乃交換的意思";《銘文選》謂:"賣,即贖字,義為買賣行為。《說文·貝部》:'贖,貿也。'";《讀本》謂:"賣,通'贖',贖買";張經謂:"就贖字本身的含義來說,可以為賣,也可以為買,也可以為交換,那麼在本銘中,到底是買還是賣呢?……在此當訓為買,舀方為買方"。②

贏:獲利,1見:隹(唯)八年十又□月初吉丁亥,齊生魯肇賈,休多贏。(16·9896 齊生魯方彝蓋,西周)

諆、期(計):表"計算"義,6見(西晚₁、春秋₅),如:師寰虔不墜(惰),夙(夙)夜卹乎(厥)牆事,休既又(有)工(功),折首執嚣(訊)無諆(計)(8·4313—4314 師寰簋,

---

① 劉傳賓《西周青銅器銘文土地轉讓研究》(14頁)。或釋為"明瞭"義,如《銘文選(三)》(131注四)謂:"顜,明瞭。《集韻·講部》:'顜,明也。'";王輝《商周金文》(142頁注9)謂:"顜《集韻·講韻》:'明也。'銘中當為討論商議義";王長豐《五祀衛鼎新釋》(《殷都學刊》2004年4期88頁)謂:"顜,明瞭";龐懷清、鎮烽、忠如、志儒《陝西省岐山縣董家村西周銅器窖穴發掘簡報》(《文物》1976年5期34頁注15)謂:"'顜'通作'講'。有明、和、直等義。……在這裏顜就是說定了的意思";《類檢》(449頁22)謂:"顜湄(堳):畫明疆界";唐蘭《史徵》(464頁注9)謂:"原作'顜',與'構'字通。構,促成。《廣雅·釋詁》三:'構,成也'";戚桂宴《董家村西周衛器斷代》(《山西大學學報》1980年3期63頁)謂:"'顜'讀為斠,平斗斛也,在此句中是仲裁的意思"。

② 楊樹達《金文說》(41頁)、姚孝遂《舀鼎銘文研究》(《吉林大學學報》1962年2期82頁)、《銘文選(三)》(180頁注九)、《讀本》(102頁注11)、張經《舀鼎新釋》(《故宮博物院刊》2002年4期52頁)。

西晚)①。於省吾《吉金文選》(197 頁)謂:"翁云諆讀如記。……無記猶言無算也";《類檢》(213 頁 12)謂:"諆,讀為計"。②

積:1 見:冬十二月乙酉,大良造鞅爰積十六尊(寸)五分尊(寸)壹為升。(16·10372 商鞅量,戰國)

屯:集聚義,2 器 3 見(戰国),如:女(如)馬女(如)牛女(如)㥁(犆),屯十台(以)堂(當)一車。女(如)檐徒,屯廿檐台(以)堂(當)一車(18·12110—12112 鄂君啟車節,戰國)。郭沫若謂:"屯,集也";湯餘惠謂:"屯,積,引申有累計義";《讀本》翻譯為:集十頭以當一車;《銘文選》謂:"屯,聚"。③

堂(當):表"相當"義,1 器 2 見:女(如)馬女(如)牛女(如)㥁(犆),屯十台(以)堂(當)一車。女(如)檐徒,屯廿檐台(以)堂(當)一車。(18·12110—12112 鄂君啟車節,戰國)

載₁:表"承載"義,3 見(戰國),如:女(如)載馬牛羊台(以)出內(入)関(關),則政(徵)於大腐(府),毋政(徵)於関(關)。(18·12113 鄂君啟舟節,戰國)

荷:表"承擔"義,1 見:杕氏福及,歲賢鮮於(虞),可(何/荷)是金契,虡(吾)台(以)為弄壺,自頌既好,多寡之不訐。(15·9715 杕氏壺,春晚)

第三節　禮俗類動詞

拜:凡 127 例(西周₁₂₄、春秋₃),形式上最多見的是"拜稽首"(105 例),如:道拜稽首,對揚天子丕顯休命,用作朕文考寶尊簋(師道簋,西中,《近出二編》第二冊 116 頁 439);其次是"拜手稽首"(18 例),如:禹拜手稽首,對揚公休(佣伯禹簋,西中,《近出二編》第二冊 93 頁 427);其他形式較少見,如:柞搙(拜)手,對揚中大師休(1·133—136 柞鐘,西晚)。

稽首:凡 125 例(西周₁₂₃、春秋₂),形式上均與"拜"同現(見前)。

逆₁:表"迎接"或"迎娶"義,9 例(西早₁、西中₅、西晚₃),前者如:己丑,王才(在)句陵,卿(饗)逆酉(酒),乎(呼)師壽召瘋易(賜)甕俎(15·9726—9727 三年瘋壺,

---

① 按:此句舊多作:折首執噝(訊),無諆徒馭(馭)。實當如上作。(參見於省吾《吉金文選》(197 頁)、商豔濤《從西周金文材料看先秦時期的戰爭原因》(《華南農業大學學報》(社會科學版) 2008 年 4 期 112 頁)、孟蓬生《師寰簋"弗叚組"新解》(復旦大學出土文獻與古文字研究中心網站,2009 年 2 月 25 日)。

② 或釋為"欺"或"忌",見郭沫若《大系考釋》(147 頁)、《銘文選》(308 頁注一一)。《通解》(1707 頁)謂"期""假為金文之諆,典籍之'計',計數也"。

③ 郭沫若《關於鄂君啟節的研究》(《文物》1958 年 4 期 4 頁)、湯餘惠《戰國銘文選》(46 頁注 7)、《讀本》(181 頁注 19)、《銘文選(四)》(433 頁注五)。

西中);後者如:㪔(散)車父乍(作)皇母□姜寶壺,用逆姞氏,白(伯)車父甘(其)萬年子子孫孫永寶(15·9697散氏車父壺,西中)。

延:表"延請"義,2器4見(西早₂、西中₂),如:既稽首,㣉(延)賓、䵼(贊),賓用虎皮冉(稱)毁(饋),用章(璋)奉。……賓出,以胆(俎)或㣉(延)(霸伯盂,西中,李學勤《翼城大河口尚盂銘文試釋》,《文物》2011年9期67—68頁)。各家均隸為"㣉",釋為"延請、迎接"義。①

遣₂:表"送"義,1器2見:翌日,命賓曰:……。遣賓、䵼(贊),……賓出,白(伯)遣賓於䒱(郊),或余(予)賓馬(霸伯盂,西中,《文物》2011年9期67頁)。各家隸定同。黃錦前謂:"遣賓、瓚","遣",《廣韻》:"送也"。②

䘳、䘮、䠋(媵):表"陪嫁"義,凡70例(西中₄、西中或西晚₂、西晚₁₉、西晚或春早₂、春秋₄₃),以充當定語修飾器名為主(54例),如:中白(伯)乍(作)親姬䜌(䜌)人䠋(媵)壺,甘(其)萬年子子孫孫永寶用(15·9667—9668中伯壺蓋,西中);或為"媵+指人名詞+器名"形式(12例),如:曹公䠋(媵)孟姬怎母匜(筐)匜,用旛(祈)眉壽無彊(疆)(9·4593曹公簠,春晚);"媵"或直接帶指人名詞賓語(4例),如:番匊生鑄䘳(媵)壺,用䘳(媵)乎(厥)元子孟妃□,子子孫孫永寶用(15·9705番匊生壺,西中)。

乍(迮)₃:表"嫁"義,3見(西晚₂、春秋),如:叔姬霝乍(迮)黃邦,曾厌(侯)乍(作)弔(叔)姬邛媵䠋(媵)器䵼彞,甘(其)子子孫孫其永用之(9·4598曾侯簠,西晚)。楊樹達謂:"叔姬霝乍黃邦……郭沫若據彼文謂此簠亦是楚器,又謂乍當讀為迮或徂,訓為嫁,按郭說皆是也";《銘文選》謂:"乍,讀為適,……適有嫁義。晉公䚂'丕乍元女',荀伯盨'荀白大父乍嬴妃',凡此乍皆為嫁義";曹兆蘭謂:"曾侯簠:叔姬霝乍黃邦,曾侯乍叔姬,……'乍''及'都是嫁之義";曾昭岷、李瑾謂:"叔姬霝乍(迮)黃邦,……郭老謂上一'乍'字,'乃迮省,嫁適也。'甚確"。③

及₂:表"嫁"義,1見:䣙子姜首及䣙,公典為其盥盤,用旛(祈)眉壽難老,室家是保。它它熙熙,男女無期(䣙公典盤,春秋後期,《近出》四冊16頁)。涂白奎謂:"及",往嫁之詞④;曹兆蘭認為《鄧公簠蓋》的"乍"和此器的"及","都有嫁之義";

---

① 李學勤《翼城大河口尚盂銘文試釋》(《文物》2011年9期68頁)、張亮《考霸伯盂銘文釋西周賓禮》(《求索》2013年2期82頁)、黃錦前《霸伯盂銘文考釋》(《中國國家博物館館刊》2012年5期50頁)、丁進《新出霸伯盂銘文所見王國聘禮》(《文藝評論》2012年2期6—7頁)。

② 黃錦前《霸伯盂銘文考釋》,《中國國家博物館館刊》2012年5期51頁。

③ 楊樹達《金文說》(53頁)、《銘文選(四)》(446頁注一)、曹兆蘭《從金文看兩周婚姻關係》(《武漢大學學報》(人文科學版)2004年1期108頁)、曾昭岷、李瑾《曾國和曾國銅器綜考》(《江漢考古》1980年1期76頁)。

④ 但是後面認為:該銘言"䣙子姜首及",而不言所及國族和姜首的行字,很有可能姜首不是原配,因此,此"及"不能單純解釋為往嫁之詞。"及"除有至義外,又有"繼"義。……器銘中的"及",即文獻中的"繼",即為繼室。

陳劍認為："郜子姜首"當為嫁給郜子的齊國姜姓女子名"首"者。①

獲₃：表"獲匹、獲配"義，1見②：鼀(鮑)子韄(作)朕(媵)中(仲)匋始(姒)，其隻(獲)者(諸)男子，勿或(有)柬(變)已(改)(鮑子鼎，春秋)。句中的"獲"，吳鎮烽謂："'獲'，此處用作獲匹，得到配偶之義"；何景成同。

期：表示"服期服之喪"，1器2見：齊灰(侯)雷希喪其殷，齊灰(侯)命大子乘□來句宗白(伯)，聟(聽)命於天子。曰：萁(期)則爾萁(期)(15·9729洹子孟姜壺，春秋)。楊樹達謂："何孫二君釋為期服，其說確不可易"；李學勤謂："細讀上下文，齊侯由於洹子孟姜之故，欲服期服之喪"；《銘文選》翻譯相應句為：請求期服則爾就可以期服。③

---

① 涂白奎《"郜公典盤"及相關問題》(《文物》2003年5期43頁)、曹兆蘭《從金文看兩周婚姻關係》(《武漢大學學報》(人文科學版)2004年1期108頁)、陳劍《金文字詞零釋(四則)》(《古文字學論稿》139頁)。

② 吳鎮烽《鮑子鼎銘文考釋》(《中國歷史文物》2009年2期52頁)作：鼀(鮑)子韄(作)朕(媵)中(仲)匋始(姒)，其隻(獲)生(皇)男子，勿或(有)柬(闌)已(已)；何景成《鮑子鼎銘文補釋》(復旦大學出土文獻與古文字研究中心網站，2009年9月18日)作：其隻(獲)者(諸)男子，勿或(有)柬(變)已(改)；侯乃峰《鮑子鼎銘文補說》(《中國歷史文物》2010年2期72頁)作：鮑子作媵仲匋姒，其獲皇男子，勿或(有)柬(間)已(矣)。今從何景成釋。

③ 楊樹達《金文說》(35頁)、李學勤《綴古集》(226頁)、《銘文選(四)》(550頁注三)。另，金文中還有表示"及於、至於"義的"至"(如《邿公牼鐘》的"至於萬年")、"眔"(如《五祀衛鼎》的"厥西疆眔屬田")、"及"(如《佣生簋》的"按及甸")、"歷"(如《毛公鼎》的"麻自今")；表"如同"義的"若"(如《叔夷鐘》的"俾若鐘鼓》；表"当作"义的"為₇"等個別動詞，因據內容難以歸類，故暫附此。

第五章 動詞詞義研究

第一節 動詞的單義性和多義性

兩周金文中共有單義詞462個，多義詞134個，可以看出單義詞所占比例比較大，這應當與金文的特定內容有密切關係。同時這些單義詞的總體出現頻率並不高，出現1次的有187詞，出現2次的有67詞，出現3次的有40詞，出現4次的25詞，出現5次的22詞，出現6次的13詞，出現7次的有10詞，出現8次的7詞，出現9次的10詞，出現10次的7詞，出現次數在11至19次間的39詞，出現次數在20至29次之間的有10詞，出現次數在30至99次之間的有17詞，出現次數在100次以上的有8詞。以下據出現頻率窮盡性地列舉兩周金文中的單義動詞。

一、出現1次的有187詞①

詣（至）、盩（至）、彶（行）、走、述（循）、步（步行）、按（循行）、予（賞賜）、貽（賞賜）、集（降下）、晉（進獻）、賀（以禮物相奉慶）、償（償還）、虞（擇取）、稽（稽留）、誨（告知）、句（告）、喏（應答之聲）、矢（陳述）、聘（問）、詆（詆毀）、戮（恥笑）、由₂（陳述）②、則（刻畫）、遭、逢、息（終止）、濟（終止）、散亡、隕（墮毀）、絕（斷絕）、隳（毀壞）、晝（傷殘）、燓（廢棄）、瀿（凋殘）、凋（凋殘）、刺（斷絕）、引（延續）、蕃昌、毀（減去）、乏（缺乏）、改、渝改、變改、弌（改變）、齊（恭敬）、般（樂）、盰（樂）、慈愛、慈、忲（小心）、憼戒、通（知曉）、慮（顧念）、僻怒（生氣）、寧荒、怠荒、懇（懈怠）、罷怠、迷惑、嗇（吝嗇）、願、同（聚合）、謀（謀

---

① 同一頻率下按出現順序排列，括弧中為該出現頻次的釋義。
② 由₁表"遵循"義，由₂表"陳述、寫刻"義，兩者為同音詞關係，故在統計出現頻率時分開計算。其他仿此。

劃)、蒙、振(振動)、貫通、格(擊伐)、閈(攻戰)、懲(攻伐)、誅(攻伐)、門(攻打城門)、毆(驅逐)、守(守衛)、救(援救)、墮(攻陷)、勝、抑(扼制)、陳(平定)、鎮靜(平定)、覆(覆滅)、殘(殘滅)、敗速、創(開闢)、相(輔佐)、弼(輔佐)、歷(輔佐)、邁(佑助)、廣₁、紹(踵繼)、紹踵、異(輔佐)、極(效法)、瀗(效法)、仿(效法)、學(學習、效仿)、跡(循道)、農₂(勤勉)、勤勞、竭(盡力)、宏(光大)、裕(順)、渳(盛美)、敵(匹敵)、飭(整飭)、夒(治理)、亟(治理)、肅(整飭)、營(經營)、經維(治理)、董裁(管理)、立工(主事)、進事(治事)、將(掌管)、宦(掌管)、寮(掌管)、裁(擔任)、藝(治理)、值(擔當)、與(振興)、踐(登)、校(考校)、節(約束)、具(具備)、覃(擴展)、合₁(商議)、逑₂(聚集)、毓(教育)、導(引導)、動(擾亂)、賊(破壞)、寇(掠奪)、肆(放肆)、進退(違失)、叡(奪取)、薄₁(迫使)、罹(遭受)、獄(伺察)、殛(刑罰)、合₂(和諧)、協(協和)、均(協和)、龢(和諧)、龢協、協龢、劼龢、龢汭(協和)、偶(祈求)、祥(祭祀)、衸(祭祀)、賓₂(祭祀)、繫(祭祀)、紫(祭祀)、紉(祭祀)、袚(祭祀)、袺(祭祀)、禣(祭祀)、禜(祭祀)、徧(飲)、飪(烹煮)、膾、煮、酌、酖(沉溺於酒)、汲(取水)、歆(盛放)、居(居處)、邑(居於)、歌舞、懸、農₁(耕作)、耤(耕作)、浚(疏通)、饉(歉收)、畋(打獵)、獵、弋(射獵)、茅(狩獵)、蒐(狩獵)、焚(焚燒)、僕(駕馭)、露(布)、遲(陳列)、析(剖分)、贏(獲利)、積(累積)、荷(承擔)。

二、出現 2 次的有 67 詞

蒞(蒞臨)、徂(往)、造₁(至)、供(供給)、魯(稱美)、問、訓、迄(終止)、增(增加)、爽(改變)、愛(喜愛)、好(喜好)、懼(恐)、慺惕、僩、驕(驕慢)、披、貫(貫通)、撻(撻伐)、刑(擊伐)、逐(追擊)、衛(防衛)、滅(消滅)、敗(戰敗)、休₁(終止)、肖(承繼)、由₁(遵循)、虩(效法)、順(遵從)、薄₂(勤勉)、勞(勤勞)、盡(勤勞)、整(整治)、即事(治事)、視事(治事)、視服(治事)、修(整備)、勵(擢)、齒長、畯(教導)、畜(培養)、皇(光耀)、虐(殘害)、侮(欺侮)、違(違背)、昧(違背)、欁橐(中飽)、溺(沉溺)、播(放逐)、黥馘(墨刑)、赦(赦免)、附(親附)、乞(祈求)、牢(祭祀)、炒、速(召請)、寶(盛放)、奏₁(進獻)、奏₂(演奏)、拱(執持)、顆(核實)、徵(徵收)、買、賈(交換)、當(相當)、期(服期服之喪)。

三、出現 3 次的有 40 詞

往、如(往)、讓(上)、陟降、齎(賞賜)、嘉(稱美)、誥(上告下)、許(答應)、朝(朝見)、既(完畢)、墜(喪失)、替(斷絕)、娛(喜樂)、欲(想要)、厭(滿足)、憂、荒寧、堪(能夠)、攻(攻伐)、圍(圍攻)、殺;并(吞併)、纘(踵繼)、圛₂(勤勉)、儆(警誡)、擾(侵擾)、亂(違背)、定(安定)、祠(祭祀)、禴(祭祀)、燎(祭祀)、欯(歆饗)、匌(飽食)、飤(盛放食物)、鬻(烹煮)、歌、漁(捕魚)、贖(交易)、攸(佐助)、屯(集聚)。

四、出現 4 次的有 25 詞

先(先行)、乘、逾(逾越)、賄(賞賜)、祚(賜福)、已(終止)、彌(終盡)、愻恭(恭敬)、哀(憂愁)、畏、惕(懈怠)、能₁(能夠)、擒、奪(奪取)、靖(平定)、勤(勤勉)、懋(勤勉)、出納(發佈)、歲(祭祀)、酉彡(祭祀)、容(盛受)、宅(居處)、弄、裁(定價)、延(延請)。

五、出現 5 次的有 22 詞

老、沮(懈怠)、逑(驅逐)、捍(防禦)、夾(輔佐)、匹(輔佐)、屏(輔佐)、述₁(輔佐)、龖圄、嫡(繼承)、尹(治理)、教(教導)、鞭(鞭打)、鰲穌(和諧)、能₂(親睦)、柔(親善)、禋(祭祀)、窖(祭祀)、饗(饗食)、浴、佩(佩系)、祇(恭敬)。

六、出現 6 次的有 13 詞

遹(循)、畀(賞賜)、廷(朝見)、反(反叛)、戰、侑(侑助)、圂₁(踵繼)、持、侯(稱侯)、訟、禦(祭祀)、食、計(計算)。

七、出現 7 次的有 10 詞

於(往)、薦(獻納)、鳴、寅(恭敬)、撲(征伐)、輔(輔佐)、雝(遵循)、奔走(奉事)、禘(祭祀)、盛(盛放)。

八、出現 8 次的有 7 詞

饋(賞賜)、死(死亡)、知(知曉)、可(能夠)、戍(戍守)、萊(祈求)、鼙(祭祀)。

九、出現 9 次的有 10 詞

返(返回)、貺(賞賜)、誓(發誓)、畏忌、佐(輔佐)、常(寶有)、昭(彰明)、嘗(祭祀)、膳、賡₂(盛受)。

十、出現 10 次的有 7 詞

宦(饋贈)、卒(終止)、左右(輔佐)、膺(承受)、敕(整治)、罰(刑罰)、沬(洗面)。

十一、出現頻次在 11 至 19 次間的有 39 詞[1]

歸(11)、納(11)、得(11)、龢龕(11)、明(11)、祭(11)、履(11)、咸(12)、立事(12)、襘(12)、射(12)、釐(13)、念(13)、惰(13)、搏(13)、鼓(13)、琱(13)、出入(14)、付(14)、胥(14)、嗣(14)、奠(14)、烝$_2$(14)、飲(14)、休$_2$(15)、侃(15)、尸(15)、折(16)、帥(17)、官(17)、盥(17)、賓$_1$(18)、廢(18)、嚴(18)、臣(18)、型(18)、盟(18)、就(19)、忘(19)。

十二、出現頻次在 20 至 29 次之間的有 10 詞

廣$_1$(踵繼 20)、恭(24)、虔(24)、龢(24)、俾(25)、終(25)、嚮(26)、喜(26)、對(27)、獻(29)。

十三、出現頻次在 30 至 99 次之間的有 17 詞

俘(30)、樂(34)、祀(37)、饗(45)、賞(48)、蔑歷(49)、敬(50)、饋(54)、擇(62)、伐(64)、呼(67)、朕(70)、飤(74)、司(75)、造$_2$(84)、鑄(92)、有(95)。

十四、出現頻次在 100 次以上的有 8 詞

孝(100)、祈(107)、稽首(125)、拜(127)、對揚(155)、無(226)、在(220)、寶(很多)。

多義詞是指含有兩個或兩個以上義項的詞。兩周金文中有多義詞 134 個。從义項數量看，這些多義詞明顯以含有兩個義項的為主(84 個)，含有三個(34 個)特別是三個以上義項的(共 16 個)所占比例很有限。以下按義項數量列舉金文中的多義動詞。

一、含有兩個義項的有 84 個[2]

安$_1$：問安、安撫義，2 見，如：弔(叔)氏事(使)覍(布)安眉白(伯)，賓覍(布)馬譻乘，公貿用牡休盨，用乍(作)寶彝。(5·2719 公貿鼎，西中)

安$_2$：表"樂善"義，1 見：用乃孔德琡屯(遜純)，乃用心引正乃辟安德。(5·2830 師訇鼎，西中)

保$_1$：保衛、安定義，13 例，如：不(丕)顯皇且(祖)剌(烈)考逨匹先王，□堇(謹)大命。余小子肈帥井(型)朕皇且(祖)考懿(懿)德，用保臱(奠)。(1·82 單伯昊生鐘，西晚)

---

[1] 各詞後括弧中的數字為出現頻次。
[2] "安$_1$"表示義項 1，"安$_2$"表示義項 2。餘同。

保₂:輔佐義,8見,如:鈇敢擊(豎)王,卑(俾)天子萬(萬)年,□□白(伯)大師武,臣保天子,用氒(厥)剌(烈)且(祖)□德。(5·2830 師鈇鼎,西中)

報₁:酬報義,3見,如:余舞(惠)於君氏大章(璋),報寡(婦)氏帛束璜。(8·4292 五年琱生簋,西晚)

報₂:祭名,2見,如:令敢叞(揚)皇王宲,丁公文報,用顉後人亯(享),隹(唯)丁公報。(8·4300—4301 作冊夨令簋,西早)

比₁:表"輔佐"義,1器2見:王令吳白(伯)曰:㠯(以)乃𠂤(師)左比毛父。王令呂白(伯)曰:㠯(以)乃𠂤(師)右比毛父。(8·4341 班簋,西中)

比₂:表"考校"義,1見:輪伯慶賜焌戒簞殼、鱻膺、虎裘、豹裘。用政於六𠂤(師),用校比,用獄次。(焌戒鼎,西晚,《近出》第二冊 204 頁 347)

啚₁:寄居義,1見:長榜(榜)栽(載)首百,執噝(訊)冊,奪孚(俘)人三(四)百,啚於熒(榮)白(伯)之所。(8·4323 敔簋,西晚)

啚₂:分封義,1器2見:王束(剌)伐商邑,祉令康厌(侯)啚於衛,沬嗣(司)土(徒)遝眔啚,乍(作)氒(厥)考障(尊)彝。(7·4059 沬司徒遝簋,西早)

辟₁:表示"臣事"義,13見,如:唯氒(厥)事(使)乃子戓萬年辟事天子,母(毋)又(有)䁊於氒(厥)身。(5·2824 戓方鼎,西中)

辟₂:表示"治理"義,1見:王若曰:牧,昔先王既令女(汝)乍(作)嗣(司)土,今余唯或庛改(改),令女(汝)辟百睂(寮)。(8·4343 牧簋,西中)

備₁:表"居官、就職"義,1見:王乎(呼)乍(作)冊尹克冊命師旋曰:備於大ナ(左),官嗣(司)豐還(園)ナ(左)又(右)師氏。(8·4279 元年師旋簋,西晚)

備₂:表"整備"義,1見:昔者,吳人并雩(越),雩(越)人敏(修)教備恁(信),五年覆吳,克并之至於含(今)。(5·2840 中山王𪭲鼎,戰晚)

徹₁:治理義,1見:宿(憲)聖成王,ナ(左)右毅䰧剛鰲,用肇剢(徹)周邦。□悳(哲)康王,分尹啻(億)彊(疆)。(16·10175 牆盤,西中)

徹₂:表"貫徹"義,1見:爾末唯(雖)小子亡(無)戠(識),睍(視)於公氏有□於天,敹(徹)令笱(敬)亯(享)戈(哉)。(11·6014 何尊,西早)

湛₁:陷入義,1見:烏(嗚)虖(呼)!趣余小子圂湛於艱。(5·2841 毛公鼎,西晚)

湛₂:沉溺義,1見:晉侯對作寶尊役盈,其用田(畋)獸(狩),甚(湛)樂於原隰。(晉侯對盨,西晚,《近出》第二冊 402 頁)

禹₁:舉起義,2見,如:柞白(伯)十禹(稱)弓,無瀘(廢)矢。(柞伯簋,西早)

禹₂:稱揚義,3見,如:今余非敢夢先公又(有)雚𢼸,余戀禹(稱)先公官。(8·4327 卯簋蓋,西中)

成₁:完成義,18例,如:三年靜(靖)東或(國),亡不成。(8·4341 班簋,西中)

成₂:標定義,1見:氒(厥)書史敢武立盈(壝)成墜。鑄保殷(簋),用典格白(伯)田。(8·4262—4265 倗生簋,西中)

第五章　動詞詞義研究

承₁:承受義,3見,如:雩朕皇高祖公叔,克逑匹成王,成(承)受大令(命)。……丕顯文武,膺受大令(命),匍有四方。(逑盤,西晚)

承₂:承繼義,4見,如:穆穆魯辟,徟(徂)省朔旁(方),虩(虩)於茲從,扃(歷)年萬不(丕)承。(5·2746梁十九年亡智鼎,戰國)

賜₁:賜予義,307例,如:天子經朕先祖服,多賜逨休命。(逨編鐘,西晚,《近出》第一冊267頁)

賜₂:祈求義,35例,如:用亯(享)用孝,用易(賜)眉壽屯(純)右(佑)康勰,萬年無彊(疆)。(8·4188仲爯父簋,西晚)

措₁:推舉義,1見:進挈(賢)敨(措)能,亡又(有)轞息。(15·9735中山王響方壺,戰早)

措₂:表"置於"義,1見:朕文考其用乍(措)厥身,念爯戈(哉)!亡匈(害)!(爯簋,西周)

宕₁:表"擴展"義,2見,如:朕文母競敏□行,休宕毕(厥)心,永襲毕(厥)身。(8·4322戜簋,西中)

宕₂:表"佔有、取得"義,4見,如:余宕其叁,汝宕其貳。其兄公,其弟仍。(五年琱生尊,西晚,《近出二編》第二冊273頁587—588)

登₁:表示"上升"義,1器2見:內(入)陟岁,登於厂㵋。……降旦(以)南,弄(封)於同衕(道),陟州剛(崗),𣂞(登)𠂤,降棫,二弄(封)。(16·10176散氏盤,西晚)

登₂:表示"升職、升遷"義,1見:毓(育)文王王姒聖孫,隥(登)於大服,廣成毕(厥)工(功)。(8·4341班簋,西中)

典₁:記載義,3見,如:追考(孝)對,不敢豕,卹朕福㿿(盟),朕臣天子,用册(典)王令。(8·4241邢侯簋,西早)

典₂:授予義,1見:王才(在)周康穆宫,王令尹氏友史趛典膳(善)夫克田人。(9·4465膳夫克盨,西晚)

敦₁:扑伐、征伐義,4見,如:雩禹㠯(以)武公徒馭(駿)至於噩(鄂),搴(敦)伐噩(鄂),休隻(獲)毕(厥)君馭(駿)方。(5·2833禹鼎,西晚)

敦₂:治理義,1見:韋不叔(淑),□乃邦,烏虖(乎)!諴帝家,以寡子乍(作)永寶。(10·5392寡子卣,西中)

分₁:表"劃分、分配"義,2見,如:至於薹(萬)年,分器是寺(持)。(1·149—152郊公牼鐘,春晚)

分₂:表"付與、分與"義,1見:己(紀)厌(侯)貉子分己姜寶,乍(作)殷(簋)。(7·3977己侯貉子簋蓋,西中)

封₁:表"樹封、封界"義,17見,如:降旦(以)南,弄(封)於同衕(道),陟州剛(崗),𣂞(登)𠂤,降棫,二弄(封)。(16·10176散氏盤,西晚)

封₂:表"封存"義,1見:余告慶,余㠯(以)邑緟(訊)有嗣(司),余典勿敢封。

133

(8·4293 六年琱生簋,西晚)

服₁:降服、順服義,1 見:悍作距末,用佐商國,光張上【下】,四方是服。(悍距末,戰國前期,《近出二編》第四冊 309 頁 1343)

服₂:表"行事"義,1 器 3 見,如:三ナ(左)三右多君入服酉(酒)。……三□入服酉(酒)。……三事【大】【夫】入服酉(酒)。(5·2839 小盂鼎,西早)

匃₁:祈求義,52 例,如:乍(作)且(祖)丁寶旅障(尊)彝,用匃魯福,用夙(夙)夜事。(10·5410 啟卣,西早)

匃₂:賜予義,1 見:王令榮眾(暨)内史曰:菁(匃)井(邢)侯服,易(賜)臣三品。(8·4241 邢侯簋,西早)

敢₁:可以義,23 例,如:女(汝)毋敢不善於乃政。(虎簋蓋,西中,《近出》第二冊 379 頁)

敢₂:敢於義,46 例,如:烏(嗚)虖(呼)!效不敢不邁(萬)年夙(夙)夜奔走覬(揚)公休。(10·5433 效卣,西中)

告₁:告訴義,32 例,如:母(毋)折威,告余先王若德。(5·2841 毛公鼎,西晚)

告₂:訟告義,5 見,如:乃師或曰(以)女(汝)告,刜(則)侄(致)乃便(鞭)千,鞭殹女(汝)。(16·10285 牆匜,西晚)

各₁:表示"至"義,94 例,如:唯王十又七祀,王才(在)射日宮。旦,王各,益公入右(佑)旬。(8·4321 旬簋,西晚)

各₂:表"使……來"義,12 例,如:遣乍(作)寶障(尊)鼎,其萬年用卿(饗)各。(3·361 遣鼎,西早)

遘₁:見義,2 見,如:隹(唯)三月初吉,嘼(蠚)來遘(覯)於妊氏,妊氏令嘼(蠚)事傸(保)氒(厥)家,因付氒(厥)且(祖)僕二家。(5·2765 蠚鼎,西中)

遘₂:逢義,2 見,如:覥公作郠姚簋,遘於王命唐伯侯於晉,唯王廿又八祀。(覥公簋,西早,《近出二編》第二冊 78 頁 415)

觀₁:觀看義,1 見:於(嗚)虖(呼)!允埒(哉)若言,明□之於壺而旹(時)觀焉。(15·9735 中山王𰯼方壺,戰早)

觀₂:視察義,1 見:隹(唯)三(四)月初吉甲午,王董於嘗,公東宮内(納)卿(饗)於王,王易(賜)公貝五十朋。(10·5433 效卣,西中)

光₁:彰明義,6 見,如:疐(召)多用追於炎,不鯀白(伯)懋父友(友),疐(召)萬年永光,用乍(作)團宮犖(旅)彝。(10·5416 召卣,西早)

光₂:光寵義,7 見,如:寅(廣)啓朕身,勖於永令(命),用寬光我家。(1·64 通彔鐘,西中或晚)

還₁:5 見,如:唯五月初吉,還至於成周,作旅盨,用對王休。(士百父盨,西晚,《近出二編》第二冊 137 頁)

還₂:回轉義,2 見,如:衛(道)曰(以)東一弄(封),還,曰(以)西一弄(封)。(16·

10176 散氏盤,西晚)

合₁:商議義,1見:隹(唯)五年正月己丑,禹(瑀)生又(有)事,囂(召)來合(會)事。(8·4292 五年瑀生簋,西晚)

合₂:協合義,1見:卲(昭)合皇天,㠯(以)虩事蠻(蠻)方。(1·267—270 秦公鎛,春早)

眔₁:表"參與"義,8見,如:厥東疆官人眔疆,厥南疆畢人眔疆,厥西疆薺姜眔疆。(吳虎鼎,西晚,《近出》第二冊 237 頁)

眔₂:表"及於、至於"義,11見,如:厥逆(朔)疆眔厲田,厥東疆眔散田,厥南疆眔散田眔政父田,厥西疆眔厲田。(5·2832 五祀衛鼎,西中)

見₁:看見義,4 例,如:見其金節則毋政(徵),毋舍桴飤,不見其金節則政(徵)。(18·12110—12112 鄂君啓車節,戰國)

見₂:覲見、謁見義,7 例,如:上帝後□九保受(授)天子綰(綰)令(命)厚福豐年,方蠻(蠻)亡不䚈見。(16·10175 史牆盤,西中)

建₁:封賜義,1見:韐余作女(汝)醢匋,余肇建長父,侯於楊。(冊二年逨鼎,西晚,《近出二編》第一冊 356 頁 328—329)

建₂:建立、設置義,3 見,如:天子建邦,中山厌(侯)□乍(作)兹(兹)軍旅,㠯(以)敬(儆)乓(厥)眾。(18·11758 中山侯鈇,戰中)

捷₁:攻伐義,1見:王令趙戠(捷)東反尸(夷),霊肇從趙(遣)征,攻開(會)無斁(敵),省於乓(厥)身。(5·2731 霊鼎,西中)

捷₂:戰勝義,2 見,如:唯三月,白懋父北征,唯還,呂行薪(捷),孚(俘)貝,用乍(作)寶障(尊)彜。(15·9689 呂行壺,西早)

謹₁:謹慎義,1見:王出獸(狩)南山,寏逊山谷,至於上厌(侯)獳川上,啓從征,堇(謹)不䕫(擾)。(10·5410 啓卣,西早)

謹₂:表"敬"義,7 例,如:乓(厥)取乓(厥)服,堇(謹)尸(夷)俗,豙(遂)不敢不敬愄(畏)王命逆見我。(9·4464 駒父匜蓋,西晚)

進₁:進獻義,2 見,如:執獸一人,孚(俘)馘二百卅七馘。……盂拜頱首,【以】訇進,即大廷。(5·2839 小盂鼎,西早)

進₂:推舉義,1見:受賃(任)俊(佐)邦,墅(夙)夜篚(匪)解(懈),進堅(賢)散(措)能,亡又(有)轉息。(15·9735 中山王譽方壺,戰早)

覲₁:覲見義,2 見,如:女夔堇(覲)於王,癸日,商(賞)夔貝一朋,用乍(作)夔障(尊)彜。(5·2579 夔方鼎,殷或西早)

覲₂:獻納義,1見:余弗敢離(亂),余或(國)至(致)我考我母令。瑀生甹(則)堇(覲)圭(珪)。(8·4292 五年瑀生簋,西晚)

經₁:經營義,1見:休龢皇且(祖)憲公䧻䧻趩趩,啓乓(厥)明心,廣㠯(經)其獻,趩(蔑)再穆穆。(戎生編鐘,春早,《金文引得》釋文 12 頁 6065—6072)

135

經₂：遵循義，9見，如：今余隹（唯）肇巠（經）先王命,命汝辥（乂）我邦我家。(5・2841毛公鼎,西晚)

競₁：強盛義,1見：朕文考其巠（經）遺姬遺伯之德言,其競余一子。(禹簋,西周)

競₂：匹敵義,3見,如：尹其互萬年受乎（厥）□魯,亡競才（在）服。(10・5431高卣,西早)

康₁：安定義,4見,如：尸（夷）,女（汝）康能乃又（有）事御（禦）乃敬寮,余用登屯（純）厚乃命。(1・285叔夷鐘,春晚)

康₂：喜樂義,6見,如：獣乍（作）橐彝寶殷（簋）,用康惠朕皇文剌（烈）且（祖）考,甘（其）各前文人。(8・4317獣簋,西晚)

克₁：戰勝義,5見,如：隹（唯）珷（武）王既克大邑商,則（則）廷告於天。(11・6014何尊,西早)

克₂：能夠義,44例,如：令眔奮,乃克至,余甘（其）舍女（汝）臣十家。(5・2803令鼎,西早)

來₁：11例,如：白（伯）雝（雍）父來自獣,蔑彔歷。(8・4122彔作辛公簋,西中)

來₂：表"往"義,3見,如：隹（唯）公大（太）保來伐反尸（夷）年,才（在）十又一月庚申。(5・2728旅鼎,西早)

臨₁：自上視下,4見,如：緯皇天亡昊,臨保我有周,雩三（四）方民亡不康靜。(8・4342師詢簋,西晚)

臨₂：蒞臨義,1器2見：乙卯,王賓葊京,王祼,辟舟臨舟龍。咸祼,伯唐父告備。王各,乘辟舟,臨祼白旗。(伯唐父鼎,西中,《近出》第二冊220頁)

敏₁：表"勤勉"義,7見,如：今余隹（唯）令女（汝）盂睪（召）燊（榮）,芍（敬）乹（雍）德巠（經）,敏朝夕入閭（諫）,享（享）奔走,愧（畏）天威（威）。(5・2837大盂鼎,西早)

敏₂：表"敬"義,5見,如：余不叚（暇）妄（荒）寧,巠（經）雝明德,宣卲我獻,用器（召）匹辟辟,每（敏）揚乎（厥）光剌（烈）,虔不家（惰）。(5・2826晉姜鼎,春早)

名₁：命名義,1見：吉日壬午,乍（作）為元用,玄鏐鋪（鏞）呂（鋁）。朕余名之,胃（謂）之少虞。(18・11696—11697少虞劍,春晚)

名₂：記載義,1見：今余既一名典獻,白（伯）氏則（則）報璧。(8・4293六年琱生簋,西晚)

寧₁：安寧義,4見,如：孔淑且碩,乃穌且鳴,用宴用寧,用享用孝。(子犯編鐘,春秋後期,《近出》第一冊16頁)

寧₂：問安、安撫義,1見：隹（唯）王初椊（祓）於成周,王令盂寧登（鄧）白（伯）,賓貝。(14・9104盂爵,西早)

配₁：表"匹配、協合"義,9見,如：天子甘（其）萬年眉壽,眈（眈）永保三（四）方,配皇天。(1・181南宮乎鐘,西晚)

配₂：祭名,1見：用作辛公寶尊彝,用夙夕配宗。(11・6005耳方尊,西早)

136

闢₁：開闢義，3見，如：自乃且（祖）考又（有）□於周邦，右闢亖（四）方，叀（惠）圅天命，女（汝）肇不豖（惰）。(8·4302 彔伯戜簋蓋，西中)

闢₂：驅逐、摒除義，2見，如：在珷（武）王嗣玟（文）乍（作）邦，闢氒（厥）匿（慝），匍有亖（四）方，䡅正氒（厥）民，在雩卸（御）事。(5·2837 大盂鼎，西早)

棄₁：背棄、離開義，1見：昔者，虘（吾）先考成王早棄羣臣，寡（寡）人幼（幼）踵（童）未甬（通）智，佳（唯）傅（傅）姆（姆）氏（是）從。(5·2840 中山王䇜鼎，戰晚)

棄₂：遺棄、放逐義，1見：我妣（既）付散氏田器，有爽，實余有散氏心賊，則爰千罰千，傳棄之。……余有爽䜌，爰千罰千。(16·10176 散氏盤，西晚)

遣₁：派遣義，6見，如：命武公遣乃元士羞追於京𠂤（師）。(5·2835 多友鼎，西晚)

遣₂：表"送"義，2見，如：賓出，白（伯）遣賓於䓊（郊）。(霸伯盂，西中，李學勤《翼城大河口尚盂銘文試釋》，《文物》2011 年 9 期 67 頁)

去₁：離開義，2見，如：余雔（鄭）邦之產，少去母父，乍（作）鑒（鑄）飤器黃鑊。(5·2782 哀成叔鼎，戰早)

去₂：去除義，1見：日夋（夜）不忘大朁（去）型（刑）罰，目（以）息（憂）氒（厥）民之佳（罹）不赦（辜）。(15·9734 中山好盗壺，戰早)

任₁：委任義，3見，如：或旻（得）眥（賢）犾（佐）司馬賙，而冢（重）賃（任）之邦。(15·9734 中山好盗壺，戰早)

任₂：掌管義，1見：白（伯）犀父休於縣改（妃）曰：敵！乃仜（任）縣白（伯）室，易（賜）女（汝）……。(8·4269 縣改簋，西中)

喪₁：表"失去"義，凡9例，如：休朕小臣金，弗敢喪，易用乍（作）寶旅鼎。(5·2678 小臣鼎，西中)

喪₂：表"滅亡"義，1見：子犯及晉公率西之六師搏伐楚荊，孔休。大上楚荊，喪氒（厥）師，滅氒（厥）央。(子犯編鐘，春秋後期，《近出》第一冊 16 頁 10—17)

設₁：陳設、設立義，4見，如：佳（唯）十月甲子，王才（在）宗周，令師中眔靜省南或（國）埶（設）应。(靜方鼎，西早，《金文引得》249 頁 4003)

設₂：表示"陳施"義，3見，如：佳（唯）八月公陳殷年，公益（賜）𠣨貝十朋，乃令□曷（嗣）三族，為何室。用茲簋蓺（設）公休。(何簋，西早，《文物》2009 年 2 期 53 頁)

涉₁：涉水義，3見，如：自瀗涉目（以）南，至於大沽，一奉（封），目（以）陟，二奉（封），至於邊柳（柳），復涉瀗。(16·10176 散氏盤，西晚)

涉₂：經過義，1見：殹奼彶□氒（厥）從格白（伯）彶（安）彶甸，殹谷杜木□谷旅桑，涉東門。氒（厥）書史戬武立盄（盉）成塈。(8·4262 佣生簋，西中)

慎₁：表"恭敬"義，7見，如：不（丕）顯皇且（祖）考穆異異（翼翼），克慎氒（厥）德，農臣先王。(1·187—190 梁其鐘，西晚)

慎₂：表"謹慎"義，2見，如：尸（夷）不敢弗憼戒，虔夙氒（厥）死（尸）事，勤穌三軍徒遹雩（與）氒（厥）行師，眘（慎）中氒（厥）罰。(1·285 叔夷鐘，春晚)

生₁：降生義，2見，如：其配襄公之妣，而諴（成）公之女，雩生叔尸（夷），是辟於齊侯之所。（1·285叔夷鐘，春晚）

生₂：產生義，2見，如：佳（唯）逆生禍，佳（唯）愻（順）生福。（15·9735中山王䁐方壺，戰晚）

升₁：進獻義，1見：王蔑㝬（友）歷，易（賜）牛三。㝬（友）既捧（拜）頴首，升（盨）於丕（厥）文攷（祖）考。（8·4194友簋，西中）

升₂：祭祀義，2見，如：王對瘝㳚（懋），易（賜）佩，乍（作）且（祖）考殷（簋），其盨（升）祀大神，大神妥（綏）多福，瘝萬年寶。（8·4170—4177瘝簋，西中）

施₁：陳述、記載義，2見，如：犀公易（賜）保鼎（員）金車，曰：用事。隊（施）於寶殷（簋），用卿（饗）公逆洀事。（保員簋，西早，《近出》第二冊368頁）

施₂：施及義，2見，如：余亡康晝夜，巠（經）聾（雝）先王，用配皇天，簧朁朕心，墜（施）於三（四）方。（8·4317獣簋，西晚）

授₁：表示上對下的"賜予"義，16見，如：前文人嚴才（在）上，……降逑魯多福，眉壽綽綰，受（授）余康□純右通祿。（逑盤，西晚）

授₂：表示一般的"付與"義，7見，如：宰引右頌入門，立中廷，尹氏受（授）王令書。（15·9731頌壺，西晚）

聽₁：表"聽從、遵從"義，2見，如：諸楚荊不聽命於王所，子犯及晉公率西之六師搏伐楚荊，孔休。（子犯編鐘，春秋後期，《近出》第一冊16頁）

聽₂：表"接受"義，1見：齊疌（侯）雷犕喪其□，齊疌（侯）命大子乘□來句宗白（伯），聑（聽）命於天子。曰：甚（期）則爾期。（15·9729洹子孟姜壺，春秋）

聞₁：聽聞義，8見，如：㝨（寡）人聒（聞）之，蔑（與）其冸（溺）於人姉，寧冸（溺）於困（淵）。（5·2840中山王䁐鼎，戰晚）

聞₂：傳揚義，4見，如：工獻王皮鸎之子者盪擇其吉金，自乍（作）鷎鐘，……其登於上下，聞於四旁（方）。（1·193—198者盪鐘，春秋）

陷₁：陷入義，2見：女（汝）休，弗旦（以）我車圅（陷）於艱（艱）。（8·4328—4329不嬰簋，西晚）

陷₂：攻入義，2見，如：晉侯率厥亞旅、小子、或人先陷入。（晉侯蘇編鐘，西晚，《近出》第一冊59頁35）

效₁：表"效命、效力"義，1見：王至於溓宮，旣（嬰），令捧（拜）頴首曰：小【子】迺學（效），令對眣（揚）王休。（5·2803令鼎，西早）

效₂：考效義，1見：佳十月初吉，辰在庚午，師多父令䚶於周曰：余學事，女（汝）母（毋）不善。（聞簋，西中）

燮₁：征伐義，4見，如：佣用燮不廷，陽利。（佣戈，春秋後期，《近出》第四冊227頁）

燮₂：安定義，3見，如：余雖小子，敢帥井（型）先王，秉德燶燶，習燮萬邦。（16·10342晉公盆，春秋）

興$_1$：興兵義，2 見：用嚴（玁）燃（狁）放（方）興（興），廣伐京自（師），告追於王，命武公遣乃元士羞追於京自（師）。（5·2835 多友鼎，西晚）

興$_2$：調動義，2 見，如：凡興士被甲，用兵五十人目（以）上，必會君符，乃敢行之。燔燧之事，雖母（毋）會符，行殹。（18·12109 杜虎符，戰晚）

羞$_1$：進獻義，14 例，如：者（諸）侯羞元金於子範之所，用為龢鐘糾堵。（子範編鐘，春晚，《近出》第一冊 16 頁）

羞$_2$：追擊義，4 見，如：王曰：師旋，令女（汝）羞追於齊。（8·4216—4218 五年師旋簋，西晚）

恤$_1$：憂慮義，6 見，如：作冊翼異型，秉明德，虔夙夕卹周邦，保王身，諫辪（乂）四國。（作冊翼鬲，西晚，《近出二編》第一冊 115 頁 94—95）

恤$_2$：表"敬"義，6 例，如：陸蠆（融）之孫邾公託乍（作）氒（厥）禾（龢）鍾（鐘），用敬卹盟祀，旂（祈）年眉壽。（1·102 邾公託鐘，春秋）

訊$_1$：告訴義，2 見，如：余告慶，余曰（以）邑嗽（訊）有嗣（司），余典勿敢封。今余既嗽（訊）有嗣（司）曰：厥令。（8·4293 六年琱生簋，西晚）

訊$_2$：訊問義，8 見，如：氒（厥）非正命，迺敢疾訊人，劓（則）唯專（輔）天降喪，不□唯死。（9·4469 塑盨，西晚）

宴$_1$：宴飲義，3 見，如：虐（吾）目（以）匽（宴）歓（飲），旴我室家。（15·9715 枏氏壺，春晚）

宴$_2$：喜樂義，13 例，如：闌闌龢鐘，用匽（宴）以喜，以樂楚王、諸侯、嘉賓及我父兄、諸士。（王孫誥編鐘，春秋後期，《近出》第一冊 122 頁）

揚$_1$：傳揚義，5 見，如：獻擇吉金，鑄其反鐘。其音嬴少則揚，龢平均皇。（獻編鐘，春秋後期，《近出》第一冊 90 頁 51）

揚$_2$：稱揚義，35 例，如：公齎（賞）乍（作）冊大白馬，大𩁹（揚）皇天尹大係（保）宝。（5·2758—2761 作冊大方鼎，西早）

宜$_1$：表"安"義，4 見，如：溫恭穆秉德，受命純魯，宜其士女。（秦子簋蓋，春秋前期，《近出二編》第二冊 86 頁 423）

宜$_2$：可以義，6 見，如：懋父令曰：義（宜）殺（播）。敔！氒（厥）不從氒（厥）右征。（5·2809 師旅鼎，西中）

殷$_1$：會同、會見義，3 見，如：隹（唯）王廿又三年八月，王命士百父殷南邦君諸侯，乃賜馬。（士百父盨，西晚，《近出二編》第二冊 137 頁 457）

殷$_2$：覲見、朝見义，3 例，如：隹（唯）明保殷成周年，公易（賜）乍（作）冊翩鬯貝，翩丮（揚）公休，用乍（作）父寶𩛥（尊）彝。（10·5400 作冊翩卣，西早）

遊$_1$：表"行遊"義，3 見，如：氏（是）目（以）鄩（寡）人䎽（委）𠎣（任）之邦而去之遊。（5·2840 中山王䂮鼎，戰晚）

遊$_2$：表"傳揚"義，2 見，如：中（仲）平蕭（善）叕叔考，鑄甘（其）遊鍾（鐘），台（以）

灓(樂)甘(其)大酉(酋)。(1·172—180 鄭叔之仲子平鐘,春晚)

佑₁:佑導義,73 例,如:旦,王各大室,即立(位),宰佣父右堲入門立中廷,北卿(嚮)。(8·4272 望簋,西中)

佑₂:佐助義,12 見,如:王若曰:師訇(詢),丕(不)顯文武雁(膺)受大命,亦剌(則)於女(汝)乃聖且(祖)考克尃(輔)右(佑)先王。(8·4342 師訇簋,西晚)

肇₁:表"勤勉"義,13 例,如:服肇夙夕明喜(享),乍(作)文考日辛寶障(尊)彝。(11·5968 服方尊,西中)

肇₂:表"敬"義,凡 62 例,如:望肇帥井(型)皇考,虔夙夜出内(納)王命。(5·2812 師望鼎,西中)

贈₁:贈送義,2 見,如:隹(唯)三(四)月既生霸戊申,甸即於氏(氒),青(邢)公事(使)嗣(司)史(使)倪(見)。曾(贈)甸於柬麋萊(貴)韋兩赤金一匀(鈞)。(甸盍,西中)

贈₂:祭名,1 見:戊辰,曾(贈)。王蔑段歷。(8·4208 段簋,西中)

征₁:遠行義,22 例,如:衛姒乍(作)鬲,曰(以)從永征。(3·594 衛姒鬲,春早)

征₂:征伐義,37 例,如:隹(唯)王九年九月甲寅,王命益公征眉敖,益公至,告。(8·4331 乖伯歸夆簋,西晚)

烝₁:表"治理"義,1 見:迺爯(稱)夾死(尸)嗣(司)戎,敏諫罰訟,夙夕爯(稱)我一人眷(烝)三(四)方。(5·2837 大盂鼎,西早)

烝₂:祭祀義,凡 14 例,如:大師虘乍(作)眷(烝)障(尊)豆,用卲(昭)洛(格)朕文且(祖)考,用旜(祈)多福,用匃永令(命)。(9·4692 大師虘豆,西晚)

正₁:治理義,9 見,如:王命蕭(膳)夫克舍令於成周遹正八自(師)之年,克乍(作)朕皇且(祖)釐季寶宗彝。(5·2796 小克鼎,西晚)

正₂:輔正義,1 見:女(汝)克盡(盡)乃身,臣朕皇考穆王,用乃孔德玗屯(遜純),乃用心引正乃辟安德。(5·2830 師毀鼎,西中)

至₁:到達義,37 例,如:王親遠省師,王至晉侯蘇師。(晉侯蘇編鐘,西晚,《近出》第一冊 59 頁)

至₂:表示範圍,具體有:

1. 表示時間範圍,4 見,如:旜(祈)無疆至於萬音(億)年,子之子,孫之孫,其永用之。(15·9719—9720 令狐君嗣子壺,戰中)

2. 表示空間範圍,6 見,如:從丘坎以至内宮六步……從丘坎至内宮廿四步。(16·10478 兆域圖銅版,戰晚)

3. 表示所涉及人的範圍,7 見,如:叔宛作寶甗,至於子子孫孫,其萬年永寶用。(叔宛甗,西早,《近出二編》第一冊 141 頁 120)

陟₁:登升義,5 見,如:復涉瀗,陟雩(越)獻□陟目(以)西,弄(封)於□簌(城)楮木。(16·10176 散氏盤,西晚)

陟₂:升祭義,1 見:也曰:搟(拜)頓首,敢取卲(昭)告,朕吾考令乃鳾(嬗)沈子乍

(作)級於周公宗，陟二公，不敢不級。(8・4330 沈子它簋，西早)

縱₁：放縱義，4 見，如：女(汝)母(毋)弗蕭(善)效姜氏人，勿事(使)敢又(有)疢(疾)止從(縱)獄。(8・4340 蔡簋，西晚)

縱₂：演奏義，1 見：用從(縱)爾大樂，用鑄爾羞銅，用御天子之事。(15・9729 洹子孟姜壺，春秋)

尊₁：奉獻義，2 見，如：用乍(作)氒(厥)文且(祖)寶鸞障(尊)，用尊氒(厥)福於宗宮。(鄧小仲方鼎，西早，《近出》第二冊 198 頁)

尊₂：祭祀義，6 例，如：用乍(作)文母日庚寶障(尊)鸞彝，用穆穆夙(夙)夜障(尊)亯(享)孝妥(綏)福。(5・2824 威方鼎(乙)，西中)

二、含有三個義項的有 34 詞

奔₁：奔走義，2 見，如：易(賜)女(汝)井人奔於量(量)，敬夙(夙)夜用事，勿灋(廢)朕令。(5・2836 大克鼎，西晚)

奔₂：追擊義，1 見：威逢(率)有嗣(司)師氏奔追鄸(襲)戎於臧林，博(搏)戎獸。(8・4322 威簋，西中)

奔₃：戰敗逃走，1 見：王至渾列，渾列夷出奔。(晉侯穌編鐘，西晚，《近出》第一冊 59 頁)

秉₁：執持義，2 見，如：曾侯□伯秉戈。(17・11121 曾侯戈，春早)

秉₂：秉持義，13 例，如：丕(丕)顯皇考更弔(叔)，穆穆秉元明德，御於氒(厥)辟，具屯(純)亡叞(敃)。(1・238—240 虢叔旅鐘，西晚)

秉₃：掌管義，2 見，如：王令毛白(伯)更虢蹴(城)公服，粤(屏)王立(位)，乍(作)三(四)方亟(極)，秉緐蜀巢令。(8・4341 班簋，西中)

處₁：居處義，9 見，如：必尚(當)卑(俾)處氒(厥)邑，田氒(厥)田。(5・2838 曶鼎，西中)

處₂：駐扎義，1 見：隹(唯)戎大出【於】軝，井(邢)戹(侯)搏(搏)戎，征令臣諫□(以)□□亞旅處於軝。(8・4237 臣諫簋，西中)

處₃：表"樂"義，1 見：黿(邾)君求吉金，用自乍(作)甘(其)龢鍾(鐘)鈴(鈴)，用麃(處)大政。(1・050 邾君鐘，春晚)

懷₁：表示"懷念、顧念"義，3 見：文王孫亡弗褱(懷)井(型)，亡克竞(競)氒(厥)剌(烈)。(8・4341 班簋，西中)

懷₂：使……來義，4 見，如：取氒(厥)吉金，用乍(作)寶尊鼎，用康擾妥(綏)褱(懷)遠毣(邇)君子。(5・2826 曾姜鼎，春早)

懷₃：給予、賜予義，2 見，如：剌(烈)且(祖)文考弋窫，受(授)牆爾噩福，褱(懷)搢(祓)彔(祿)、黃耇彌生。(16・10175 史牆盤，西中)

惠₁：順、善義，11 見，如：今余隹(唯)醽亶乃令，令女(汝)更(惠)嚳(雝)我邦小

大獸。(5·2837 大盂鼎,西早)

惠₂:賜予義,1見:隹(唯)東鼎胃(惠)於金,自乍(作)寶彝,其萬年子孫永寶用言(享)。(11·5982 東鼎尊,西中)

惠₃:獻納義,1見:余眷(惠)於君氏大章(璋),報寢(婦)氏帛束璜。(8·4292 五年琱生簋,西晚)

隻₁:17例,如:工獻大子姑發閆反自乍(作)元用,才(在)行之先,目(以)用目(以)隻(獲),莫敢歔(御)余。(18·11718 姑發閆反劍,春晚)

隻₂:表"俘獲"義,16例,如:王【令】盂目(以)□□伐贼(鬼)方□□□□【執】【嘼】三人,獲馘三(四)千八百□二馘……獲馘二百三七馘。(5·2839 小盂鼎,西早)

隻₃:表"獲匹"義,1見:鑒(鮑)子钕(作)朕(媵)中(仲)匋妬(姒),其隻(獲)者(諸)男子,勿或(有)柬(變)巳(改)。(鮑子鼎,春秋)

降₁:下降義,4見,如:王至晉侯蘇師,王降自車,立南嚮。(晉侯蘇編鐘,西晚,《近出》第一冊59頁)

降₂:降生義,1見:天命禹敷土,墮山濬川,廼差方設征,降民監德,廼自作配饗。(豳公盨,西中,《近出二編》第二冊138頁458)

降₃:降予義,16見,如:曰古文王,初鰲龢於政,上帝降懿(懿)德大罴(屏),匍有三(四)方,旬(會)受萬邦。(1·251 瘭鐘,西中)

及₁:到達義,1見:殷妊彶(及)□乎(厥)從格白(伯)叚(按)彶(及)旬。(8·4262 倗生簋,西中)

及₂:表"嫁"義,1見:郜子姜首及郜,公萬為其盥盤。(郜公萬盤,春秋後期,《近出》四冊16頁)

及₃:表示範圍的到達,4見,如:隹(唯)朕皇視(祖)文武,起(桓)且(祖)成考,是又(有)純(純)悳(德)遲(遺)怒(訓),目(以)阤(施)及子孫。(15·9735 中山王䯒方壺,戰早)

即₁:表"至、就"義,64例,如:隹(唯)廿年正月既望甲戌,王才(在)周康宮,旦,王各大室,即立(位)。(16·10170 走馬休盤,西中)

即₂:表"接受"義,4見,如:戊寅,王各於大朝(廟),密弔(叔)右趞即立(位),内史即命(8·4266 趞簋,西中)

即₃:付與義,2器3見,如:廼或即召用田二又臣【一】【夫】,凡用即召田七田、人五夫,召覓匡卅秭。(5·2838 召鼎,西中)

監₁:察看義,1見:乙亥,王萕(譱)畢公,廼易(賜)史牆貝十朋,牆由舍彝,其於之朝夕監。(7·4030—4031 史牆簋,西早)

監₂:監察義,5見,如:天命禹敷土,墮山濬川,廼差方設征。降民監德,廼自作配饗。(豳公盨,西中,《近出二編》第二冊138頁458)

監₃:監督、管理義,2見:王曰:頌,令女(汝)官嗣(司)成周貯(賈)廿家,監嗣

(司)新廟(造)賣(賈)用宫御。(5·2827 頌鼎,西晚)

戒₁:戒備義,1 見:余易(賜)女(汝)馬車戎兵鞍(釐)僕三百又五十家,女(汝)台(以)戒戎敔(作)。(1·285 叔夷鐘,春晚)

戒₂:告誡義,1 見:隹(唯)逆生禍,隹(唯)忞(順)生福。𦔻(載)之笯(簡)筓(策),目(以)戒嗣王。(15·9735 中山王䂮方壺,戰早)

戒₃:治理義,1 見:毓命於外内之事,中専(敷)盟(明)刑,女(汝)台(以)専(輔)戒公家,雁(膺)卹余於盟(明)卹。(1·285 叔夷钟,春晚)

立₁:表"站立"義,50 例,如:唯八月初吉,王各於周廟,穆公右盝,立於中廷,北卿(嚮)。(16·9899 盝方彝,西中)

立₂:表"設立"義,1 見:㬱(厥)書史鈇武立嬰(舌)成嬰,鑄保殹(篋),用典格白(伯)田。(8·4262 佣生簋,西中)

立₃:表"樹立"義,1 見:卿(饗)女(汝)彶屯(純)卹周邦,妥(綏)立余小子,馹(載)乃事。(8·4342 師訇簋,西晚)

命₁:命令義,43 例,如:王令戜曰:𢦏!淮尸(夷)敢伐内或(國),女(汝)其(其)目(以)成周師氏戍於□(古)自(次)。(10·5419—5420 录戜卣,西中)

命₂:册命義,251 例,如:王乎(呼)内史尹册命師兑,疋(胥)師龢父司左右走馬、五邑走馬。(8·4274 元年師兑簋,西晚)

命₃:賜予義,6 見,如:楷白(伯)令㬱(厥)臣獻金車,對朕辟休,乍(作)朕文考光父乙。(8·4205 獻簋,西早)

逆₁:表"迎接、迎娶"義,9 見,如:散(散)車父乍(作)皇母□姜寶壺,用逆姞氏,白(伯)車父甘(其)萬年子子孫孫永寶。(15·9697 散氏車父壺,西中)

逆₂:表"迎戰"義,1 見:荊伐徐,余親逆攻之,敗三軍,獲□馬。(吳王壽夢之子劍,春秋後期,《近出二編》第四册 265 頁 1301)

逆₃:違背義,3 見,如:女(汝)敏於戎工(功),弗逆朕親命。(冊二年逨鼎,西晚,《近出二編》第一册 356 頁 328—329)

求₁:祈求義,2 例,如:疌(侯)母乍(作)疌(侯)父戎壺,用征行,用求福無疆(疆)。(15·9657 侯母壺,春早)

求₂:追求義,1 見:虔夙(夙)夜専(薄)求不昏(替)德,用諫亖(四)方。(8·4326 番生簋蓋,西晚)

求₃:尋求義,4 見,如:求乃人,乃弗得,女(汝)匡罰大。(5·2838 曶鼎,西中)

取₁:用於表示一般的"取得"義,21 見,如:王僰赤金十鈑,王曰:小子、小臣,敓又□,隻(獲)則取。(柞伯簋,西早,《近出》第二册 371 頁 486)

取₂:用於征戰場合,表示"獲取"義,2 見,如:卑(俾)貫俑(通)□,征緐湯(陽)□,取㬱(厥)吉金,用乍(作)寶尊鼎。(5·2826 晉姜鼎,春早)

取₃:表示"取走"義,1 見:昔乃且(祖)亦既令乃父死(尸)嗣(司)㒸人,不盝,取

我家窠,用喪。(8·4327 卯簋蓋,西中)

入₁:進入義,88 例,如:隹(唯)十又二年初吉丁卯,益公内(入),即命於天子(16·10322 永盂,西中)

入₂:攻入義,7 見,如:鼏(員)從史旗伐會(鄶),鼏(員)先内(入)邑,鼏(員)孚(俘)金。(10·5387 員卣,西早)

入₃:接納義,1 見:克□匽,入土眔有嗣,用乍(作)寶隣(尊)彝。(克盉,西早,《近出》第三冊 416 頁 942)

舍₁:表示上對下的"賜予"義,4 見,如:令眔奮,乃克至,余甘(其)舍女(汝)臣十家。(5·2803 令鼎,西早)

舍₂:表示一般的"付與"義,15 見,如:矩或取赤虎(琥)兩麀韋(韎)鞈一,才(裁)廿朋,其舍田三田。(15·9456 裘衛盉,西中)

舍₃:發佈義,4 見,如:王命譱(膳)夫克舍令於成周遹正八自(師)之年,克乍(作)朕皇且(祖)釐季寶宗彝。(5·2796 小克鼎,西晚)

使₁:任事義,1 見:余肇事(使)女(汝),休不遜(逆),又(有)成事,多禽(擒)。(5·2835 多友鼎,西晚)

使₂:出使義,1 見,如:史兒至,目(以)王令(命)曰:余令女(汝)史(使)小大邦。(3·949 中甗,西早)

使₃:使令義,40 例,如:王姜史(使)叔事於大保,商(賞)叔鬱鬯白金芻牛。(8·4132—4133 叔簋,西早)

事₁:治理義,3 見,如:事於四國,用考(孝)用亯(享),民具(俱)□卿(饗)。(5·2757 曾子斿鼎,春早)

事₂:臣事義,24 例,如:年無彊(疆),龕(堪)事朕辟皇王,䁖(眉)壽永寶。(1·40 眉壽鐘,西晚)

事₃:對待義,2 見,如:事少(小)女(如)張(長),事愚女(如)智,此易言而難行旃。(5·2840 中山王嚳鼎,戰晚)

視₁:察見、觀見義,8 見,如:爾有唯(雖)小子亡(無)戠(識),眂(視)於公氏有□於天,敽(徹)令苟(敬)亯(享)戈(哉)。(11·6014 何尊,西早)

視₂:表"效法"義,1 見,如:烏(嗚)虖(呼)!爾有唯(雖)小子亡(無)戠(識),眂(視)於公氏有□於天,敽(徹)令苟(敬)亯(享)戈(哉)。(11·6014 何尊,西早)

視₃:參照義,1 見:王後堂方二百毛(尺),元(其)將(葬)眂(視)灻後。(16·10478 兆域圖銅版,戰晚)

受₁:接受義,8 例,如:山搽(拜)頜首,受冊佩目(以)出,反(返)入(納)堇(瑾)章(璋)。(5·2825 膳夫山鼎,西晚)

受₂:承受義,50 例,如:皇天引猷(厭)氒(厥)德,配我有周,雁(膺)受大命,衒(率)裏(懷)不廷方。(5·2841 毛公鼎,西晚)

受₃：容受義，5見，如：十二年,受二益(鎰)六鈣,下官,腎半。(5·2773信安君鼎,戰晚)

綏₁：表"安撫"義，6見，如：奠(鄭)井弔(叔)乍(作)齍(靈)鐘,用妥(綏)賓。(1·21—22鄭井叔鐘,西晚)

綏₂：賜予義，4見，如：蔡姞乍(作)皇兄尹弔(叔)䵼鬻彝,尹弔(叔)用妥(綏)多福於皇考德尹叀(惠)姬。(8·4198蔡姞簋,西晚)

綏₃：祈求義，5例，如：蕭(善)敢㩉(拜)頴首,對䢅(揚)皇天子不(丕)杯休,用乍(作)宗室寶䵼(尊),唯用妥(綏)福。(5·2820善鼎,西中)

襲₁：攻伐義，3見，如：戜逹(率)有嗣(司)師氏奔追戜(襲)戎於臧林,博(搏)戎獸。(8·4322戜簋,西中)

襲₂：佑助義，2見，如：朕文母競敏□行,休宕氒(厥)心,永襲氒(厥)身,卑(俾)克氒(厥)啻(敵)。(8·4322戜簋,西中)

襲₃：連及義，1見：不行王命者,怏(殃)迷(襲)子孫。(16·10478兆域圖銅版,戰晚)

行₁：表"行走"義，76例，如：弔(叔)邦父乍(作)匜(簠),用征用行,用從君王。(9·4580叔邦父簠,西晚)

行₂：表"施行"義，6見，如：事少(少)女(如)䛫(長),事愚女(如)智,此易言而難行施。(5·2840中山王𩵦鼎,戰晚)

行₃：表"遵從"義，1見：不行王命者,怏(殃)迷(襲)子孫。(16·10478兆域圖銅版,戰晚)

省₁：巡視、視察義，16例，如：王大省公族,於庚屖(振)旅,王易(賜)中馬自□侯(侯)三(四)□。(12·6514中觶,西早)

省₂：察視、觀察義，4見，如：含(今)余方壯,智(知)天若否,俞(論)其恴(德),眚(省)其行,亡不愻(順)道。(5·2840中山王𩵦鼎,戰晚)

省₃：表"善"義，1見：王令趞戜(捷)東反尸(夷),戜肇從趞(遣)征,攻開(俞)無啻(敵),省於氒(厥)身。(5·2731𧱷鼎,西中)

以₁：致送、付與義，5例，如：唯五年九月初吉,召姜目(以)琱生戜五尋、壺兩,目(以)君氏命曰：……(五年琱生尊,西晚,《近出二編》第二冊273頁587—588)

以₂：率領義，17例，如：𦳝禹目(以)武公徒馭(馭)至於噩(鄂),辜(敦)伐噩(鄂),休隻(獲)氒(厥)君馭(馭)方。(5·2833禹鼎,西晚)

以₃：發佈義，3見，如：史兒至,目(以)王令(命)曰：余令女(汝)史(使)小大邦。(3·949中甗,西早)

乂₁：整治、治理義，10見，如：丕顯天尹,匍(輔)保王身,諫辭(乂)四方。(爯鼎,西晚,《近出二編》第一冊350頁324)

乂₂：輔佐義，1見：唯天疀(將)集氒(厥)命,亦隹(唯)先正䈂辭(乂)氒(厥)辟。

145

(5·2841 毛公鼎,西晚)

乂₃:修治義,2見,如:雉今小子,整辭(乂)爾公(容),宗婦楚邦。(16·10342 晉公盆,春秋)

翼₁:輔佐義,1見:乃且(祖)克糞(述)先王,異(翼)自它邦,又(有)芾於大命。(8·4331 乖伯歸夆簋,西晚)

翼₂:恭敬義,6例,如:嚞嚞允義,翼受明德,曰(以)康奠懿(協)朕或(國)。(1·267—270 秦公鎛,春早)

翼₃:表"佑助"義,2見,如:獻！酉(酒)無敢酻(酖),有頾(紫)蒸(烝)祀無敢醵,古(故)天異(翼)臨子。(5·2837 大盂鼎,西早)

用₁:使用義,用例很多,如:遽白(伯)睘乍(作)賓障(尊)彝,用貝十朋又三(四)朋。(7·3763 遽伯睘簋,西早)

用₂:效法義,8見,如:女(汝)母(毋)弗帥用先王乍(作)明井(型),俗(欲)女(汝)弗曰(以)乃辟函(陷)於艱。(5·2841 毛公鼎,西晚)

用₃:表"聽從"義,2見,如:敢不用令(命),則(則)即井(刑)屢(撲)伐。(16·10174 兮甲盤,西晚)

曰₁:表"說"義,179例,如:親衮宫師酉,賜豹裘。曰:囹夙夜辟事我一人。(瞏鼎,西晚,《近出二編》第一冊350頁324)

曰₂:表"謂"義,4見,如:廼曰(謂)武公曰:女(汝)既靜京自(師),贅(釐)女(汝)。(5·2835 多友鼎,西晚)

曰₃:"叫作"義,5見,如:嗣(司)土(徒)南宮乎乍(作)大鑛(林)懿(協)鐘,丝(茲)名曰無昊鐘。(1·181 南宫乎鐘,西晚)

召₁:宣召義,12例,如:王召走馬雁,令取誰(雖)䳚卅二匹易(賜)大。(5·2807 大鼎,西中)

召₂:召請義,1器2見:我用召卿事、辟王,用召諸考諸兄,用祈眉壽多福無疆。(9·4628 伯公父簋,西晚)

召₃:輔佐義,11見,如:王曰:盂,廼嗣(召)夾死(尸)嗣(司)戎,敏諫罰訟。(5·2837 大盂鼎,西早)

逌₁:遠行義,1見:□安之孫篸(鄫)大史申乍(作)其造(𥜽)鼎(鼎)十,用逌(征)台(以)逌。(5·2732 鄫大史申鼎,春晚)

逌₂:征伐義,3見,如:唯卅又再祀,屬羌乍(作)戎乎(厥)辟旟(韓)宗敵(徹),達(率)征秦逌(逌)齊。(1·157—161 屬羌鐘,戰早)

逌₃:表"嫁"義,3見,如:叔姬霝乍(逌)黃邦,曾庆(侯)乍(作)弔(叔)姬邛嬭騰(媵)器齎彝,甘(其)子子孫孫其永用之。(9·4598 曾侯簋,西晚)

追₁:追擊義,15例,如:戜逵(率)有嗣(司)師氏奔追鄫(襲)戎於臧林,博(搏)戎欯。(8·4322 戜簋,西中)

追$_2$：表“追念”義，29 見，如：西其用追孝，用祈眉壽、祓祿、純魯。西其萬年，子子孫孫永寶用享孝於宗。（師酉鼎，西中，《近出二編》第一冊 352 頁 326）

追$_3$：祈求義，1 見：𩛥史屖乍（作）寶壺，用禋祀於丝（茲）宗室，用追富（福）录（祿）於丝（茲）先申（神）皇且（祖）亯（享）弔（叔）。（15・9718 𩛥史屖壺，西晚）

三、含有四個義項的有 11 詞

禀$_1$：秉受、接受義，1 見：隹（唯）王初䙴宅於成周，復亩（禀）珷（武）王豊（禮）祼自天。（11・6014 何尊，西早）

禀$_2$：賜予義，2 見，如：能匋賜貝於氒（厥）□公，矢禀五朋，能匋用作文父日乙寶尊彝。（11・5984 能匋尊，西早）

禀$_3$：給納義，1 見：余告慶。曰：公氒（厥）禀貝，用獄𧶼為白（伯）。（8・4293 六年琱生簋，西晚）

禀$_4$：表示“遵循、效法”義，1 見：今我隹（唯）即井（型）亩（禀）於玟（文）王正德，若玟（文）王令二三正。（5・2837 大盂鼎，西早）

從$_1$：跟隨、隨行義，15 例，如：隹（唯）正月初吉庚寅，宴從𠂤父東，多易（賜）宴，宴用乍（作）朕文考日己寶毁（簋）。（7・4118—4119 宴簋，西晚）

從$_2$：追擊、跟随義，25 見，如：從至，追𨔍（搏）於世，多友或（又）右（有）折首𤔲（執）𨚕（訊），乃𨒗追至於楊冢。（5・2835 多友鼎，西晚）

從$_3$：表“從事”義，2 見，如：女（汝）小子，女（汝）肇誨（敏）於戎工（功），易（賜）女（汝）弓一矢束臣五家田十田，用從乃事。（8・4328—4329 不𡢁簋，西晚）

從$_4$：表“遵從”義，4 見，如：女（汝）亦既從辭（辭）從誓（誓），弋（式）可（苛），我義（宜）便（鞭）女（汝）千，𪐴𪐴女（汝）。（16・10285 𠑇匜，西晚）

敷$_1$：發佈義，4 見，如：王親令克遹涇東至於京𠂤（師），易（賜）克甸車馬乘。克不敢彖（惰），尃（敷）酉（奠）王令。（1・205—206 克鐘，西晚）

敷$_2$：治理義，3 見，如：雩乃尃（敷）政事，母（毋）敢不𤕦不型，雩乃訊庶右粦，毋（毋）敢不中不型。（卌三年逨鼎，西晚，《近出二編》第一冊 362 頁 330—339）

敷$_3$：表“布”義，2 見：天命禹敷土，墮山濬川，廼差方埶（設）征。（豳公盨，西中，《近出二編》第二冊 138 頁 458）

敷$_4$：安定義，1 見：秦政伯喪，戮政四方，作造元戈喬黃，竈尃（敷）東方。（秦政伯喪戈，春秋前期，《近出二編》第四冊 212 頁 1248—1249）

復$_1$：返回義，2 見，如：雩氒（厥）復歸，才（在）牧𠂤（師），白（伯）懋父承王令易（賜）𠂤（師）逵（率）征自五齵貝。（8・4238—4239 小臣謎簋，西早）

復$_2$：還付、付與義，6 見，如：執𨚕（訊）卌，奪孚（俘）人亖（四）百，啚於𤇾（榮）白（伯）之所，於烒衣（卒）肆，復付氒（厥）君。（8・4323 敔簋，西晚）

復$_3$：回復義，1 見：必尚（當）卑（俾）處氒（厥）邑，田氒（厥）田。𢎨𠟭（則）卑（俾）

復令曰:若(諾)。(5·2838 曶鼎,西中)

復₄:奪回義,1見:羧(執)噝(訊)廿又三人,孚(俘)戎車百乘一十又七乘,衣(卒)匋(復)笥(郇)人孚(俘)。(5·2835 多友鼎,西晚)

會₁:會聚、會合義,10見,如:屬羌乍(作)戎乓(厥)辟旗(韓)宗敔(徹),達(率)征秦迮齊,入張(長)城,先會於平陰。(1·157—161 屬羌鐘,戰早)

會₂:遇逢義,1見:雩若二月,厌(侯)見於宗周,亡遂,迨王饗荇京酑祀。(11·6015 麦方尊,西早)

會₃:輔佐義,1器2見:雩朕皇高祖新室仲,克幽明厥心,柔遠能邇,會召康王,方懷不廷。雩朕皇高祖惠仲盩父,慭穌於政,有成於猷,用會昭王、穆王,盭政四方,撲伐楚荊。(逑盤,西晚,《近出二編》第三冊 262 頁 939)

會₄:核對義,2見,如:凡興士被甲,用兵五十人目(以)上,必會王符,乃敢行之。(18·12108 新郪虎符,戰晚)

啟₁:開闢義,2見,如:率師征䢵(燕),大啓邦泘(宇),枋(方)譻(數)百里。(15·9734 中山𡿮盗壺,戰早)

啟₂:擴大義,1見:王命士百父殷南邦,啟諸侯,乃賜馬。(文盨,西晚)

啟₃:彰明義,1見:休辟皇且(祖)憲公,起起趎趎,啟乓(厥)明心,廣坙(經)其猷。(戎生編鐘,春早,《金文引得》釋文 12 頁 6065—6072)

啟₄:佑助義,5見,如:不(丕)顯皇且(祖)考穆穆克誓(慎)乓(厥)德,嚴才(在)上,廣啓乓(厥)孫子於下。(8·4326 番生簋蓋,西晚)

率₁:率領義,16例,如:今余肈令女(汝)達(率)齊市(師)曩(紀)㠯(萊)僰尸左右虎臣正(征)淮尸(夷)。(8·4313—4314 師寰簋,西晚)

率₂:引導、率領義(非征戰場合),4見,如:有(侑)女(汝)多兄,母(毋)又(有)遟女(汝),隹(唯)女(汝)率我友目(以)事。(5·2671—2672 庍父鼎,西早)

率₃:借用"帥"字,表"循"義,1見:王在丰,令太保省南國,帥(率)漢,狦(遂)敱南。(太保玉戈,西周)

率₄:遵循義,1見:又(有)乓(厥)忠臣䦂,克忞(順)克卑(俾),亡不率仁。(5·2840 中山王𧊒鼎,戰晚)

亡₁:無、沒有義,33例,如:隹(唯)歸,遟(揚)天子休,告亡遗(尤)。(11·6015 麥方尊,西早)

亡₂:死亡義,1例:臣諫□亡,母弟引□(庸)有長子□。述(尤)(8·4237 臣諫簋,西中)

亡₃:滅亡義,5例,如:隹(唯)民亡徔才(哉)!彝志(昧)天令,故亡。(8·4341 班簋,西中)

亡₄:喪失義,8例,如:孫孫子其萬年永寶用茲彝,其世毋亡。(狱簋,西中,《近出二編》第二冊 110 頁 436)

遺₁:遺留義,2見,如:文考遺寶責(積),弗敢喪,旂用乍(作)父戊寶障(尊)彝。(5·2555 旂鼎,西早)

遺₂:增加義,1見:賞(償)舀禾十秭,遺十秭,為廿秭。【乃】來歲弗賞(償),則(則)付冊秭。(5·2838 舀鼎,西中)

遺₃:賜予義,1見:隹(唯)正二月初吉,王歸自成周,雁(應)厌(侯)見工遺王於周。(1·107 應見公鐘,西中或晚)

遺₄:表"遺漏"義,1見:叀西六自(師)殷八自(師),伐噩(鄂)厌(侯)駿(馭)方,勿遺壽幼。(5·2833—2834 禹鼎,西晚)

載₁:承載義,3見,如:埇(塘)夜君成之載鼎。(4·2305 埇夜君成鼎,戰國)

載₂:容受義,3見:廿八年,平安邦斨(鑄)客,枏(載)四分齋一益(鎰)七釿半釿四分釿之冢(重)。(5·2793 平安君鼎,戰晚)

載₃:記載義,1器2見:舊(載)之筴(簡)箻(策),目(以)戒嗣王。(15·9735 中山王䝮方壺,戰早)

載₄:表"掌管、執行"義,1見:卿(饗)女(汝)汲屯(純)卹周邦,妥(綏)立余小子,釨(載)乃事。(8·4342 師詢簋,西晚)

致₁:致送義,1見:廼卑(俾)【饗】目(以)舀酉(酒)汲(及)羊、絲三守(錼),用釳(致)絲(茲)人。(5·2838 舀鼎,西中)

致₂:傳達義,1見:余弗敢㫃(亂),余或至(致)我考我母令。(8·4292 五年琱生簋,西晚)

致₃:施行、執行義,1見:乃師或目(以)女(汝)告,則(則)俓(致)乃便(鞭)千,鑿䫙女(汝)。(16·10285 儠匜,西晚)

致₄:致館禮,1見:眉敖者膚卓事(使)見於王,王大絫(致)。(5·2831 九年衛鼎,西中)

四、含有五個義項的有 2 詞

出₁:出入義,10例,如:楚公逆出,求厥用祀。(楚公逆編鐘,西晚,《近出》第一冊 238 頁)

出₂:出動義,2見,如:隹(唯)戎大出【於】軧,井(邢)厌(侯)尃(搏)戎。(8·4237 臣諫簋,西中)

出₃:繳納義,3見,如:淮尸(夷)舊我員(帛)畮(賄)人,母(毋)敢不出其員其賣(積)其進人其貢(賈)。(16·10174 兮甲盤,西晚)

出₄:發佈義,1器2見:益公內(入)即命於天子,公乃出厥(厥)命。(16·10322 永盂,西中)

出₅:失去義,1見:拍乍(作)朕配平姬鸄(敦),……永粜(世)母(毋)出。(9·4644 拍敦,春秋)

149

享₁：祭獻義，292例，如：道拜，稽首，對揚天子丕顯休命，用作朕文考寶尊簋，余其萬年寶，用享於朕文考辛公。(師道簋，西中，《近出二編》第二冊116頁439)

享₂：獻納義，3見，如：休，多擒。鍸(欽)𩰫(融)內(納)饗(享)赤金九萬(萬)鈞。(楚公逆編鐘，西晚，《近出》第一冊238頁)

享₃：奉事義，7見，如：雩朕皇考恭叔，穆穆趯趯，龢詢於政，明隣於德，享辟厲王。(逨盤，西晚，《近出二編》第三冊262頁939)

享₄：勤勉義，2見，如：啻(遹)孫孫子子其永亡冬(終)，用受禠(德)，妥(綏)多友，亯(享)旋(奔)走令。(11·6015麥方尊，西早)

享₅：享有義，1見：我亦弗□亯(享)邦，易(賜)女(汝)犯(貔)裘。(8·4331乖伯歸夆簋，西晚)

五、含有六個義項的有1詞

御₁：表"用"义，11例，如：吳王夫差擇(擇)乎(厥)吉金，自乍(作)御監(鑑)。(16·10294吳王夫差鑒，春晚)

御₂：臣事、奉事义，4例，如：牧師父弟弔(叔)㝬父御於君，乍(作)散(微)姚寶殷(簋)，其萬年子子孫孫永寶用亯(享)。(7·4068—4070叔㝬父簋蓋，西晚)

御₃：捍衛、保衛義，5見，如：工獻大子姑發閂反自乍(作)元用，才(在)行之先，目(以)用目(以)隻(獲)，莫敢敔(御)余。(18·11718姑發閂反劍，春晚)

御₄：治理義，5見：余考(老)，不克御事，唯女(汝)俀鼎(其)敬辭(乂)乃身，母(毋)尚為小子。(10·5428叔歡父卣，西早)

御₅：侑助義，2例：唯十又一月既生霸戊申，王在周康宮，饗醴，亦御，王穢厥老亦曆。(亦簋，西中，《近出二編》第二冊107頁434—435)

御₆：宴饗、招待義，1見：乍(作)其造(䵼)鼎(鼎)十，用延(征)台(以)迮，台(以)御賓客，子孫是若。(5·2732鄭大史申鼎，春晚)

六、含有七個義項的有2詞

為₁：製造義，68例，如：卲麡公之孫益余及陳叔媯為其膳敦，眉壽無疆，子子孫孫永保用之。(益余敦，春秋後期，《近出二編》第二冊162頁480)

為₂：舉行義，1見：雩若翊(翌)日，才(在)璧澭(雝)，王乘於舟為大豊(禮)。(11·6015麥方尊，西早)

為₃：掌管義，1見：余唯(雖)末少子，余非敢寧忘，有虔不易，輕(佐)右(佑)楚王，隺隺螛(為)政，天命是逅。(1·219—222蔡侯鎛，春晚)

為₄：制定義，1見：王命赒為逃(兆)乏(法)，闊関(狹)小大之□。(16·10478兆域圖銅版，戰晚)

為₅：寫作義，1見：鼒(鑄)其龢鐘，台(以)䢵其祭祀盟祀，台(以)樂大夫，台(以)宴士庶子，旾(慎)為之名(銘)。(1·245邾公華鐘，西晚)

為_6：作為義，2見，如：昔者，郾(燕)君子噲，觏弃夫猎(悟)，詪(長)為人宗，闓於天下之勿(物)矣，猶羺(迷)惑於之子而汖(亡)其邦。(5・2840中山王嚳鼎，戰晚)

為_7：當作義，7見，如：晉姜用䁥(祈)韓(綽)綰眉壽，乍(作)疐為亟(極)，萬年無彊(疆)，用亯(享)用德。(5・2826晉姜鼎，春早)

作_1：製作義，用例很多，如：白(伯)庶父乍(作)䀇殷(簋)，甘(其)萬年子子孫孫永寶用。(9・4410伯庶父䀇蓋，西晚)

作_2：建造義，1見：王作榮仲宫，在十月又二月生霸吉庚寅，子加榮仲珥庸一、牲大牢。(榮仲方鼎，西早，《近出二編》第一冊342頁318—319)

作_3：制定義，1見：闢㧊(夙)夕敬念王㥯(威)不賜(惕)，女(汝)母(毋)弗帥用先王乍(作)明井(型)。(5・2841毛公鼎，西晚)

作_4：施行義，1見：朕吾考令乃鵙(嬗)沈子乍(作)级於周公宗，陟二公。(8・4330沈子它簋，西早)

作_5：當作義，5見，如：今兄(貺)叟(畀)女(汝)禚土，乍(作)乃寀。(5・2785中方鼎，西早)

作_6：做、為，1見：唯南夷毛敢作非良，廣伐南國。王命應侯視工曰：征伐毛。我乃命撲伐南夷毛，我多俘戎。(應侯視工鼎，西中，《近出二編》第一冊348頁323)

作_7：造成義，1見：斃㢣唯有宥縱，酒敉鰥寡，用作余我一人㤜(怨)，不肖佳(唯)死。(卌三年逨鼎，西晚，《近出二編》第一冊362頁330—339)

第二節　動詞的本義和引申義

兩周金文(特别是西周金文)是僅次於甲骨文的早期文字，故有為數不少的詞，其詞義中保留了字的本義或詞的本義。將兩周金文中出現本義用法的各詞與前此的殷墟甲骨文相比，則有兩種情况：一是本義見於殷墟甲骨文的，二是本義為周金文始見的。前者如①：

歸：《詁林》(3035頁)按語謂："甲骨文歸字從𠂤，從帚……。卜辭用為歸返意。"楊逢彬(48頁)不及物趨止動詞下有"歸_216"。

復_1：殷墟甲骨文中有"复"無"復"，《詁林》(864頁)按語謂："字當釋复，段玉裁謂復字乃後增，徐灝謂复復古今字，甚是。……其用作動詞者如：王复；王弗复。……《爾雅・釋言》訓'复'為'返'，《說文》訓'復'為'行故道'，

---

① 各詞依音序排列。所引陳年福結論見其《殷墟甲骨文詞彙概述》，楊逢彬說見其《殷墟甲骨文刻辭詞類研究》(花城出版社，2003年)，文中不再一一標明。所用楊逢彬結論中如"歸_216"，表示"歸"在殷墟甲骨文中出現了216次。餘同。

訓'復'為'往來',義均相因。此言'復',猶它辭之言'歸'。"楊逢彬(48頁)不及物趨止動詞下有"复$_{32}$"。西周金文始見"復"字,表"返回、回歸"義。

往:《詁林》(834頁"坒")按語謂:"坒從止王聲,其或體從土,小篆復譌變為從之在土上,許慎解為'草木妄生'。此乃往來之本字";楊逢彬(53頁)及物趨止動詞下有"往$_{554}$";《疏證》(1745頁"坒")下謂:"甲骨文坒,讀往。……'坒來',讀'往來'"。

至$_1$:《詁林》(2555頁)按語謂:"林義光《文源》云:'至與鳥形不類。古矢或作□,則□者矢之倒文。從矢射一,一象正鵠。矢著於鵠,有至之象。'謂□為矢之倒文是對的,'一'不必象正鵠。一者矢之所止,乃指事,是為至意。卜辭多用為'到',為'達',為'來',乃其本義。"楊逢彬(48頁)不及物趨止動詞下有:至(敍述句謂語$_{68}$,作"有""無"的賓語$_{26}$,定中結構"至艱"作"有""無"的賓語$_{11}$)。

即$_1$:《詁林》(373頁)按語謂:"實則'即'字象人就食形,引申為一切即就之義。……卜辭'即'字多用為'就'。"徐中舒《甲骨文字典》(558頁)釋義有"就也,至也";趙誠《甲骨文簡明詞典》(349頁)謂:一表示鬼神來就食;二表示比較抽象的"來就";陳年福(43頁)運動類下有"即(靠近)"。

出$_1$:殷墟甲骨文已見①,楊逢彬(48頁)不及物趨止動詞下有"出$_{504}$"。

入$_1$:《詁林》(1900頁)謂:"卜辭'入'與'來'相近,但有別,'王入於商'不得言'王來於商';……甲橋刻辭'某入'是貢入龜甲之意。……古文字'入''內''納'皆同源"。陳年福(43頁)運動類和取予類均有此詞;楊逢彬(53頁)及物趨止動詞下有"入(乙$_{47}$)"。

陟$_1$、降$_1$:《詁林》(1255頁)謂:"卜辭'陟'與'降'相對為言,此乃用其本義,亦用為祭名";徐中舒《甲骨文字典》(1510頁)釋為"祭名";趙誠《甲骨文簡明詞典》(352頁)釋為"登高、升上"義;陳年福運動類有此詞。據《疏證》(114頁),甲骨文、金文皆用其本義。鄧章應認為甲骨文中"降"有表示從高處到低處、神或先人的靈魂從天上降臨到人間、自然物質降落、降災或降福、祭祀等義項。同時說明"降禍"類卜辭很多。"陟"有由低處到高處、一種祭祀、給以三個義項②。

步:徐中舒《甲骨文字典》(142頁)釋義有"行也"和"祭名";趙誠《甲骨文簡明詞典》(344頁)謂"本義為步行";《詁林》(761頁)引羅振玉云:"《說文

---

① 徐中舒《甲骨文字典》(682頁)、趙誠《甲骨文簡明詞典》(346頁)、《甲骨文字詁林》(774頁)、陳年福《殷墟甲骨文詞彙概述》(42頁、43頁)、巫稱喜《甲骨文"出"字的用法》(《古漢語研究》1997年1期29頁)、《疏證》(3231頁)。

② 鄧章應《甲骨文"降""陟"語義語法探討》,《內江師範學院學報》2002年3期27—32頁。

解字》：'步，行也。'案步象前進時左右足一前一後形"。王襄云："契文步象二止相隨之形，一向左，一向右。……或從'行'"。《甲骨金文字典》(104頁)謂："甲金文象足一前一後之形，以會行進之義。或增從行，象人步於通衢，與《說文》步字篆文構形同"。陳年福運動類和軍事類下皆有此詞。周金文只1見：正月既生霸戊午，王步自宗周（晉侯蘇編鐘，西晚，《近出》一冊59頁）。

涉$_1$：殷墟甲骨文已見，本義為涉水，各家釋讀無疑義①。楊逢彬（53頁）及物趨止動詞下有"涉$_{99}$"。

先：《詁林》(829頁)謂："卜辭均用為先後之先"；陳年福運動類下有此詞；楊逢彬（48頁）不及物趨止動詞下有"先（乙$_{27}$，先行）"。但周金文用例有限。

還$_2$（旋）：甲骨文已見，陳年福運動類下有"旋（返回，歸來）"；楊逢彬（48頁）不及物趨止動詞下有"旋$_{17}$（返回）"。

賜$_1$：殷墟甲骨文已借"易"為"賜"，兩周金文沿用，西周金文偶有借"賜""錫"者，東周金文始見"賜"，也偶有借"惕""賜"者。《詁林》(3388頁)引於省吾說："甲骨文以易為錫並不多見，例如：'易貝朋'、'易多女又貝朋'、'易牛五'，是其證。……甲骨文的錫禾，無疑是商王對臣僚賞賜禾稼的貞卜"。(3390頁)按語謂："卜辭'易'又用為'錫'。《佚》五一八辭云：'王易宰豐帚下帚……'，與金文易用作錫同。"兩周金文中"賜"很多見。

受、授：殷墟甲骨文和周金文皆只有"受"無"授"，同時"受"兼"接受"和"授予"二義。《詁林》(3165頁)引楊樹達說："蓋象甲以一手授舟，乙以一手受之，故字兼授受二義。……古人以一字兼授受兩方之義，金文時猶然。"(3166頁)引林義光《文源》謂："授受二字，古皆作受。……卜辭之帝受我又；帝不我其受又，'受'均讀作'授'，而'王受又'則讀如字。"

羞$_1$：《詁林》(1548頁)引羅振玉說："從又持羊，進獻之象。《說文》：'羞，進獻也。'"按語謂："契文羞字從又，不從丑，與金文同。……熟食為羞，乃羞之另一義"。(1549頁)謂："……此均用為'薦羞'之義。"②楊逢彬（24頁）標明"羞"有3例；張勇（39頁）謂："'羞'在卜辭中用例非常少，句型結構簡單"。

尊$_1$：徐中舒《甲骨文字典》(1607頁)謂："疑有奉獻登進之義，用為祭

---

① 徐中舒《甲骨文字典》(1226頁)、趙誠《甲骨文簡明詞典》(352頁)、《甲骨文字詁林》(764頁)、陳年福《甲骨文動詞詞彙研究》(43頁)、《疏證》(3991頁)。

② 徐中舒《甲骨文字典》(1584頁)、陳年福《甲骨文動詞詞彙研究》(43頁)、楊逢彬《殷墟甲骨刻辭詞類研究》(24頁)、張勇《甲骨文取予類動詞研究》(西南大學2010年碩士學位論文39頁)、《疏證》(668頁)同。

名";趙誠《甲骨文簡明詞典》(320頁)謂:"甲骨文作為動詞,有奉承、薦進、貢獻之義";《詁林》(2693頁"尊")謂:"用本義'奉承'之義";(2695頁"䏌")謂:"與'尊'同,均為奉薦之義";陳年福(44頁"尊")謂:"陳薦物品";《疏證》(3748頁"尊")謂:"甲骨文有奉薦義,置祭以祭";(3749頁"䏌")謂:"甲骨文讀尊,奉薦"。

致$_1$:趙誠《甲骨文簡明詞典》(318頁"𦥑")謂:"甲骨文用作動詞,有送詣之義,當為致之異體";《詁林》(437頁"𦥑")引郭沫若云"𦥑當是致之異,送詣也。"按語謂:"郭沫若釋'致'可從。《合集》二七八九〇辭云:'更小臣妥𦥑不乍自魚',用作動詞,乃其本義。"《疏證》(3336頁"㤈")下認為"《旮鼎》讀致。《說文》'致,送詣也。'引申為付給"。

取$_1$:《詁林》(652頁)按語謂:"取字從又從耳,本義為軍戰獲耳,引申為一切取獲之義。卜辭取之用法有三:一為凡取得之義,如'取牛'、'取馬'、'取芻';一為'娶',如⋯⋯。一為祭名。"楊逢彬(39頁)標明數量為59。

得:据《疏證》(158頁):甲骨文得,用其本義。金文沿襲。

獲$_1$:甲骨文金文皆作"隻"。《詁林》(1672頁)引羅振玉說:"《說文解字》:'獲,獵所獲也。從犬蒦聲。'此從隹從又,象捕鳥在手之形,與許書訓為一枚之隻字同形。"引孫海波說:"卜辭隻字象以手捕鳥,用為獲得之獲。"(1672頁)按語謂:"卜辭隻皆用為獲。從手持隹為獲,引申之為凡一切獲得之意。隻為獲之初文,獲為後起形聲字。許慎訓'隻'為'鳥一枚',義乃晚出,非其初朔。"楊逢彬(70頁)標明"獲"有354例。

命$_1$、令:甲骨文有"令"无"命",周金文始見"命"字,然二字本同源。甲骨文金文皆用本義"命令";楊逢彬(47頁)可用於兼語式中的行為動詞下标明"令"的出現次數為237。

征:《詁林》(790頁)引孫詒讓云:龜文云征者有二:一為征行之征⋯⋯一為征伐之征⋯⋯吳其昌云:"'正'之原始本義,為征,為行。⋯⋯其初本未嘗固定為軍旅討伐,或巡省邦國,或縱狩郊幾,因皆可通稱為'征'也。"楊逢彬(38頁)及物行為動詞下有"征$_{123}$"。周金文中既有表"远行"义的"征",亦有表"征伐"義的"征"。

羍(敦$_1$):甲骨文金文皆作"羍",傳世文獻作"敦"。陳煒湛《甲骨文同義詞研究》(《甲骨文論集》40頁)謂:"羍,從亯從羊,在卜辭中除作地名者外,均讀作敦,訓為迫,有征伐義。王國維曰:'羍,戟皆迫也,羍者敦之異文'。郭沫若謂:'羍者撻伐也,《詩·魯頌》:'敦商之旅',宗周鐘'王羍伐其至'。'信然。"

追$_1$:《甲骨金文字典》(132頁)謂:"《說文》:'追,逐也。從辵,自聲。'

甲骨文從止,從自;金文從辵,從自。從止與從辵相通,為《說文》追字篆文所本。"

逐:甲骨文已見。各家多提及甲骨文中"追""逐"是有區別的,前者的對象限於人,而後者的對象限於動物(參見《詁林》843—844頁)。楊逢彬(35頁)及物行為動詞下有"逐$_{183}$"。周金文中二詞詞義已無差別,但出現頻率均不高。

及:《詁林》(108頁)引孫詒讓:"《說文·又部》及,逮也,從又人,是也。"(109頁)引郭沫若:"'及'同'逮',即逮捕之意,此為本義,後假為暨與之及,而本義遂失。"(110頁)按語謂:"甲骨文及字從又從人,……卜辭及字之用法有三:一、用為'追及'之本義。……"楊逢彬(38頁)有"及$_{47}$"。

戍:《詁林》(2345頁)引李孝定云:"《說文》:'戍,守邊也。從人持戈。'契文象人立戈下之形,與小篆同。……卜辭用'戍'之義為戍守。……其義均為戍守與許書同。"(2346頁)按語謂:"卜辭'戍'或用作動詞,乃戍守之義。"楊逢彬(32頁)有"戍$_{101}$"。

俘:《詁林》(544頁)按語謂:"甲骨文俘字作□□□諸形,即《說文》訓為'軍所獲'之'俘'字之初形。亦即'孚'字。……'孚'又增'彳'為俘,……《說文》謂俘字從人孚聲,從人為從彳之譌變。《說文》訓'孚'為'卵孚',乃後起之義。……卜辭孚或俘用為俘獲之俘,為動詞"。陳煒湛《甲骨文同義詞研究》(《甲骨文論集》42頁)謂:"卜辭俘字較少見,其義與幸、執同";楊逢彬(35頁)表示對受事不利的及物行為動詞下有"俘$_2$"。

擒:《詁林》(2821頁)按語謂:"唐蘭據孫詒讓釋𢴎為禽之本字是對的。……𢴎本象有柄之網形……𢴎顯系禽之本字。……卜辭𢴎之用法有:一,人名;……二,地名……三,禽獲—今作擒。"

獻:殷墟甲骨文已借"見"表"獻納"義,各家無疑義;同時亦借"鬳"表"獻"義(或認為同時也已有"獻"字),如趙誠《甲骨文簡明詞典》(320頁"鬳")謂:"甲骨文作為動詞,讀為進獻之獻,有貢獻進奉之義";《詁林》(2739頁"鬳")謂:"屈萬里:□,即'鬳'字,於此當讀為獻,乃獻俘之義。鬳羌,謂所獻之羌人也。饒宗頤:□殆'鬳'字,即獻。"(2718頁"甗")按語謂:"字當釋'鬳',或從'虍'作□,乃繁體。《說文》鬳與甗歧為二字,訓'鬳'為鬲屬,訓甗為甑,均屬誤解。……《說文》又有獻字,解為'宗廟犬名,羹獻,犬肥者以獻之',實則字乃由甗孳乳分化而來,從犬乃從瓦之譌變。林義光《文源》云:……獻古作□,為甗之古文。鬳、甗、獻初本同文,從'犬'之'獻'乃'甗'形之譌變"。陳年福(43頁)取予類動詞下有"獻";楊逢彬(42頁)及物行為動詞下列有"獻$_1$",(39頁)舉有1例:乙卯卜,狄貞:獻羌,其用妣辛?(合 26954)張勇《甲骨文取予類動詞研究》(40 頁)認為甲骨文中"獻"有單體和複體兩種。謂:"此字在甲骨文中總共出現了 3 次,……兩例辭意不確,最後一例當有進獻、獻納之意"。《疏證》(2661 頁"獻")謂"甲骨文不詳"。

既:《說文·皀部》:"既,小食也。從皀,旡聲。"《詁林》(379 頁)引羅振玉謂:"即象人就食,既象人食既。許君訓既為小食,誼與形為不協矣。……李孝定謂:契文象人食已,顧左右而將去之也。引申之義為盡。……卜辭既義或為已。辭云'既伐大啟'是也。……饒宗頤謂'既'者,《詩》鄭箋:'盡也'。春秋桓三年:日有食之,既。與卜辭'夕既'語例同。"据此"既"的本義為"食盡",引申而為一切的"盡",特別是表示動作的"完畢""結束",殷墟甲骨文中已有此用法。周金文沿用,但用例比較有限。

立₁:甲骨文字形象人立地上形,為"站立"之本義。殷墟甲骨文中已有此義,周金文沿用,出現頻率頗高。

寧₁:殷墟甲骨文已見,表"安寧"義①。周金文沿用,如:唯歸,遱(揚)天子休,告亡尤,用龏(恭)義(儀)寧侯,覭孝於井(邢)厌(侯)(11·6015 麥方尊,西早)。

協:殷墟甲骨文已見"劦"字,表"協和"義,周金文沿用,如:盭盭允義,翼受明德,曰(以)康奠龢(協)朕或(國)(1·262—270 秦公鎛,春早)。

訊:徐中舒《甲骨文字典》(223 頁)謂:"訊問戰俘";《疏證》(3586 頁)謂:"甲骨文讀訊。《說文》'訊,問也。'甲骨或指訊問獄訟之事"。

学:殷墟甲骨文已見,表"學習、仿效"義。周金文沿用,如:丁卯,王令靜嗣(司)射學宮,小子眾服眔小臣眔尸僕學射(8·4273 靜簋,西中)。

使₁:殷墟甲骨文已有"史",各家皆认為用作"使",表"使令、派遣"一类義。如徐中舒《甲骨文字典》(317 頁"史")謂:"用如使,令也";趙誠《甲骨文簡明詞典》(344 頁)謂:"甲骨文作為動詞,用作使,有指使、派遣之義";《詁林》(2961 頁)按語謂:"卜辭'史'、'事'、'使'無別。……卜辭多用史為使"。周金文沿用此義。

與字形本身即體現出的本義(字本義)不同的是有些詞的本義不是其字形本身所顯示出的意思,而是一個字所代表的詞所擁有的最初意思(一般稱為詞本義),如:

來₁:本為"麥"之象形,後借為往來、來去之"來",殷墟甲骨文中已有用例。《詁林》(1456 頁)按語謂:"卜辭穀物之'來'與'往來'之'來'已分化為二字,不相混淆。目前尚未見以'來'為穀物名之明確例證。"陳年福(43 頁)

---

① 徐中舒《甲骨文字典》(504 頁)、趙誠《甲骨文簡明詞典》(335 頁)、《甲骨文詁林》(2662 頁)。

運動類下有此詞;楊逢彬(42頁)及物行為動詞B3下有"來(甲92)";(48頁)不及物趨止動詞下有:來乙定語$_{483}$(其中"來艱""來禍"等作"有""無"的賓語27例),敍述句謂語$_{391}$。

行$_1$:《詁林》(2227頁)引李孝定說:"《說文》'行,人之步趨也,從彳從亍。'古文象四達之衢,羅屈之說是也。"陳年福(59頁)軍事類有:行(行軍)。

於:構形理據不明,但甲骨文中已用為"往"義動詞;楊樹達《積微居甲文說》(22頁)謂:"《書契前編》卷肆云:'貞卿事於寮北宗,不遘大雨?'按:古音事與士同,卿事即卿士也。於當訓往,於寮北宗,謂往寮於北宗也"。郭錫良謂:"我們考察了《甲骨文摹釋總集》'於'字的全部用例,認爲胡小石先生的意見是對的,甲骨文中'於'字確已用作介詞;而楊樹達先生的意見也對,甲骨文中還是有不少'於'字用作動詞"。① 陳年福(43頁)運動類動詞下有"於",釋為"到……去"。但《詁林》謂:"卜辭於字未見用作動詞者。楊樹達舉前四·二一·七以為當訓為往,實則該片已殘缺,亦有可能讀作'使於北宗不大雨','卿……寮'當屬下段之殘文"。

才(在):"才"為草木萌芽形,借為表示存在的"在",甲骨文中已用為動詞,周金文沿用,且出現頻率極高。

亡$_1$:本為鋒芒之"芒"本字,借為表示"沒有"義的"亡",甲骨文中已見,周金文沿用。

其他如用(使用)、作(製作)、鑄、焚、漁、酓(飲)、狩、鼓(擊鼓)、舞、射、卿(饗)、宅、執、生、冬(終)、卒(完成)、喪、曰、告、乎(呼)、訊、聞、見、監、省、循(巡視)、冓(遘)、逆、祀、享(祭祀)、畏、并、有。或其字本義,或其詞本義,均同時見於殷墟甲骨文和周金文中,可由此看出甲骨文至金文一些常用詞的詞義延續性。

本義為周金文始見的,如:

返:殷墟甲骨文中有"反",但只用為地名;周金文中"反"始表"返回"義,東周金文始見"返"(和彶)。殷墟甲骨文中有"旋"表"返回"義,陳年福《概述》運動類下有此詞,釋為"返回,歸來"義;楊逢彬不及物趨止動詞下有"旋$_{17}$"。

乘:殷墟甲骨文中已見,然只用為人名(見《詁林》298頁),周金文始見"登升"義,但用例有限。

辻(上):殷墟甲骨文有"上",然不用為動詞;東周金文始見"辻",用其本義。

---

① 郭錫良《介詞"於"的起源和發展》,《中國語文》1997年2期131—138頁。

遹：表"循"義，金文始見（參見《疏證》3259頁），《爾雅·釋詁上》："遹，循也。"

述：表"循"義，金文始見（參見《疏證》3245頁）。

徂：《說文》"徂，往也。"殷墟甲骨文未見，周金文始借"叡、遺"為"徂"。

造₁：《說文》："造，就也。"殷墟甲骨文未見，金文始借用"艁、造"為表"往至"義之"造"（2見）。

汲：《說文》："汲，急行也"，殷墟甲骨文未見，周金文始見。

迊₁：殷墟甲骨文未見，周金文始見，表"行"義，如：隹（唯）正月初吉辛亥，囗安之孫鬲（鄝）大史申，乍（作）其造（祰）鼎十，用迊（征）台（以）迊（5·2732 鄝大史申鼎，春晚）。同時亦引申出表"征伐"義的用法。

逾：表"逾越"義，東周金文始見：逾頯（夏），内（入）邔，逾江，就彭，弜（逆）就松易（陽）。内（入）瀘（瀘）江，就爰陵。迊江内（入）湘，就朕，就邡易（陽）。内（入）灛，就鄐，内（入）絭（資）沅澧囗，迊江。（18·12113 鄂君啟舟節，戰國）

遊₁：殷墟甲骨文有"斿"，為"遊"之本字，《詁林》（3060頁）謂："字在卜辭為地名"。戰國金文始見"行遊"義之用例，如：氏（是）目（以）眘（寡）人匽（委）賃（任）之邦，而去之遊，亡憵（慷）惕之息（慮）。（5·2840 中山王譽鼎，戰晚）

賞：殷商金文始借"商"表"賞賜"義，後造從貝之"賞、賣"字。《詁林》（2063頁）謂："西周金文而後，始見假商為賞者，甲骨文則所未見。"

貺：晚商金文始借"兄"為"貺"，西周早期沿用，中期以後不見。

饋：西周金文始借"歸"為"饋"，同時也借"遣""償"為"饋"，表"賜予、饋贈"義。傳世文獻則作"饋"或"餽"。

齎：周金文始借用"儕""劑"表"賜予"義，傳世文獻作"齎"。

贈：殷墟甲骨文、金文皆有"曾"無"贈"。《詁林》（2125頁）引於省吾說："甲骨文曾字常見，每用為地名"；《甲骨金文字典》（49頁"曾"）謂："象蒸熟食物之具，即甑之初文"。周金文始借"曾"表"贈"義。

敕：周金文始見，表"治理"義，如：肄克龏（恭）保氒（厥）辟龏（恭）王，諫（敕）辪（乂）王家，叀（惠）於萬民。（5·2836 大克鼎，西晚）

乂₁：周金文始借"辪"表"治理"義，李孝定《金文詁林讀後記》（490頁）謂："辪字《說文》訓辠，似與金文訓治不合，實則辠必當治，義本相因"；楊樹達氏謂："說文訓治，無輔翼之義，按輔翼之期歸於正，則與治義自得相通，且銘云保辪、襄辪，直以治義解之，義亦洽適。"

整：周金文始見，表"整頓、整治"義，如：王唯返歸，在成周，公族整師。（晉侯蘇編鐘，西晚，《近出》第一冊59頁）

定：周金文始見，表"安定"義，如：余非敢寧忘（荒），有虔不易，輇（佐）右（佑）

楚王,窒窒臨(為)政,天命是匯,定均庶邦。(1·210—222蔡侯紐鐘,春晚)

訟:《疏證》(1127頁)謂:"金文始見,用其本義。"如:牧牛,叔!乃可(苛)湛(甚),女(汝)敢曰(以)乃師訟。(16·10285儺匜,西晚)

罰:金文始見(參見《疏證》2514頁),見於師旅鼎(5·2809西中)、儺匜(16·10285西晚)、散氏盤(16·10176西晚)、叔夷鐘(1·285春晚)等器。

鞭:金文始見,表"鞭打"義,見於《曶鼎》(5·2838西中)和《儺匜》(16·10285西晚)兩器。

棄:《疏證》(3327頁)谓:"甲骨文辭殘,其義不明"。周金文始見,表"拋開"義,見於《中山王譽鼎》。

赦:表"赦免"義,周金文始見,如:我義(宜)便(鞭)女(汝)千,嚴毆女(汝)。今我赦(赦)女(汝),義(宜)便(鞭)女(汝)千,黜毆女(汝)。今大赦(赦)女(汝),便(鞭)女(汝)五百,罰女(汝)三百寽(鋝)。(16·10285儺匜,西晚)

殛:表"刑罰"義,周金文始見:其有敢亂茲命,曰:汝使召人,公則明殛(五年琱生尊,西晚,《近出二編》第二冊273頁587—588)。李學勤謂:"殛,《爾雅·釋言》'誅也'";徐義華括注了"殛",翻譯為"懲罰";陳美蘭作:公則明□(殛?);王進鋒、邱詠海譯為:(我們的先祖召公)就會昭明而誅之;王沛譯為"嚴懲"。①

更(賡):殷墟甲骨文已有"更"字,然無動詞義。(參見《詁林》2058頁)。周金文始借"更"表示賡續、繼承義,如:王命尹冊命申:更乃祖考疋(胥)大祝。(8·4267申簋蓋,西中)

嗣:周金文始見(參見《疏證》269頁),表"繼承"義,如:余隹(唯)司(嗣)朕先姑君晉邦,余不段(暇)妄(荒)寧,巠(經)雝明德,宣虩我猷,用醫(召)匹辟。(5·2826晉姜鼎,春早)

纘:周金文始見,表"承繼"義,借用"餴、屆、屖"等字,如:易(賜)戈禹(琱)戚彤沙,用(纘)乃且(祖)考事。(8·4258—4260害簋,西晚)

持:周金文始見,借"寺"為"持",表示"持有"義,如:鑄辝穌鐘二鍺(堵),台(以)樂其身,以宴大夫,以喜者(諸)士。至於蠤(萬)年,分器是寺(持)。(1·149—152郘公牼鐘,春晚)

寶:據《疏證》(705頁),甲骨文用為名詞,金文均為珍貴義。周金文中常見"其萬年子子孫孫永寶用""其萬年永寶用""永寶用享"等形式,其中的"寶"皆為"珍藏"義。

---

① 李學勤《琱生諸器銘文聯讀研究》(《文物》2007年8期73頁)、徐義華《新出土〈五年琱生尊〉與琱生器銘試析》(《中國史研究》2007年2期18頁)、陳美蘭《說琱生器兩種"以"字的用法》(《古文字學論稿》314頁)、王進鋒、邱詠海《五年琱生尊與琱生器人物關係新論》(《寶雞文理學院學報(社會科學版)》2008年3期48頁)、王沛《"獄刺"背景下的西周族產析分——以琱生器及相關器銘為中心的研究》(《法制與社會發展》2009年5期43頁)。

經₂：金文始見，《疏證》（2120 頁"巠"）引傳世文獻訓為"行也"。再引申為遵循義。如：朕文考其巠（經）遺姬、遺白（伯）之德言（爯簋，西晚）。吳振武《新見西周爯簋銘文釋讀》（《史學集刊》2006 年 2 期 85 頁）謂："'巠'可讀作'經'，是'行'或'遵循'的意思。"

放（仿）：東周金文始見，借"放"為"仿效"之"仿"：隹（唯）朕皇祖（祖）文武，桓（桓）且（祖）成考，是又（有）純（純）惪（德）迻（遺）紃（訓），曰（以）阤（施）及子孫，用隹（唯）朕所放（仿）。（15·9735 中山王䯂方壺，戰早）

事₂：徐中舒《甲骨文字典》（317 頁"史"）有"用如事，事業之義""任事者之稱""用如使，令也"等義項；趙誠《甲骨文簡明詞典》（344 頁"事"）謂："甲骨文作為動詞，用作使，有指使、派遣之義"；《詁林》（2961 頁）按語謂："卜辭'史'、'事'、'使'無別。……卜辭多用史為使"。據《疏證》（251 頁），甲骨文已見，用為名詞；金文則有名詞、動詞兩種用法。准此，則殷墟甲骨文中"事"尚無"臣事、行事"義，周金文始見此義，如：用井（型）乃聖且（祖）考，䧘明黻辟前王，事余一人。（5·2830 師訇鼎，西中）

輔：殷墟甲骨文未見，西周金文始借"專"為"輔"，表"輔佐、輔助"義，如：王若曰：師訇（詢），不（丕）顯文武雁（膺）受大命，亦剌（則）於女（汝）乃聖且（祖）考，克專（輔）右（佑）先王（8·4342 師訇簋，西晚）。東周金文始見"輔"字：以輔相氒（厥）身（15·9735 中山王䯂方壺，戰晚）。

胥：殷墟甲骨文中有"疋"字，但只用為人名，如《詁林》（821 頁）按語謂："此為人名，或以為足字，李孝定以為當釋為'疋'，其意見是正確的"。周金文除 1 例借用"楚"外，餘皆借用"疋"為"胥"。《爾雅·釋詁》"胥，相也"；《方言》"胥，輔也"。則表"輔佐"義為"胥"之詞本義。周金文如：王乎（呼）內史尹冊令師兌：疋（胥）師龢父司左右走馬。（8·4276 豆閉簋，西中）

弼：周金文始見，表"輔佐"義：懋學趄趄，哉弼王邠，室攻（捍）庶戲，台（以）祗光朕立（位）。（1·120—132 者沪鐘，戰早）

保₂：徐中舒《甲骨文字典》（876 頁）釋義有"安也，定也"；趙誠《甲骨文簡明詞典》（325 頁）謂："為保護佑助之義"；《詁林》（174 頁）謂："'保'均為祐護之義。……卜辭保字象背負子形"；陳年福《甲骨文詞義論稿》（5 頁）釋為"保護、保佑"義；楊逢彬（41 頁）同。周金文沿用"保護、保佑"義，如：白（伯）亦克䛠由先且（祖）睪孫子一䰜（湛）皇辟懿（懿）德，用保王身（5·2830 師訇鼎，西中）。同時又引申出"輔佐"義用法，如：肆克龏（恭）保乂辟龏（恭）王，諫（敕）辭（辥）王家，叀（惠）於萬民（5·2836 大克鼎，西晚），郭沫若《大系考釋》（122 頁）謂："'肆克龏保乂辟龏王'句謂故能敬輔其君恭王"；楊樹達《金文說·秦公簋跋》（26 頁）

謂:"銘文'保業'猶《書》云'保乂',詩云'保艾',《克鼎》諸器云'保辥。'《爾雅·釋詁》云:'艾,相也。'凡言'保業''保艾''保辥'者,皆謂保相也"。廖序東《金文中的同義並列複合詞》(164頁)謂:"楊樹達云:古人保傅連言,傅之為言輔也,保傅義近,知保亦有輔義。……則'保辥'二字同義並列成詞。宗婦簋'保辥囗國',晉邦盦'保辥王國',均輔佐之義。古文獻中均作'保乂'、'保艾'"。

䛷、嗣(司):金文始見(參見《疏證》269頁),表"治理、主持、掌管"等義,如:王曰:恒,令女(汝)更𦅫,克䛷(司)直(值)啚(鄙),易(賜)女(汝)鑾旂,用事。(8·4199—4200恒簋蓋,西中)

勤:殷墟甲骨文已有"堇"字,然均讀為"艱"。西周金文始借為"勤",表"勤勉、勤勞"義,如:王肇遹省(省)文武堇(勤)彊(疆)土(1·260𫘫鐘,西晚);東周金文始見"勤"字,如:昔者,虗(吾)先祖(祖)趄(桓)王,邵(昭)考成王,身勤社稷行四方,目(以)憂惢(勞)邦家(5·2840中山王𰵂鼎,戰晚)。同時也出現了"勤勞"一詞:霝生叔尸(夷),是辟於齊𠊱(侯)之所,是忘(小心)龏(恭)遵,龗(靈)力若虎,堇(勤)袈(勞)其政事,又(有)共(恭)於公所(1·285叔夷鐘,春晚)。

懋:金文始見,表"勤勉"義,當為詞本義,如:瘌不敢弗帥且(祖)考秉明德,㲽夙(夙)夕左(佐)尹氏。皇王對瘌身瘌(懋),易(賜)佩。(1·247—250瘌鐘,西中)

俾:周金文始見,表"使令"義,如:朕文母競敏囗行,休宕氒(厥)心,永襲氒(厥)身,卑(俾)克氒(厥)啻(敵)。(8·4322彧簋,西中)

引申義是指由本義發展派生出來的一個或一系列詞義,兩周金文因為時代較早,以及特定內容的限制等原因,動詞的引申義表現得相對單純,引申方式也大都屬於直接引申。據本義和引申義的出現情況可歸為下述兩種。

一、本義和引申義同時見於金文的,如:

復:本義為"返回",如:霝氒(厥)復歸,才(在)牧自(次),白(伯)懋父承王令易(賜)自(師)達(率)征自五齵貝(8·4238—4239小臣謎簋,西早);引申出"還付"義,如:執嗾(訊)冊,奪孚(俘)人三(四)百,畗於炎(榮)白(伯)之所,於恝衣(卒)肂,復付氒(厥)君(8·4323敔簋,西晚);再引申出"奪回"義,如:報(執)嗾(訊)廿又三人,孚(俘)戎車百乘一十又七乘,衣(卒)匋(復)筍(郇)人孚(俘)(5·2835多友鼎,西晚)。

行:本義為"行走",如:弔(叔)邦父乍(作)匜(簠),用征用行,用從君王(9·4580叔邦父簠,西晚);引申出"施行"義,如:事㜏(少)女(如)張(長),事愚女(如)智,此易言而難行旃(5·2840中山王𰵂鼎,戰晚)。

征:本義為"遠行",如:衛姒乍(作)鬲,目(以)從永征(3·594衛姒鬲,春早);引申出"征伐"義,如:隹(唯)王九年九月甲寅,王命益公征眉敖,益公至,告(8·4331乖伯歸夆簋,西晚)。

從:本義為"跟隨",如:隹(唯)正月初吉庚寅,宴從厥父東,多易(賜)宴,宴用乍(作)朕文考日己寶殷(簋,7·4118—4119宴簋,西晚);引申出"追擊"義,如:從至,追博(搏)於世,多友或(又)右(有)折首馘(執)噝(訊),乃轊追,至於楊冢(5·2835多友鼎,西晚)。

逆:本義為"迎接",如:柀(散)車父乍(作)皇母□姜寶壺,用逆姞氏,白(伯)車父甘(其)萬年子子孫孫永寶(15·9697散氏車父壺,西中);引申出違背義,如:女(汝)敏於戎工(功),弗逆朕親命(卅二年逨鼎,西晚,《近出二編》第一冊356頁328—329)。

去:本義為"離去",如:余鄭(鄭)邦之產,少去母父,乍(作)鑒(鑄)飤器黃鑊(5·2782哀成叔鼎,戰早);引申出"去除"義:日夋(夜)不忘大夸(去)型(刑)罰,目(以)惪(憂)乓(厥)民之隹(罹)不埱(辜)(15·9734中山奸盜壺,戰早)。

涉:本義為"涉水",如:自瀀涉目(以)南,至於大沽,一弄(封),目(以)陟,二弄(封),至於邊柳(柳),復涉瀀(16·10176散氏盤,西晚);引申出"經過"義,如:殷妊彶□乓(厥)從格白(伯)戹(安)彶甸,殷谷杜木□谷旅桒,涉東門。乓(厥)書史戠武立亝(齍)成墊(8·4262佣生簋,西中)。

及:本義為"追及",如:乙卯,王令保及殷東或(國)五戾(侯),征(誕)兄(貺)六品(10·5415保卣,西早);引申出"到達"義,如:殷妊彶(及)□乓(厥)從格白(伯)戹(安)彶(及)甸(8·4262佣生簋,西中);再引申而表示範圍的到達,如:隹(唯)朕皇褆(祖)文武,趄(桓)且(祖)成考,是又(有)純(純)惪(德)逴(遺)怂(訓),目(以)阤(施)及子孫(15·9735中山王嚳方壺,戰早)。

入:本義為"進入",如:隹(唯)十又二年初吉丁卯,益公内(入),即命於天子(16·10322永盂,西中);用於征戰場合,專指"攻入",如:鼎(員)從史旗伐會(鄶),鼎(員)先内(入)邑,鼎(員)孚(俘)金(10·5387員卣,西早);由本義亦可抽象化引申出"接納"義,如:克□匧,入土罘有嗣,用乍(作)寶障(尊)彝(克盉,西早,《近出》第三冊416頁942)。

奔:本義為"跑",如:易(賜)女(汝)井人奔於量(量),敬夙(夙)夜用事,勿灋(廢)朕令(5·2836大克鼎,西晚);引申出"追擊"義,如:戜達(率)有嗣(司)師氏奔追戜(襲)戎於賦林,博(搏)戎默(8·4322戜簋,西中);由本義亦可引申出"戰敗逃走"義,如:王至淖列,淖列夷出奔(晉侯蘇編鐘,西晚,《近出》第一冊59頁)。

迀:本義為"遠行",如:□安之孫籓(鄫)大史申,乍(作)其造(祰)鼑(鼎)十,用迀(征)台(以)迀(5·2732鄫大史申鼎,春晚);引申出"征伐"義,如:唯廿又再祀,屬羌乍(作)戎乓(厥)辟旟(韓)宗敵(徹),迀(率)征秦迌(迮)齊(1·157—161屬羌鐘,戰早);由本義又可引申出專門的"嫁"義,如:叔姬霝乍(迀)黃邦,曾戾(侯)乍(作)弔(叔)

162

姬邛嬭剩(媵)器嘉彝,甘(其)子子孫孫其永用之(9·4598曾侯簠,西晚)。

出:本義為"離開、外出",如:楚公逆出,求厥用祀(楚公逆編鐘,西晚,《近出》第一冊238頁);用於征戰場合,引申出"出動"義,如:隹(唯)戎大出【於】軝,井(邢)厌(侯)厝(搏)戎(8·4237臣諫簋,西中);又同步引申出"繳納"義,如:淮尸(夷)舊我員(帛)畮(賄)人,母(毋)敢不出其員其責(積)其進人其貢(貯)(16·10174兮甲盤,西晚);抽象化引申出"發佈"義,如:益公內(入)即命於天子,公乃出氒(厥)命(16·10322永盂,西中);進一步引申而有"失去"義,如:拍乍(作)朕配平姬鼎(敦),……永枼(世)母(毋)出(9·4644拍敦,春秋)。

降:本表"由高至低"義,如:王至晉侯穌師,王降自車,立南鄉(晉侯穌編鐘,西晚,《近出》第一冊59頁);引申出"降生"義,如:天命禹敷土,墮山濬川,迺差方設征,降民監德,迺自作配響(豳公盨,西中,《近出二編》第二冊138頁458);抽象化引申而有"發佈"義,如:王降征命於大(太)保,大(太)保克芍(敬)亡曾(遣)(8·4140太保簋,西早);而有"降予、賜予"義,如:曰古文王,初鳌龢於政,上帝降懿(懿)德大甹(屏),匍有三(四)方,匃受萬邦(1·251瘋鐘,西中);由"賜予"義向相反方向引申而有"祈求"義,如:朕皇考弔(叔)旅魚父寶鐘,降多福無【疆】(1·39叔旅魚父鐘,西晚)。

即:本義為"就、靠近",如:隹(唯)廿年正月既望甲戌,王才(在)周康宮,旦,王各大室,即立(位)(16·10170走馬休盤,西中);引申出"付與"義,如:迺或即舀用田二又臣【一】【夫】,凡用即舀田七田、人五夫,舀覓匡卅秭(5·2838舀鼎,西中)。

見:本义為"看見",如:見其金節則毋政(徵),毋舍桴飤,不見其金節則政(徵)(18·12110—12112鄂君啓車節,戰國);引申出"覲見"義,如:上帝後□九保受(授)天子綰(縮)令(命)厚福豐年,方繼(蠻)亡不䚅見(16·10175史牆盤,西中);由本義同時亦引申出"視察、巡視"義,如:唯王十又八年正月,南中(仲)邦父命駒父殷(即)南者(諸)厌(侯)逵(率)高父見南淮尸(夷)(9·4464駒父盨蓋,西晚)。

視:本義為"看",如:爾有唯(雖)小子亡(無)哉(識),睍(視)於公氏有□於天,敢(徹)令苟(敬)宮(享)戈(哉)(11·6014何尊,西早);引申出"參照"義,如:王後堂方二百㐄(尺),兀(其)牂(葬)睍(視)悆後(16·10478兆域圖銅版,戰晚)。

覲:本義為"覲見",如:女䜌董(覲)於王,癸日,商(賞)䜌貝一朋,用乍(作)䜌䵼(尊)彝(5·2579䜌方鼎,殷或西早);引申出"獻納"義,如:余弗敢屬(亂),余或至(致)我考我母令。琱生劘(則)董(覲)圭(珪)(8·4292五年琱生簋,西晚)。

命(令):本義為"命令",如:王令戜曰:䧢!淮尸(夷)敢伐內或(國),女(汝)甘(其)㠯(以)成周師氏戍於□自(10·5419—5420录戜卣,西中);引申而有"冊命"義,如:王乎(呼)內史尹冊命師兌,疋(胥)師龢父嗣(司)左右走馬、五邑走馬(8·4274元年師兌簋,西晚);由本義亦可引申出"賜予"義,如:楷白(伯)令氒(厥)臣獻金車,對朕辟休,乍(作)朕文考光父乙(8·4205 獻簋,西早)。

告:本義為"告訴",如:母(毋)折咸,告余先王若德(5·2841 毛公鼎,西晚);引申出特定的"訟告"義,如:乃師或曰(以)女(汝)告,則(則)俚(致)乃便(鞭)千,毆毁女(汝)(16·10285 儵匜,西晚)。

亡:詞本義為"無、沒有"義,如:隹(唯)歸,遲天子休,告亡述(11·6015 麥方尊,西早);同步可引申出"死亡""滅亡""喪失"等义,如:臣諫□亡,母弟引□(庸)有長子□(8·4237 臣諫簋,西中);隹(唯)民亡徣才(哉)!彝恚(昧)天令(命),故亡(8·4341 班簋,西中);孫孫子其萬年永寶用茲彝,其世毋亡(獄簋,西中,《近出二編》第二冊 110 頁 436)。

二、見於金文為引申義的,如:

比:殷墟甲骨文已見,《詁林》(136—137 頁)引林澐說:"在'比某伐某方'這類卜辭中的'比'字均從匕,不從人。……以上'比'字均作動詞用,是親密聯合之義"。(138 頁)引楊升南說:"在古文獻中,'比'字是一個多義性的字,除有密、集等意外,還有輔佐義"。陳年福《甲骨文詞義論稿》(66 頁)、楊逢彬《殷墟甲骨刻辭詞類研究》(41 頁)、《疏證》(3152 頁)皆從林說。西周金文中"比"有表"輔佐"義和"考校"義兩個動詞義項,前者如:王令吳白(伯)曰:目(以)乃自(師)左比毛父。王令呂白(伯)曰:目(以)乃自(師)右比毛父(8·4341 班簋,西中);後者如:翰伯慶賜彶戒簟弼、鼄膺、虎裘、豹裘。用政於六自(師),用校於比,用獄次(彶戒鼎,西晚,《近出》第二冊 204 頁 347)。

秉:字形為手持禾形,殷墟甲骨文已見,但不用為動詞。徐中舒《甲骨文字典》(290 頁)有"地名"和"義不明"兩項釋義;《詁林》(1421 頁)謂:"卜辭或為地名,或為動詞,其義不詳";《疏證》(1942 頁)謂:"甲骨文地名;金文執也"。周金文中或表具體的執持義,如"秉戈",或表抽象的"秉持、遵循"義(其後賓語基本為"德"),如:唯用妥福,暁前文人,秉德共(恭)屯(純)(5·2820 善鼎,西中);進一步引申而有"掌管、主持"義,如:王令毛白(伯)更虢臧(城)公服,峅(屏)王立(位),乍(作)三(四)方亟(極),秉緐蜀巢令(8·4341 班簋,西中)。

臣:殷墟甲骨文已見,象人之側目形,各家認為其本義指奴隸。殷墟甲骨文中用為職官名,如《詁林》(637 頁)按語謂:"卜辭'臣'為職官名,無一例外";《疏證》(3474 頁)謂:"甲骨文多用為職官名……金文有服事義"。由職官名引申而有"臣事、服事"義,西周金文始見,如:降克多福,眉壽永令(命),畯臣天子(9·4465 膳夫克盨,西晚)。

眔:《說文·目部》:"眔,目相及也。從目從隶省。"《詁林》(566 頁)引胡小石說:"眔猶暨也……由目相及引申為相暨及。卜辭凡言眔,義皆為暨,古金文並同";引郭沫若說:"眔字卜辭及彝銘習見,均用為接續詞,其義如及、如與……余謂此當系涕之古字,象目垂涕之形"。殷墟甲骨文中已引申出"及於、加上"等動詞用法①,周金文沿用,用為動詞有"參與"和"及於"兩個義項,前者如:厥東疆官人眔疆,厥南疆畢人眔疆,厥西疆荞姜眔疆(吳虎鼎,西晚,《近出》第二冊237頁);後者如:厥逆(朔)疆眔厲田,厥東疆眔散田,厥南疆眔散田眔政父田,厥西疆眔厲田(5·2832五祀衛鼎,西中)。

典:為雙手奉冊形,本指"典冊"。引申而有動詞"記載"義,周金文始見,如:追考(孝)對,不敢忞(惰),邵朕福盟(盟),朕臣天子,用冊(典)王令(8·4241邢侯簋,西早);再引申而有"授予"義,如:王才(在)周康穆宮,王令尹氏友史趛典譱(善)夫克田人(9·4465膳夫克盨,西晚)。

奠:《說文》:"奠,置祭也。从酋,酋,酒也。下其丌也,礼有奠祭者。"……裘錫圭謂:"殷墟卜辭中常見用為動詞的'奠'字。有些'奠'字用'置祭'的本義,多數'奠'字的意義已由對祭品或其他東西的放置引申為對人的安置"。② 金文《新邑鼎》(5·2682西早)有"王來奠新邑"句,其中的"奠"或釋為"置祭"義③,或釋為"奠定"義④,或釋為"安排"義⑤。由"奠祭"義引申而有"安置""安排"義,如:王親令克遹涇東至於京自(師),易(賜)克甸車馬乘,克不敢忞(惰),尃(敷)西(奠)王令(1·205—206克鐘,西晚);再引申而有"安定"義,如:不(丕)顯趩趩(桓桓)皇且(祖)穆公,克夾醤(召)先王,奠亖(四)方(5·2833禹鼎,西晚)。

伐:《詁林》(2339頁)引伍仕謙說:"伐有三種意義:……1是殺人,象以戈擊人頭。2是祭祀,……3是征伐之伐。即以武力打擊敵人之意,這是屬於引申的意義"。(2342頁)引劉釗說:"按擊殺應為伐字本義,後引申為征伐之義"。兩周金文中未見本義用法,但表"征伐"義常見(63例),"伐"的對象主要是敵方,如:過白(伯)從王伐反荊,孚(俘)金,用乍(作)宗室寶薦(尊)彝(7·3907過伯簋,西早)。

---

① 楊逢彬:《論殷墟甲骨刻辭中"暨"的詞性》,《中國語文》2003年3期251頁。
② 裘錫圭:《說殷墟卜辭的"奠"——試論商人處置附屬者的一種方法》,《史語所集刊》64本3分659頁,"中研院",1993年。
③ 如陳邦懷《金文叢考三則》(《文物》1964年2期48頁)謂:"此奠字當作祭祀解,《說文解字》:'奠,置祭也。'段玉裁注:'置祭者,置酒食而祭也。'……然則鼎文'王來奠新邑',乃言王來置祭新邑";《金文常用字典》(486頁)、《通解》(1086頁)同;王恩田《"成周"與西周銅器時代——兼說何尊與康王遷都》(《古文字學論稿》41頁)謂:"奠,非時而祭即曰奠(《周禮·甸祝》疏),指不定時的祭祀"。
④ 如陳夢家《西周銅器斷代》(65頁)謂:"鼎銘新邑前無介詞'於',知奠不作祭祀解,應為奠定之奠";唐蘭《史徵》(45頁)意譯為:癸卯這天,王到新邑來奠居。
⑤ 裘錫圭《說殷墟卜辭的"奠"——試論商人處置附屬者的一種方法》,《史語所集刊》64本3分675頁,"中研院",1993年。

合：殷墟甲骨文已見，《詁林》(730頁)引趙誠說："象器蓋相合，下面的口形即代表器物。卜辭用來表會合、聚合，乃合字之引申義"。(731頁)按語謂："余永梁謂'象器蓋相合之形'可信，引申為合，聚合，卜辭即用此義"。兩周金文中"合"有"協合"和"商議"兩個義項，後者是前者的進一步引申。前者如：卲(昭)合皇天，日(以)夔事䜌(蠻)方(1·267—270秦公鎛，春早)；後者如：隹(唯)五年正月己丑，禹(珝)生又(有)事，䮧(召)來合(會)事(8·4292五年珝生簋，西晚)。

夾：殷墟甲骨文已見，《詁林》(239頁)按語謂："《說文》：'夾，持也，從大俠二人。'段玉裁《注》改俠為夾……。徐灝《說文解字注箋》云：'段改俠為失月切之夾，謬甚。夾俠古通，古云從大夾二人。二人夾持、夾輔之義也。引申為凡物在左右之偁，又為凡有所挾持之偁，別作挾'"。(240頁)謂："卜辭'夾'用作地名"。西周金文中始見表"輔佐"義的用例，如：不(丕)顯趄趄(桓桓)皇且(祖)穆公，克夾召先王，奠三(四)方(5·2833—2834禹鼎，西晚)。

進：本義為"前行、前進"，見於殷墟甲骨文，周金文未見此義。但是金文有由本義引申出的"進獻"義和"推舉"義，前者如：執獸一人，孚(俘)馘二百卅七馘。……盂撜(拜)頴首，【以】䍙進，即大廷(5·2839小盂鼎，西早)；後者如：受賃(任)佐(佐)邦，愍(夙)夜篚(匪)解(懈)，進孯(賢)散(措)能，亡又(有)轉息(15·9735中山王𧊒方壺，戰早)。

釐：殷墟甲骨文有斄、𨤏，為"釐"之初文，但只用為名詞。《詁林》(1462頁)引李孝定說："契文象一手持麥支擊而取之之形，乃獲麥之象形字。……至卜辭言延𨤏者，當讀為釐，釐許訓家福，引申為凡福之稱。……訓福之'釐'，古殆只是作'𨤏'，後始制為從里斄聲之專字耳。金文始有釐字，卜辭無之"。按語謂："斄、𨤏本為一字，釐與斄、𨤏則為古今字，說文歧而為三。……卜辭言'□斄'、征斄，均為延長福祉之意。李孝定《集釋》說斄字之形體及釐字之演化，可信"。《甲骨金文字典》(1059頁)謂："甲骨文象手持來(義同麥)，以支擊之而脫粒之形，以示有豐收之喜慶，引申之為福祉之義。金文從里，或從子，斄聲。斄或省支，或增從宀。當為《說文》釐字篆文所本。一、福。卜辭有肆𨤏，義同延釐。福祉綿長之義"。"釐"由名詞"福祚"義引申而有動詞"賜予"義，此義始見於西周金文，如：唯十月初吉壬申，戎大出於楷，䓘搏戎，執訊獲馘。楷侯釐䓘馬四匹、臣一家、貝五朋(䓘簋，西中，《近出二編》第二冊87頁424—425)。

亯(享)：殷墟甲骨文已見，《詁林》(1934頁)按語謂："吳大澂《說文古籀補》以為亯'象宗廟之形'可從"。然未有"獻納"義；《甲骨金文字典》(404

頁)謂:"《說文》:'亯,獻也。從高省,曰象進孰物形。《孝經》曰:祭則鬼亯之。'甲骨文本象穴居之形,……又為烹飪食物之所,故引申之而有饗獻之義"。兩周金文中,"享"主要表"祭獻、饗獻"義,如:道拜、稽首,對揚天子丕顯休命,用作朕文考寶尊簋,余其萬年寶,用享於朕文考辛公(師道簋,西中,《近出二編》第二冊116頁439);進一步引申而只表單純的"獻納"義,如:頷(欽)𣪘(融)内(納)饗(享)赤金九鏤(萬)鈞(楚公逆編鐘,西晚,《近出》第一冊238頁)。由"祭獻"義,"享"又同時引申出"恭敬"義和"奉事"義,前者如:罾(遣)孫孫子子其永亡冬(終),用受𩁹(德),妥(綏)多友,亯(享)旋(奔)走令(11・6015麥方尊,西早);後者如:雩朕皇考恭叔,穆穆趩趩,龢詢於政,明霝於德,享辟厲王(逨盤,西晚,《近出二編》第三冊262頁939);進一步抽象化引申而有"享有"義,如:我亦弗□亯(享)邦,易(賜)女(汝)犯(䚱)裘(8・4331乖伯歸夆簋,西晚)。

以:據各家考證,本義當為"攜帶",此義見於殷墟甲骨文,而不見於周金文。由本义引申出"率領"義,如:雩禹㠯(以)武公徒馭(馭)至於噩(鄂),𢽎(敦)伐噩(鄂),休隻(獲)氒(厥)君馭(馭)方(5・2833禹鼎,西晚);同步亦可引申出"致送、饋送"義,如:唯五年九月初吉,召姜㠯(以)琱生穀五尋、壺兩,㠯(以)君氏命曰:……(五年琱生尊,西晚,《近出二編》第二冊273頁587—588);由"致送"抽象化可引申出"發佈"義,如:史兒至,㠯(以)王令(命)曰:余令女(汝)史(使)小大邦(3・949中甗,西早)。

異(翼):《詁林》(269頁)引楊樹達曰:"甲文'異'字作人頭上戴物,兩手奉之形,'異'蓋'戴'之初文"。引李孝定說:"異字實象人首戴甾之形,其本義當訓戴。金文及經傳中訓敬,訓奉,訓助,訓佐,訓輔,訓承之異,並異之假借字而戴之引申義也。……更幸而有金文異字之用為翼敬,翼佐諸義,得證經傳翼字為翼敬、翼佐諸義者胥為異之通假,復由甲骨金文異之形體以明其初形"。"異"由"戴"義引申出"助"義,用於下對上的場合為"輔佐"義,如:乃且(祖)克𦘔(逑)先王,異(翼)自它邦,又(有)苪於大命(8・4331乖伯歸夆簋,西晚);用於上對下的場合則為"佑助、翼護"義,如:叔!西(酒)無敢酲(酗),有髮(紫)𦷣(烝)祀無敢醻,古(故)天異(翼)臨子(5・2837大盂鼎,西早)。由"輔佐"義引申而有"恭敬"義,如:𦾓𦾓允義,翼受明德,㠯(以)康奠龢(協)朕或(國)(1・267—270秦公鎛,春早)。

追:本義為行路的及於,用於征戰場合特指"追擊",如:戜遣(率)有嗣(司)師氏奔追戜(襲)戎於𠣘林,博(搏)戎𢾭(8・4322戜簋,西中);遠引申而有"祈求"義,如:鰲史展乍(作)寶壺,用禋祀於丝(兹)宗室,用追窖(福)彔(祿)於丝(兹)先申(神)皇且(祖)亯(享)弔(叔)(15・9718鰲史展壺,西晚)。

總體上看,本義和引申義同時見於兩周金文的明顯多於只出現引申義的,這與金文的時代較早有密切關係,據此亦可看出兩周金文在探索詞義發展方面的價值和作用。

從詞義引申的方式看,主要有串聯式引申和輻射式引申兩種,前者是由本義到引申義 1,再到引申義 2,後者則是由本義向不同方向引申出不同的引申義。總的詞義發展脈絡仍以由具體到抽象為主。凡此均與傳世文獻吻合。

第六章　動詞詞義類聚

第一節　同義動詞

兩周金文因特定內容和特定形式的關係,其中的同義動詞非常豐富,各組同義動詞內部具體詞目數量雖多不等,然常用的往往只是兩個,這些常用同義動詞或在某一方面表現出明顯的差異,或在多個方面表現出明顯的差異。大體而言,這些差異性特點主要表現在三個方面:一是出現頻率,二是出現時間,三是組合功能。以下選取兩周金文中常見的同義動詞進行分組比較。

賞、賜$_1$[①]:在"賜予"義上構成同義詞,是賜予類動詞中出現頻率最高的兩個詞,"賞"有 48 例(西早$_{40}$、西周$_1$、西中$_2$、春秋$_3$、戰國$_2$),"賜"有 307 例(西早$_{100}$、西早或中$_3$、西中$_{119}$、西中或晚$_1$、西晚$_{75}$、春秋$_8$、戰國$_1$),"賞"集中於西周早期,而"賜"在西周的各個時期都比較多見。

句法形式上二詞均以帶雙賓語為主,"賞"有 32 例,"賜"有 207 例,如:

1. 侯賞攸貝三朋,攸用作父戊寶障彝。(7·3906 攸簋,西早)
2. 易(賜)女(汝)玄衣黹純、赤巿、朱黃、鑾旂。(8·4303 此簋,西晚)

帶單賓語的"賞"有 12 例,"賜"有 92 例,如:

3. 隹(唯)六月既死霸壬申,白(伯)犀父蔑御史競歷,賞(賞)金。競{揚}白(伯)犀父休,用乍(作)父乙寶障(尊)彝殷(簋)。(8·4134—

[①] 兩周金文中,詞的字形情況頗為複雜,一是多有不見於傳世文獻的古字,二是一詞異字現象很普遍。本章因所討論的是同義詞問題,為行文方便,故皆以後世通行字代替。

4135 御史競簋，西早）

4. 白（伯）雒（雍）父來自𤞷，蔑彔曆，易（賜）赤金，對𩛥（揚）白（伯）休，用乍（作）文且（祖）辛公寶䵼毀（簋）。（8·4122 彔作辛公簋，西中）

5. 天子不忘其又（有）勳，使其老筞（策）賞中（仲）父，者（諸）医（侯）皆（皆）賀。（15·9735 中山王礜方壺，戰早）

6. 隹（唯）正月初吉庚寅，宴從㕙父東，多易（賜）宴，宴用乍（作）朕文考日己寶毀（簋）。（7·4118—4119 宴簋，西晚）

從所帶的直接賓語看，二詞均以帶指物名詞賓語為主，但"賞"的賓語為指人名詞的比例高於"賜"（"賜"基本只帶指物名詞賓語）。

就具體的賞賜物品看，"賞"的物品主要為"貝"（此外有瓚、弓、矢、臣、鬲、馬、土、金、禾、璋等），且多數情況下賞賜品為單項，偶爾可見多項的；而"賜"的物品則非常廣泛，早期多為單項，後期多為多項，早期多為"貝"，後期偏於物飾類。且除了具體的賞賜物品外，"賜"的賓語還可以是抽象名詞（10例，基本為"休"），如：

7. 天子經朕先祖服，多賜逨休命。（逨編鐘，西晚，《近出》第一冊267頁）

8. 天子明悊（哲），覭孝於申（神），坙（經）念氒（厥）聖保且（祖）師華父，勵克王服，出內（納）王令（命），多易（賜）寶休。（5·2836 大克鼎，西晚）

而"賞"未見類似用法。

句法形式上的不同是"賜"還可以出現於被動句中，如：

9. 皇且（祖）考甘（其）數數彙彙，降克多福，眉壽永令（命），畯（畯）臣天子。克甘（其）日易（賜）休無彊（疆），克甘（其）萬年子子孫孫永寶用。（9·4465 膳夫克鼎，西晚）

10. 隹（唯）王八月，息白（伯）易（賜）貝於姜，用乍（作）父乙寶隫（尊）彝。（10·5386 息伯卣，西早）

例9為意念被動句，沒有形式標誌；例10為用介詞"於"引進施事者的被動句。而"賞"沒有類似用法。

據上可見，"賞""賜"二詞同的方面主要表現在句法功能都以帶雙賓語為主,且直接賓語均以指物名詞為主;還有就是表"賜予"義,都是二詞的本義用法。不同的方面主要是出現頻率上"賜"遠高於"賞",以及"賜"的賓語(賞賜物)遠較"賞"豐富,且出現的句法格式亦比"賞"複雜。

授、降$_3$:在"賜予"義上構成同義詞,"授"有 16 例(西早$_5$、西中$_5$、西中或晚$_1$、西晚$_4$、春秋$_1$),"降"有 19 例(西中$_1$、西中或晚$_1$、西晚$_{15}$、春秋$_1$、戰國$_1$)。二者出現頻率相同,但"降"的出現時間明顯晚於"授"。從"賜予"的詞義來源看,"授"的"賜予"義是由"授予"義近引申而來的(上對下時即為"賜予"),而"降"的"賜予"義是由"降落、下降"這個運動義遠引申而來的。

二者的句法形式均以帶雙賓語為主(均為 13 例),如:

1. 王蔑歷,事(使)尹氏受(授)贅歔(敔)圭(珪)嚪□貝五十朋,易(賜)田於敝五十田,於早五十田。(8·4323 敔簋,西晚)

2. 甘(其)才(在)上,降余多福繇(繁)赘(聲),廣啓禹身,勴於永令(命),禹甘(其)邁(萬)年永寶用。(8·4242 叔向父禹簋,西晚)

帶單賓語的"授"和"降"均為 3 例,如:

3. 雩(粵)我甘(其)遹省先王受(授)民受疆(疆)土,易(賜)女(汝)鬯一卣、冂衣巿舄車馬,易(賜)乃且(祖)南公旂,用蕝。(5·2837 大盂鼎,西早)

4. 曰古文王,初戮龢於政,上帝降懿(懿)德大甹(屏),匍有三(四)方,匍受萬邦。(1·251 瘨鐘,西中)

"授""降"二詞表現出的共同性遠多於差異性,不但二者的出現頻率相同,且出現的語境亦極相似,如主語基本均為"大神、先王、皇考、前文人"一類名詞,而(直接)賓語基本都為"多福、康娛、純祐、永命"一類嘏辭。

兄、釐:在"賜予"義上構成同義詞,"兄"有 9 例(西早$_8$、西中$_1$),"釐"有 13 例(西早$_1$、西中$_3$、西晚$_9$)。出現時間上,"兄"集中於西周早期,而"釐"集中於西周晚期。句法形式上,二者均以帶賓語為主(兄 6 例、釐 7 例),如:

1. 王曰:中,茲(茲)福人入史(使),易(賜)於戎(武)王乍(作)臣。今兄(貺)叟(畀)女(汝)福土,乍(作)乃采。(5·2785 中方鼎,西早)

2. 汝敏於戎工,弗逆朕親命。釐汝秬鬯一卣,田於鄭冊田,於犀廿田。(卌二年逨鼎,西晚,《近出二編》第一冊 356 頁 328—329)

不帶賓語的"既"有 3 例,"釐"有 6 例,如:

  3.王易(賜)中馬自□侯四□,南宮兄(貺)。(12·6514 中觶,西早)
  4.廼日武公曰:女(汝)既靜京𠂤(師),䞇(釐)女(汝),易(賜)女(汝)土田。(5·2835 多友鼎,西晚)

可以看出,"釐"不帶賓語的比例高於"既"。在帶賓語的形式中,二詞均有帶指人名詞賓語的用例。但在指物名詞賓語方面,二詞表現出較為明顯的差異,即"既"的賓語主要有"土"和"貝",而"釐"的賓語多為物品,且常是多項並賜(與"賜"相似),如珪冪□貝、秬鬯一卣、馬四匹臣一家貝五朋、冑干戈弓矢束貝十朋等。

獻、納:在"進獻"義上構成同義詞,"獻"有 29 例(西早[3]、西早或中[1]、西中[4]、西晚[12]、春秋[6]、戰國[3]),"納"有 11 例(西早[2]、西中[1]、西晚[8])。句法形式上,"獻"帶賓語(15 例)和不帶賓語(14 例)相差不多,而"納"則以帶賓語為主(10 例)。二詞帶賓語的用例如:

  1.戎獻金於子牙父百車,而易(賜)盠(魯)屖敖金十勻(鈞)。(8·4213 屖敖簋蓋,西晚)
  2.受令冊佩以出,反(返)入(納)堇(瑾)章(璋)。(8·4332—4339 頌簋,西晚)

二者所帶均主要為單賓語(獻 13 例、納 10 例),不同的是"獻"的賓語除了指物名詞外(6 例),還有"禽、俘馘訊、馘"一類名詞(3 例)及抽象名詞(功[3]、厥服),而"納"的賓語皆為指物名詞(瑾璋[4]、赤金、醴、飧等)。

羞[1]、薦:在"進獻"義上構成同義詞,"羞"有 14 例(西周[1]、西晚[5]、西晚或春早[1]、春秋[7]),"薦"有 7 例(春秋[5]、戰國[2]),二者均以春秋時期用例最多。句法形式上二者均以修飾器名充當定語為主(羞 13 例、薦 6 例),如:

  1.楊姞乍(作)羞醴壺,永寶用。(楊姞壺,西晚,《近出》第三冊 435 頁)
  2.弔(叔)朕簟(擇)甘(其)吉金,自乍(作)薦匜(簠),目(以)敦稻粱,萬年無疆(疆)。(9·4620—4622 叔朕簠,春早)

二詞各只有 1 例帶單賓語的:

3.者(諸)侯羞元金於子範之所,用為穌鐘糾鍺。(子範編鐘,春晚,《近出》第一冊16頁)

4.者(諸)厌(侯)盡薦吉金,用乍(作)孝武趄公祓(祭)器鎛(鐘),台(以)龏(烝)台(以)嘗,保有齊邦。(9·4649 陳侯因齊敦,戰晚)

舍₂、付:在"給予"義上構成同義詞,"舍"有15例(西中₁₂、西晚₂、戰國₁),"付"有14例(西中₇、西晚₇),二者均基本只見於西周時期。句法形式上,"舍"帶雙賓語的(10例)多於帶單賓語的(5例),但"付"帶雙賓語和單賓語比例相同(各7例)。二詞帶雙賓語的用例如:

1.舍矩姜帛三兩,廼舍裘衛林晳里。敷!氒(厥)佳(唯)顜(顏)林,我舍顜(顏)陳大馬兩,舍顜(顏)鉈虞㕛,舍顜(顏)有嗣(司)壽商䱎裘盞鞄(幎)。……舍盉冒□羝皮二。……舍堻(漆)虞鞄(幎)。(5·2831 九年衛鼎,西中)

2.公廼命酉嗣(司)徒叀父、周人嗣(司)工(空)虘、叙史、師氏、邑人奎父、畢人師同,付永氒(厥)田。(16·10322 永盂,西中)

帶單賓語的用例如:

3.智廼每(誨)紙【曰】:女(汝)其舍□矢五秉。(5·2838 曶鼎,西中)

4.虢旅廼事(使)攸衛牧誓曰:我弗具(俱)付鬲從。(5·2818 鬲攸從鼎,西晚)

"舍"的賓語主要為指物名詞(如帛、幎、羝皮)和指地名詞(如田₄、里、宇);"付"的賓語情況則有所不同,其帶雙賓語的形式中,直接賓語主要為"里、田₄",但帶單賓語的形式中,賓語主要為指人名詞(6例)。

報₁、復₂:二詞在表"給付"義上構成同義詞,"報"有3例(西晚),"復"有6例(西中₁、西晚₅),均集中於西晚。句法形式上,"報"帶雙賓語的(2例)多於帶單賓語的(1例),"復"帶雙賓語和帶單賓語相同(各3例)。

1.余袁(惠)於君氏大章(璋),報婦(婦)氏帛束璜。(8·4292 五年琱生簋,西晚)

2.復友(賄)騅比其田,其邑复嘼、言二邑。罢(畀)騅比,復氒(厥)

小宫受尉比田。（9·4466 尉比盨，西晚）

　　3.今余既嚇（訊）有嗣（司）曰：庚令。今余既一名典獻，白（伯）氏則（則）報璧。（8·4293 六年琱生簋，西晚）

　　4.舐則卑（俾）我賞（償）馬，效【父】則卑（俾）復乓（厥）絲束。（5·2838 曶鼎，西中）

其中例1、2為帶雙賓語的用例，例3、4為帶單賓語的用例。從賓語的情況看，"報"的賓語很簡單，均為指物名詞（璧、帛束瑗₂）；但"復"的賓語比較複雜，既有"田₃、邑"這樣的指地名詞，也有"絲束"這樣的指物名詞，還有"祓祿"這樣的抽象名詞和"厥君"這樣的指人名詞。

取₁、得：在"獲取、取得"義上構成同義詞，"取"有21例（西中₈、西中或晚₁、西晚₈、春秋₃、戰國₁），"得"有11例（西早₁、西中₂、春秋₂、戰國₆），句法形式上，"取"以帶賓語為主（20例），"得"則不帶賓語的（6例）多於帶賓語的（5例）。二詞帶賓語的用例如：

　　1.隹（唯）三年三月既生霸壬寅，王再旂於豊。矩白（伯）庶人取董（瑾）章（璋）於裘衛，才（裁）八十朋。……矩或取赤虎（琥）兩麀𠕁（韐）韐一，才（裁）廿朋。（15·9456 裘衛盉，西中）

　　2.或𠭯（得）賢犾（佐）司馬賙，而冡（重）貢（任）之邦。（15·9734 中山好蚉壺，戰早）

"取"所帶賓語皆為指物名詞，而"得"除1例為"吉金"外，餘皆為指人名詞。

不帶賓語的用例如：

　　3.王俾赤金十鈑，王曰：小子、小臣，敬又□，隻（獲）則取。（柞伯簋，西早，《近出》第二冊371頁486）

　　4.鄧小仲隻（獲），有得，弗敢阻，用乍（作）乓（厥）文且（祖）寶鱢障（尊）。（鄧小仲方鼎，西早，《近出》第二冊198頁）

"取"不帶賓語的僅1見（例3），而"得"不帶賓語的居多數（6例），且有出現在賓語部分的用例（如例4）。

歸、返、還、復₁：在表示"返回"義上構成同義詞，運動方向皆是由彼至此的。"歸"有11例（西早₆、西中₁、西中或晚₁、西晚₂、春晚₁），"返"有9例（西早₁、西晚₅、春秋₁、戰國₂），"還"有5例（西早₁、西中₁、西晚₂），"復"有2

例(西早₁、西中₁)。句法形式上的共同特點是皆不帶賓語(充當謂語中心詞),如:

1. 唯弔(叔)從王南征,唯歸,佳(唯)八月才(在)歷𠭯,誨乍(作)寶𣪕鼎。(5·2615唯叔鼎,西早)
2. 為鄘(鄂)君啓之賃(府)賸(造)鑄金節,車五十乘,𢆶(歲)罷(一)返。(18·12110鄂君啟車節,戰國)
3. 佳(唯)十又二月,王初饔旁,唯還在周。辰才(在)庚申,王屠西宮𧈜(烝)。(10·5431高卣,西早)
4. 雪𠂤(師)復歸,才(在)牧自(次),白(伯)懋父承王令易(賜)自(師)達(率)征自五齵貝。(8·4238—4239小臣謎簋,西早)

同時,還均有用介詞"自"引進處所的用法,如:

5. 王歸(歸)自諆田,王駇(馭)溓中(仲)僕(僕),令眔奮先馬走。(5·2803令鼎,西早)
6. 佳(唯)王五十又六祀,返自西𦨖,楚王酓章乍(作)曾厌(侯)乙宗彝,奠之於西𦨖,其永時(持)用亯(享)。(1·83—85楚王熊璋鐘,戰早)
7. 王南征,伐角䣙(潏),唯還自征,才(在)坉,噩(鄂)厌(侯)駇(馭)方內(納)醴於王。(5·2810鄂侯鼎,西晚)
8. 佳(唯)王初女(如)□,廼自商自復還,至於周,王夕卿(饗)醴於大室。(8·4191穆公簋蓋,西中)

略有不同的是前3例中介詞詞組是充當補語,例8中是充當狀語。據上,此四詞在句法功能上表現出明顯的共性,其間的差異主要表現在出現頻率上。

於、往、如、徂:在表"往"義上構成同義詞,"於"有7例(西早₅、西中₁、西晚₁),"往"有3例(西中、西晚、春秋),"如"有3例(西早₂、西中),"徂"有2例(西晚、戰國)。出現頻率均不高,且基本限於西周時期。句法形式上的共同特點是均以帶處所賓語為主,如:

1. 癸卯,王來奠新邑,旬又四日丁卯,□自新邑於闌。(5·2682新邑鼎,西早)
2. 二月既死霸壬寅,王僋往東。(晉侯穌編鐘,西晚,《近出》第一冊59頁)

3. 王女（如）上侯，師艅（俞）從，王□功，易（賜）師艅（俞）金。（11·5995 師俞尊，西早）

4. 陟雩叡（祖）□陜吕（以）西，弄（封）於□瓤（城）楮木，弄（封）於刍逨，弄（封）於刍□。（16·10176 散氏盤，西晚）

此外，"於""徂"還有構成連動式的用法：

5. 隹（唯）周公於征伐東尸（夷），豐白（伯）尃（薄）古（姑）咸戈（殺）。（5·2739 㝬方鼎，西早）

6. 穆穆魯辟，徂（祖）省朔旁（方），訊（信）於茲從，禹（歷）年萬不（丕）承。（5·2746 梁十九年亡智鼎，戰國）

"往"有 1 例單獨作謂語的：

7. 往已叔姬，虔敬乃後，孫孫勿忘。（16·10298—10299 吳王光鑒，春晚）

各₁、至₁：在"到達"義上構成同義詞，"各"有 94 例（西早₁₄、西中₄₄、西中或晚₁、西晚₃₄、西周₁），"至"有 37 例（西早₁₀、西中₂、西晚₂₂、春秋₂、戰國₁），前者遠多於後者。句法形式上，二詞均以帶處所賓語為主，具體形式則有"各、至＋處所詞"和"各、至＋於＋處所詞"兩種。前者如：

1. 唯王十又二年三月既望庚寅，王才（在）周，各大室，即立（位）。（8·4244 走簋，西晚）

2. 王親遠省師，王至晉侯穌師。（晉侯穌編鐘，西晚，《近出》第一冊59 頁）

後者如：

3. 隹（唯）十又九年三（四）月既望辛卯，王才（在）周康邵（昭）宫，各於大室，即立（位）。（5·2815 遹鼎，西晚）

4. 我乃至於淮，小大邦亡敢不□具逆王命。三（四）月，還至於蔡，乍（作）旅盨，駒父甘（其）萬年永用多休。（9·4464 駒父盨蓋，西晚）

差別表現在："各"的兩種出現形式"各＋處所詞"（41 例）和"各＋於＋處所詞"

(34例)相差不多,而"至"則基本見於"至＋於＋處所詞"形式中(26例),"至＋處所詞"很少(1例)。另外,"各"後的處所詞主要為"大室₂₂、廟、宮"等,而"至"後的處所詞多為國名、地名,少數為"大廷、宮"等,較"各"廣泛。

此外,二詞還均有單獨作謂語的形式,如：

5. 隹(唯)正月甲申,焚(榮)各,王休易(賜)氒(厥)臣父焚(榮)鬲(瓚)。(8·4121 榮簋,西早)

6. 隹(唯)十月甲子,王才(在)宗周,令師中眔靜省南或(國)相□匠。八月初吉庚申,至,告於成周。(靜方鼎,西早,《近出》第二冊 221頁)

但"各"的類似用例(3例)不如"至"(10例)多見。

先秦傳世文獻中,"至"的同樣用法很多見,但"各"並不多見,則周金文中的"各"為其此類用法的集中體現,此與金文的程式化特點有關。

行₁、征₁：在"遠行"義上構成同義詞,"行"有76例(西中₁、西晚₉、春秋₅₅、戰國₁₁),"征"有22例(西早₂、西中₁、西晚₄、春秋₁₃、戰國₂),二者皆多見於春秋時期。形式上,二詞對用(12例)和連用(3例)的形式足證二詞的同義性,其例如：

1. 敶(陳)公子子弔(叔)遝父乍(作)迹(旅)獻(甗),用征用行,用鬻稻冰(粱),用斷(祈)眉壽萬年無疆(疆)。(3·947 陳公子叔遝父甗,春早)

2. 史免乍(作)旅簠,從王征行,用盛鬻(稻)冰(粱),其子子孫孫永寶用喜(享)。(9·4579 史免簠,西晚)

除了同現的情況外(15例),二詞還均有單獨做謂語的用法(行8見、征6見),如：

3. 昔者,虐(吾)先祖(祖)起(桓)王、卲(昭)考成王,身勤社稷行四方,以憂勞邦家。(5·2840 中山王𰶬鼎,戰晚)

4. 隹(唯)正月初吉丁亥,黃孫馬□子白(伯)亞臣自乍(作)鑐,用政(征),用祈壽萬年無疆,子孫永寶是尚。(16·9974 伯亞臣鑐,春秋)

此外,"行"充當定語的用例很多見(53例),但"征"僅見1例,如：

5.唯王正月初吉庚午,浮公之孫公父宅盥(鑄)甘(其)行也(匜),其儁(萬)年子子孫孫永寶用之。(16·10278 浮公之孫公父宅匜,春秋)

6.呉(紀)白(伯)子妊父乍(作)其证(征)盨,甘(其)陰甘(其)陽,目(以)证(征)目(以)行,割(勾)睂(眉)壽無彊(疆)。(9·4442—4445 紀伯子妊父盨,春秋)

據上,"行""征"的共同點是詞義無差別,且均集中於春秋時期。差異表現在"行"的出現頻率(76 例)遠高於"征"(22 例),同時"行"的句法形式較"征"豐富。

登₁、陟₁:在"登、升"義上構成同義詞,同現於一器中(登 2 見、陟 5 見):

自瀘涉目(以)南,至於大沽,一弄(封)。目(以)陟,二弄(封)。……復涉瀘,陟雩歔□陜目(以)西,弄(封)於□歔(城)楮木。……內(入)陟夠,登於厂渼。……還,目(以)西一弄(封)。陟剛(崗),三弄(封)。……陟州剛(崗),羍(登)㭝,降棫,二弄(封)。(16·10176 散氏盤,西晚)

其中"登"皆帶處所賓語,處所賓語皆為地名(有 1 例用介詞"於"引進);"陟"除 1 例外,餘亦皆帶處所賓語,但處所賓語有 2 例為地名,2 例為"州崗"。

以₂、率₁:在表"率領"義上構成同義詞,"以"有 17 例(西早₃、西中₁₀、西晚₄),"率"有 16 例(西中₃、西晚₉、春秋₂、戰國₂),"以"的出現時間總體上早於"率"。二詞的出現語境非常相似,即全部帶賓語且均見於連動句中,如:

1.馭!東尸(夷)大反,白(伯)懋父目(以)殷八白(師)征東尸(夷)。(8·4238—4239 小臣謎簋,西早)

2.含(今)虘(吾)老(賙)親率㠯(参)軍之眾,目(以)征不宜(義)之邦。(5·2840 中山王䁝鼎,戰晚)

征₂、伐:在表"征伐"義上構成同義詞,"征"有 37 例(西早₁₁、西中₉、西晚₁₀、西周₁、春秋₃、戰國₃),"伐"有 63 例(西早₂₀、西中₁₂、西晚₂₄、春秋₆、戰國₁),後者遠多於前者。句法形式上,"征"帶賓語的(22 例)多於不帶賓語的(14 例),"伐"則基本都帶賓語(61 例)。如:

1.孟曰:朕文考眔毛公遣中(仲)征無需,毛公易(賜)朕文考臣自氒

（厥）工。(8・4162—4164 孟簋,西中)

2.南或（國）及□（子）敢㕝（陷）處我土,王雩（敦）伐甘（其）至,戣（撲）伐氒（厥）都。(1・260 㝬鐘,西晚)

3.王令彧曰:歔!淮尸（夷）敢伐内國,女（汝）甘（其）㠯（以）成周師氏戍於□（古）𠂤。(10・5419—5420 录彧卣,西中)

"征"的對象全部是敵方,"伐"的對象主要為敵方,偶爾為我方(7 例,如例 3)。

不帶賓語的"征"有 14 例,但"伐"只有 2 例,如:

4.王令（命）師俗史密曰:東征。(史密簋,西中,《近出》第二冊 375 頁)

5.汝□長父,以追博戎,乃即宕伐於弓谷。汝執訊獲馘,孚（俘）器車馬。(四十二年逨鼎,西晚)

組合形式上,"征"只有"征伐"一種,而"伐"有"征伐、敦伐、撲伐、搏伐、格伐"等多種組合。

搏、撲、敦₁、格:在"攻伐"義上構成同義詞,"搏"有 13 例(西中₄、西晚₇、春秋₁、戰國₁),"撲"有 6 例(西中₁、西晚₅),"敦"有 4 例(西晚),"格"有 1 例。句法形式上"搏"帶賓語(7 例)和不帶賓語(6 例)基本持平,"撲""格"均帶賓語,"敦"有 1 例不帶賓語。帶賓語的用例如:

1.唯五月,淮夷伐格,晉侯搏戎,獲氒（厥）君氒（厥）師,侯揚王於茲。(晉侯銅人,西晚,《近出二編》第三冊 297 頁 968)

2.王廼命西六𠂤（師）殷八𠂤（師）曰:剨（撲）伐噩（鄂）厌（侯）駿（馭）方,勿遺壽幼。(5・2833 禹鼎,西晚)

3.親令晉侯蘇自西北遇（隅）敦伐匓城。(晉侯蘇編鐘,西晚,《近出》第一冊 59 頁)

4.隹（唯）五年三月既死霸庚寅,王初各（格）伐𤞞（玁）㺬（狁）於㽫盧,兮甲從王,折首執嘓（訊）,休亡敃。(16・10174 兮甲盤,西晚)

四詞的動作對象皆為敵方。

不帶賓語的用例如:

5.甲申之脣（晨）,博（搏）於□,多友右（有）折首執嘓（訊）。……

或博(搏)於鞏(共),折首卅又六人,𫊣(執)噩(訊)二人,孚(俘)車十乘。從至,追博(搏)於世,多友或(又)右(有)折首𫊣(執)噩(訊)。(5·2835 多友鼎,西晚)

6.戎大同從追女(汝),女(汝)彶(及)戎大臺(敦)戟(搏)。(8·4328—4329 不娶簋,西晚)

從形式上看,"搏"只有 3 例同義連用形式(搏伐₂、敦搏₁),而"撲"有 5 例"撲伐"連用,"敦""格"均只以同義連用形式出現(敦伐₃、敦搏₁、格伐₁)。可以看出,"搏"的獨立性較強。此四詞還有與"伐"組合的,如敦伐₃、撲伐₃、搏伐₂、格伐,大體可見"伐"的詞義較上述各詞虛泛些。

追₁、逐:"追"有 15 例(西中₃、西晚₁₂),"逐"只有 2 例(西晚)。"追"以不帶賓語為主(12 例),"逐"則都帶賓語。二詞帶賓語的用例如:

1.戎大同,從追女(汝),女(汝)彶(及)戎大臺(敦)戟(搏)。(8·4328—4329 不娶簋,西晚)

2.卑(俾)復虐逐氒(厥)君氒(厥)師,廼乍(作)余一人汲。(9·4469 㝬簋,西晚)

不帶賓語的"追"如:

3.馭(馭)方厰(玁)狁(狁)廣伐西俞(俞),王令我羞追於西。(8·4328—4329 不娶簋,西晚)

御₃、捍:在"抵御"義上構成同義詞,"捍"有 5 例(西中₁、西晚₃、戰國₁),"御"亦有 5 例(西中₁、西晚₃、春秋₁),其中"捍御"連用的 3 例,如:

1.嗣(則)隹(唯)乃先且(祖)考,又啟於周邦,干害(捍御)王身,乍(作)爪牙。(9·4467 師克盨,西晚)

各自單用的各 2 例,如:

2.王乎(呼)膳(膳)大(夫)䯄召大目(以)氒(厥)友入攼(捍)。(5·2807 大鼎,西中)

3.烏(嗚)虖(呼)! 王唯念㦰辟剌(烈)考甲公,王用肇事(使)乃子

或逹(率)虎臣御滩(淮)戎。(5·2824 或方鼎,西中)

句法形式上,"捍"1 例帶賓語,1 例不帶賓語;"御"則均帶賓語。

俘、獲₂、擒:在"俘獲"義上構成同義詞,"俘"有 30 例(西早₁₅、西中₅、西晚₁₀),"獲"有 16 例(西早₃、西中₃、西晚₄、春秋₃、戰國₃),"擒"有 4 例(西中、西晚₃)。句法形式上前兩詞以帶賓語為主(俘 29 例、獲 11 例),但"擒"以不帶賓語為主(3 例)。三詞帶賓語的用例如:

1. 王令趞歔(捷)東反尸(夷),憲肇從趞(遣)征,攻開(鑰)無啻(敵),省於氒身,孚(俘)戈。(5·2731 憲鼎,西中)
2. 率族人釐(萊)白(伯)棘眉,周伐長必,隻(獲)百人。(史密簋,西中)
3. 佳(唯)王十又一月,王各於成周大廟,武公入右敓(敔),告禽馘(馘)百,誐(訊)卌。(8·4323 敓簋,西晚)

"俘"的賓語以物品居多,且物品種類亦多,如有金、貝,有馬、牛,有車、戈、戎兵、戎器、金胄、車馬等,為指人名詞的只占少數;而"獲"的賓語主要為指人名詞,如馘、百人、厥君等,只有 1 例為指物名詞(兵銅),1 例為指地名詞(巢)。

三詞不帶賓語的用例如:

4. 肅從王伐荊,孚(俘),用乍(作)蘇殷(簋)。(6·3732 肅簋,西早)
5. 墜(陳)璋內(入)伐匽(燕)亳邦之隻(獲)。(15·9703 陳璋方壺,戰中)
6. 唯七月初吉丙申,晉侯命晨追於倗,休有擒。侯賚晨虢、胄、干、戈、弓、矢束、貝十朋。(晨鼎,西中,《近出》第二册 211 頁 352)

執₁、折:在"俘獲"義上構成同義詞,但詞義較前述三詞具體。"執"有 23 例(西早₂、西中₃、西晚₁₈),"折"有 16 例(全部見於西晚)。均帶賓語,"執"的賓語主要是"訊","折"的賓語則全部是"首",例如:

1. 隻(獲)馘(馘)百,執誐(訊)二夫,孚(俘)戎兵,瑴(盾)矛戈弓備(菔)矢裹(鞞)胄。(8·4322 或簋,西中)
2. 多友右(有)折首蟄(執)誐(訊),凡目(以)公車折首二百又□又五人,蟄(執)誐(訊)廿又三人。……或博(搏)於龏(共),折首卅又六人,毄(執)噝(訊)二人。……多友或(又)右(有)折首毄(執)噝(訊)。乃轊追,至於楊冢,公車折首百又十又五人,毄(執)噝(訊)三人。(5·2835 多友鼎,西晚)

啓₁、闢₁:在"開闢"義上構成同義詞,"啓"2見(戰國),"闢"3見(西中₁、戰國₂),皆帶賓語,如:

1.含(今)虞(吾)老賙親率參(叄)軍之眾,以(以)征不宜(義)之邦,馘(奮)桴晨(振)鐸,闢啓尌(封)疆。(5·2840 中山王䁅鼎,戰晚)

2.隹(唯)司馬賙訢恪(諤)戰(懼)忎(怒),不能寍(寧)處,率師征鄾(燕),大啓邦㝢(宇),枋(方)嚮(數)百里。(15·9734 中山㚅壺,戰早)

3.述(遂)定君臣之媢(位),上下之體,休又(有)成工(功),籾(槲)闢尌(封)疆。(15·9735 中山王䁅方壺,戰早)

例1中"闢啓"同現,足證二詞同義。

恭、敬、虔、寅、祗:在"恭敬"義上構成同義詞,"恭"有24例(西早₁、西中₂、西中或西晚₁、西晚₃、春秋₁₃、戰國₄),"敬"有50例(西早₇、西中₇、西晚₁₆、春秋₁₄、戰國₆),"虔"有24例(西中₁、西晚₉、春秋₁₁、戰國₁),"寅"有7例(西中₁、春早₁、戰國₅),"祗"有5例(西中₁、春晚₁、戰國₃)。"恭"多見於春秋,"敬、虔"多見於西晚和春秋,"寅、祗"則戰國居多。句法形式上,"恭、祗"帶賓語(恭15例、祗2例)和不帶賓語(恭9例、祗3例)相差不多,"敬、虔、寅"不帶賓語的(敬34例、虔15例、寅5例)多於帶賓語的(敬16例、虔9例、寅2例)。各詞帶賓語的用例如:

1.譱(善)敢拜(拜)頶首,對訊(揚)皇天子不(丕)㚇休,用乍(作)宗室寶障(尊),唯用妥(綏)福,唬(效)前文人,秉德共(恭)屯(純)。(5·2820 善鼎,西中)

2.陸䌁之孫邾公釛乍(作)氒(厥)禾(龢)鍾(鐘),用敬䢵盟祀,旂(祈)年眉壽。(1·102 邾公釛鐘,春秋)

3.元年正月初吉辛亥,蔡侯申虔共(恭)大命,上下陟祏,敔敬不惕,肇輕(佐)天子,用諆(作)大孟姬嬭(媵)彞鑑。(11·6010 蔡侯尊,春晚)

4.嚴㝊(恭)夤(寅)天命,保羍氒(厥)秦,虩事(使)䌓(蠻)夏。(8·

4315 秦公簋,春早)

5. 子子孫孫,母(勿)又(有)不敬,憼(寅)祇丞(烝)祀。(15・9734 中山𢐝䌷壺,戰早)

各詞的賓語皆以抽象名詞為主,如德、天命、天常、事、祀等。

不帶賓語的用例如:

6. 穆穆朕文且(祖)師華父,恖□氒(厥)心,宧靜於猷,盄(淑)悊氒(厥)德,辪克龏(恭)保氒(厥)辟龏(恭)王,諫(敕)辥(乂)王家。(5・2836 大克鼎,西晚)

7. 今余佳(唯)䎖䊒乃令,令女(汝)叀(惠)雝(雍)我邦小大猷,邦㢄潢辞,敬明乃心,率㠯(以)乃友干吾(捍敔)王身。(8・4342 師訇簋,西晚)

8. 追虔夙(夙)夜卹氒(厥)死(尸)事,天子多易(賜)追休。追敢對天子覭賜(揚),用乍(作)朕皇且(祖)考障(尊)毁(簋)。(8・4219 追簋,西中)

9. 者(諸)厌(侯)寅薦吉金,用乍(作)孝武趄公禬(祭)器鐈(鐈),台(以)烝(烝)台(以)嘗,保有齊邦。(9・4649 陳侯因𦉢敦,戰晚)

10. 井白(伯)氏(祇)彊(寅)不奸,長由蔑歷,敢對鄎(揚)天子不(丕)杯休。(15・9455 長由盉,西中)

在不帶賓語的形式中,"恭、敬"主要做謂語,"虔、寅、祇"主要做狀語。

嚴、翼$_3$:在"虔敬"義上構成同義詞,"嚴"有 18 例(西中$_1$、西中或晚$_1$、西晚$_{11}$、春秋$_3$、戰國$_2$),"翼"有 6 例(西晚$_5$、春秋$_1$),二者均多見於西晚。句法形式上,二者均以不帶賓語為主(嚴 15 例、翼 6 例),如:

1. 楚王酓章嚴(儼)龏(恭)寅乍(作)鈼戈,目(以)邵(昭)族(揚)文武之戌用。(17・11381 楚王酓章戈,戰早)

2. 㘩㘩允義,翼受明德,目(以)康奠協(協)朕或(國)。(1・267—270 秦公鎛,春早)

3. 皇考其嚴(儼)在上,翼在下,穆穆秉明德,豐豐彙彙,降余康□、純祐、通祿、永命、眉壽、緯綰,畯臣天子。(卅三年逑鼎,西晚,《近出二編》第一冊 362 頁 330—339)

其中例 3 為"嚴""翼"對用的形式,此類有 5 例(西晚)。不帶賓語的形式中,二詞均以充當狀語居多。

帶賓語的"嚴"均以同義連用形式出現,如:

4.不(丕)顯朕皇且(祖)受天命,鼏宅禹賣(蹟),十又二公,才(在)帝之不。嚴龏(恭)夤(寅)天命,保辥氒(厥)秦,虩事蠻(蠻)夏。(8·4315秦公簋,春早)

"嚴""翼"對用的形式足證二詞的同義性,同時還要一些其他同義連用形式(嚴龏夤₃、嚴敬₂、嚴恭)亦可證明其詞義當為"敬"。

侃、喜、樂、宴₂、康₂:各詞在"喜樂"義上構成同義詞,"侃"有15例(西中₂、西中或晚₂、西晚₁₁),"喜"有25例(西中₁、西中或晚₁、西晚₁₂、春秋₁₁),"樂"有34例(西中₂、西晚₆、春秋₂₂、戰國₄),"宴"有13例(皆見於春秋),"康"有6例(西晚₂、戰國₄)。"侃"集中於西晚,"喜"集中於西晚和春秋,"樂"集中於春秋,"宴"皆見於春秋,"康"戰國居多。句法功能上,"侃"全部帶賓語,"喜、樂"帶賓語的(喜15例、樂25例)多於不帶賓語的(喜10例、樂7例),"宴、康"不帶賓語的(宴8例、康4例)多於帶賓語的(宴5例、康2例)。各詞帶賓語的用例如:

1.用邵(昭)各喜侃樂前文人,用祈壽,匄永令(命),綽綰猎彔(祿)屯(純)魯。(1·246瘨鐘,西中)

2.侃先王,先王其嚴才(在)帝ナ(左)右,敵狄(遹)不龏(恭)。(1·49敵狄鐘,西中或晚)

3.用宴以喜,用樂嘉賓大夫及我倗友。(1·153鄬子䤳鎛,春秋)

4.余羿(畢)龏(恭)威(畏)忌,鑄辝䤿鐘二鍺(堵),台(以)樂其身,台(以)宴大夫,台(以)喜者(諸)士,至於䕫(萬)年,分器是寺(持)。(1·149—152邾公牼鐘,春晚)

5.黿(朱)公孫班擇(擇)其吉金,為其䤿鎛,用喜於其皇且(祖)。(1·140邾公孫班鎛,春晚)

6.趞乍(作)䵼彝寶毁(簋),用康惠朕皇文剌(烈)且(祖)考,甘(其)各前文人。(8·4317趞簋,西晚)

"侃、喜"的賓語主要為"前文人、先王、皇考"一類指人名詞(如例1、2),"樂"的賓語主要為含有多項內容的指稱生者的名詞詞組(如例3),"宴"的賓語為"大夫、諸父兄弟、賓客、士庶子、皇公"等指人名詞,"康"的2例賓語為我家、朕皇文烈祖考。所以從賓語的角度看,"侃、喜"接近,"樂、宴"接近。

不帶賓語的用例如:

7.用樂用享,季氏受福無疆。(虢季編鐘,西晚,《近出》第一冊 211 頁)
8.用宴以喜,用樂父兄、諸士。(1·113—114 子璋鐘,春晚)
9.戉(越)王者旨於賜睪(擇)氒(厥)吉金自乍(作)禾(龢)□翟,台(以)樂可康,嘉而賓客,其台鼓之。(1·144 越王者旨於賜鐘,戰早)

各詞在形式上的特點是多與同義動詞連用,有喜侃樂、喜侃8、侃喜4、宴喜、康樂、逸康、康惠等組合;或與同義動詞對用,如用宴以喜4、以宴以喜2、用宴用喜、以樂可康等。

畏、懼:"畏"有 4 例(西早、西晚、春中或晚、春晚),"懼"有 2 例(戰國)。"畏"帶賓語和不帶賓語各 2 例,"懼"2 例皆帶賓語。其例如:

1.今余隹(唯)令女(汝)盂舉(召)燓(榮),芍(敬)雝(雝)德巠(經),敏朝夕入讕(諫),亯(享)奔走,愄(畏)天愄(威)。(5·2837 大盂鼎,西早)
2.賨(寡)人懼其忽然不可髮(得),憚憚慄慄,忈(恐)隕社稷之光。(5·2840 中山王䁀鼎,戰晚)
3.余不叚(畏)不差,惠於政德,盄(淑)於威義(儀)。(王孫誥編鐘,春秋後期,《近出》第一冊 122 頁)

例 1、2 帶賓語,例 3 不帶賓語。"畏"的賓語為"天威、王命","懼"的賓語則均為詞組。

懈、惰:在"懈怠"義上構成同義詞。"懈"有 2 例(戰國),"惰"有 13 例(西早1、西中2、西晚6、春秋4)。"懈"皆不帶賓語,"惰"不帶賓語的(10 例)多於帶賓語的(3 例)。其例如:

1.受賃(任)猰(佐)邦,夙(夙)夜篚(匪)解(懈)。(15·9735 中山王䁀方壺,戰早)
2.余不叚(暇)妄(荒)寧,巠(經)雝明德,宣卹我猷,用醫(召)匹辟,每(敏)揚氒光剌(烈),虔不冢(惰)。(5·2826 晉姜鼎,春早)
3.敬乃夙(夙)夜用䇷(屏)朕身,勿灋(廢)朕命,母(毋)冢(惰)乃政。(1·60—63 逆鐘,西晚)

祈、匄₁：在"祈求"義上構成同義詞，"祈"有 107 例（西早₁、西中₁₂、西晚₂₆、春秋₆₆、戰國₂），"匄"有 52 例（西早₁、西中₂₃、西晚₂₅、春秋₁、戰國₁）。"祈"春秋最多見，西晚次之，"匄"則集中於西中和西晚。可以看出，"匄"明顯早於"祈"，二者有大致的時間接續性。句法形式上，二者皆全部帶賓語，且賓語均可據具體內容再分為三類。

第一類是祈求的內容限於長壽的，如：

1. 隹（唯）正月初吉，要君白（伯）□自乍（作）饋盂，用䕃（祈）眉壽無疆，子子孫孫永寶是尚。（16•10319 要君盂，春秋）

2. 奠（鄭）白（伯）大嗣（司）工（空）召弔（叔）山父乍（作）旅匡（簠），用亯（享）用孝，用匄眉壽，子子孫孫用為永寶。（9•4601—4602 召叔山父簠，春早）

出現較多的詞語為眉壽、眉壽無疆、眉壽萬年無疆、眉壽萬年、萬年眉壽、眉壽永命等。

第二類是祈求的內容為長壽之外再加上其他內容的，如：

3. 史白（伯）碩父追考（孝）於朕皇考釐（釐）父王母泉女障（尊）鼎，用䕃（祈）匄百彔（祿）眉壽綰緯永令（命），萬年無疆（疆），子子孫孫永寶用亯（享）。（5•2777 史伯碩父鼎，西晚）

4. 用乍（作）障（尊）鼎，用匄眉壽黃耉吉康，師奎父甘（其）萬年子子孫永寶用。（5•2813 師奎父鼎，西中）

或者是加上福祿一類內容，如：多福眉壽、眉壽多福、眉壽多福無疆、多福眉壽無疆、眉壽永命多福、眉壽繁釐、福祿壽魯、永命多福、百祿眉壽綰緯永命；或者是再加上吉康一類內容，如眉壽黃耉吉康、眉壽魯休、眉壽純魯、純魯永命、緯綰眉壽、眉壽永命霝終、百祿眉壽綰緯永命、眉壽緯綰永命、眉壽緯綰永命霝終、康娛純佑通祿永命。

第三類是祈求長壽之外的內容（主要是"福"），如：

5. 隹卅又二年八月初吉辛巳，伯太祝追作豐叔姬羞彝，用祈多福。（大祝追鼎，西晚，《近出二編》第一冊 338 頁 315）

6. 乍（作）且（祖）丁寶旅障（尊）彝，用匄魯福，用凧（夙）夜事。（10•5410 啟卣，西早）

從祈求的具體內容看,二詞所祈求的內容均以長壽為主,但在數量上"祈"表現得更明顯,更集中。

受、膺:在"接受、承受"義上構成同義詞,"受"有 58 例(西早$_9$、西早或中$_1$、西中$_5$、西晚$_{21}$、春秋$_{20}$、戰國$_2$),"膺"有 10 例(西晚$_7$、春秋$_3$)。二者皆全部帶賓語,其例如:

1. 上帝降懿德大屏,匍有上下,迨受萬邦。(16·10175 史牆盤,西中)

2. 楷白(伯)令氒(厥)臣獻金車,對朕辟休,乍(作)朕文考光父乙,十枻(世)不䛣(忘)獻身才(在)畢公家,受天子休。(8·4205 獻簋,西早)

3. 雁(膺)受大魯令(命),匍有四方。……克述匹成王,成受大令(命)。……丕顯文武,雁(膺)受大令(命),匍有四方。(逑盤,西晚)

賓語均以抽象名詞為主,但"膺"的賓語基本限於"命",而"受"的賓語除了"(天)命"(17 例)外,還有其他(如休$_6$、魯$_3$、福$_{12}$、德$_3$、祐$_2$ 等)。形式上,"膺"均為"膺受"組合,而"受"以單用為主。

賡、嗣:在"踵繼、繼承"義上構成同義詞。"賡"有 20 例(西中$_{15}$、西晚$_4$、西周$_1$),"嗣"有 14 例(西早$_2$、西中$_1$、西晚$_5$、春秋$_2$、戰國$_4$)。"賡"的出現時間明顯早於"嗣"。句法形式上,"賡"全部帶賓語(基本見於連動句中充當第一動詞),"嗣"帶賓語和不帶賓語數量相同。其例如:

1. 王若曰:殷,令女(汝)夐(更)乃且(祖)考岙(友)嗣(司)東啚(鄙)五邑。殷搴(拜)頜首,敢對昍(揚)天子休。(殷簋蓋甲,西中)

2. 余隹(唯)司(嗣)朕先姑君晉邦,余不叚(暇)妄(荒)寧,至(經)離明德,宣卹我獻,用醫(召)匹辪辟。(5·2826 晉姜鼎,春早)

3. 王乎(呼)內史冊令趩,更(賡)氒(厥)且(祖)考服,易(賜)趩戠衣載巿冋(絅)黃旂。(12·6516 趩觶,西中)

4. 其惟因齊,虩(揚)皇考,䎽繘(紹踵)高且(祖)黃帝,侎鉰(嗣)趄文,潯(朝)□(問)者(諸)庆(侯),合(答)虩(揚)氒(厥)惠(德)。(9·4649 陳侯因齊敦,戰晚)

5. 隹(唯)皇上帝百神,保余苓(小子),朕猷又(有)成亡(無)競,我隹(唯)司(嗣)配皇天。(1·260 鈇鐘,西晚)

例 1、2 中"廣""嗣"均帶賓語且出現於連動句中充當第一動詞,"廣"基本為此類形式(18 例),"嗣"只有 5 例。例 3、4 中"廣""嗣"亦帶賓語,但句子不是連動式。例 5 中"嗣"充當狀語。

從形式上看,"廣"的程式化特點非常明顯,如其後的賓語基本是"祖考",所在連動句中第二動詞多為"司、胥、作、事"一類動詞;而"嗣"沒有類似特點。

帥、型:在"效法、遵循"義上構成同義詞。"帥"有 17 例(西中$_7$、西晚$_8$、春秋$_2$),"型"有 18 例(西早$_3$、西中$_7$、西晚$_7$、春秋$_1$)。兩者均多見於西周中期和晚期,句法形式上亦均以帶賓語為主(各 15 例),其例如:

1.女(汝)母(毋)敢弗帥先王乍(作)明井(型)用。(8・4343 牧簋,西中)

2.王曰:□!令女(汝)盂井(型)乃嗣且(祖)南公。(5・2837 大盂鼎,西早)

3.余小子肇帥井(型)朕皇祖考懿德,用保奠。(1・82 單伯昊生鐘,西晚)

其賓語或為指人名詞(各 8 例,如例 1、2),或為抽象名詞(各 7 例,主要是"德",如例 2)。

不帶賓語的用例如:

4.用乍(作)朕皇考釐王寶障(尊)殷(簋),余甘(其)永萬年寶用,子子孫孫甘(其)帥井(型),受兹(茲)休。(8・4302 彔伯𣄰簋蓋,西中)

5.癲曰:覲皇且(祖)考爾(司)威義(儀),用辟先王,不敢弗帥用夙(夙)夕。(8・4170—4177 癲簋,西中)

形式上,二詞多組成同義連用形式,有帥型 10 例、型帥 1 例,此外還有帥用 4 例、異型 1 例。故二詞單獨出現的很有限。

秉$_2$、持:皆有"持"義,但有明顯的抽象、具體之別,即前者詞義抽象,後者詞義具體。"秉"有 13 例(西中$_1$、西晚$_7$、春秋$_4$、戰國$_1$),"持"有 6 例(春秋$_4$、戰國$_2$)。句法形式上,"秉"全部帶賓語,而"持"皆不帶賓語。其例如:

1.弔(叔)向父禹曰:余小子司朕皇考,肇帥井(型)先文且(祖),共(恭)明德,秉威義(儀),用醽䵼彝(奠)保我邦我家。(8・4242 叔向父

禹簋,西晚)

2. 沬(梁)甘(其)肇帥井(型)皇且(祖)考秉明德,虔夙(夙)夕辟天子,天子肩事(使)沬(梁)甘(其)身邦君大正。(1·187 梁其鐘,西晚)

3. 鑄辝龢鐘二鍺(堵),台(以)樂其身,以宴大夫,以喜者(諸)士。至於釁(萬)年,分器是寺(持)。(1·149—152 郘公牼鐘,春晚)

"秉"的賓語除 1 例"威儀"外,餘皆為抽象名詞"德";而"持"的隱含賓語多為承前省略了的器物。

辟$_1$、臣$_2$、事$_2$、御$_1$、享$_3$:在"臣事"義上構成同義詞,"辟"有 13 例(西早$_1$、西中$_5$、西晚$_6$、春晚$_1$),"臣"有 18 例(西早$_1$、西中$_5$、西晚$_{12}$),"事"有 24 例(西早$_7$、西中$_{10}$、西晚$_2$、春秋$_3$、戰國$_2$),"御"有 4 例(西晚),"享"有 7 例(西早$_3$、西中$_2$、西晚$_2$)。句法功能上,"臣、御"全部帶賓語,"辟、事、享"以帶賓語為主(辟 12 例、事 23 例、享 4 例)。各詞帶賓語的用例如:

1. 不(丕)顯皇考宄(宮)公,穆穆克盟(明)氒(厥)心,愻(慎)氒(厥)德,用辟於先王,覃屯(純)亡敃。(5·2812 師望鼎,西中)

2. 梁其作障(尊)鼎,用享孝於皇祖考,用祈多福,眉壽無疆,畯臣天子。(5·2768 梁其鼎,西晚)

3. 虎曰:不(丕)顯朕剌(烈)且(祖)考咨(替)廼(明),克事先王。(虎簋蓋,西中,《近出》第一冊 379 頁)

4. 虢弔(叔)旅曰:不(丕)顯皇考惠弔(叔),穆穆秉元明德,御於氒(厥)辟,覃屯(純)亡叞(敃)。旅敢啓(肇)帥井(型)皇考威義(儀),□御於天子。(1·238—240 虢叔旅鐘,西晚)

5. 不(丕)顯朕皇考克舜明氒(厥)心,帥用氒(厥)先且(祖)考政德,享辟先王。(述編鐘,西晚,《近出》第一冊 268 頁)

賓語皆為皇辟、皇王、辟、君、天子、先王、前王、恭王懿王、皇考穆王、厲王一類指人名詞,則各詞的"臣事"義很明顯。

不帶賓語的用例如:

6. 不(丕)顯穆公之孫,其配襄公之妣,而娀(成)公之女,雫生叔尸(夷),是辟於齊厌(侯)之所。(1·285 叔夷鐘,春晚)

7. 王曰:中,兹(兹)福人入史(事),易(賜)於戎(武)王乍(作)臣。(5·2785 中方鼎,西早)

8.汝妣諫訊有舜,取遺十鋝,賜汝赤巿、幽衡、金車、金勒、旂,汝妣敬夙夕勿廢朕命,汝肇享。(親簋,西中,《近出二編》第二冊118頁440)

各詞不帶賓語的均很少見(辟1例、事1例、享3例)。

佐、佑、胥、輔、召₃、夾、匹、述₁:各詞在"輔佐"義上構成同義詞。"佐"有9例(西中₃、西晚₁、春秋₂、戰國₃),"佑"有12例(西早₃、西中₄、西晚₃、春秋₂),"胥"有14例(西中₉、西晚₅),"輔"有7例(西晚₄、春秋₂、戰國₁),"召"有11例(西早₃、西晚₇、春秋₁),"夾"有5例(西早₁、西晚₄),"匹"有5例(西中₁、西晚₃、春秋₁),"述"有5例(西早₁、西中₁、西晚₃)。句法功能上,"佐、胥、輔、匹、述"皆帶賓語,"召、夾"以帶賓語為主(召10例、夾4例),"佑"帶賓語和不帶賓語相等。各詞帶賓語的用例如:

1.王錫(賜)乘馬,是用左(佐)王。錫(賜)用弓彤矢,其央,錫(賜)用戉,用政(征)蠻方。(16·10173虢季子白盤,西晚)

2.子犯佑晉公左右,來復其邦。……子犯佑晉公左右,燮諸侯,□朝王。(子犯編鐘(春秋後期,《近出》第一冊16頁)

3.王曰:譱(善),昔先王既令女(汝)ナ(佐)疋(胥)彙医(侯),今余隹(唯)肇䌛(申)先王令,令女(汝)ナ(佐)疋(胥)彙医(侯),監贊師戍。(5·2820善鼎,西中)

4.丕顯天尹,匍(輔)保王身,諫辥(乂)四方。(誓鼎,西晚,《近出二編》第一冊350頁324)

5.禹曰:不(丕)顯起起(桓桓)皇且(祖)穆公,克夾𥃝(召)先王,奠三(四)方。(5·2833—2834禹鼎,西晚)

6.𥃝(召)匹晉侯,用龏(恭)王命。(戎生編鐘,春早,《金文引得》釋文12頁6065—6072)

7.昔在爾考公氏,克逑文王,肆文王受茲大命。(11·6014何尊,西早)

賓語或為王、先王、天子、厥辟、尹氏、余、彙侯、大族等指人名詞,或為商國、邦、徐等指地名詞,或為厥身、王身等名詞。

不帶賓語的只有佑(6例)、召(1例)、夾(1例)三詞,如:

8.王若曰:彔白(伯)戜,繇!自乃且(祖)考又(有)□於周邦,右

□(關)三(四)方,叀(惠)圅天命。(8·4302 彔伯致簋蓋,西中)

9.王曰:盂,廼䍣(召)夾死(尸)𤔲(司)戎,敏諫罰訟。(5·2837 大盂鼎,西早)

司、尸、官:在"掌管、管理"義上構成同義詞。"司"有 73 例(西早₄、西中₂₇、西中或晚₁、西晚₃₈、西周₂、春晚₁),"尸"有 15 例(西早₁、西中₆、西中或晚₁、西晚₄、西周₁、春秋₁、戰國₁),"官"有 17 例(西中₆、西晚₁₁)。句法功能上,"司、官"全部帶賓語,"尸"帶賓語(8 例)和不帶賓語(7 例)相差不多。各詞帶賓語的用例如:

1.王乎內史尹冊令師兌,疋(胥)師龢父𤔲(司)左右走馬五邑走馬。(8·4274 元年師兌簋,西晚)

2.女(汝)右(有)隹小子,余令女(汝)死(尸)我家,𤔲(司)我西扁(偏)東扁(偏)僕駛(馭)百工牧臣妾。(8·4311 師獸簋,西晚)

3.王乎(呼)史䍙(牆)冊命師酉:𤔲(司)乃且(祖)啻官邑人虎臣西門尸(夷)𩁹尸(夷)秦尸(夷)京尸(夷)畀身尸(夷)。(8·4288—4291 師酉簋,西中)

4.唯三月初吉甲戌,王才(在)康宮,焚(榮)白(伯)內(入)右康。王令(命)死(尸)𤔲(司)王家,令女(汝)幽黃鋚革(勒)。(5·2786 康鼎,西中或晚)

5.王若曰:𢓊(揚),乍(作)𤔲(司)工(空),官𤔲(司)量(量)田甸眔𤔲(司)㝨眔𤔲(司)芻眔𤔲(司)寇眔𤔲(司)工事。(8·4294—4295 揚簋,西晚)

從所帶賓語的情況看,"司"的賓語組成較為豐富,以指人名詞(如虎臣、戎、邑人師氏、邑人、百工、公族、保氏、走馬等)和指事名詞(如卜事、五邑佃人事、六師服、六師牧、六師眔八師藝、場林虞牧、射等)為主,其次是處所名詞,還有其他名詞。"官"的賓語以指人的為主(如康宮王臣妾百工、邑人師氏、穆王正側虎臣、邑人、歷人、飲獻人、左右師氏等),"尸"的賓語除指人名詞外,還有處所名詞(如家、室等)。

三詞中只有"尸"有不帶賓語的形式,如:

6.尸(夷)不敢弗憼戒,虔恂夙(厥)死(尸)事,勁龢三軍徒馭雪厇(厥)行師,眚(慎)中厇(厥)罰。(1·285 叔夷鐘,春晚)

出現形式上,三詞常構成同義連用形式,如尸司₇、官司₁₅。

勤、薄₂、懋、圉₁、敏₁、肇₁、農:在"勤勉"義上構成同義詞。"勤"有 4 例(西早₁、西晚₂、戰國₁),"薄"有 2 例(西中、西晚),"懋"有 4 例(西早₁、西中₃),"圉"有 3 例(西中₂、西晚₁),"敏"有 7 例(西早₃、西中₁、西晚₂、春秋₁),"肇"有 13 例(西早₅、西中₃、西晚₂、西周₁、春秋₂),"農"有 1 例(西中)。句法功能上的共同特點是均以充當狀語為主,如:

1. 昔者,虘(吾)先祖(祖)赶(桓)王、卲(昭)考成王,身勤社稷行四方,目(以)憂愁(勞)邦家。(5·2840 中山王䁐鼎,戰晚)

2. 番生不敢弗帥井(型)皇且(祖)考不(丕)蕳元德,用䚄圉大令(命),甹(屏)王立(位),虔夙(夙)夜尃(薄)求不僭(替)德,用諫四方。(8·4326 番生簋蓋,西晚)

3. 今余非敢夢先公又(有)雚祿,余懋禹先公官。(8·4327 卯簋蓋,西中)

4. 女(汝)母(毋)敢家(惰)才(在)乃服,圉夙(夙)夕敬念王畏(威)不睗(惕)。(5·2841 毛公鼎,西晚)

5. 余不叚(暇)妄(荒)寧,巠(經)䧽明德,宣邲我猷,用䚄(召)匹辟辟,每(敏)揚氒(厥)光剌(烈),虔不家(惰)。(5·2826 晉姜鼎,春早)

6. 卒獻,公飲在館,賜夒馬,曰:用肇事。夒拜,稽首,對揚公休,用作父已寶尊彝(夒卣,西中,《近出》第三冊 66 頁 605)

7. 不(丕)顯皇且(祖)考穆穆異異(翼翼),克慎氒(厥)德,農臣先王。(1·187—190 梁其鐘,西晚)

明、昭、光₁:在"顯揚、彰明"義上構成同義詞。"明"有 11 例(西早₁、西中₂、西晚₆、春秋₁、戰國₁),"昭"有 9 例(西早₂、西中₁、西晚₁、春秋₁、戰國₃),"光"有 6 例(西早₃、戰國₃)。句法功能上,"明"皆帶賓語,"昭"不帶賓語的(5 例)多於帶賓語的(4 例),"光"帶賓語的(4 例)多於不帶賓語的(2 例)。各詞帶賓語的用例如:

1. 今余隹(唯)䚄橐(申就)乃令,令女(汝)更(惠)龏(雝)我邦小大猷,邦弘漢辭。敬明乃心,率目(以)乃友干吾(捍禦)王身。(8·4342 師訇簋,西晚)

2. 㦰父乍(作)癅(齊)妥龢䎽(林)鐘(鐘),用卲乃穆不(丕)顯龍光,乃用䛆匃多福。(1·103 㦰父鐘,西晚)

3.乍(作)冊令敢揚明公尹人氒(厥)窒,用乍(作)父丁寶障(尊)彝,敢追明公賞於父丁,用光父丁。(11·6016 矢令方尊,西早)

就賓語的情況看,"明"的賓語基本為"心","昭"的賓語比較分散,"光"的賓語主要為人和"朕位"。

不帶賓語的有"昭、光"二詞,如：

4.因韋(載)所美,邵(昭)□皇工(功),詆郾(燕)之訛,目(以)憖嗣王。……祗祗翼翼,邵(昭)告後(後)嗣：隹(唯)逆生禍,隹(唯)忨(順)生福。(15·9735 中山王䯂方壺,戰早)

5.召多用追於炎不䜌白(伯)懋父䓀(友),召萬年永光,用乍(作)團宮䪞(旅)彝。(10·5416 召卣,西早)

正[1]、尹、烝[1]、敕、乂[1]：在"整治、治理"義上構成同義詞。"政"有 9 例(西早[1]、西中[1]、西晚[5]、春秋[1]、戰國[1]),"尹"有 5 例(西早[1]、西中[2]、西晚[2]),"烝"有 1 例(帶賓語),"敕"有 10 例(西早[1]、西中[1]、西晚[5]、春秋[2]、戰國[1]),"乂"有 9 例(西早[1]、西晚[6]、春秋[3])。句法功能上,"政、尹"帶賓語的(政 7 例、尹 4 例)多於不帶賓語的(政 2 例、尹 1 例),"乂、烝、敕"全部帶賓語。各詞帶賓語的用例如：

1.不(丕)顯玟(文)王受天有(佑)大令(命),在珷(武)王嗣玟(文)乍(作)邦,□(闢)氒(厥)匿(慝),匍有三(四)方,畍(允)正氒(厥)民,在雩(於)卸(御)事。(5·2837 大盂鼎,西早)

2.隹(唯)八月,辰才(在)甲申,王令周公子明保尹三事三(四)方,受卿旋(士)寮(僚)。(11·6016 矢令方尊,西早)

3.王曰：盂,廼嚳(召)夾死(尸)辭(司)戎,敏諫罰訟,䢅(夙)夕嚳(召)我一人烝(烝)三(四)方。(5·2837 大盂鼎,西早)

4.作冊虫異井(型)秉明德,虔夙夕卹周邦,保王身,諫辭(乂)四或(國)。(作冊虫䚇,西晚,《近出二編》第一冊 115 頁 94—95)

5.用蠿(召)匹辪辟,每(敏)揚氒(厥)光剌(烈),虔不彖(惰),魯覃京𠂤(師),辭(乂)我萬民。(5·2826 晉姜鼎,春早)

"政"的賓語基本為指人名詞(厥民、師氏、八師、六師、台徒、朕三軍),"尹"的賓語皆為指地名詞(四方[2]、三事四方、億疆),"乂"的賓語主要為指地名詞

(我邦我家内外、王家、四方、四國、周邦、王國、鄀國),其次是指人名詞(如民、我萬民),"救"的賓語或為指地名詞(如四方₃、四國、王家),或為指人名詞(如庶民、萬民),或為指事名詞(如訊有粦、罰訟)。

出₄、舍₃、敷₁₂、以₃:在"傳達、發佈"義上構成同義詞。"出"有 2 例(西中),"舍"有 4 例(西早₂、西晚₂),"敷"有 4 例(西晚),"以"有 3 例(西早₁、西晚₂),各詞均帶賓語,且賓語皆為"令(命)"。其例如:

1.隹(唯)十又二年初吉丁卯,益公内(入)即命於天子,公乃出氒(厥)命:易(賜)叀師永氒(厥)田滄(陰)易(陽)洛,疆(疆)眔師俗父田。氒(厥)眔公出氒(厥)命。(16·10322 永盂,西中)
2.氒(厥)非先告父厝,父厝舍命,母(毋)又(有)敢憝,尃(敷)命於外。(5·2841 毛公鼎,西晚)
3.王親令克遹涇東至於京𠂤(師),易(賜)克甸車馬乘,克不敢彖(惰),尃(敷)西(奠)王令(命)。(1·205—206 克鐘,西晚)
4.㠯(以)君氏命曰:余老之! 我僕庸土田多刺,弋許,勿使散亡。(五年琱生尊,西晚,《近出二編》第二冊 273 頁 587—588)

奠、定:在"安定"義上構成同義詞。"奠"有 14 例(西晚₁₁、春秋₃),"定"有 3 例(春秋₂、戰國₁)。二詞基本都帶賓語,賓語亦主要為處所名詞,如:

1.不(丕)顯趄趄(桓桓)皇且(祖)穆公,克夾𨟎(召)先王,奠三(四)方。(5·2833 禹鼎,西晚)
2.余非敢寧忘(荒),有虔不易(惕),輮(佐)右(佑)楚王,窶窶鷈(為)政,天命是踁,定均庶邦,休有成慶。(1·210—222 蔡侯紐鐘,春晚)

二詞的賓語亦可以是抽象名詞,如:

3.王親令克遹涇東至於京𠂤(師),易(賜)克甸車馬乘,克不敢彖(惰),尃(敷)西(奠)王令。(1·204—205 克鐘,西晚)
4.述(遂)定君臣之禬(位),上下之體,休又(有)成工(功),珎(抑)闕鼾(封)疆。(15·9735 中山王礜壺,戰早)

不同的是"奠"的賓語還可以由指人名詞充當,而"定"沒有類似用法,如:

5.則繇唯乃先聖祖考夾召先王,□董大令,奠周邦。……余令汝奠長父,休,克奠於氒(厥)□(師)。(四十二年逑鼎,西晚)

寧₁、康₁:在"安寧"義上構成同義詞,"寧"有4例(西早₁、西中₂、春秋₁),"康"亦有4例(西晚₁、春秋₃)。二詞皆以帶賓語為主,且賓語皆可由指人名詞充當,如:

1.祇覿穆王,井(型)帥宇(訏)誨,䚄寧天子,天子䰜屖文武長剌(烈)。(16·10175 史牆盤,西中)
2.卑□(貫)甬(通)□,征繇湯(陽)□,取氒(厥)吉金,用乍(作)寶障(尊)鼎,用康擾妥(綏)褱(懷)遠䚄(邇)君子。(5·2826 晉姜鼎,春早)

不同的是"康"的賓語還可以是處所詞語,而"寧"沒有類似用法,如:

3.母(毋)折箴,告余先王若德,用卬(仰)卲(昭)皇天,䚄䰜大命,康能亖(四)國。(5·2841 毛公鼎,西晚)

柔、能₂:在"親睦、親善"義上構成同義詞,"柔"有5例(西晚₃、春秋₂),"能"亦有5例(西晚₄、春秋₁)。二詞皆帶賓語,如:

1.番生不敢弗帥井(型)皇且(祖)考不(丕)杯元德,用䚄䰜大令(命),朄(屏)王立(位),虔夙夜専(薄)求不僭(替)德,用諫亖(四)方,馴(柔)遠能䚄(邇)。(8·4326 番生簋蓋,西晚)
2.告余先王若德,用卬(仰)卲(昭)皇天,䚄䰜大命,康能亖(四)國。(5·2841 毛公鼎,西晚)
3.鎮靜不廷,䚄燮百邦。(1·270 秦公鎛,春早)
4.女(汝)康能乃又(有)事,㝨乃敦豪,余用登屯(純)厚乃命。(1·285 叔夷鐘,春晚)
5.取氒(厥)吉金,用乍(作)寶障(尊)鼎,用康擾(柔)妥(綏)褱(懷)遠䚄(邇)君子。(5·2826 晉姜鼎,春早)

除了如例1"柔遠能䚄"這種共現的形式外,二詞的賓語都既有處所詞語(例2、3),亦有指人名詞賓語(例4、5)。

啟₄、襲₂:在"佑助"義上構成同義詞。"啟"有5例(西中₁、西中或晚₁、

西晚₃),"襲"有 2 例(西中);二詞皆帶賓語,且賓語主要為"身",如:

 1.受余通禄康□屯(純)右(佑),竇(廣)啓朕身,勵於永令(命)。(1·64 通彔鐘,西中或晚)

 2.戜曰:烏(嗚)虖(呼)!朕文考甲公文母日庚弋(翼)休,剌(則)尚安永宕乃子戜心,安永襲戜身。(5·2824 戜方鼎,西中)

不同的是"啟"的賓語還可以為指人名詞,如:

 3.不(丕)顯皇且(祖)考穆穆克誓(慎)氒(厥)德,嚴才(在)上,廣啓氒(厥)孫子於下,勵於大服。(8·4326 番生簋蓋,西晚)

訟、告₂:在表示"訟告"義上構成同義詞。"訟"有 6 例(西早₁、西中₂、西晚₃),"告"有 5 例(西中₃、西晚₂);二詞皆有帶對象賓語的用法,如:

 1.【曶】事(使)氒(厥)小子□目(以)限訟於井弔(叔)。(5·2838 曶鼎,西中)

 2.王才(在)周康宫徲大室,鬲比目(以)攸衛牧告於王。(5·2818 鬲攸從鼎,西晚)

亦皆有不帶賓語的用法,如:

 3.牧牛,戲!乃可(苛)湛(甚),女(汝)敢目(以)乃師訟。(16·10285 儴匜,西晚)

 4.乃師或目(以)女(汝)告,剌(則)侄(致)乃便(鞭)千,黻殿。(16·10285 儴匜,西晚)

違、逆₃:在"違背"義上構成同義詞。"違"2 見,"逆"3 見,二詞皆有帶賓語和不帶賓語的用法,前者如:

 1.敬配吳王,不諱(違)考壽,子孫蕃昌,永保用之,冬(終)歲無疆。(11·6010 蔡侯尊,春晚)

 2.女(汝)敏於戎工(功),弗逆朕親命,螜女(汝)秬鬯一卣……(卌二年逑鼎,西晚,《近出二編》第一冊 356 頁 328—329)

後者如：

　　3.隹（唯）民亡徣才（哉）！彝杰（昧）天令（命），故亡，允才（哉）顯！隹（唯）芍（敬）德，亡迨（攸）違。(8·4341 班簋，西中)
　　4.公窺（親）曰多友曰：余肇事（使）女（汝），休不逆（逆），又（有）成事，多禽（擒）。(5·2835 多友鼎，西晚)

見₂、覾₁、廷、殷₂、朝：在"覲見、朝見"義上構成同義詞。"見"有 2 例，"覾"有 2 例（殷或西早、戰國），"廷"有 6 例（西晚₃、春秋₃），"殷"有 3 例（西早），"朝"有 3 見（西早、春秋、戰國）。句法形式上，"覾、廷、殷"皆不帶賓語，不同的是"覾"後皆有介詞"於"引進對象或處所，"廷"均構成"不廷"後出現在賓語部分，"殷"後均有處所詞出現。"見"和"朝"多帶賓語。各詞用例如下：

　　1.雩武王既戈殷，敓（微）史剌（烈）且（祖）廼來見武王，武王則（則）令周公舍圖（宇）於周，卑（俾）處。(16·10175 史牆盤，西中)
　　2.外之則牁（將）使尚（上）勤（覲）於天子之廟（廟），而邊（退）與者（諸）戾（侯）齒張（長）於途（會）同。(15·9735 中山王礨方壺，戰早)
　　3.新命楚王孳鬴，雁（膺）受天命，偋用斀不廷。(偋戟，春秋後期，《近出二編》第四冊 214 頁 1250)
　　4.隹（唯）五月既望甲子，王□□京，令師田父殷成周年，師田父令小臣傳非余。(8·4206 小臣傳簋，西早)
　　5.子犯佑晉公左右，燮諸侯，□朝王，克奠王位。(子犯編鐘，春秋後期，《近出》第一冊 16 頁)

召₁、呼：在"宣召、召喚"義上構成同義詞，"召"有 12 例（西中₈、西晚₄），"呼"有 67 例（西早₁、西早或中₁、西中₃₆、西晚₂₉），兩者均集中於西周中期和晚期，但後者的出現頻率遠高於前者。句法功能上，"召"主要出現於兼語句中充當第二動詞（11 例），"呼"則主要出現於兼語句中充當第一動詞（61 例）。如：

　　1.王乎（呼）師虜召盨，王親旨盨，駒易（賜）兩（輛）。(11·6011 駒尊，西中)
　　2.王召走馬雁，令取誰（騅）駽卅二匹易（賜）大。(5·2807 大鼎，

西中)

  3. 王乎(呼)史虢生冊令頌。(5·2827—2829 頌鼎,西晚)

  4. 王乎(呼)入(內)史曰:冊令(命)虎。(虎簋蓋,西中)

  "召"出現於兼語句中充當第二動詞時,句中第一動詞基本為"呼"(8例);"呼"出現於兼語句中充當第一動詞時,句中第二動詞依次為冊命$_{38}$、賜$_{12}$、召$_8$。"召"出現於非兼語句的用例僅 1 見(例 2),"呼"出現於非兼語句(連動句)的有 6 例(如例 4)。

  無、亡$_1$:二詞是上古漢語中表示"沒有"義的主要動詞。殷墟甲骨文中"無"尚無此類用法,表示"沒有"義主要用"亡"。周金文中"無"的出現頻率很高(227 例),而"亡"的出現頻率相對有限(33 例)。從組合形式看,二詞均主要與抽象名詞組合,如"無"有無疆$_{169}$、無期$_{43}$、無讁$_2$、無匄、無諫、無斁、無斁、無貤、無智、無暇、無卤(由),而"亡"有亡潜$_6$、亡斁$_4$、亡尤$_3$、亡讁$_2$、亡貤$_2$、亡悔、亡匄(害)、亡疆$_8$、亡終、亡道、亡識。或與動詞性成分組合,"無"有無諆(計)、無測、無敵、無匹,"亡"有亡競、亡一夫之救、亡懅惕之慮;偶爾與指物名詞組合,如無廢矢、亡廢矢。二者共同的組合形式有無疆、亡疆;無讁、亡讁;無匄、亡匄;無斁、亡斁,據此可見二詞的同義性。從組合的數量比例看,"亡"的組合(15 種)比例高於"無"(16 種),但各組合基本只出現一次,而"無"的相應組合,特別是"無疆""無期"出現頻率非常高。從出現時間看,"無"多見於東周時期(156 例),而"亡"則多見於西周時期(27 例)。可見二詞具有較為明顯的時間承接性。

  咸、既:在"完畢、完成"義上構成同義詞。"咸"有 12 例(西早$_8$、西中$_4$)"既"有 3 例(西早),二詞均不帶賓語。其例如:

  1. 舍四方命,既咸令,甲申,明公用牲於京宮。乙酉,用牲於康宮。咸既,用牲於明公。(11·6016 矢令方彝,西早)

  2. 秉繁蜀巢令,賜鈴勒,咸,王令毛公以邦冢君、土(徒)馭、□人伐東或(國)瘠戎,咸,王令吳(虞)伯曰:……(8·4341 班簋,西中)

  3. 侯乘於赤旂舟從,死(尸)咸,之日,王以侯內(入)於寢。(11·6015 麥方尊,西早)

  4. 告咸,盂以者(諸)侯暨侯、田(甸)、男□□從盂征。(5·2839 小盂鼎,西早)

  "既"只有與"咸"同義連用一種出現形式,而"咸"還有單獨成句(6 例,如例

2)、位於名詞後(1例,例3)、位於另一動詞後(1例,例4)三種出現語境。先秦傳世文獻中可見"既"的此類用法,但"咸"的此類用法不見。

喪₁、亡₄:在"喪失"義上構成同義詞,"喪"有9例(西早₃、西中₂、西晚₁、春秋₂、戰國₁),"亡"有8例(西中₁、春秋₃、戰國₄)。"亡"皆不帶賓語,"喪"以不帶賓語為主(6例),其例如:

  1. 量侯斨柞(作)寶障(尊)殷(簋),子子孫萬年永寶殷(簋),勿喪。(7·3908量侯簋,西早)
  2. 擇厥吉金,自作其鐲。世世鼓之,後孫勿忘(亡)。(徐王旨後之孫鐘,戰國前期,《近出二編》第一冊14頁12)
  3. 我聞(聞)殷述(墜)令(命),隹(唯)殷邊(邊)庆(侯)田(甸)雩(與)殷正百辟,率辪(肆)於酉(酒),古(故)喪𠂤(師)。(5·2837大盂鼎,西早)

例1、2中"喪""亡"不帶賓語,例3中"喪"帶賓語。從上下文可以看出,"亡"的對象皆為器物,而"喪"的對象除了器物(3例),還可以是其他指物名詞(如寶積、金),還有師、國、人等。

克₂、能₁、堪:均為表"能可"義的能願動詞,"克"有44例(西早₉、西中₆、西晚₁₇、春秋₅、戰國₇),"能"有4例(西中₁、西晚₁、戰國₂),"堪"有3例(西中₁、西晚₂)。句法功能相同,即均充當狀語,如:

  1. 不(丕)顯朕皇高祖單公,桓桓克明氒(厥)德……雩朕皇高祖公叔,克逑匹成王……雩朕皇高祖新室仲,克幽明氒(厥)心……克匍(輔)保氒(厥)辟考(孝)王、夷王,有成於周邦。(逑盤,西晚)
  2. 隹(唯)司馬賙訢詺(諼)戰(俾)忘(怒),不能寍(寧)處。(15·9734中山妤𧊒壺,戰早)
  3. 年無彊(疆),龕(堪)事朕辟皇王,豐(眉)壽永寶。(1·40—41眉壽鐘,西晚)

三詞的差異首先表現在出現頻率上,即"克"遠多於"能"和"堪"。其次是"克"的出現語境比較程式化,其後動詞集中於"明、哲、敬"等稱揚德行和"御、事、臣"等表輔佐義的動詞;"堪"與之相似,只有修飾動詞"事、臣"的用法;而"能"雖然用例不多,但應用上明顯靈活。這表明周金文中的"克""堪"屬於仿古用法,"克"是主要應用於上古漢語早期的一個能願動詞。

使₁、俾：在"使令"義上構成同義詞。"使"有 40 例（西早₃、西早或中₁、西中₂₀、西周₁、西晚₉、春秋₂、戰國₄），"俾"有 25 例（西中₁₁、西晚₂、春秋₁₂）"使"集中於西中，"俾"集中於西中和春秋。句法形式上，二詞皆出現於兼語句中，其例如：

  1. 王事（使）孟聯父蔑歷，賜朕牲大牢……。（任鼎，西中，《近出二編》第一冊 351 頁 325）

  2. 女（汝）母（毋）弗蕭（善）效姜氏人，勿事（使）敢又（有）庆（疾）止從（縱）獄。（8·4340 蔡簋，西晚）

  3. 鬲敢芆（聾）王，卑（俾）天子儚（萬）年，□□白（伯）大師武，臣保天子。（5·2830 師鬲鼎，西中）

  4. 其乍（作）福元孫，其萬福屯（純）魯，穌獸（協）而（爾）又（有）事，卑（俾）若鐘鼓，外內剮（闓）辟。（1·285 叔夷鐘，春晚）

具體而言，"使"後兼語出現的占多數（26 例），而"俾"後省略兼語的占多數（20 例）。

享₁、孝：二者可以構成"用享用孝"（21 例）和"享孝"（38 例）兩種形式，表明二詞的同義性，如：

  1. 中（仲）師父乍（作）季妋始（姒）寶障（尊）鼎，其用言（享）用考（孝）於皇且（祖）帝考，用易（賜）眉壽無疆（疆）。（5·2743—2744 仲師父鼎，西晚）

  2. 梁其乍（作）障（尊）壺，用享孝於皇且（祖）考。（15·9716—9717 梁其壺，西中）

但"孝"除了以上形式和"追孝"（25 例）組合外，單用的很少見，而"享"單用的卻很多見（250 多例），特別是"永寶用享"一類形式出現頻率非常高（180 多例）。另外，"享"還有"享祀、盟享、享鬻、鬻享、禋享"等組合，而"孝"無類似用法。

祭、祀：在"祭祀"義上構成同義詞。"祭"有 11 例（西早₂、西中₁、西晚₁、西周₁、春秋₃、戰國₃），"祀"有 17 例（西早₅、西中₆、西晚₂、春秋₂、戰國₂）。句法形式上，二詞皆以不帶賓語為主（祭 9 例、祀 10 例），且均有單獨充當謂語、充當定語、出現在賓語部分等共同用法，如：

  1. 辛巳，王祭，烝，在成周。呂賜马一卣、貝三朋，用作寶障（尊）彝。

（呂壺蓋，西早，《近出二編》第三冊 189 頁 873）

2. 眢用丝（兹）金乍（作）朕文考宭白（伯）䵼牛鼎，眢其【萬】【年】用祀。（5・2838 眢鼎，西中）

3. 鄦侯少子祈乙秌（孝孫）丕巨鐎（合）趣（取）吉金，嬭乍（作）皇姒囗君中（仲）祮（祭）器八殷（簋），永保用䔼（享）。（8・4152 鄦侯少子簋，春秋）

4. 昜（賜）三貝卅朋，乍（作）文父宗祀障（尊）彝。（作文父宗祀鼎，西早，《金文引得》3940）

帶賓語的"祭"有 2 例，"祀"有 7 例，賓語皆為指稱先祖的指人名詞，如：

5. 元日己丑，余畜孫書也，斁（擇）其吉金，目（以）釱（作）鑄鎐（缶），目（以）祭我皇祖。（16・10008 樂書缶，春秋）

6. 呂白（伯）乍（作）氒宮室寶障（尊）彝殷（簋），大牢，甘（其）萬年祀氒（厥）取（祖）考。（7・3979 呂伯簋，西中）

"祭""祀"二詞在傳世文獻中是常見的祭祀類動詞，然在兩周金文中二詞的出現頻率還不是很高，且無連用之例。從組合功能上看，"祀"較"祭"更靈活，可以組成"烝祀、酌祀、禋祀、享祀、盟祀"等形式（或視為複合詞），而"祭"尚無類似用法。同時"祭"修飾器名充當定語的用例（5 例）明顯多於"祀"（1 例）。

烝₂、嘗：皆為祭名，"烝"有 13 例（西早₃、西中₂、西晚₃、春秋₁、戰國₄），"嘗"有 9 例（西晚₂、春秋₂、戰國₅）；形式上有"烝""嘗"對用的 4 例，足證二詞的同義性，如：

1. 墜（陳）戻（侯）午台（以）羣者（諸）戻（侯）獻（獻）金乍（作）皇妣（妣）孝大妃祔（祭）器鐘（錞），台（以）羣（烝）台（以）嘗，保又（有）齊邦，永殹（世）母（毋）忘（亡）。（9・4646—4647 十四年陳侯午敦，戰晚）

二詞亦皆可單用，或修飾器名充當定語，如：

2. 大師虘乍（作）羣（烝）障（尊）豆，用邵（昭）洛（格）朕文且（祖）考，用旂（祈）多福，用匂永令（命）。（9・4692 大師虘豆，西晚）

3. 膚（瑚）生對揚朕宗君其休，用乍（作）朕剌且（祖）爂（召）公嘗殷

(簋),其萬年子子孫孫寶用亯(享)於宗。(8•4293 六年琱生簋,西晚)

或充當述語,如:

4.唯王十又三(四)祀十又一月丁卯,王肅(在)畢烝(烝)。(8•4208 段簋,西中)

5.用詐(作)大孟姬媵(媵)彝鎚,禋亯(享)是台(以),祗盟嘗啻,祐受母(毋)已。(11•6010 蔡侯尊,春晚)

不同的是"嘗"還有"歲嘗"組合(3 例),而"烝"無類似組合;"烝"有"烝祀"組合(2 例)而"嘗"無類似組合。同時,"烝"單用的用例(7 例)多於"嘗"(2 例)。

歲、嘗:皆為祭名,"歲"有 4 例(西晚$_1$、春秋$_1$、戰國$_2$),"嘗"有 9 例(西晚$_2$、春秋$_2$、戰國$_5$);形式上有"歲嘗"連用的 3 例,可證二詞的同義詞,如:

1.楚王酓忎戰(戰)隻(獲)兵銅,正月吉日,窒(令)盟(鑄)甸(鑄)鼎,目(以)共(供)戠棠(歲嘗)。(5•2794 楚王酓忎鼎,戰晚)

此外,"歲"有單用的 1 例,"嘗"有單用的 2 例:

2.易(賜)女茲(茲)关(騰),用歲用政(征)。(5•2841 毛公鼎,西晚)

3.用詐(作)大孟姬媵(媵)彝鎚,禋亯(享)是台(以),祗盟嘗啻,祐受母(毋)已。(11•6010 蔡侯尊,春晚)

"嘗"還有與"烝"對用的形式(4 例),而"歲"無類似用法。

作$_1$、鑄、為$_1$、造$_2$:在"製造"義上構成同義詞。從出現頻率看,"作"最多見,其次為鑄(約 92 例)、造(約 84 例)、為(約 69 例)。從出現時間看,"作"在西周和東周時期都非常多見,"鑄"(西周 24 例、春秋 47 例、戰國 21 例)、"為"(西周 19 例、春秋 28 例、戰國 21 例)東周時期多於西周時期,而"造"主要見於戰國時期的兵器銘文中。從句法形式上看,"作"基本只有"作……器名"形式;"鑄"主要為"鑄+器名"形式(80 例),少數為"人名+鑄"形式;"為"除了"為+器名"形式(53 例)外,還有"人名+為之"和"人名+所為"兩種形式;"造"則以單獨充當謂語為主(31 例,即構成"人名+造"形式),此

202

外有"……之造"(12例)和"……所造"形式,"造+器名"的形式僅1見。可以看出,四詞中"造"不但出現時間明顯偏晚,且句法形式也與前三詞明顯不同。

饗、餕:在"宴饗、饗食"義上構成同義詞。"饗"有45例(西早$_{15}$、西中$_{16}$、西晚$_{10}$、春秋$_4$),"餕"有5例(春秋)。可以看出二詞的出現頻率相差很多。句法功能上"饗"以帶賓語為主(40例),"餕"不帶賓語的(3例)略多於帶賓語的(2例)。二詞皆可以帶指人名詞賓語,如:

1. 衛肇乍(作)氒(厥)文考己中(仲)寶鼎,用夆壽匄永福,乃用卿(饗)王出入事(使)人眔多倗(朋)友。(5·2733衛鼎,西中)

2. 曾子中(仲)宣用甘(其)吉金,自乍(作)寶鼎,宣喪用龤(餕)其者(諸)父者(諸)兄,甘(其)萬年無疆(疆)。(5·2737曾子仲宣鼎,春早)

不同的是"饗"還可以帶指物名詞賓語(主要是"醴"和"酒"),而"餕"無類似用法。如:

3. 隹(唯)三月初吉丁亥,穆王才(在)下淢居,穆王卿(饗)豊(醴),即井白(伯)大祝射。(15·9455長由盉,西中)

不帶賓語的"饗"(5例)和"餕"(3例)用法相近,如:

4. 趩趩子白,獻戎(馘)於王,王孔加(嘉)子白義。王各周廟宣廎,爰卿(饗)。(16·10173虢季子白盤,西晚)

5. 擇氒(厥)吉金,乍(作)鑄飤鼎,余以鐈以餕,以伐四方,以從攻鄦王。世萬子孫,永保用餕。(湛邟鼎,春秋前期,《近出》第二冊215頁354)

饋、飤:在"饗食"義上構成同義詞。"饋"有54例(西早$_6$、西中$_4$、西晚$_{12}$、西周$_1$、西晚或春早$_1$、春秋$_{30}$),"飤"有74例(西早$_4$、西中$_1$、西晚$_7$、西周$_2$、西晚或春早$_1$、春秋$_{56}$、戰國$_3$)。和前述"饗""餕"二詞不同的是此二詞皆以修飾器名充當定語為主(饋50例、飤62例),如:

1. 白(伯)圖父乍(作)蘇(饋)臣(簋),甘(其)萬年永寶用。(9·4536伯圖父簋,西晚)

2.陳(陳)生霍乍(作)飤鼎,孫子甘(其)永寶用。(4•2468 陳生霍鼎,西晚)

其次,二詞均有充當謂語中心詞而不帶賓語的用法(饋2例、飤7例),如:

3.余諾龏(恭)孔惠,其眉壽目(以)穌(饋),萬年無異(期),子子孫孫永寶用之。(9•4623—4624 郱大宰簠,春早)

4.余購逨兒得吉金鎛(鏞)鋁,台(以)鑄訛(龢)鐘,台(以)追孝侁(先)且(祖),樂我父兄,獣(飲)飤訶遷(歌舞),孫孫用之,後民是語(娛)。(1•183 余購逨兒鐘,春晚)

亦皆有帶賓語的用法(饋2例、飤5例),如:

5.白(伯)康乍(作)寶毁(簋),用卿(饗)朋友,用饉(穌)王父王母。(8•4160—4161 伯康簋,西晚)

6.郜召作為其旅簠,用實稻粱,用飤諸母諸兄。(郜召簠,西晚,《近出》第二冊 432 頁)

綜上可見,"饋""飤"二詞在出現頻率、出現時間(皆多見於春秋時期)、句法功能(主要充當定語)方面皆表現出高度的一致性。

居、處₁、宅:在"居處"義上構成同義詞。"居"1 見,"處"9 見(西中₃、西晚₁、春秋₂、戰國₃),"宅"4 見(西早₂、春秋₂)。句法功能上,三詞的共同特點是皆帶處所賓語,如:

1.大司馬邵鄛(陽)鼤(敗)晉帀(師)於襄陵之哉(歲),顋(夏)屄之月,乙亥之日,王凥(居)於茂郢之遊宮。(18•12113 鄂君啟舟節,戰國)

2.余處江之陽,至於南行西行。(18•11718 姑發劒反劍,春晚)

3.秦公曰:不(丕)顯朕皇且(祖)受天命,鼐宅禹蹟(蹟),十又二公,才(在)帝之阢。(8•4315 秦公簋,春早)

不同的是"處"還有不帶賓語的用例(4 例),如:

4.隹(唯)司馬賵訴辂(諤)戰(俾)忢(怒),不能盗(寧)處,率師征鄧

(燕),大啓邦汻(宇)。(15·9734 中山𰯲盉壺,戰早)

畋、獵:在"狩獵"義上構成同義詞,各 2 見,如:

1.晉侯對作寶障(尊)叞盨,其用田(畋)獸(狩),甚(湛)樂於原隰。(晉侯對盨,西晚,《近出》第二冊 402 頁)

2.虞(吾)㠯(以)匽(宴)猷(飲),盱我室家,罙獵母(毋)後,寍在我車。(15·9715 杕氏壺,春晚)

第二節　反義動詞

反義詞是指詞義相反或相對的兩個或兩組詞。兩周金文中的反義動詞數量比較有限,詞義比較明顯的有以下各組。

於、如、往、徂—來₁、歸、返、還₁、復₁:這兩組詞在運動義上構成反義詞,前一組表示運動方向的由此及彼(由近及遠),後一組表示運動方向的由彼及此(由遠及近)。前一組四個詞共出現 15 次(於 7 例、如 3 例、往 3 例、徂 2 例),後一組五個詞共出現 38 次(來 11 例、歸 11 例、返 9 例、還 5 例、復 2 例),後一組的個體數量和出現頻率均高於前一組。從出現時間看,前一組為西早 7 例、西中 3 例、西晚 3 例、春秋 1 例、戰國 1 例,後一組為西早 10 例、西中 8 例、西中或晚 1 例、西晚 12 例、春秋 4 例、戰國 3 例,均集中於西周時期,略有差異的是前一組西周早期最多見,後一組西周晚期最多見(西周早次之)。句法形式上,前一組有直接帶處所賓語(7 例)和與另一動詞連用後帶賓語(7 例)兩種形式,前者如:王女(如)上侯,師艅從,王夜功,易(賜)師艅金(11·5995 師俞尊,西早);後者如:隹(唯)九月既望庚寅,楷白(伯)於遘王,休亡尤,朕辟天子,楷白(伯)令氒(厥)臣獻金車(8·4205 獻簋,西早)。後一組則或構成連動式(16 例),如:隹(唯)三月初吉,蠚(蟎)來遘(覯)於妊氏,妊氏令蠚(蟎)事傒(保)氒(厥)家(5·2765 蟎鼎,西中);蘇拜稽首,受駒以出,反(返)入,拜稽首(晉侯蘇編鐘,西晚,《近出》第一冊 59 頁)。或用介詞引進動作的處所(8 例),如:在十又一月,公返自周(保員簋,西早,《近出》第二冊 368 頁)。或單獨或與同義動詞一起充當謂語(13 例),如:唯歸,逊(揚)天子休,告亡尤(11·6015 麥方尊,西早);零氒(厥)復歸,才(在)牧自(次),白(伯)懋父承王令易(賜)自(師)達(率)征自五齵貝(8·4238—4239 小臣謎簋,西早)。偶爾出現在定語部分(1 例),如:鄭公卲者果返秦之歲,夏樂之月,辛未之日,工佐競之,上以為大市鑄武監室(大市量,春秋前期,《近出二編》第三冊 317 頁 987)。可以看出後一組詞的句法功能較前一組複雜。

出₁—入₁:在運動義上構成反義詞,"出"10 見(西早₃、西晚₇),有見於連動式中(7 例)、用介詞引進處所(2 例)、單獨充當謂語(1 例)三種形式,如:山撲(拜)頴首,受冊佩目(以)出,反(返)入(納)堇(瑾)章(璋)(5·2825 膳夫山鼎,西晚)。"入"有 88 例(西早₄、西中₃₃、西中或晚₁、西晚₃₉、春秋₃、戰國₈),句法形式以不帶賓語為主(53 例),如:隹(唯)王十又一月既生霸丁亥,焂(榮)季入右(佑)卯立中廷(8·4327 卯簋蓋,西中)。帶賓語的形式中,"入門"組合最多見(22 例),如:旦,王各大室,即立(位),宰佣父右𢆶門立中廷,北卿(嚮)(8·4272 望簋,西中)。可以看出,"入"的出現頻率遠高於"出",但"入"的出現形式程式化程度很高,而"出"的句法功能相對靈活些。

陟₁—降₁:在表示升降義上構成反義關係,"陟"1 器 5 見:自瀗涉目(以)南,至於大沽,一弄(封)。目(以)陟,二弄(封)。……復涉瀗,陟零猷□陝目(以)西,弄(封)於□𩟿(城)楮木。……內(入)陟芻,登於厂𤂖。……還,目(以)西一弄(封)。陟剛(岡),三弄(封)。……陟州剛(岡),莽(登)𣲘,降棫,二弄(封)(16·10176 散盤,西晚)。"降"4 見(西早 1 例、西晚 3 例),如:王至晉侯蘇師,王降自車,立南嚮(晉侯蘇編鐘,西晚,《近出》第一冊 59 頁)。二詞還可以複合成"陟降"一詞,凡 3 見(西中 1 例,西晚 2 例),如:甘(其)各前文人,其瀕(頻)才(在)帝廷陟降,繇(申)圜皇帝大魯命,用黹保我家朕立(位)獣身(8·4317 獣簋,西晚)。

哀—樂:"哀"4 見(西晚₂、春晚₂),均為"哀哉"形式,如:烏(嗚)虖(呼)哀𢦏(哉)!用天降大喪於下或(國),亦唯噩(鄂)厌(侯)駿(馭)方率南淮尸(夷)東尸(夷)廣伐南或(國)東或(國),至於厵內(5·2833 禹鼎,西晚)。"樂"有 34 例(西中₂、西晚₆、春秋₂₂、戰國₄),句法功能以帶賓語為主(27 例),賓語多數為指人名詞(20 例),如:穆穆穌鐘,用匽(宴)目(以)喜,用樂嘉賓大夫及我倗友(1·153—154 許子鐘鎛,春秋);為其他名詞的很少見,如:中(終)鳴娖好,我以樂我心(遱邿編鎛,春秋前期,《近出》第一冊 228 頁)。不帶賓語的形式中,"樂"則多與同類動詞同現,如:晉侯對乍(作)寶尊役盨,其用田(畋)獸(狩),甚(湛)樂於原隰,其萬年永寶用(晉侯對盨,西晚,《近出》第二冊 402 頁 503)。

憂—喜、樂、侃、宴₂、康、娛:表示"憂愁"義的只有"憂"一詞,凡 3 見(西晚₁、戰國₂),2 例帶賓語,如:昔者,先王笫(慈)悉(愛)百每,竹(篤)甹亡彊(疆),日炙(夜)不忘大壡(去)型(刑)罰,目(以)恴(憂)俘(厥)民之隹(罹)不挩(幸)(15·9734 中山𡚱盗壺,戰早);1 例不帶賓語(出現在賓語部分):告余先王若德,用卬(仰)邵(昭)皇天,繇圝大命,康能三(四)國,俗(欲)我弗乍(作)先王憂(5·2841 毛公鼎,西晚)。與表示"憂愁"義的詞只有"憂"一個形成鮮明對比的是表示"喜樂"義的動詞有"喜、樂、侃、宴、康、娛"六個,六詞共有 97 例(喜 26 例、樂 34 例、侃 15 例、宴 13 例、康 6 例、娛 3 例），出現時間集中於東周時期（57 例）。句法形式上帶賓語的多於不帶賓語的，其中"喜、侃"的賓語以指稱祖先的名詞為主，如：用邵（昭）各喜侃樂前文人，用祓壽，匄永令（命）（1·246 瘋鐘，西中）；用追孝，卲各喜侃前文人（逑編鐘，西晚，《近出》第一冊 267 頁）。而"樂、宴"的賓語則以指稱生者的名詞為主，如：穆穆穌鐘，用匽（宴）日（以）喜，用樂嘉賓大夫及我倗友（1·153—154 許子盦鎛，春秋）；朕用宴樂諸父兄弟，余不敢困窮，余好朋友是恭（文公母弟鐘，春秋後期，《近出二編》第一冊 8 頁 6）。形式上多見同義連用形式，單用的只占少數，此與春秋金文多韻文有關。據上，兩周金文中表示"喜樂"義的動詞不但在個體數量上明顯多於表示"憂愁"義的動詞，且出現頻率頗高，句法功能亦比較豐富。這與傳世文獻的情況很不同，實與兩周金文的特定內容有關。

念—忘："念"有 13 例，"忘"有 19 例，出現頻率相差不多。出現時間上，二詞均集中於西周時期（"念"為西早 3 例、西中 4 例、西晚 4 例、戰國 2 例，"忘"為西早 2 例、西中 9 例、西晚 6 例、戰國 2 例）。句法功能上，二詞均以帶賓語為主（念 9 例、忘 17 例），其例如：於（嗚）虖（呼）！念之𢦏（哉）！後人其庸庸之，母（毋）忘爾邦（5·2840 中山王䜌鼎，戰晚）；王用弗䛨（忘）聖人之後，多蔑歷易（賜）休（5·2812 師望鼎，西中）。不帶賓語的（念 4 例、忘 2 例）均居少數，如：用乍（作）大禦（御）於氒（厥）且（祖）氒（厥）父母多申（神），母（毋）念𢦏（哉）（10·5427 作冊嗌卣，西中）；隹（唯）用自念於周公孫子，曰：余弋母𢌿（庸）又（有）聖（忘）（5·2774 帥隹鼎，西中）。不同的是"忘"帶賓語的（17 例）比例遠高於不帶賓語的（2 例），而"念"帶賓語（9 例）和不帶賓語（4 例）相差不特別懸殊。

恭、敬、虔、寅、祗、嚴、翼₃、謹₂、恤₂—易（惕）：前一組詞均有"敬"義，後一詞則表示"輕慢"義。"易"共出現 4 次（女（汝）母（毋）敢豕（惰）才（在）乃服，𣶒（夙）夕，敬念王瘣（威）不賜（惕）（5·2841 毛公鼎，西晚）；蔡侯申虔共（恭）大命，上下陟祰，敱敬不易（惕），肇輯（佐）天子（16·10171 蔡侯盤，春晚）；余唯（雖）末少（小）子，余非敢寧忘（荒），有虔不易（惕），輯（佐）右（佑）楚王（1·210 蔡侯紐鐘，春晚）；余少（小）子，女（汝）尃（輔）余於艱𤱿（艱），虔卹不易（惕），左右（佐佑）余一人（1·285 叔夷鐘，春晚），均與表示"恭敬"義的動詞同現，足證與前一組詞的反義關係。與表示"輕慢"義的詞只有"易"一詞不同的是，表示"恭敬"義的動詞則數量頗多，表現出明顯的不對稱性。九詞共有 147 例（恭 24 例、敬 50 例、虔 24 例、寅 7 例、祗 5 例、嚴 18 例、翼 6 例、謹 7 例、恤 6 例），時間分佈則西周時期（77 例）和東周（70 例）相差不多，但是因為東周時期的器物明顯少，故其在東周時期的出現頻率明顯高於其他類動詞。句法功能上則明顯以不帶賓語為主（多充當狀語），如：肆克龏（恭）保氒（厥）辟龏（恭）王，諫（敕）辪（乂）王家，叀（惠）於萬民（5·2836 大克鼎，西晚）；敬明乃心，率目（以）乃友干吾（捍敔）王身（8·4342 師訇簋，西晚）；蠚蠚允義，翼受明德，目（以）康奠龤（協）朕或（國）（1·267—270 秦公鎛，春早）。

帶賓語的約占三分之一,如:允才(哉)顯!隹(唯)苟(敬)德,亡逌(攸)違(8·4341班簋,西中);望肇帥井(型)皇考,虔夙(夙)夜出內(納)王命,不敢不分不妻(5·2812師望鼎,西中);余墜(陳)中(仲)脜孫,畫弔(叔)和子,䂂(恭)䢜(寅)䙉(鬼)神,畢(畢)䂂(恭)悤(畏)忌(8·4190陳肪簋蓋,戰早)。

勤、薄₂、懋、農、圉₂、敏₁、勞—惰、懈:前一組詞表示"勤勉"義,後一組詞表示"怠惰"義。前一組七詞出現 23 次(勤 4 例、薄 2 例、懋 4 例、農 1 例、圉 3 例、敏 7 例、勞 2 例),後一組二詞出現 14 次(惰 13 例、懈 2 例),總體出現頻率均不高。兩組詞均主要見於西周時期(第一組 22 例、第二組 9 例),句法功能上均以不帶賓語為主,如:虔夙(夙)夜專(薄)求不替(替)德,用諫三(四)方(8·4326番生簋蓋,西晚);不(丕)顯皇且(祖)考穆異異(翼翼),克慎氒(厥)德,農臣先王(1·187—190 梁其鐘,西晚);君夫敢每(敏)鼎(揚)王休,用乍(作)文父丁簋,子子孫孫甘(其)永用之(8·4178 君夫簋蓋,西中);述御於氒(厥)辟,不敢象(惰),虔夙夕敬氒(厥)死(尸)事(述編鐘,西晚,《近出》第一冊 268 頁);受賃(任)猶(佐)邦,夙(夙)夜篚(匪)解(懈)(15·9735 中山王䂂方壺,戰早),不同的是前一組詞多充當狀語,而後一組詞常單獨充當謂語。帶賓語的均很有限,如:昔者,虛(吾)先祖(祖)起(桓)王、卲(昭)考成王,身勤社稷行四方,目(以)憂懋(勞)邦家(5·2840 中山王䂂鼎,戰晚);敬乃夙(夙)夜用甹(屏)朕身,勿灋(廢)朕命,母(毋)象(惰)乃政(1·60—63 逆鐘,西晚)。

賞—罰:"賞"表示"賞賜"義,有 48 例(西早₄₀、西周₁、西中₂、春秋₃、戰國₂),主要見於西周早期。句法形式以帶雙賓語為主(32 例),如:姜商(賞)令貝十朋、臣十家、鬲百人(8·4300 作冊夨令簋,西早)。"賞"的直接賓語主要為物品(如貝、瓚、弓、矢、金、禾、璋),偶爾為"臣、馬、土"等。"罰"表示"刑罰、懲罰"義,凡 10 見(西早₁、西中₃、西晚₅、春秋₁),句法形式以帶賓語為主(6 例),如:今大赦(赦)(汝),便(鞭)女(汝)五百,罰女(汝)三百寽(鋝)。……牧牛辭斯(誓)成,罰金(16·10285 儷匜,西晚);不帶賓語的居少數(4 例),如:東宮迺曰:求乃人,乃弗得,女(汝)匡罰大(5·2838 曶鼎,西中)。可以看出,二詞在出現頻率、出現時間、句法功能方面均表現出明顯的不同①。

得—喪₁:"得"表"獲得"義,"喪"表"喪失"義。前者有 11 例(西早₁、西中₂、春秋₂、戰國₆),後者有 9 例(西早₃、西中₂、西晚₁、春秋₂、戰國₁)。句法形式上皆有帶賓語和不帶賓語的形式,前者如:余購□兒得吉金鎛(鏞)鋁,台(以)鑄訦鐘(1·184 余購□兒鐘,春晚);無隹(唯)正齚(昏),引甘(其)唯王䂂(知),廼唯是喪我或(國)(5·2841 毛公鼎,西晚)。後者如:求乃人,乃弗得,女(汝)匡罰大(5·2838 曶鼎,

---

① 兩周金文中還有"賜、貺、釐、餽、齎、賄、贈、畀、舍、授、稟、遺、降、綏、賓、令(命)、休、惠、旬、懷"等表示"賞賜、賜予"義的動詞,這些詞與"罰"也可以構成廣義的反義關係,但因詞目較多,具體詞義及用法較為複雜,故此暫不論及。

西中);文考遺寶責(積),弗敢喪(5·2555 旟鼎,西早)。略有不同的是"得"帶賓語的(5 例)略多於不帶賓語的(9 例),而"喪"不帶賓語的(6 例)多於帶賓語的(3 例)。同時"得"還可以充當賓語(2 例),如:鄧小仲隻(獲),有得,弗敢阻,用乍(作)毕(厥)文且(祖)寶鷺尊(鄧小仲方鼎,西早,《近出》第二冊 198 頁);而"喪"無類似用法。

有—無:"有"有 97 例,皆帶賓語,賓語可以是名詞賓語(46 例),如:白父孔覻又(有)光,王賜(錫)乘馬,是用左(佐)王(16·10173 虢季子白盤,西晚);亦可以是謂詞性賓語(49 例),如:多友右(有)折首執訊……多友或(又)右(有)折首執訊(5·2835 多友鼎,西晚)。"無"則多以各種固定組合形式出現,計有無疆(約 169 例)、無期(43 例)、無譴、無勾、無諫、無孜、無斁、無𢇛、無智、無叚、無卣(由)、無諆(計)、無測、無敵、無鵙(匹)等多種組合形式;單用的很少見,如:柞白(伯)十禹弓,無瀘(廢)矢(柞伯簋,西早,《近出》第二冊 371 頁 486)。

生₁—死:"生"表示"降生、出生"義,2 見(西中、春秋),皆帶賓語,如:雩生叔尸(夷),是辟於齊侯之所(1·285 叔夷鐘,春晚);"死"表示"死亡"義,8 見(西中₁、西晚₂、春秋₁、戰國₄),皆不帶賓語,如:用喜(享)用孝於皇祖聖叔、皇妣(妣)聖姜,於皇祖又(有)成惠叔、皇妣(妣)又(有)成惠姜,皇丂(考)遹中(仲)、皇母,用𧟷(祈)壽老(考)母(毋)死(1·271 齡鎛,春中或晚);隹(雖)又(有)死皇,及参(三)殹(世)亡不若(赦)(5·2840 中山王䜗鼎,戰晚)。

克₁—敗:"克"表示"戰勝"義,"敗"表示"戰敗"義。前者 5 見(西早₃、西中₁、戰早₁),後者 2 見。句法形式上皆帶賓語,如:隹(唯)珷(武)王既克大邑商,則廷告於天,曰:余其(其)宅兹(兹)中或(國),自之辥(乂)民(11·6014 何尊,西早);荊伐徐,余親逆攻之,敗三軍,獲□馬,攴七邦君(吳王壽夢之子劍,春秋後期,《近出二編》第四冊 265 頁 1301)。

經₂—逆₃:"經"表示"遵循"義,"逆"表示"違背"義。前者 9 見(西晚₇、春秋₂),後者 3 見(西晚₂、戰國₁)。句法形式上皆帶賓語,如:王曰:父厝,余唯肇巠(經)先王命,命女(汝)辥(乂)我邦我家内外(5·2841 毛公鼎,西晚);女(汝)敏於戎工(功),弗逆朕親命,賚女(汝)秬鬯一卣……(卌二年逨鼎,西晚,《近出二編》第一冊 356 頁 328—329)。

反義同詞:

是指一個詞含有相反或相對的兩個意思,是與反義異詞平行的一種詞義現象。殷墟甲骨文中已有類似現象,如"受"既表示接受義,又表示授予義。兩周金文中此類詞有下述諸例。

受:表"接受"義的有 58 例(西早₉、西早或中₁、西中₅、西晚₂₁、春秋₂₀、戰國₂),表"授予"義的有 23 例(西早₅、西中₇、西中或晚₁、西晚₉、春秋₁),兩者的出現時間沒有明顯差別。句法形式上,表"接受"義的"受"以帶單賓語為主,如:山搽(拜)頴首,受冊佩目(以)出,反(返)入(納)堇(瑾)章(璋)(5·2825 膳夫山鼎,西晚);表"授予"義的"受"則以帶雙賓語為主,如:前文人嚴才(在)上,……降述魯多福,眉壽綽綰,受(授)余康□純右通祿(述盤,西晚)。

匃:表"賜予"義1見:王令榮眔(暨)內史曰:菁(匃)井(邢)侯服,易(賜)臣三品(8·4241邢侯簋,西早);表"祈求"義的有52例,皆帶賓語,賓語主要為表示長壽等內容的詞語,如:用乍(作)障(尊)鼎,用匃眉壽黃耇吉康(5·2813師全父鼎,西中)。

賜:表"賜予"義有307例(西早₁₀₀、西早或中₃、西中₁₁₉、西中或晚₁、西晚₇₅、春秋₈、戰國₁),表"祈求"義有35例(西早₁、西中₄、西中或晚₁、西晚₂₂、春秋₇),前者在西周的各個時期都很多見,後者則主要見於西周晚期。句法形式上,前者以帶雙賓語為主(207例),如:才(在)戊辰,匽(燕)厌(侯)易(賜)白(伯)矩貝,用乍(作)父戊障(尊)彝(3·689伯矩鬲,西早);後者則皆帶單賓語,如:戀乍(作)朕皇考龕彝障(尊)鼎,戀用言(享)孝於朕皇考,用易(賜)康勳魯休屯(純)右(佑),眉壽永令(命)霝冬(終)(5·2790 微欒鼎,西晚)。

綏:表"賜予"義4見(西中₃、西晚₁),表"祈求"義5見(西早₁、西中₄),出現頻率和出現時間均無明顯差異。句法形式上皆帶單賓語,如:大神其陟降,嚴祜龏妥(綏)厚多福(1·247—250癲鐘,西中);蕭(善)敢搽(拜)頴首,對䵼(揚)皇天子不(丕)环休,用乍(作)宗室寶障(尊),唯用妥(綏)福(5·2820善鼎,西中)。

稟:表"秉受、接受"義1見:隹(唯)王初竃宅於成周,復稟珷(武)王豊(禮)祼自天(11·6014何尊,西早);表"賜予"義2見,如:能匋賜貝于氒(厥)□公,矢稟五朋,能匋用作文父日乙寶尊彝(11·5984能匋尊,西早);表"給納"義1見:盉(召)白(伯)虎告曰:余告慶。曰:公氒(厥)稟貝,用獄賸(積)為白(伯)(8·4293六年琱生簋,西晚)。

惠:表"賜予"義1見:隹(唯)東䐖曹(惠)於金,自乍(作)寶彝,其萬年子孫永寶用言(享)(11·5982東䐖尊,西中);表"獻納"義1見:余舁(惠)於君氏大章(璋),報寶(婦)氏帛束璜(8·4292五年琱生簋,西晚)。

來:表示運動方向的由彼及此,有11例,如:隹(唯)三月初吉,蠆(蠆)來遘(覯)於妊氏,妊氏令蠆(蠆)事侯(保)氒(厥)家(5·2765蠆鼎,西中);表示運動方向的由此及彼,3見,如:王來奠新邑,旬又三(四)日丁卯,□新邑於柬(5·2682新邑鼎,西早)。

各:表示"至"義有94例,如:唯王十又七祀,王才(在)射日宮。旦,王各,益公入右訇(詢)(8·4321訇簋,西晚);表示"使……來"義有12例,如:大師虘乍(作)龏(烝)障(尊)豆,用卲(昭)洛(格)朕文且(祖)考,用旂(祈)多福,用匃永令(命)(9·4692大師虘豆,西晚)。

總結兩周金文中的反義詞,可以看出以下特點:(1)反義詞與同義詞在組別數量上明顯不平衡,即同義詞的組別數量很可觀,而反義詞的組別數量很有限。(2)一組反義詞內部有時不是簡單的一對一關係,而是一對多的關係,如憂—喜、樂、侃、宴、康、娛;恭、敬、虔、寅、祗、嚴、翼、謹、恤—惕;勤、薄、懋、農、圉、敏、勞—惰、懈。(3)從詞義內容方面看,表示積極意義的詞個體數量多且出現頻率高,句法功能多樣,而相對的表示消極意義的詞則個體數量少且出現頻率低,句法功能簡單。(4)從反義詞的主題類別看,主要限於運動類動詞(三組)、心理動詞(五組)、取予類動詞(兩組)、存現類動詞(兩組),其他類動詞中很少出現反義詞。(5)與傳世文獻相比,兩周金文中的反義詞表現出與之同少於不同的特點,如"出—入、陟—降、賞—罰、有—無、生—死"五組反義詞也是傳世文獻中常見的反義詞。但是金文中有些反義詞的相配卻與傳世文獻不同,如哀—樂、念—忘、得—喪、克—敗等,相應的反義對應關係在傳世文獻中一般是哀—愁、記—忘、得—失、勝—敗。

附錄　兩周金文動詞的分期分佈

　　兩周金文包括西周金文和東周金文兩個部分,因為器物數量的多少和銘文內容的較大差異,兩個時期中金文動詞的分佈也相應地呈現出不同的特點。以下分三種情況列舉所有金文動詞的分期情況。

　　一、同時見於西周和東周時期的有 224 詞(義項)出現 5038 次,時間分佈為西早 635 例、西早或中 9 例、西中 1021 例、西中或晚 28 例、西晚 1529 例、西周 324 例、西晚或春早 11 例、春秋 1131 例、戰國 350 例。具體單詞如下[①]:

　　來₁、歸、返、蒞、各₂、往、徂、至₁、行₁、征、從₁、出入、入₁、先、乘、賞、賜₁、贈₁、授、降₃、祚、獻、羞₁、享、舍₂、得、獲、取、擇、命₂、嘉、禹₂、曰₁、告₁、訓、許、見、朝、觀₁、廷、省₁、省₂、會、聞₁、使、俾₃、在、有、無、亡₁、成、終、已、彌、喪、死、亡₃、亡₄、替、廢、生₁、老、恭、敬、虔、寅、祗、嚴、翼₃、謹、恤₁、肇₂、敏₂、喜、樂、康₂、愛、知、念、追、恤₂、厭、哀、憂、畏、懼、恐、畏忌、荒寧、惰、惕、忘、克₂、能、可、宜₂、敢₂、命、遣₁、率₁、入₂、征、伐、迻、搏、攻、戰、圉、從₂、遜、捍、御₃、獲₂、奪、克₁、靖、辟₁、辟₂、事₂、佐、佑、佑₂、左右、輔、召₃、匹、屏、保₂、受₁、受₂、膺、承₁、承₂、嗣、秉、寶、常、帥、型、用₂、經₂、雝、用₃、從₄、勤、肇₁、敏₁、盡、明、昭、光₁、乂、政、敉、乂、事₁、司、尸、立事、奔走、執₄、敦₂、作₅、敷₃、施₂、求₃、教、率₂、光₂、縱₁、違、逆₃、罰、保₁、奠、寧₁、宜₁、康₁、盉蘇、配₁、惠₁、能₂、柔、懷₂、祈、勾₁、賜₂、萊、享₁、孝、祭、祀、祠、盟、禋、禴、歲、嘗、烝₂、饗、飮、饋、宴、食、飲、速、沬、寊、盛、處₁、宅、綏₁、用₁、作₁、為₁、鑄、畋、秉₁、計、分₁、拜、稽首、䞣、迨₃。

　　二、只見於西周時期的有 376 詞(義項)出現 1803 次,時間分佈為西早 369 例、西早或中 8 例、西中 704 例、西中或晚 8 例、西晚 700 例、西周 14 例。具體單詞如下:

　　還₁、復₁、臨₂、於、來₂、如、各₁、即₁、詣、盉、及₁、造₁、汲、出₁、奔₁、走、登₁、

---

① 據在本書中的出現順序排列。

陟₁、降₁、陟降、遹、述、率₃、步、涉₁、涉₂、還、立₁、向、按。既、蠶、饋、齋、賄、畀、舍₁、予、稟₂、遺、貽、綏₂、賓、命₃、休₂、惠₁、宦、匄、懷₁、集、遺₁、納、惠₃、尊₁、奏₁、進₁、稟₃、賀、覲₂、升、以₁、授₂、分₂、即₃、付、報₁、復₂、出₃、致₁、償、典₂、宕₂、稽；對揚、對、揚、蔑歷、魯、誥、誨、曰₂、復₃、喈、誓、矢、安、寧₂、召₁、呼、訊₁、致₂、曰₃、由₂、設、施、見₂、視₁、臨₁、觀₂、殷₁、殷₂、監₁、監₂、遘、遷₂、會；既、咸、卒、迄、休₁、亡₂、散亡、墜、隳、盡、剌、增、遺₂、引、降₂、取₃、遺₄、改、爽。慎、侃、好、謹₁、欲、懷₂、沮、忒、吝；堪、敢₁、反、興、作₆、同、謀、以₂、出₁、貫、陷₂、撻、捷₁、撲、敦₁、格、刑、襲₁、聞、懲、追₁、逐、奔、羞、辟₂、毆、衛、戍、守、處₂、俘、擒、執₁、折、殺、捷₂、陝、復、奔、敗速、啟₂、臣、御、胥、夾、述₁、比₁、乂、翼、會₃、正₂、御₅、侑、欤、邇、入、稟、即₂、廥₁、鑽、肖、紹、皹、圞₁、嫡、享₅、異₃、由₁、稟₄、視₂、唬、學、跡、戀、薄₂、農₂、圞₂、享₄、效₁、宏、裕、省₃、安₂、㓹、競₂、敵。尹、烝、亟、徹、營、經維、官、辟₂、監₂、董裁、立工、進事、即事、視事、視服、秉₃、將、僚、任₂、藝、服₂、從₃、使₁、載、值、出₄、出納、舍、敷、以₃、作₃、作₄、為₂、致、徹、登、備、勵、致₂、暨、設、建、畕、侯、與、效₂、校、比₂、具、合₁、執、使₂、述₂、求、畯、育、立、啟、襲、翼₁、宕、皇、競₁、措、擾、動、賊、寇、虐、肆、侮、亂、昧、罋橐、叡、陷₁、湛₁、湛₂、薄₁、作₇、訊₁、訟、告、鞭、播、棄₂、黜㪔、獄、殛、赦、穌；綏₃、偶、追₃、尊₂、嘉、褅、衸、賓、配₂、繫、紫、禦、升、燎、窨、絟、袚、報₂、糦、陟₂、牢、肜、禜、欷、囫、齓、循、餞、酌、鬿、召邑、圖₁、農₁、耤、履、浚、饉、成₂、封₁、立₂、漁、射、禽₁、佩、焚、僕、作₂、珋、封、露、遲、分₁、析、裁、頫、征、買、賈、贖、贏。逆、延、遣₂。

三、只見於東周時期的有192詞（義項）出現492次，時間分佈為春秋213例、春晚或戰早1例、戰國278例。具體單詞如下：

就、迬、去₁、辻、遊₁、逾、荐、供、晉、虞、戒₂、憼、句、聘、問、名₁、詆、戮、則、載₃、觀、遭、逢、聞₂、鳴揚、遊₂、息、濟、限、絕、棄₁、豐、濼、泂、蕃昌、生₂、出₅、毀、乏、渝改、變改、忒、齊、毖恭、宴₂、娛、盤盱、慈愛、慈、慎₂、小心、憼戒、通、慷惕、俾怒、寧荒、怠荒、懈、罷息、驕、迷惑、興₂、披、蒙、振、貫通、逆₂、誅、門、戒₁、救、取₂、墮、勝、抑、鎮靜、覆、滅、殘、服、并、喪₂、敗、創、啟₁、相、弼、歷、聽₂、紹踵、持、率₄、極、濾、仿、聽₁、行₃、順、勞、勤勞、竭、啟₃、立事、飭、龔、肅、戒、經、宦、裁、行₂、為₃、為₄、為₆、任、建、踐、進₂、措、修、備、去₂、節、視₃、覃、會₄、事₃、齒長、畜、導、傲、進退、溺、襲₃、羅、定、蠻₂、敷₄、合、協、均、穌協、協穌、勌穌、穌汸、附、乞、求₁、祥、祜、御₆、饗、膾、膳、鬻、煮、炒、盟、浴、汲、歌、容、廣、受、載₂、居、鼓、奏₂、弄、縱、歌、歌舞、懸、處₃、御₁、造、獵、罳、茅、搜、拱、執、積、屯、當、載₁、荷、及₂、獲₃、期。

參考文獻

C

曹錦炎、吳振武:《釋"烖"》,《吉林大學社會科學學報》(社會科學版)1982年2期。
曹錦炎:《吳越青銅器銘文述編》,《古文字研究》第十七輯,中華書局,1989年。
曹錦炎:《商周金文選》,西泠印社,1998年。
曹錦炎:《越王得居戈考釋》,《黃盛璋先生八秩華誕紀念文集》,中國教育文化出版社,2005年。
曹兆蘭:《從金文看兩周婚姻關係》,《武漢大學學報》(人文科學版)2004年1期。
陳邦懷:《金文叢考三則》,《文物》1964年2期。
陳邦懷:《金文句讀舉隅》,《中國語文》1979年1期。
陳秉新:《銅器銘文考釋六題》,《文物研究》1999年12期。
陳秉新:《古文字考釋三題》,《古文字研究》第二十一輯,中華書局,2001年。
陳秉新:《釋"囧"及相關字詞》,《古文字研究》第二十二輯,中華書局,2000年。
陳秉新:《金文考釋四則》,載《容庚先生百年誕辰紀念文集》,廣東人民出版社,1998年。
陳初生:《幸福考》,《古文字研究》第十九輯,中華書局,1992年。
陳初生編撰、曾憲通審校:《金文常用字典》,陝西人民出版社,2004年。
陳公柔:《西周金文訴訟辭語釋例》,載《第三屆國際古文字學研討會論文集》,香港中文大學,1997年。
陳公柔:《西周金文中的法制文書述例》,載《容庚先生百年誕辰紀念文集》,廣東人民出版社,1998年。
陳漢平:《金文編訂補》,中國社會科學出版社,1993年。
陳劍:《釋西周金文的"赣(贛)"字》,《北京大學古文獻研究所集刊》(1),北京燕山出版社,1999年。
陳劍:《甲骨金文考釋論集》,綫裝書局,2007年。
陳劍:《金文字詞零釋(四則)》,《古文字學論稿》,安徽大學出版社,2008年。
陳劍:《說慎》,《簡帛研究》,廣西師範大學出版社,2001年。
陳絜:《金文"咸"字詞義、用法縷析》,《中華文史論叢》第71輯,上海古籍出版社,2003年。
陳絜:《琱生諸器銘文綜合研究》,載朱鳳瀚主編《新出金文與西周歷史》,上海古籍出版社,2011年。

陳美蘭:《金文劄記二則》,《中國文字》新廿四期,藝文印書館(臺北),1998年。

陳美蘭:《說琱生器兩種"以"字的用法》,《古文字學論稿》,安徽大學出版社,2008年。

陳美蘭:《談"慎"字的考釋及典籍中四個"慎"字的誤字》,《中國文字》新廿九期,藝文印書館(臺北),2003年。

陳夢家:《西周銅器斷代》,中華書局,2004年。

陳年福:《甲骨文動詞詞彙研究》,巴蜀書社,2001年。

陳年福:《甲骨文詞義論稿》,上海古籍出版社,2007年。

陳年福:《殷墟甲骨文詞彙概述》,《浙江師範大學學報》(社會科學版)2006年1期。

陳佩芬:《新獲兩周青銅器》,《上海博物館集刊》第八期,上海書畫出版社,2000年。

陳佩芬:《夏商周青銅器研究》,上海古籍出版社,2004年。

陳世輝:《牆盤銘文解說》,《考古》1980年5期。

陳世輝、湯餘惠:《古文字學概要》,吉林大學出版社,1988年。

陳雙新:《兩周青銅樂器銘辭研究》,河北大學出版社,2002年。

陳斯鵬:《新見金文釋讀商補》,《古文字研究》第二十九輯,中華書局,2012年。

陳偉武:《舊釋"折"及從"折"之字平議——兼論"慎德"和"悊終"問題》,《古文字研究》第二十二輯,中華書局,2000年。

陳煒湛:《甲骨文同義詞研究》,載《甲骨文論集》,上海古籍出版社,2003年。

陳英傑:《兩周金文之"追、享、鄉、孝"正義》,《北方論叢》2006年1期。

陳英傑:《西周金文作器用途銘辭研究》,線裝書局,2009年。

陳英傑:《談親簋銘中"肇享"的意義——兼說冊命銘文中的"用事"》,《古文字研究》第二十七輯,中華書局,2009年。

陳英傑:《談金文中盥、召、邵、邵等字的意義》,《中國文字研究》第二輯,大象出版社,2007年。

陳治軍:《安徽出土青銅器銘文圖錄考釋》,安徽大學2011年碩士學位論文。

湛於藍:《金文同義詞研究》,華南師範大學2002年碩士學位論文。

崔元:《金文本義正詁》,山東大學2006年碩士學位論文。

D

戴家祥:《牆盤銘文通釋》,《上海師範大學學報》1979年2期。

鄧飛:《西周金文軍事動詞研究》,西南師範大學2003年碩士學位論文。

董楚平:《吳越徐舒金文集釋》,浙江古籍出版社,1992年。

董珊:《略論西周單氏家族窖藏青銅器銘文》,《中國歷史文物》2003年4期。

董珊:《談士山盤銘文的"服"字》,《故宮博物院院刊》2004年1期。

杜廼松:《商周青銅器銘文研究》,《考古與文物》1993年5期。

F

方浚益:《綴遺齋彝器款識考釋》,民國二十四年乙卯(1935年)商務印書館石印本。

方述鑫:《召伯虎簋銘文新釋》,《考古與文物》1997年1期。

方述鑫等:《甲骨金文字典》,巴蜀書社,1993年。

馮勝君:《二十世紀古文獻新證研究》,齊魯書社,2006年。

馮時:《䣄公盨銘文考釋》,《考古》2003年5期。

馮時:《㲋方鼎、榮仲方鼎及相關問題》,《考古》2006年8期。

G

高亨:《毛公鼎銘箋注》,《高亨著作集林第九卷·文史述林》,清華大學出版社,2004年。

高明:《中國古文字學通論》,文物出版社,1987年。

高明:《西周金文"賈"字資料整理和研究》,北京大學考古系編《考古學研究》(一),科學出版社,1992年。

高明:《從金文資料談西周商業》,《高明論著選集》,科學出版社,2001年。

郭加健:《金文反義詞的運用》,《廣州師院學報》1996年2期。

郭沫若:《兩周金文辭大系圖錄考釋》,上海書店出版社,1999年。

郭沫若:《令彝令簋與其他諸器物之綜合研究》《齊侯壺釋文》,載《郭沫若全集·考古編》第4卷,科學出版社,2002年。

郭沫若:《金文續考》《金文韻讀補遺》《周公簋釋文》《虢羌鐘銘考釋》《毛公鼎之年代》,載《郭沫若全集·考古編》第5卷,科學出版社,2002年。

郭沫若:《陝西新出土銅器銘考釋》《者刀鐘銘釋文》《保卣銘釋文》,載《郭沫若全集·考古編》第6卷,科學出版社,2002年。

H

何景成:《關於榮仲方鼎的一點看法》,《中國歷史文物》2006年6期。

何景成:《鮑子鼎銘文補釋》,復旦大學出土文獻與古文字研究中心網站,2009年9月18日。

何景成:《應侯視工青銅器研究》,載朱鳳瀚主編《新出金文與西周歷史》,上海古籍出版社,2011年。

何琳儀:《中山王器考釋拾遺》,《史學集刊》1984年3期。

何琳儀:《者汈鐘銘校注》,《古文字研究》第十七輯,中華書局,1989年。

何琳儀:《吳越徐舒金文選譯》,《中國文字》新十九期,藝文印書館(臺北),1994年。

洪家義:《金文選注繹》,江蘇教育出版社,1988年。

華東師範大學中國文字研究與應用中心編:《金文引得》(殷商西周卷),廣西教育出版社,2001年。

華東師範大學中國文字研究與應用中心編:《金文引得》(春秋戰國卷),廣西教育出版社,2002年。

華東師範大學中國文字研究與應用中心編:《金文今譯類檢》(殷商西周卷),廣西教育出版社,2003年。

黃德寬:《淮夷文化研究的重要發現——駒父盨蓋銘文及其史實》,《東南文化》1991年2期。

黃德寬主編:《古文字譜系疏證》,商務印書館,2007年。

黃盛璋:《衛盉、鼎中"貯"與"貯田"及其牽涉的西周田制問題》,《文物》1981年9期。

黃盛璋:《录伯戜銅器及其相關問題》,《考古與文物》1983年5期。

黃天樹:《䍙比盨銘文補釋》,載陝西師範大學、寶雞青銅器博物館編《黃盛璋先生八秩華誕紀念文集》,中國教育文化出版社,2005年。

黃錫全:《士山盤銘文別議》,《中國歷史文物》2003年2期。

黃錫全:《西周"文盉"補釋》,《古文字學論稿》,安徽大學出版社,2008年。

J

冀小軍:《說甲骨金文中表祈求義的"𣏟"字——兼談"𣏟"字在金文車飾名稱中的用法》,《湖北大學學報》1991年1期。

金國泰:《西周軍事銘文中的"追"字》,《於省吾教授百年誕辰紀念文集》,吉林大學出版社,1996年。

金信周:《兩周祝嘏銘文研究》,臺灣師範大學國文研究所2002年碩士學位論文。

金信周:《兩周頌揚銘文及其文化研究》,復旦大學2006年博士學位論文。

景紅艷:《西周賞賜制度研究》,陝西師範大學2006年博士學位論文。

K

寇占民:《西周金文動詞研究》,首都師範大學2009年博士學位論文。

L

李剛:《三晉系記容記重銅器銘文集釋》,吉林大學2005年碩士學位論文。

李家浩:《庚壺銘文及其年代》,《古文字研究》第十九輯,中華書局,1992年。

李家浩:《鼄鐘銘文考釋》,載《著名中年語言學家自選集·李家浩卷》,安徽教育出版社,2002年。

李家浩:《說"猇不廷方"》,《古文字學論稿》,安徽大學出版社,2008年。

李零:《論豳公盨發現的意義》,《中國歷史文物》2002年6期。

李零:《重讀史牆盤》,載《吉金鑄國史》,文物出版社,2002年。

李零:《讀楊家村出土的虞逨諸器》,《中國歷史文物》2003年3期。

李憣:《西周金文所見動作系及貨幣系貝類交易辭例》,《北方文物》2008年3期。

李曉峰:《天馬——曲村晉侯墓地出土青銅器銘文集釋》,吉林大學2004年碩士學位論文。

李學勤:《論史牆盤及其意義》《論多友鼎的時代及意義》《多友鼎的"卒"字及其他》《師𠭰鼎剩義》《論梁十九年鼎及有關青銅器》《兮甲盤與駒父盨——論西周末年周朝與淮夷的關係》《平山三器與中山國史的若干問題》,載《新出青銅器研究》,文物出版社,1990年。

李學勤:《論豳公盨及其重要意義》,《中國歷史文物》2002年6期。

李學勤:《眉縣楊家村新出青銅器研究》,《文物》2003年6期。

李學勤:《試論新發現的版方鼎和榮仲方鼎》,《文物》2005年9期。

李學勤:《珥生諸器銘文聯讀研究》,《文物》2007年8期。

李學勤:《翼城大河口尚盂銘文試釋》,《文物》2011年9期。

李岩、胡建平:《西周金文中的"饗"》,《新疆師範大學學報》(哲社版)1989年2期。

李仲操:《燕侯克罍盉銘文簡釋》,《考古與文物》1997年1期。

連邵名:《史牆盤銘文研究》,《古文字研究》第八輯,中華書局,1983年。
連邵名:《兮甲盤銘文新考》,《江漢考古》1986年4期。
連邵名:《豳公盨銘文考述》,《中國歷史文物》2003年4期。
廖序東:《金文中的同義並列複合詞》,《中國語言學報》第四期,商務印書館,1991年。
廖序東:《金文中的同義並列複合詞續考》,載《漢語研究論集》第1輯,語文出版社,1992年。
林澐:《琱生簋新釋》,《古文字研究》第三輯,中華書局,1980年。
林澐:《釋史牆盤銘中的"逖虘髟"》,《陝西歷史博物館館刊》第1輯,三秦出版社,1994年。
淩宇:《金文所見西周賜物制度及用幣制度初探》,武漢大學2004年碩士學位論文。
劉彬徽:《楚國有銘銅器編年概述》,《古文字研究》第九輯,中華書局,1984年。
劉傳賓:《西周青銅器銘文土地轉讓研究》,吉林大學2006年碩士學位論文。
劉桓:《五年琱生簋、六年琱生簋銘文補釋》,《故宮博物院院刊》2003年3期。
劉桓:《牆盤銘文劄記》,《故宮博物院院刊》2004年1期。
劉懷君、辛怡華、劉棟:《四十二年、四十三年逨鼎銘文試釋》,《文物》2003年6期。
劉懷君、辛怡華、劉棟:《逨盤銘文試釋》,《文物》2003年6期。
劉啟益:《西周紀年》,廣東教育出版社,2002年。
劉士莪、尹盛平:《牆盤銘文考釋》,載《微氏家族青銅器群研究》,文物出版社,1992年。
劉體智:《小校經閣金文拓本》,影印本1935年。
劉翔、陳抗、陳初生、董琨:《商周古文字讀本》,語文出版社,2004年。
劉心源:《奇觚室吉金文述》,清光緒二十八年壬寅(1902年)石印本。
劉雨:《西周金文中的祭祖禮》,《考古學報》1989年4期。
劉雨:《西周金文中的軍禮》,載《容庚先生百年誕辰紀念文集》,廣東人民出版社,1998年。
劉雨:《西周金文中的軍事》,《胡厚宣先生紀念文集》,科學出版社,1998年。
劉雨:《近出殷周金文綜述》,《古文字研究》第二十四輯,中華書局,2002年。
劉雨、盧岩:《近出殷周金文集錄》,中華書局,2002年。
劉釗:《古文字構形學》,福建人民出版社,2006年。
劉昭瑞:《宋代著錄商周青銅器銘文箋證》,中山大學出版社,2000年。
劉宗漢:《叔夨方鼎"王乎殷厥士齎叔夨"解》,《歷史研究》2003年3期。
龍宇純:《甲骨文金文 字及其相關問題》,《史語所集刊》第34本,"中研院"(臺北),1963年。
龍正海:《西周賞賜銘文用詞與句式研究》,西南大學2012年碩士學位論文。

M

麻愛民:《牆盤與文獻新證》,《語言研究》2003年3期。
馬承源主編:《商周青銅器銘文選》(三冊),文物出版社,1988年。
馬承源主編:《商周青銅器銘文選》(四冊),文物出版社,1990年。
馬承源:《西周金文中有關貯字辭語的若干解釋》,《上海博物館集刊》第5輯,上海古籍出版社,1990年。

馬承源:《新獲西周青銅器研究二則》,《上海博物館集刊》第6輯。

孟蓬生:《金文考釋二則》,《古漢語研究》2000年4期。

孟蓬生:《釋"夌"》,《古文字研究》第二十五輯,中華書局,2004年。

孟蓬生:《師寰簋"弗叚組"新解》,復旦大學出土文獻與古文字研究中心網站,2009年2月25日。

P

潘玉坤:《金文"嚴在上,異在下"與"敬乃夙夜"試解》,《故宫博物院院刊》2003年5期。

彭裕商:《保卣新解》,《考古與文物》1998年4期。

彭裕商:《西周青銅器年代綜合研究》,巴蜀書社,2003年。

彭裕商:《西周金文中的"賈"》,《考古》2003年2期。

Q

裘錫圭:《史牆盤銘解釋》,《文物》1978年3期。

裘錫圭:《"畀"字補釋》,《語言學論叢》第六輯,商務印書館,1980年。

裘錫圭:《西周銅器銘文中的履》《說"以"》《釋"求"》,載《古文字論集》,中華書局,1992年。

裘錫圭:《釋"受"》,《容庚先生百年誕辰紀念文集》,廣東人民出版社,1998年。

裘錫圭:《甲骨文中的見與視》,《甲骨文發現一百周年學術研討會論文集》,文史哲出版社(臺北),1998年。

裘錫圭:《䚸公盨銘文考釋》,《中國歷史文物》2002年6期。

裘錫圭:《讀逨器銘文劄記三則》,《文物》2003年6期。

裘錫圭:《獄簋銘補釋》,《安徽大學學報》(哲學社會科學版)2008年4期。

秦永龍:《西周金文選注》,北京師範大學出版社,1992年。

R

日月:《金文"肇"字補說》,復旦大學出土文獻與古文字研究中心網站,2010年6月14日。

容庚、張維持:《殷周青銅器通論》,文物出版社,1984年。

S

單育辰:《再論沈子它簋》,《中國歷史文物》2007年5期。

商承祚:《中山王嚳鼎、壺銘文芻議》,《古文字研究》第七輯,中華書局,1982年。

商承祚:《鄂君啟節考》,《商承祚文集》,中山大學出版社,2004年。

商豔濤:《金文中的巡省用語》,《殷都學刊》2007年4期。

商豔濤:《金文中的俘獲用語》,《語言科學》2007年9期。

商豔濤:《金文軍事用語釋義二則》,《寧夏大學學報》(人文社會科學版)2009年1期。

施謝捷編著:《吳越文字彙編》,江蘇教育出版社,1998年。
舒大剛:《周易,金文"孝享"釋義》,《周易研究》2002年4期。
孫亞冰:《眉縣楊家村冊二、冊三年逨鼎考釋》,《中國史研究》2003年4期。
孫常敘:《曶鼎銘文通釋》,《孫常敘古文字學論集》,東北師範大學出版社,1998年。
孫稚雛:《保卣銘文匯釋》,《古文字研究》第五輯,中華書局,1981年。
孫稚雛:《毛公鼎今譯》,《容庚先生百年誕辰紀念文集》。
孫稚雛:《驫羌鐘銘文匯釋》,《古文字研究》第十九輯,中華書局,1992年。

T

湯餘惠:《戰國銘文選》,吉林大學出版社,1993年。
湯餘惠:《金文中的"敢"和"毋敢"》,《中國古文字研究》第一輯,吉林大學出版社,1999年。
唐蘭:《用青銅器銘文來研究西周史——綜論寶雞市近年發現的一批青銅器的重要歷史價值》,《文物》1976年6期。
唐蘭:《略論西周微史家族窖藏銅器群的重要意義——陝西扶風新出牆盤銘文解釋》,《文物》1978年3期。
唐蘭:《西周青銅器銘文分代史徵》,中華書局,1986年。
唐蘭:《驫羌鐘考釋》,《唐蘭先生金文論集》,紫禁城出版社,1995年。
唐蘭:《作冊令尊及作冊令彝銘文考釋》,《唐蘭先生金文論集》,紫禁城出版社,1995年。
唐蘭:《論彝銘中的"休"字》,《唐蘭先生金文論集》,紫禁城出版社,1995年。
唐蘭:《周昭王時代的青銅器銘刻》,《唐蘭先生金文論集》,紫禁城出版社,1995年。
唐鈺明:《據金文解讀〈尚書〉二例》,載《著名中年語言學家自選集·唐鈺明卷》,安徽教育出版社,2002年。

W

王冠英:《說"嚴在上,異在下"》,《中國歷史博物館館刊》(總18—19期),1992年。
王冠英:《再說金文套語"嚴在上,異在下"》,《中國歷史文物》2003年2期。
王輝:《秦銅器銘文編年集釋》,三秦出版社,1990年。
王輝:《商周金文》,文物出版社,2006年。
王輝:《珊生三器考釋》,《考古學報》2008年1期。
王晶:《西周金文"訊"字解》,《西南民族大學學報》2007年4期。
王人聰:《西周金文"龢臺"一詞補釋》,《考古與文物》1987年2期。
王人聰:《西周金文"嗇官"一詞釋義》,《故宮博物院院刊》1991年1期。
王人聰:《戰國記容銅器刻銘"賡"字試釋》,《江漢考古》1991年1期。
王人聰:《西周金文"嚴在上"解——並述周人的祖先神觀念》,《考古》1998年1期。
王偉:《眉縣新出青銅器銘文綜合研究》,陝西師範大學2005年碩士學位論文。
王文耀:《簡明金文詞典》,上海辭書出版社,1998年。
王穎:《戰國中山國文字研究》,華東師範大學2005年博士學位論文。
王古奎:《珊生三器銘文考釋》,《考古與文物》2007年5期。

吳大澂:《愙齋集古錄附釋文剩稿》,民國八年己未(1919年)涵芬樓影印本。
吳紅松:《西周金文賞賜物品及其相關問題研究》,安徽大學2006年博士學位論文。
吳闓生:《吉金文錄》,南宮邢氏刻本,1933年。
吳鎮烽:《㺇器銘文考釋》,《考古與文物》2006年6期。
吳鎮烽:《鮑子鼎銘文考釋》,《中國歷史文物》2009年2期。
吳振武:《烄戒鼎補釋》,《史學集刊》1998年1期。
吳振武:《陳曼瑚"逐"字新證》,《吉林大學古籍整理研究所建所十五周年紀念文集》,吉林大學出版社,1998年。
吳振武:《"弋"字的形音義》,載"中研院"史語所(臺北)、臺灣師範大學國文系編《甲骨文發現一百周年學術研討會論文集》,文史哲出版社(臺北),1998年。
吳振武:《新見西周爯簋銘文釋讀》,《史學集刊》2006年2期。

X

謝明文:《〈大雅〉〈頌〉之毛傳鄭箋與金文》,首都師範大學2008年碩士學位論文。
徐力:《春秋金文詞彙系統研究》,華東師範大學2007年碩士學位論文。
徐難於:《〈尚書〉"雍"與金文"雖"義新解》,《中華文化論壇》2009年1期。
徐中舒:《金文嘏辭釋例》,《史語所集刊》6本1分,中央研究院,(臺北),1936年。
徐中舒:《西周牆盤銘文箋釋》,《考古學報》1978年2期。
徐中舒主編:《殷周金文集錄》,四川辭書出版社,1984年。
徐中舒:《厲氏編鐘考釋》,《徐中舒歷史論文選輯》,中華書局,1998年。

Y

楊逢彬:《殷墟甲骨刻辭詞類研究》,花城出版社,2003年。
楊懷源:《西周金文詞彙研究》,四川大學2006年博士學位論文。
楊懷源:《西周金文中的"貯"》,《古籍整理研究學刊》2009年4期。
楊樹達:《積微居金文說》(增訂本),中華書局,1997年。
姚孝遂:《舀鼎銘文研究》,《吉林大學學報》1962年2期。
葉正渤:《西周標準器銘文疏證》,《中國文字研究》第七輯。
葉正渤:《我方鼎銘文今釋》,《故宮博物院院刊》2001年3期。
應萌:《金文所見西周貢賦制度及相關問題的初步研究》,中國社會科學院研究生院2003年碩士學位論文。
於豪亮:《中山三器銘文考釋》,《考古學報》1979年2期。
於豪亮:《牆盤銘文考釋》,《古文字研究》第七輯,中華書局,1982年。
於豪亮:《陝西扶風縣強家村出土虢季家族銅器銘文考釋》,《古文字研究》第九輯,中華書局,1984年。
虞萬里:《金文"對揚"歷史觀》,《語言研究》1992年1期。
於省吾:《壽縣蔡侯墓銅器銘文考釋》,《古文字研究》第一輯,中華書局,1979年。
於省吾:《牆盤銘文十二解》,《古文字研究》第五輯,中華書局,1981年。
於省吾:《雙劍誃吉金文選》,中華書局,1998年。
於省吾主編:《甲骨文字詁林》,中華書局,1996年。

袁俊傑：《兩周射禮研究》，河南大學 2010 年博士學位論文。

Z

張富海：《金文"匍有"補說》，《中國文字研究》第二輯，大象出版社，2007年。
張光裕：《新見保鼎銘試釋》，《考古》1991年7期。
張光裕：《新見樂從堂斝尊銘文試釋》，《古文字學論稿》，安徽大學出版社，2008年。
張光裕：《讀新見西周衿簋銘文劄迻》，《古文字研究》第二十五輯，中華書局，2004年。
張桂光：《金文同義詞辨析三則》，《華南師範大學學報》2008年4期。
張經：《曶鼎新釋》，《故宮博物院院刊》2002年4期。
張世超：《"貯、賈"考辨》，《中國古文字研究》第一輯，吉林大學出版社，1999年。
張世超：《西周訴訟銘文中的"許"》，《中國文字研究》第十四輯，大象出版社，2011年。
張世超、孫凌安、金國泰、馬如森：《金文形義通解》，(京都)中文出版社，1996年。
張秀華：《從金文材料看"禋、柴、燎"三種祭禮》，《牡丹江大學學報》2009年2期。
張秀華：《西周金文六種禮制研究》，吉林大學 2010 年博士學位論文。
張亞初：《金文新釋》，載《第二屆國際古文字研討會論文集》，香港中文大學，1993年。
張亞初：《殷周金文集成引得》，中華書局，2001年。
張玉金：《甲骨文語法研究》，學林出版社，2001年。
張振林：《金文"易"義商兌》，《古文字研究》第二十四輯，中華書局，2002年。
張政烺：《中山王響壺及鼎銘考釋》，《古文字研究》第一輯，中華書局，1979年。
張政烺：《周厲王胡簋釋文》，《古文字研究》第三輯，中華書局，1980年。
張政烺：《釋"弋"》，《古文字研究》第六輯，中華書局，1981年。
張政烺批注：《兩周金文辭大系考釋》，中華書局，2011年。
趙誠：《金文詞義探索(一)》，載《第三屆國際中國古文字學研討會論文集》，香港中文大學，1997年。
趙誠：《金文詞義探索(三則)》，《李新魁教授紀念文集》，中華書局，1998年。
中國社會科學院考古研究所編：《殷周金文集成》，中華書局，1984—1995年。
中國社會科學院考古研究所編：《殷周金文集成釋文》，香港中文大學中國文化研究所，2001年。
周寶宏：《西周金文詞義研究(六則)》，《古文字研究》第二十五輯，中華書局，2004年。
周法高編撰：《金文詁林》，香港中文大學，1975年。
周法高編撰：《金文詁林補》，"中研院"史語所(臺北)，1982年。
周鳳五：《眉縣楊家村窖藏四十三年逨鼎銘文初探》，載《康樂集——曾憲通教授七十壽慶論文集》，中山大學出版社，2006年。
朱德熙：《戰國記容銅器刻辭考釋四篇》，《語言學論叢》第二輯，北京大學出版社，1958年。
朱德熙、裘錫圭：《平山中山王墓銅器銘文的初步研究》，《文物》1979年1期。
朱鳳瀚：《琱生簋銘新探》，《中華文史論叢》1989年1期。
朱鳳瀚：《論周金文中"肇"字的字義》，《北京師範大學學報》2000年2期。
朱鳳瀚：《豳公盨銘文初釋》，《中國歷史文物》2002年6期。
朱均筠：《近二十年新見戰國標準器整理與研究》，中山大學 2010 年碩士學位論文。

朱曉雪:《陳璋壺及郾王職壺綜合研究》,吉林大學 2007 年碩士學位論文。

祝振雷:《安徽壽縣蔡侯墓出土青銅器銘文集釋》,吉林大學 2005 年碩士學位論文。

莊惠茹:《兩周金文"克Ⅴ"詞組研究》,《中國文字》新廿八期,藝文印書館(臺北),2002 年。

莊惠茹:《兩周金文助動詞組研究》,臺灣成功大學中國文學研究所 2003 年碩士學位論文。

鄒芙都:《楚系銘文綜合研究》,巴蜀書社,2007 年。

引書簡稱表

《吉金文選》	於省吾《雙劍誃吉金文選》
《大系考釋》	郭沫若《兩周金文辭大系圖錄考釋》
《金文說》	楊樹達《積微居金文說》(增訂本)
《史徵》	唐蘭《西周青銅器銘文分代史徵》
《銘文選(三)》	馬承源等《商周青銅器銘文選》(第三冊)
《銘文選(四)》	馬承源等《商周青銅器銘文選》(第四冊)
《讀本》	劉翔等《商周古文字讀本》
《通解》	張世超等《金文形義通解》
《新出》	李學勤《新出青銅器研究》
《引得》	張亞初《殷周金文集成引得》
《近出》	劉雨、盧岩《近出殷周金文集錄》
《近出二編》	劉雨、盧岩《近出殷周金文集錄二編》
《類檢》	《金文今譯類檢》(殷商西周卷)
《疏證》	黃德寬主編《古文字譜系疏證》

詞語索引

A：哀、愛、安、按；

B：罷怠、敗、敗速、拜、般、寶、保、報、備、奔、奔走、餴、比、畐、俾、畀、弼、毖、恭、辟、鞭、變改、賓₁、賓₂、稟、秉、并、播、薄₁、薄₂、搏、步；

C：鼒、裁、緊、紫、殘、償、常、嘗、朝、炒、徹、臣、再、俾、乘、承、盛、成、懲、糙、遲、持、齒長、飭、敕、出、出入、出納、處、創、慈、慈愛、祠、賜、伙、從、叡、徂、措；

D：怠荒、僤怒、酖、當、宕、導、得、登、詆、敵、嫡、禘、典、奠、凋、琱、定、董裁、動、對、對揚、敦、奪、墮、惰；

F：伐、瀍、乏、罰、蕃昌、反、返、仿、廢、分、焚、封、逢、敷、祓、歆、服、俘、剌、輔、覆、附、復、付；

G：匄、改、敢、告、誥、祜、歌、歌舞、格、各、廣₁、廣₂、供、攻、恭、鼙橐、拱、遘、賈、鼓、觀、官、貫、貫通、盥、光、歸；

H：捍、好、合₁、合₂、龢、龢協、龢渗、賀、荷、宏、侯、呼、懷、還、宦、皇、荒寧、隳、毀、賄、惠、誨、會、沫、獲；

J：積、及、伋、極、汲、罙、集、殛、即、即事、濟、跡、既、計、祭、嘉、夾、監、踐、見、建、薦、將、顛、降、薑、教、驕、捷、竭、節、精、戒、謹、饉、晉、進、進事、進退、盡、覲、經、經維、儆、憼戒、靖、競、敬、訇、救、就、居、沮、句、具、懼、憿惕、絕、均、浚、畯；

K：堪、侃、康、可、克、圄₁、圄₂、恐、寇、覛、膾、饋；

L：來、齎、勞、牢、老、樂、邋、罹、犛、歷、立、立工、立事、蒞、犛龢、寮、燎、獵、臨、吝、魯、戮、勁龢、露、履、慮、亂；

M：買、茅、懋、昧、門、蒙、盟、彌、迷惑、滅、蔑歷、敏、名、鳴、明、命、謀；

N：納、能₁、能₂、逆、溺、念、寧荒、寧、農₁、農₂、弄、喏、虐；

O：毆；

P：配、佩、披、匹、闢、聘、屏、撲、僕；

Q：期、齊、啟、祈、稽首、稽、乞、亟、棄、虔、遣、擒、勤、勤勞、述₁、述₂、求、

225

萃;取、去;

R:擾、任、飪、肜、容、如、入、柔;

S:散亡、喪、殺、膳、賞、上、紹、紹踵、赦、涉、設、射、舍、龗、龗圈、龗臺、慎、升、生、勝、尸、實、施、食、矢、使、視、視事、視服、誓、事、守、授、受、贖、述、戍、帥、率、爽、順、司、死、肆、嗣、祀、飤、訟、搜、肅、速、綏、歲;

T:撻、罩、忒、替、惕、逖、敗、聽、廷、通、同、屯;

W:往、亡、忘、違、圍、衛、畏、畏忌、為、聞、問、無、侮;

X:息、析、鼇、襲、喜、盡、先、咸、陷、獻、相、祥、享、饗、向、肖、尜、校、虩、效、孝、協、協龢、懈、燮、歆、興、刑、型、行、省、休₁、休₂、修、羞、盱、胥、許、恤、畜、懸、學、訓、訊;

Y:延、嚴、厭、宴、揚、舉、貽、陳、遺、宜、已、以、詣、抑、異、藝、邑、弋、翼、乂、殷、禋、寅、引、尹、飲、膺、營、紉、贏、寰、媵、雔、饔、用、憂、遊、有、由₁、由₂、侑、佑、於、予、虞、渝改、與、漁、娛、逾、遹、裕、毓、獄、欲、鸞、浴、御、禦、隕、願、曰、閘、衸、襘;

Z:載、在、遭、造₁、造₂、擇、迮、則、賊、增、贈、宅、湛、戰、昭、召、肇、折、振、鎮、靜、征、烝₁、烝₂、整、正、知、值、執、裁、至、陟、陟降、致、祇、薺、終、誅、逐、煮、鑄、追、墜、酌、勳(擢)、縱、走、奏₁、奏₂、卒、纘、尊、佐、左右、祚、作;

(音不明)豈、瀁、悤、禦、偕、黜鼓、室、襓。